추천사

- "메리 머피는 조직 마인드셋 연구를 개척했다. 성장 마인드셋은 머릿속에만 품은 믿음이 아니라 직장의 문화에 스며 있다. 이 책은 과거를 바탕으로 배우는 조직을 만들고 사람들의 잠재력을 끌어내는 실질적인 로드맵이다." _애덤 그랜트(《히든 포텐셜》 저자)

- "성장 마인드셋과 조직문화를 연구하는 최고 권위자가 전하는 실용적인 조언이 담겼다. 조직을 혁신하고 위험을 감수하며 진정성 있게 일하면서 포용하는 문화를 만들고 싶은 모든 사람이 반드시 읽어야 한다." _앤절라 더크워스(《그릿》 저자)

- "메리는 전 세계 '천재 문화'와 '성장 문화'를 지닌 수많은 조직을 연구하고 그들과 협력한 내용을 바탕으로 새롭고 의미 있는 시각을 제시한다. 그녀는 놀랍고도 믿을 수 없을 정도로 가치 있는 정보를 나눈다. 모든 조직과 집단은 그 정보를 토대로 성장의 길에 올라설 수 있다. 이런 일이 국가적 차원, 나아가 세계적 차원에서 일어난다고 상상해보라. 이 책은 그 일을 가능하게 한다."
_캐롤 드웩(《마인드셋》 저자)

그로스 컬처

CULTURES OF GROWTH: How the New Science of Mindset Can Transform Individuals, Teams, and Organization by Mary C. Murphy

Copyright ⓒ 2024 by Organizational Mindset, LLC
Korean translation copyright ⓒ 2025 by Gimm-Young Publishers, Inc.
All rights reserved.

This Korean edition was published by arrangement with Organizational Mindset, LLC c/o Levine Greenberg Rostan Literary Agency through KCC(Korea Copyright Center Inc.), Seoul.

이 책의 한국어판 저작권은 ㈜한국저작권센터(KCC)를 통한 저작권자와의 독점 계약으로 김영사에 있습니다. 저작권법에 의해 한국 내에서 보호를 받는 저작물이므로 무단전재와 무단복제를 금합니다.

그로스 컬처 : 한 명의 천재보다 강한 열 명의 열정을 만드는 마인드셋의 과학

1판 1쇄 인쇄 2025. 10. 23.
1판 1쇄 발행 2025. 10. 30.

지은이 메리 머피
옮긴이 김태훈

발행인 박강휘
편집 최찬미, 심성미 | 디자인 유상현 | 마케팅 이헌영 | 홍보 이한솔, 강원모
발행처 김영사
등록 1979년 5월 17일(제406-2003-036호)
주소 경기도 파주시 문발로 197(문발동) 우편번호 10881
전화 마케팅부 031)955-3100, 편집부 031)955-3200 | 팩스 031)955-3111

값은 뒤표지에 있습니다.
ISBN 979-11-7332-380-5 03320

홈페이지 www.gimmyoung.com   블로그 blog.naver.com/gybook
인스타그램 instagram.com/gimmyoung   이메일 bestbook@gimmyoung.com

좋은 독자가 좋은 책을 만듭니다.
김영사는 독자 여러분의 의견에 항상 귀 기울이고 있습니다.

GROWTH CULTURE

한 명의 천재보다 강한
열 명의 열정을 만드는
마인드셋의 과학

메리 머피 지음 | 김태훈 옮김

그로스 컬처

김영사

아르야, 엘라, 에버렛,
프라이데이, 잭슨, 마일스,
리버, 티베리우스
그리고 내 사랑 빅터에게

문화의 창조자인 여러분에게 이 책을 바칩니다.
우리 함께 성장 문화를 구축합시다.

차례

추천의 말 • 10
서문 • 15

1부 조직의 마인드셋이란?

1장 마인드셋 바로 알기 • 32
마인드셋 연속체 • 37
마인드셋은 문화이다 • 38
천재 문화와 성장 문화 • 40

2장 개인을 움직이는 조직 마인드셋 • 50
조직도 마인드셋을 가진다 • 53
조직의 마인드셋이 개인에게 미치는 영향 • 55
마인드셋의 5가지 가치 • 67

2부 조직을 바꾸는 마인드셋

3장 협력 • 70
1등이 되거나 해고되거나 • 74
협력적인 조직이 경쟁에서 승리한다 • 86
내부 경쟁을 멈추고 함께 싸우는 방법 • 93

4장 혁신 • 101
혁신을 위해 무엇까지 할 수 있는가 • 106
변화에 대응하는 법 • 113
셸이 사망 사고 없는 현장을 만들기까지 • 128
조직 모두의 의견을 반영해 혁신하라 • 132

5장 위험 감수와 회복탄력성 • 144
성공에는 각기 다른 위험이 따른다 • 147
데이터를 확인해 위험을 줄여라 • 153
회사를 신뢰하는 직원, 신뢰하지 못하는 직원 • 162
현명하게 모험하고 실패에서 배우라 • 165

6장 정직성과 도덕적 행동 • 170
도덕은 마인드셋에 따라 다르게 나타난다 • 173
조직의 마인드셋이 직원의 도덕관을 움직이는 방식 • 179
정직한 경쟁이란 무엇인가? • 190
일탈과 실수에 제대로 대처하라 • 195
도덕적이며 정직한 조직을 만드는 방법 • 196

7장 다양성·형평성·포용성 • 203
고정관념의 함정 • 207
조직에서 DEI를 추구하라 • 212
왜 천재만 고용하면 안 되는가? • 216
동료를 결정하는 마인드셋의 과학 • 224
DEI를 추구하는 조직을 만드는 방법 • 234

3부 마인드셋 트리거를 파악하라

8장 마인드셋을 자극하는 상황들 • 242
4가지 마인드셋 트리거: 평가·역경·비판·성공 • 243
목표 달성을 위한 마인드셋 설정 • 249
다시, 고정 마인드셋 이해하기 • 254

9장 평가받는 상황 • 257
당신이 할 수 있음을 증명하라 • 267
성찰을 위한 질문들 • 277

10장 역경이 닥친 상황 • 279
역경은 뇌를 성장시킨다 • 284
능력과 노력은 반비례한다는 믿음 • 287
창업은 혼자 하는 것이 아니다 • 300
더 어려운 문제를 제시하라 • 304
역경을 이겨내는 5가지 방법 • 307
성찰을 위한 질문들 • 314

11장 비판받는 상황 • 316
성적표를 숨기는 아이와 어른 • 322
비판을 수용하는/튕겨내는 마인드셋 • 323
필요한 비판만 수용하라 • 330
유용한 피드백을 주는 방법 • 335
성찰을 위한 질문들 • 352

12장 다른 사람이 성공하는 상황 • 354
동료와 싸워 이기라는 조직 • 364
교실에서 벌어지는 경쟁 • 378
도전하거나 위협받거나 • 383
다른 사람이 성공할 때 자신의 의욕을 자극하는 방법 • 385
성찰을 위한 질문들 • 393

결론 • 395
감사의 말 • 401
참고문헌 • 408

추천의 말

캐롤 드웩
Carol Dweck

스탠퍼드대학교 심리학과 교수,
《마인드셋Mindset》 저자

  2006년의 어느 중요한 날, 메리 머피가 내 연구실로 걸어들어 왔다. 당시 그녀는 스탠퍼드대학교의 우리 학과에서 평판이 높은 대학원생이었다. 그래서 그녀가 나와 이야기하려고 약속을 잡았다는 게 기뻤다. 무슨 말을 하려는지 너무나 궁금했다. 그 대화 이후 큰 변화가 생기리라는 건 전혀 몰랐다.

  메리가 등장하기 이전의 연구 상황을 조금 설명해보겠다. 수십 년에 걸쳐 마인드셋 연구가 진행되었다. 그 연구를 통해 어떤 사람들은 지성 같은 중요한 자질이 고정되어 있으며, 개발할 수 없다고 믿는다는 사실이 밝혀졌다. 그들의 관점에서 볼 때 타고난 능력을 더 개발할 여지는 없었다. 우리는 이를 '고정 마인드셋fixed mindset'이라 불렀다. 우리가 밝힌 바에 따르면 이런 마인드셋은 자신의 실력이 들통날지도 모를 도전을 기피하게 한다. 또한 실수나 좌절을 능력 부족 탓으로 해석하게 만들어 어려움에 직면했을 때 쉽게 포기하도록 만든다. 반면 '성장 마인드셋growth mindset' 관점에 더 치우친 사람들도 있다. 이는 노력, 좋은 전략, 다른 사람들의 도움과 지원을 통해 장기적으로 능력을 개발할 수 있다고 믿는 태도다. 우리가 밝힌 바에 따르면 이 믿음은 능력을 향상시킬 수 있도록 도전하게 하고 실수와 좌절에서 배우도록 한다. 그래서 더욱 효과적으로 끈기를 발휘하면서 장기적으로 더 많은 성과를 내도록 만든다.

그날 메리는 이렇게 말했다. "교수님의 연구를 좋아하고, 중요한 연구라고 생각합니다. 하지만 교수님은 마인드셋을 단지 어떤 사람의 머릿속에 있는 것으로 다룹니다. 사람들이 각기 다른 마인드셋을 지니고, 그게 큰 차이를 만드는 건 맞아요. 하지만 어떤 사람이 속한 환경, 사회적 맥락, 문화, 조직에도 마인드셋이라는 게 있습니다. 그건 그 집단이나 조직을 지배하는 철학과 관행으로 체현되며, 개인적 마인드셋과 상관없이 거기에 속한 사람들에게 강력한 영향을 미칩니다."

우리는 사람들이 특정한 마인드셋을 선호할 수 있어도 무조건 거기에 머물지 않는다는 사실을 이미 알고 있었다. 가령 커다란 좌절이나 실패는 성장 마인드셋으로 치우친 사람도 고정 마인드셋에 빠지게 만들 수 있다. 하지만 메리는 그보다 더 깊이 생각했다. 그녀는 사람들의 개인적 마인드셋이 어떻든 관계없이, 그들이 속한 직장이나 학교의 환경이 큰 영향을 미친다고 주장했다.

다시 말해, 어떤 사람이 세상의 모든 성장 마인드셋 쪽으로 향한다 해도 그것을 활용할 수 없는 곳들이 있다. 그런 곳은 고정 마인드셋 환경 또는 메리가 말하는 '천재 문화Cultures of Genius'로 가득한 환경이다.

그렇다면 직장이나 학교의 환경은 어떻게 고정 마인드셋을 지향하게 될까? 그러한 마인드셋은 능력이 고정되어 있으며, 개발할 수 없다는 생각에 사로잡혀 있다. 어떤 사람은 똑똑하고, 어떤 사람은 똑똑하지 않다는 생각이다. 이런 환경은 혼란을 겪거나 고전苦戰하는 시기 없이 즉시 완벽한 성과를 내는 것을 중시한다. 학습과 성장에 따른 내실보다 천재처럼 보이는 외양을 중시한다. 이러한 조직문화는 천재적 감각이 없다고 평가되는 사람보다 있는 것처럼 보이는 사람을 중시한다. 개인의 마인드셋이 어떻든 이런 마인드셋을 가진 환경이 더 영향을 미친다. 똑똑한지 아닌지, 자질이 있는지 없는지 따지는 환경에서는 커다란 도전에 나서거나, 좌절을 중요하게 여기는 등, 실패에서 배우기가 어렵다.

메리는 우리가 속한 환경이 마인드셋을 반영할 수 있다고 주장했다. 그것은 모든 사람의 능력을 개발할 수 있다고 믿고 그를 중시하는 문화일 수도 있다. 또는 능력은 고정되어 있다고 믿고 그를 중시하는 문화, 어떤 사람은 더 많은 능력이 있는 반면 어떤 사람은 (영구적으로) 능력이 부족하다고 여기는 문화일 수도 있다.

이러한 메리의 주장에 나는 어떤 반응을 보였을까? 나는 엄청나게 흥분했다. 새로운 생각이고, 연구를 위해서뿐만 아니라 사회를 위해서도 아주 중요한 생각임을 바로 알 수 있었다. 그래서 "한번 해봅시다!"라고 말했다. 메리는 지금은 유명해진 연구 프로그램을 즉시 시작했다.

메리는 이 연구에서 성장 마인드셋을 갖추고 이를 정책과 관행에 반영하는 조직과 팀에 관한 사실을 거듭 증명했다. 그 팀의 구성원들은 강한 동기와 의욕을 지니고, 더 많이 서로를 지원하며, 창의적이고 혁신적이었다. 그들은 또한 서로를 속이거나 건성으로 일하거나 서로의 아이디어를 훔칠 확률이 적었다. 대학 강의에서 강사가 성장 마인드셋 문화를 조성한 경우 학생들은 더 강한 동기를 품고, 더 많이 배우고, 더 높은 학점을 기록했다. 이러한 '성장 문화Cultures of Growth'는 모든 사람을 존중하고, 능력을 키우도록 지원하며, 모두가 가치 있게 기여할 수 있는 여건을 만든다. 이 문화에서는 뛰어난 아이디어와 기여가 조직의 모든 직급과 부문을 아우른 많은 사람들에게 나온다. 명민하거나, 재능 있거나, "높은 잠재력"을 지녔다고 인정받는 사람들에게서만 나오는 것이 아니다.

이 관점이 얼마나 새롭고 가치 있는지는 아무리 강조해도 지나치지 않다. 이는 그저 조직이나 교실의 구성원들에게 성장 마인드셋을 갖도록 가르치는 것으로는 더 이상 충분치 않다는 의미였다. 성장 마인드셋에 따르는 방식으로 행동하는 것은 더 이상 개인적인 책임이 아니었다. 이제 성장 마인드셋 문화, 즉 실질적 관행이 모두의 학습과 성장을 북돋고, 지원하고, 보상하는 문화를 창출하는 것은 조직이나 학교를 이끄는 리더들의 책임이 되었다. 메리의 영향력은 이런 이해에서 끝나지 않았다. 그녀는 마인드셋을 연구하는 우리 모두가 그런 문화를 창출하는 데 기여하자고 북돋았다. 그 방법을 마련하기 위해 교사나 관리자가 효과적으로 활용할 수 있도록 여러 관행을 개발하고 엄격하게 테스트했다. 메리의 생각에 대해 내가 처음에 품었던 흥분은 시간이 지날수록 커져만 갔다.

메리는 지금까지 전 세계에 걸쳐 '천재 문화'와 '성장 문화'를 지닌 수많은 조직을 연구하고 그들과 협력했다. 그녀는 그들이 어떤 모습인지, 조직이 어떻게 운영되는지, 각 마인드셋이 어떤 양상으로 발현되는지 정확하게 파악했다. 이 책은 이 놀랍고도 믿을 수 없을 정도로 가치 있는 정보를 나누어준다. 모든 조직과 집단은 그 정보를 토대로 성장의 길에 올라설 수 있다. 모두가 잠재력을 발휘하고 전체의 생산성과 혁신, 성공에 기여할 수 있도록 지원하는 문화를 창출할 수 있다. 이런 일이 국가적 차원 나아가 세계적 차원에서 일어난다고 상상해보라. 이 책은 그 일을 가능하게 한다.

서문

　머릿속으로 이런 상황을 그려보라. 당신은 새 직장에서 일을 시작했다. 첫날의 강하고 생생한 의욕이 넘쳐난다. 당신은 이런 데서 일하면 어떤 기분일지 오랫동안 궁금해했고, 이제 그 자리에 있다. 당신의 분야에서 아주 유명한 조직에 속한 선망의 자리에. 당신은 앞으로 해나갈 일이 힘들 것을 안다. 그래도 감당할 준비가 되어 있다. 게다가 그것은 엄청난 배움의 기회이기도 하다. 빨리 일하고 싶어서 안달이 날 지경이다!

　고개를 들어 시계를 보니 첫 월요일 아침 팀 회의 시간이다. 회의실에 참석자들이 모이면서 웅성거리는 소리가 들린다. 옆자리에 앉은 사람이 자신을 소개한다. 그는 "이번에 새로 온 분이죠? 어느 학교 나오셨어요?"라고 묻는다. 당신이 대답하자 그는 고개를 끄덕인다. 그러고는 "나쁘지 않은 학교네요. 저는 MIT에서 복수 학위를 받았어요"라고 대꾸한다. 회의가 시작된다. 팀장은 프로젝트 리더들에게 현황 보고를 요구하고, 각 리더는 성과를 자랑한다. 하지만 주요 기한을 지키지 못했다는 사실이 드러나자 분위기가 긴박해진다. 누구 잘못인지를 두고 손가락질이 오가지만 명확한 답은 나오지 않는다. 대화를 끊고 팀장은 팀을 궁지에 빠트린 까다로운 문제에 대한 해법을 제시해보라고 말한다. 당신은 좋은 제안이 떠올라 손을 들려다가 그만둔다. 앞서 목격한 상황을 고려할 때 표적을 맞히지 못할까 두려워서다. 당신의 아이디어가 아주 뛰어나지 '않으면' 어떻게 될까? 팀장과 다른 팀원들이 당신을 어떻게 생각할까? 당신은 그냥 조용히 있는 게 낫겠다고 판단한다. 회의가 끝날 무렵 당신은 가슴이 답답해지는 것을 느낀다. 실수를 한 건 아닌지 불안해진다. 어쩌면 당신은 자질이 부족할지도 모른다.

이제 시간을 되돌려서 다른 상황을 고려해보자.

당신은 첫날의 강하고 생생한 의욕을 느끼며 시계를 본다. 월요일 아침 팀 회의 시간이다. 팀장은 모두에게 당신을 소개한 후 "우리 팀에 귀중한 기술과 경험을 안겨주리라 믿습니다. 같이 일하게 되어서 기쁩니다"라고 말한다. 현황 보고가 시작된다. 프로젝트 리더들은 성과뿐 아니라 자신이 처한 난관까지 공유한다. 팀원들은 문제 해결에 도움이 되는 제안을 제시한다. 주요 기한을 놓쳤으나 손가락질은 없다. 그 대신 거기서 무엇을 배울 수 있는지, 어떻게 절차를 바꾸면 재발을 방지할 수 있는지, 다음 이정

표에 이르기 위해 어떤 일을 할 것인지에 대한 논의가 오간다. 마침내 팀장은 팀을 궁지에 빠트린 까다로운 문제에 대한 해법을 제시해보라고 말한다. 당신은 몇 명의 발언을 기다렸다가 아직 나오지 않은 아이디어를 제안한다. 당신의 아이디어는 뜨거운 호응을 얻는다.

회의가 끝날 무렵 당신은 팀의 일원이 된 듯한 느낌을 받는다. 팀이 어떻게 문제에 대처하고, 해법을 찾아내고, 같이 위험을 감수하는지 알게 되었다. 앞으로 마주할 어떤 도전과 기회도 감당할 수 있을 것 같아 흥분된다!

이는 2가지 문화에 대한 이야기다. 하나는 고정 마인드셋 문화, '천재 문화'다. 다른 하나는 성장 마인드셋 문화, '성장 문화'다. 앞선 2가지 간단한 사례에서도 알 수 있듯이 개인과 팀, 조직의 성과에서 문화는 아주 중요하다. 처음 일을 시작하는 순간부터 말이다.

앞으로 책 전체에 걸쳐 이 2가지 마인드셋 문화가 지닌 차이를 설명할 것이다.[1] 그전에 사티아 나델라가 마이크로소프트의 CEO가 되었을 때, 가장 처음으로 문화 개혁에 대한 의지를 공표했음을 언급할 필요가 있다. 그는 마이크로소프트의 성공이 혁신적이고 창의적인 제품을 만들어내는 능력에 달려 있음을 알았다. 뒤이어 그는 이런 질문을 던졌다. "어떻게 하면 성장 마인드셋으로 그 능력을 발휘하게 할 수 있을까?" 다시 말해 어떻게 하면 성장 마인드셋을 실천할 뿐 아니라 어려운 문제를 해결하는 데 활

서문

용할 수 있을까?

2014년에 나델라가 취임했을 때 마이크로소프트의 주가는 겨우 36달러 수준이었다.[2] 그러나 2021년 11월에는 340달러를 넘는 고점에 이르렀으며, 2022년에 기술주가 폭락할 때도 높은 상승률을 유지했다.[3] 윈도우에 크게 의존하던 마이크로소프트는 클라우드 컴퓨팅 시장에서 아마존 웹 서비스Amazon Web Services라는 강자와 경쟁하는 방향으로 나아갔다.[4] 그 결과 2021년에 미국 역사상 (애플에 이어) 두 번째로 시가총액 2조 달러를 달성하는 기업이 되었다.

마이크로소프트는 이런저런 전략을 활용한 대표적인 사례로 자주 거론되기 때문에 책에서 마이크로소프트의 사례가 또 나오면 한숨부터 나올 수도 있다. 하지만 그들이 칭송받는 성공은 대부분 하나의 이상에서 기인한다. 바로 마이크로소프트를 성장 마인드셋 문화로 이끌겠다는 나델라의 의지다. 현재 컴퓨팅 분야는 인공지능의 가능성에 초점을 맞추고 있다. 마이크로소프트는 우리가 성장 마인드셋 쪽으로 향하도록 돕는 일을 인공지능에 맡겨서, 직장 문화를 개선하려 노력하고 있다. 나델라는 챗봇 테이Tay[5](최근에는 빙Bing[6])가 민망한 실패로 끝난 후, 엔지니어링 팀을 새로운 방향으로 이끌었다. 바로 포용적이고 성장 지향적인 제품을 만드는 길을 찾는 것이었다. 나는 협력자들과 함께 그 노력에 동참했다. 우리는 교실과 팀에서 교사와 관리자 들이 성장 마인드셋 문화를 창출하도록 돕는 AI 기반 도구를 만들기 위해 같이 일하고 있다.

성장 마인드셋 문화란 대체 무엇일까? 그 진정한 가능성은 무엇이고, 현실에서 어떤 모습으로 드러나며, 이런 유형의 문화로 전환할 때 무엇을 수반할까? 지금부터 이런 내용을 설명할 것이다. 또한 성장 마인드셋 문화가 대기업에만 통하는 것이 아니며, 학교나 비영리단체 또는 스포츠팀뿐 아니라 근본적으로 두 사람 이상이 같이 일하는 모든 곳에서 성과를 높인다는 사실을 보여주려 한다. (2023년 NBA 준결승에 오른 4팀 중 3팀이 성장 지향적임을 언급할 필요가 있다. 이 팀들의 감독이나 팀 리더는 성장 중심 접근법을 공개적으로 지지했다.)[7] 또한 개인적 마인드셋에 관한 최신 연구 결과와 그것이 마인드셋 문화에 대해 우리가 배운 내용과 어떻게 연관되는지도 살피려 한다.

마이크로소프트가 변신에 성공한 데에는 나델라가 스탠퍼드대학교 심리학과 교수인 캐롤 드웩의 《마인드셋》을 읽은 덕이 크다. 2006년에 처음 출간된 이 책은 지금까지 40여 개 언어로 번역되어 700만 명 이상이 읽었다.

마인드셋이란 지성의 가변성에 관한 우리의 믿음을 가리킨다. 이는 지성을 대부분 고정된 것으로 보는지 아니면 개발할 수 있다고 보는지의 문제다. 고정 마인드셋에 대한 믿음은 사람들이 "지성을 가졌다"거나 가지지 못했다고 주장한다. 반면 성장 마인드셋에 대한 믿음은 사람들이 지성을 개발하고 확장할 수 있다고 주장한다. 마인드셋 개념은 개인에 대한 우리의 이해에 가히 혁명적인 영향력을 미쳤다. 마인드셋은 그 사람이 도전과 좌절에 대응하는 양상, 추구할 가능성이 높은 목적, 행동에 대해 말해준다. 고정 마인드셋을 따르면 좌절을 겪을 때 포기하고, 학습과 개발에서 위험을 덜 감수하며, 실수를 감추게 된다.

나는 2006년에 대학원생으로 공동 연구를 시작하면서 캐롤 드웩을 처음 알게 되었다. 당시 나는 마인드셋이 개인적 차원뿐 아니라 다른 사람들이 구성하는 맥락 안에서도, 특히 집단에서도 중요하다는 사실에 흥미를 느꼈다. 어떤 순간에 당신은 고정 마인드셋을 따를지 아니면 성장 마인드셋을 따를지 결정을 내려야 한다. 그 결정에 가장 큰 영향을 미치는 것이 반드시 당신의 뇌일까? '아니다.' 그 요인은 외부에 있다. 그렇다. 마인드셋은 당신의 머릿속에만 있지 않다. 나는 지금까지 10년 넘게 캐롤의 동료 연구자로서 마인드셋이 집단 및 조직 수준에서 어떻게 작동하는지 살폈다. 그 결과는 시스템과 팀이 작동하는 양상에 관한 우리의 이해를 근본적으로 바꿀 만큼 변혁적이었다. 이는 우리가 서로에게 얼마나 강한 영향을 미치는지도 말해주었다.

호수에서 물고기 한 마리가 헤엄친다고 상상해보라. 마인드셋이 순전히 개인적 속성만을 지닌다는 주장은, 그 물고기의 행동 방식이 순전히 그 물고기에 의해 좌우된다는 주장과 같다. 이 말은 물속에서(또는 주위에서 헤엄치는 다른 물고기들에게) 일어나는 일을 전적으로 간과한다. 마찬가지로 '우리'가 헤엄치는 마인드셋 문화는 우리의 생각, 동기부여, 행동에 중대한 영향을 미친다.

특히 요즘 서구화된 국가에서는 개인적 행위주체성agency을 중시한다. 이런 곳에는 주위에서 무슨 일이 벌어지든 간에 궁극적으로 우리가 모든 것을 통제할 수 있도록 정신을 다스리는 법을 배울 수 있다는 통념이 존재한다. 이런 밈meme[비유전적으로 전파되는 문화 요소를 뜻함]은 흔히 개인을 비난하고 조직의 결함을 가리는 데 활용된다. 여기서 누군가의 행위 주체성이나 능력을 폄하하려는 건 아니다. 단지 우리를 둘러싼 강력한 영향을 전면으로 부각하고 싶다. 우리는 주위를 살펴서 무엇이 기준norm인지, 우리에게 무엇을 기대하는지, 어떻게 하면 성공하고 인정받을 수 있을지 파악한다. 이런 정보를 도출하는 원천이 바로 문화다.

어떤 조직은 타고난 능력을 숭배하고 그에 보상하는 문화를 가지고 있을 수 있다. 그 결과 똑똑하다고 여기는 사람을 떠받들고 칭찬하는 반면, 기준에 못 미치는 사람을 재단하고 비난한다. 이런 문화에서 당신은 어떻게 행동할 것인가? 무엇을 얻기 위해 노력할 것인가? 문화에 맞서기란 물살을 거슬러 헤엄치는 것과 같다. 물론 가능하기는 하다. 그러나 사실 그럴 가능성은 낮다.

성장 마인드셋 문화는 모든 구성원의 성장과 개발을 중시하고, 촉진하고, 보상한다. 물론 실적을 생각해야 한다. 그러나 이런 조직은 구성원이 자신과 회사를 진전시키는 방식으로 배우고, 성장하고, 발전하는 데서 번영과 성공을 얻는다고 믿는다.

우리가 헤엄치는 마인드셋 문화는 더 깊은 차원에도 영향을 미치기 시작한다. 이 문화는 우리가 자신을 바라보는 방식을 바꾼다. 우리는 자신도 모르는 사이에 조직의 마인드셋을 자신의 것으로 수용한다. 이는 우리가 다른 사람들을 바라보고 대우하는 방식에 영향을 준다. 그에 따라 조직의 마인드셋 문화는 더욱 강화되어 지속적으로 강도가 높아지는 주기를 형성한다.

사람이 모이는 모든 곳에는 마인드셋 문화가 있다. 그런데도 대다수 조직은 자신들의 마인드셋 문화가 무엇인지 또는 그것이 해당 집단과 그 성과에 어떻게 영향을 미치는지 모른다. 앞으로 이 책 전체에 걸쳐 마인드셋 문화가 수많은 집단에서 드러나는 양상을 조명할 것이다. 직장, 학교, 가족, 스포츠팀 등의 집단이다. 나는 이 다양한 집단을 가리킬 때 "조직"이라는 용어를 쓸 것이다. 또한 편의상 "리더"와 "직원"을 약칭으로 쓸 것이다. 다만 성장 마인드셋 문화를 육성하는 일은 직장을 넘어 거의 모든 환경에서 가능하다는 사실을 알아주기 바란다.

마인드셋은 우리의 내면에 있는 무엇이라기보다 3개의 동심원 사이에 이루어지는 상호작용 시스템으로 이해하는 편이 좋다. 우리의 개인적 마인드셋은 우리가 속한 집단이나 팀의 국지적 마인드셋 문화에 영향받고, 국지적 마인드셋 문화는 더 커다란 조직의 마인드셋 문화에 영향받는다. 개인의 경우처럼 조직의 마인드셋 문화는 전적으로 고정형이거나 성장형인 것이 아니라 연속적 범주에서 작동한다. 우리 팀은 지난 10년에 걸친 연구를 통해 마인드셋 문화 연속체mindset culture continuum의 두 극단을 파악했다. 바로 천재 문화와 성장 문화다.

천재 문화는 매력적으로 들린다. 그렇지 않은가? 그러나 천재 문화를 대표하는 여러 리더를 생각해보라.

먼저 테라노스Theranos의 CEO 엘리자베스 홈즈가 있다.[8] 그녀는 스탠퍼드대학교를 중퇴하고 지금은 악명을 얻은 혈액 검사 회사를 세웠다. 당시 실리콘밸리의 차세대 혁신가를 발견했다고 생각한 스탠퍼드대학교 교수들이 도움을 주었다. 그러나 테라노스의 리더들은 약속을 지키지 못했을 뿐 아니라, 자신들의 문제에 대해 거짓말까지 일삼았다. 이후 홈즈는 사기와 공모 혐의로 유죄를 선고받았다. 그다음으로 아리프 나크비가 있다.[9] 나크비는 임팩트 투자자impact investor[투자 수익뿐 아니라 투자 대상 기업이 사회 및 환경에 미치는 영향을 고려하는 투자자]로 행세했다. 그가 만든 아브라지Abraaj 사모펀드의 목표는 깨어 있는 자본주의를 뒷받침하는 것이었다. 나크비도 홈즈처럼 그의 천재적 면모에 사로잡힌 투자자들을 현혹했다. 그러나 모든 것이 위장막일 뿐이었다. 나크비는 자신의 사모펀드에서 7억 8,000만 달러를 훔쳤다.

또 다른 사례로 학자금 보조 기업인 프랭크Frank의 CEO 찰리 자비스가 있다.[10] 그녀는 프랭크를 "고등교육계의 아마존"이라 불렀다. 그녀는 초기 투자자들의 환심을 사면서 금세 기술 산업 미디어의 총아가 되었다. 그러나 나중에 법무부는 "고객 수를 엄청나게 부풀려서" J. P. 모건 체이스가 회사를 고가에 인수하도록 속인 혐의로 그녀를 기소했다.

천재 문화는 고정 마인드셋과 맞물린다. 그 포괄적인 믿음에 따르면 재능과 능력은 타고난다. 그래서 "그것"을 가졌거나 갖지 못할 뿐이다. 천재 문화는 다른 무엇보다 명민함과 똑똑함을 중시한다. 타고난 것처럼 보일 때 더욱 그렇다. 천재 문화는 거의 전적으로 높은 고정형 지능에 초점을 맞춘다. 이런 조직에 지원하는 사람들은 흔히 지능지수, 시험 점수, 학업 및 지능 관련 수상 내역과 성취를 내세운다.[11] 그들은 자신이 자격을 갖추었고, 선택받은 소수에 속한다고 평가받기를 바란다.

성장 문화도 똑똑한 사람을 원한다. 다만 그들이 배우고, 새로운 전략을 시도하고, 난관에 처했을 때 도움을 요청하면서 능력을 추가로 개발하려는 높은 동기와 의욕적인 자세를 갖추기를 바란다. 그에 따라 지원자들은 성공 사례뿐 아니라 자신이 여기까지 오기 위해 극복한 난관, 일에 대한 의지, 능력 개발에 대한 욕구를 부각할 가능성이 높다. 성장 문화는 좋은 전략, 지도, 조직의 지원을 통해 재능과 능력을 연마하고 개선할 수 있다는 믿음을 중심에 둔다.

개인적 마인드셋이 행동과 결과의 강력한 예측 지표가 되듯이, 마인드셋 문화도 마찬가지다. 관련 연구 결과는 조직적 마인드셋이 개인, 팀, 조직의 성공을 예측할 수 있음을 명확하게 보여준다. 조직적 마인드셋은 구성원들이 협력할지, 혁신적 아이디어와 해결책을 제시할지, 위험을 감수할지, 정보 독점이나 실수 은폐, 아이디어 도둑질처럼 도덕적으로 문제 있는 행동을 할지, 회사가 다양한 집단에 속한 구성원의 통찰과 재능을 유용하게 사용하거나 그들의 능력을 제한한 상태로 남을지 여부에 영향을 미친다.

앞으로 사티아 나델라가 어떻게 마이크로소프트의 투자 전략을 세우고, 애플 및 다른 경쟁사와 협력하는 능력을 발휘하고, 기술적 실패로부터 반등하는 능력을 만든 성장 문화를 창출했는지 보여줄 것이다. 또한 다른 성장 문화의 성공담도 소개하겠다. 두 자매가 해결책 중심 접근법을 활용하여 와인 시장에 혁신을 일으키고 최고 품질의 제품을 폭넓고 다양한 소비자 집단에 제공한 사례가 있다. 또한 모든 학생의 학습 능력에 대한 믿음이 지역 대학의 교육 방식을 혁신해 성과를 크게 개선한 사례도 있다.

조직적 마인드셋을 의식적으로 형성할 수 있다는 점은 정말 다행스럽다. 우리는 리더, 관리자, 개인 기여자와 협력하는 과정에서 성장 문화가 동기부여를 촉진하고 개인과 조직의 성과를 높이는 것을 직접 확인했다. 또한 조직이 성장 마인드셋을 체현하고 촉진하는 방향으로 바뀌도록 돕는 방법을 발견했다. 그리고 무엇이 기업의 마인드셋 문화를 형성하는지, 어떻게 정책과 관행, 기준을 바꿔서 구성원들이 성장 마인드셋 쪽으로 향하도록 도울 수 있는지 밝혀냈다.

나아가 우리는 마인드셋 문화와 다양성 및 포용성 사이의 연관성을 발견했다. 조직적 마인드셋은 기업이 다양한 집단에 속한 사람들을 파악하고, 채용하고, 유지하는지를 좌우한다. 이 발견으로 우리는 에쿼티 액셀러레이터Equity Accelerator를 만들었다. 에쿼티 액셀러레이터는 보다 평등한 학습과 근무 환경을 창출하는

(그리고 유지하는) 일에 사회학 및 행동학을 적용하는 미국 최초의 전문 연구 조직이다. 우리는 포용적 성장 마인드셋 문화를 촉진하는 일을 한다. 이 일은 우리가 하는 활동과, 당신이 당신의 팀에 적용할 수 있도록 지금부터 이 책에서 알려줄 내용의 상당 부분을 차지한다.

앞으로 책 전체에 걸쳐 당신과 당신의 팀이 성장 마인드셋을 함께 고무하는 방법을 찾을 수 있는 획기적인 연구 결과를 다룰 것이다. 또한 다양한 산업에 속한 유명 기업과 조직이 구성원들의 협력 방식에 변화를 일으켜 성장 문화를 창출한 양상을 살펴보겠다. 그리고 교육기관, 비영리단체, 스포츠 팀 등의 세계를 탐구하여 모든 곳에서 성장 문화가 꽃피는 양상을 확인할 것이다. 가령 뉴욕주의 한 교육감은 담당 교육구의 마인드셋 문화를 바꾸어 유색인종 학생들이 겪는 심각한 불평등을 바로잡았다. 또한 재단을 겸하는 한 베이커리는 성장 마인드셋 원칙을 직원 채용 및 개발 과정에 적용했다. 그 결과 성공적인 사업을 대단히 성공적으로 운영하는 한편 전과자들이 일할 수 있는 기회를 창출했다.

주요하게는, 당신이 스스로 성장 마인드셋을 향해 나아가게 만드는 방법 그리고 주위 사람들을 고무하여 성장 문화 팀을 육성하는 방법을 안내할 것이다. 이 책은 당신의 조직이 함께 일하는 방식을 바꿀 수 있도록 당장 오늘부터 시작할 수 있는 여러 훈련, 도구, 관행으로 가득하다. 당신은 어떤 상황이 개인을 고정 마인드셋이나 성장 마인드셋으로 이끄는지 파악할 수 있다(스포일러: 우리 모두는 두 마인드셋을 다 내면에 지니고 있다). 또한 고정 마인드셋에 이끌리게 하는 상황에서 성장 마인드셋을 되찾는 방법, 즉 의욕을 갖고 발전할 수 있는 상황으로 바꾸는 방법을 배우게 될 것이다. 이런 수준에 이르면 다른 사람도 같은 일을 하도록, 당신이 원하는 마인드셋 문화를 구축하도록 도울 수 있다.

이 책은 마인드셋에 관해 당신이 아는 것을 바꾸어놓을 예정이다. 또한 당신과 팀, 조직에게 도움이 될 새로운 증거 기반 통찰과 행동을 배우는 방법을 명확하게 알려줄 것이다.

1부에서는 마인드셋이 작동하는 양상에 대한 우리의 이해를 재구성하면서 마인드셋을 재설정하려 한다. 2부에서는 조직적 마인드셋을 깊이 파고들어서 아래 5가지 주요 영역에서 발현되는 양상을 살필 것이다.

* 협력 그리고 우리가 동료와 경쟁할지 아니면 협력할지 여부
* 혁신 그리고 우리가 새로운 아이디어에 접근할 수 있는지 아니면 과거를 반복하는 일에 머물지 여부
* 위험 감수 및 회복탄력성 그리고 우리가 기꺼이 모험을 할지 아니면 안전한 길을 가야 한다고 느낄지 여부
* 정직성 및 도덕적 행동 그리고 우리가 성과에 대한 기대를 충족하거나, 실수를 감추거나, 평판을 개선하기 위해 지름길로 가거나 규칙을 깰지 여부

* 다양성·형평성·포용성 그리고 우리가 다양한 재능과 관점을 가진 사람들을 채용하고 유지할지 아니면 성공에 대한 협소한 선입견에 따라 채용할지 여부

이와 더불어 당신이 속한 조직의 마인드셋과 마인드셋의 영향을 파악하는 방법을 알려준다. 그리고 성장 마인드셋으로 나아가고 거기서 머무는 방법을 설명할 것이다.

3부에서는 마인드셋에 관한 신호가 개인적으로 우리에게 영향을 미치는 양상을 살피려 한다. 또한 우리를 고정 또는 성장 마인드셋으로 이끄는 4가지 상황적 신호가 있다.

* 노력을 평가받는 상황에 처할 때
* 난관에 직면할 때
* 비판받을 때
* 다른 사람의 성공을 접할 때

이를 통해 어떤 상황이 어떤 마인드셋을 자극하는 경향이 있는지 배울 것이다. 또한 성장 마인드셋을 더 자주 불러일으키는 방법도 배울 것이다.

개인으로서 우리는 강한 존재다. 그러나 혼자 할 수 있는 일에는 한계가 있다. 우리의 삶에서 이루는 최선, 최대의 성과는 다른 사람들과 협력하면서 집단적 잠재력을 완전히 실현하는 데서 나

온다. 마인드셋은 팀으로서의 노력을 요구한다. 그래서 이 책에서 배운 것을 팀과 나누기를 권한다. 성장 문화의 본질은 모두가 같이 성장할 수 있도록 노력하는 것이다. 이는 우리가 성장 마인드셋을 향해 나아가고, 소매를 걷어붙이고, 같이 노력할 때만 가능하다.

GROWTH
CULTURE

1부

조직의
마인드셋이란?

1장   마인드셋 바로 알기

우리는 마인드셋을 완전히 잘못 알고 있다. 사실, '완전히' 잘못 아는 건 아니다. 그래도 지나치게 단순화한 탓에 피해를 입었다.

마인드셋은 쉽게 이해할 수 있는 개념처럼 보인다. 당신은 지성과 능력이 대부분 고정되어 있어서 변화하기 어렵다고 믿거나, 반대로 이를 장기적으로 육성하고 개발할 수 있다고 생각한다. 하지만 자신의 경험을 돌아보면 실상은 양자택일의 이분법보다 더 복잡하다는 걸 감지할지도 모른다.

난관에 부딪혔던 과거를 생각해보라. 어떻게 대응했는가? 당신의 상사가 어느 정도의 손해를 입을 것을 예상하고 이에 대처하기 위해 기금을 모금해보면 어떻겠느냐고 요구했다고 가정하자. 이 경우 당신은 과거에 해왔던 방식을 따르는 프로그램만 제안하면서 안전한 길을 택할 수 있다. 또는 상사의 요구를 새로운 일을 시도할 기회로 보고 과감한 길을 택할 수 있다. 즉, 전통적인 활동이나 행사를 넘어서는 특이한 해결책을 제시할 수 있다. 아니면 통상적인 아이디어를 나열하는 일에서 출발했다가 뒤이어 약간 모험을 하기로 결정할 수도 있다.

사실, 고정 마인드셋이나 성장 마인드셋 중 '하나'만 가진 사람은 없다. 어느 하나를 선호할 수는 있다. 그러나 우리는 두 마인드셋을 모두 지니고 있다. 우리는 그 둘 사이를 오간다. 또한 고정 마인드셋에서 성장 마인드셋으로 옮겨가는 것은 늘 스위치를 켜는 식은 아니다. 때로는 밝기를 조절하는 것에 가깝다.

<mark>마인드셋은 연속체 위에 존재한다.</mark>[1] 어느 순간에 그 연속체의 <mark>어느 지점에 속하는지는 흔히 우리가 처한 상황 및 우리 주위의 사람들과 관련이 있다.</mark>

마인드셋에 관한 우리의 사고방식은 이런 복잡성을 반영하지 않는다. 캐롤 드웩이 마인드셋이라는 개념을 처음 소개한 이래[2] 강의실과 소셜미디어에서는 다음 장의 그림이 자주 등장했다.[3]

이 그림의 무엇이 잘못되었을까? 맞다. 사람들이 대체로 신봉하는 마인드셋이 다를 수 있다. 하지만 이 그림은 뇌에 초점을 맞추고 마인드셋이 전적으로 머릿속에만 존재한다고 암시한다. 또한 마인드셋을 양자택일의 관점에서 다룬다. 그래서 <mark>어떤 유형의 마인드셋을 가졌는지</mark> 알아보라고 말한다. 이는 우리가 둘 중 하나의 마인드셋만 가질 수 있음을 암시한다. 그게 얼마나 아이러

> ### 당신은 어떤 마인드셋을 갖고 있습니까?
>
>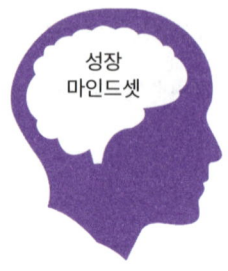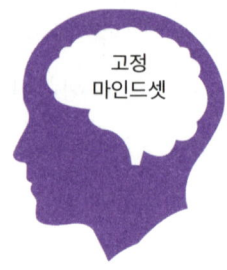
>
> | 성장 마인드셋 | 고정 마인드셋 |
> |---|---|
> | 나는 원하는 모든 것을 배울 수 있다. | 나는 어떤 일을 잘하거나, 잘하지 못한다. |
> | 나는 좌절을 겪어도 버텨낸다. | 나는 좌절을 겪으면 포기한다. |
> | 나는 나 자신을 시험하고 싶다. | 나는 어려운 상황에 처하는 걸 싫어한다. |
> | 나는 실패하면 배움을 얻는다. | 나는 실패하면 자신이 부족하다고 생각한다. |
> | 나는 노력한다는 말을 듣고 싶다. | 나는 똑똑하다는 말을 듣고 싶다. |
> | 다른 사람의 성공에 자극된다. | 다른 사람의 성공에 위기감을 느낀다. |
> | 나의 노력과 태도가 모든 것을 결정한다. | 나의 능력이 모든 것을 결정한다. |

니한 일인지 알겠는가? 우리가 항상 고정 마인드셋 아니면 성장 마인드셋만 따른다고 생각하는 것은 마인드셋을 바라보는 대단히 고정된 시각이다!

이 그림은 또한 두 마인드셋 중 하나에 대한 명확한 선호를 드러낸다. 성장 마인드셋은 좋고, 고정 마인드셋은 나쁘다. 앞으로 확인하겠지만 성장 마인드셋을 많이 따르는 사람과 문화에는 존중할 만한 속성이 많다. 그러나 이분법적 시각에 따른 오해는 마인드셋에 대한 도덕화moralization로 이어졌다.[4] 특히 그 시각을 받아들인 미국의 교육계와 기업계에서 더욱 그랬다. 이 경우에는 마인드셋을 개인의 머릿속에 존재하는 고정된 속성으로 보고, 한 마인드셋을 가진 사람이 다른 마인드셋을 가진 사람보다 낫다고 믿게 된다. 그러면 마인드셋을 기준으로 사람을 분류하고 딱지를 붙이기 쉽다. 또한 마인드셋을 창출하고 유지하는 맥락과 문화를 고려치 않고 변화의 책임을 개인에게 지운다.

우리의 외부에 존재하는 마인드셋 문화는 적극적 협력을 통해 창조된다. 그런데도 조직의 리더들은 흔히 개인적 마인드셋에 초점을 맞춘다. "성장 마인드셋"을 가진 직원을 파악하고 그들이 떠나지 않게 하면 성장 마인드셋을 가진 조직이 될 거라 생각한다.

많은 학교는 우리 팀에게 교사들이 고정 마인드셋이나 성장 마인드셋을 어느 정도나 가졌는지 평가할 수 있냐고 물었다. 투자회사들도 내게 어느 창업자에게 투자해야 할지 파악할 수 있도록 평가 수단을 만들어달라고 요청했다. 많은 경우, 이 조직들은 선택과 채용에 그런 평가 수단을 활용하고 싶어 한다.

이런 요청의 이면에 있는 가정은 다음과 같다. ①마인드셋은 정적이다. ②마인드셋은 순전히 개인적이다. ③평가 수단은 누군가의 마인드셋에 관한 "진실"을 드러낼 것이며, 따라서 그 사람이 좋은 직원이 될지(혹은 아닐지) 알려줄 것이다. 이런 믿음을 개인에게 적용하면, 그들은 뒤이어 다른 사람에게 같은 믿음을 적용한다.

나는 동료들과 함께 교사 연수 기관을 만들었다. 우리가 관찰한 바에 따르면, 마인드셋에 관해 잘못된 이분법적 시각을 가진 교사들은 동기나 성적이 부진한 학생들에게 딱지를 붙인다.[5] 그 내용은 "안타깝지만 이 아이는 고정 마인드셋을 가져서 내가 해줄 수 있는 게 별로 없어"라거나 "이 세대 학생들은 강한 고정 마인드셋을 가졌어"라는 것이다. 학생들이 성장 마인드셋으로 나아가도록 돕기 위해 어떤 일을 하느냐고 물으면, 교사들은 종종 "그건 제 일이 아니에요. 애초에 학생이 성장 마인드셋을 가졌든지, 부모가 학생과 같이 노력해서 그런 마인드셋을 개발해야 합니다"라고 말한다. 하지만 아이들이 바뀔 수 없다는 딱지를 붙이는 것이 교사가 고정 마인드셋을 따른다는 뜻이다. 일부 교사는 학습을 쉽고 빠르게 하기를 바란다(이는 고정 마인드셋이 초래하는 또 다른 태도다). 그런 교사들은 바로 정답을 제시하거나 "괜찮아, 모두가 수학을 잘하는 건 아냐"라고 안심시키고 학생들은 학습 과정을 견뎌내며 그사이 배울 수 있는 것들을 놓치게 된다.[6]

이 모든 것은 마인드셋이 무엇인지 그리고 어떤 순간에 우리가 갖는 마인드셋을 결정하는 요소가 무엇인지를 왜곡한다. 또한 마인드셋을 누구에게도 도움이 되지 않는 책임 전가의 근거로 만든다.

누군가에게 어떤 마인드셋을 따르는지 물어보라. 정답은 상황에 따라 다르다는 것이다. 마인드셋을 연구하는 우리조차 항상 성장 마인드셋으로 기울지는 않는다. 상황에 따라 고정 마인드셋

또는 성장 마인드셋이 발동한다.

그러면 마인드셋 연속체에 대해 알아보자.

마인드셋 연속체

우리는 고정 마인드셋 아니면 성장 마인드셋을 갖는 게 아니다. 하나의 연속체 위에서 여건에 따라 고정 마인드셋 쪽 또는 성장 마인드셋 쪽으로 더 많이 이끌릴 뿐이다.[7] 다만 이 연속체 위에는 기본적인 설정 지점이 있다. 당신은 성장 마인드셋 쪽에 머무는 경향이 있을 수 있다. 또는 난관에 대한 첫 반응이 고정 마인드셋에 가까울 수도 있다. (이 사실을 너무 확고하게 받아들일 필요는 없다. 설정 지점은 시간의 흐름에 따라 그리고 다른 상황에서 바뀔 수 있기 때문이다.)

마인드셋 설정 지점을 이해하는 일은 유용한 출발점이다. 캐롤 드웩의 고전적 연구가 보여주듯이 아무 마인드셋에도 영향받지 않고 살아가는 사람은 없다.[8] 실제로 우리의 연구에서 밝혀진 가장 놀라운 사실 중 하나는, 사람들이 예측 및 분별이 가능한 신호

에 따라 이 연속체 위에서 움직인다는 것이었다.⁹ "진정한 하나의 마인드셋"을 겨냥하는 마인드셋 평가 수단이 흔히 표적을 빗나가는 이유가 거기에 있다.

마인드셋은 문화이다

우리를 둘러싼 문화는 우리의 신념, 동기, 행동에 가장 큰 영향을 미치는 요소이다.¹⁰ 이 '마인드셋 문화'는 집단 및 조직 수준에서 존재한다.

마인드셋 문화는 너무나 강력해서 실제로 개인의 성장 마인드셋을 차단할 수 있다.¹¹ 그런데도 리더들은 직원 개발에 초점을 맞출 때, 자신들이 조성한 마인드셋 문화의 영향력을 간과한다. 많은 경우, 그들은 그 사실조차 인식하지 못한다!

바레3Barre3 CEO 세이디 링컨은 성장 마인드셋을 중심에 둔 피트니스 기업을 만들었다고 생각했다.¹² 그녀가 열심히 구축한 이미지, 모든 일이 수월해 보이도록 만든 완벽한 리더 이미지가 전 직원 대상 익명 설문 결과로 박살나기 전까지는. 링컨은 이렇게 말한다. "항상 그랬던 건 아니지만 그런 역할을 하려고 정말 노력했습니다. 제가 완벽주의 문화를 만들었고, 그 결과 진실성과 신뢰, 함께 혁신하는 능력을 잃었다는 걸 깨닫지 못했어요."

완벽주의는 고정 마인드셋 문화의 한 측면이다. 겉으로 보기에 어려움을 겪지 않고 결점 없는 성과를 내도록(위에서 모범으로 제시한 대로) 요구하는 환경에서, 직원들은 어려운 일에 뛰어들 활력과 의욕을 얻지 못한다. 오히려 동기와 사기를 잃어버린다. 마인드셋 문화는 이렇게 작용한다. 세이디 링컨처럼 배려심 많은 리더도 자신이 의도치 않게 성장 문화가 아니라 천재 문화를 조성했다는 사실에 충격받았다. 이런 조직은 정책, 관행, 기준이 고정 마인드셋에 따르는 신념을 체현한다.

링컨과 그녀의 팀은 기업문화를 뜯어고쳐야 했다. 그 시작으로, 링컨은 유해한 분위기가 조성된 데에 자신의 역할도 있었음을 인정해야 했다. (그녀가 어떻게 이 일을 했는지는 11장에서 살필 것이다.) 쉽지 않았고 대가도 치렀다. 링컨은 〈마리끌레르〉 인터뷰에서 "그 힘든 시기에 여러 팀원을 잃었습니다"라고 말했다.[13]

일부 팀원은 쉽게 해내는 모습을 추구하는 고정 마인드셋 문화를 신봉했다. 그들은 링컨이 자신의 잘못을 공개적으로 인정하고 수용하자 동요했다. 하지만 회사에 남은 팀원들은 그녀가 새로운 성장 마인드셋 문화를 구축하는 일을 도왔다.

2020년, 링컨은 팟캐스트 〈어떻게 성공했나 How I Built This〉에 출연해 진행자 가이 라즈 Guy Raz와 이야기를 나눴다.[14] 그녀는 이 인터뷰에서 그때 그녀의 팀이 얻은 교훈이 이후 코로나 팬데믹을 성공적으로 헤쳐나가는 데 도움을 주었다고 밝혔다. 당시 다른 수많은 피트니스 기업은 영원히 문을 닫아야 했다. 반면 바레3는 전국의 모든 지점을 닫은 지 며칠 만에 온라인 운동 플랫폼으로 영업을 재개했다.

하지만 코로나 록다운은 그들이 씨름해야 하는 난관의 시작에 불과했다. 링컨과 그녀의 팀은 '흑인의 생명도 소중하다 Black Lives Matter' 운동에 대응해야 했다. 그들은 전문가를 초빙하여 회사 내에서 파악된 구조적 인종차별, 다양성, 형평성, 포용성 문제에 대처하기 위한 계획을 수립하기 시작했다.[15]

링컨은 인터뷰에서 말했다. "그것은 우리 회사의 역사에서 가장 어렵고, 심대하고, 중요한 순간 중 하나였습니다. (…) 저는 엄청난 특권을 지니고 리더의 자리에 오른 백인 여성이며, (저도 모르게) 저와 비슷한 리더들이 있는 회사를 만들었습니다." 거기에는 대리점주와 강사 들도 포함되었다. 바레3는 DEI[다양성Diversity, 형평성Equity, 포용성Inclusion을 뜻함] 파트너들과 협력하여 리더와 대리점주 들을 교육하며, 사회 봉사 및 채용 관행을 뜯어고쳤다.[16] 또한 회사 블로그를 통해 자신들의 계획을 외부에 공개하고, 진전 정도를 측정할 내부 기준을 마련하며, 조직 전반에 걸쳐 DEI 중심 정책을 표준 관행으로 만들기 위해 시스템을 재구성하고 있다.

천재 문화와 성장 문화

조직적 마인드셋은 조직의 구성원들이 가진 지성, 재능, 능력에 대한 공통의 믿음이다.[17] 이 마인드셋은 해당 집단의 문화적 산물artifact, 즉 정책과 관행, 절차, 행동 기준, 리더와 실력자의 메시지, 조직의 주요 자료(웹사이트, 사명 선언, 다른 기반 서류) 등을 통해 드러난다.

조직적 마인드셋 역시 고정 마인드셋에서 성장 마인드셋에 걸친 연속체 위에 존재한다.[18] 팀은 단지 정적인 마인드셋을 갖는 게 아니다. 새롭게 나타나는 기회와 난관 그리고 조직이 제공하는 행동 유도성affordance[특정한 행동을 유도하는 성질]에 따라 두 마인드셋 사이를 오간다. 조직적 마인드셋에 대한 신념, 즉 지성과 재능, 능력이 고정되었거나 유동적이라고 믿는 정도는 구성원의 행동과 구성원이 자신을 표현하는 양상에 영향을 미친다.[19] 또한 구성원들이 다른 사람들과 교류하는 방식과 다른 사람들에게 기대하는 바를 좌우한다. 이 핵심적 신념은 해당 집단의 구성원들이 생각하고, 느끼고, 행동하는 방식을 결정한다.

직장 환경에서 마인드셋 문화는 모든 분야에 파급효과를 지닌다. 거기에는 협력과 혁신, 채용과 해고, 승진, 도덕적(비도덕적) 행동, 다양성과 포용성, 실적에 따른 경제적 성공이 포함된다. 학교에서 마인드셋 문화는 학생의 경험, 참여도, 학업 성과에 영향을 미친다. 또한 교사와 행정가가 어려운 교재를 수업에 사용할지, 추가 투자를 할 가치가 있는 학생들이 누구인지 등을 판단하는 데 영향을 미친다.

고정 마인드셋(또는 천재 문화)에 치우친 조직은 구성원의 능력은 바꿀 수 없다거나 또는 고정되어 있다는 생각을 믿고 퍼트린다.[20] 이 조직은 사람이 능력을 가졌거나 갖지 못하며, 그 사실을 바꾸기 위해 할 수 있는 일은 거의 없다고 생각한다. 고정 마인드셋에 따른 천재 문화에서는 "스타 찾기"와 "스택 랭킹stack ranking" [실적에 기반한 등급별 상대 평가 방식] 관행이 흔하다. 리더들이 구성원의 능력 유무를 믿으면 스타를 찾아서 채용하고 승진시키기 시작하며, 나머지 모두는 무시하거나 해고하는 것으로 자연스럽게 초점이 옮겨진다. 천재 문화에서 시스템은 구성원들이 서로 경쟁하여 자신을 증명하도록 부추기는 방식으로 기능하고 (흔히 수단과 방법을 가리지 않고) 누가 정상까지 오르는지 지켜본다.

아이러니하게도 사람들은 아무런 맥락 없이 "천재 문화"라는 말을 들으면 눈을 크게 뜬다. 그들은 "마음에 드는 말이네요!"라며 감탄한다. 우리 사회의 문화는 천재라는 개념과 일부 특별한 사람은 다른 사람들이 넘볼 수 없는 능력과 기술을 타고난다는 인식에 매료되어 있다. 우리는 심지어 역사를 꾸며내어 천재나 외로운 영웅을 강조하는 이야기를 재구성한다. 그들은 타고난 재능 덕분에 세상을 바꾸는 눈부신 "깨달음"의 순간을 맞는다. 우리의 일상적 삶이 상호의존, 협력, 팀워크를 더 많이 요구할수록 역설적으로, 이런 천재 이야기에 더 매달린다.

하버드대학교 교수 마조리 가버는 〈애틀랜틱The Atlantic〉에 실은 글에서 이렇게 쓴다.[21] "우리 사회가 개인의 행위 주체성에서 더 멀어질수록, 즉 개인이 변화를 일으킬 실질적인 힘이 줄어드는 것처럼 보일수록, 우리는 천재를 더 이상적으로 그린다. 천재는 본질적으로 위원회나 협력사업과 정반대의 자리에 있다. 실로 셰익스피어가 다른 극작가 또는 자기 극단에 있는 다른 배우와 같이 작품을 썼다는 생각에 대한 반발은, 개인적 천재라는 이 이상적인 개념을 지키려는 끈질기고 때로는 절박한 필요에서 나온다."

가버가 뒤이어 언급한 대로 18세기에 천재의 역사를 기록한 조지프 애디슨은 1700년대 초반에 통용된 천재의 두 유형을 묘사했다. 바로 타고난 천재와 학습형 천재다. 이 관점에 따르면 사람은 어린 시절부터 명민함을 드러낼 수 있지만 근면성(또는 내가 말하는 '효과적 노력effective effort')을 통해서도 명민함을 개발할 수도 있다. 반면 요즘 우리는 전자의 유형에만 초점을 맞추며, 심지어 우상화한다. 천재 문화가 언뜻 너무나 매력적으로 들리는 이유가 거기에 있다.

나는 캐롤 드웩에게 천재에 대한 우리의 애정이 어디서 기인했다고 생각하는지 물었다. 그녀는 "대부분 위계질서의 유산에서 나왔을 것"이라 추정했다.[22] 그녀의 설명에 따르면 특권을 지닌 채 태어나 명문 학교에서 교육받은 권력자들은 자신이 더 나은 이유를 정당화할 방법을 찾는다.

스탠퍼드대학교 심리학 교수 클로드 스틸도 비슷한 의견을 제시했다. 그는 이렇게 말한다. "그건 아마 권력과 특혜를 유지하기 위한 이데올로기의 뿌리일 겁니다. 능력이 있으면 있는 것이고,

없으면 불운하다는 거죠. 이런 인식은 내가 천재이고 뛰어난 능력을 가졌다면 특정한 지위를 가질 수 있다고 보장합니다. 자신이 다른 사람은 가질 수 없는 능력을 가졌으며, 그게 자연스런 세상의 이치라는 배타적 의식을 안겨주죠."[23]

클로드는 뒤이어 덧붙인다. "이런 사고방식은 특권을 정당화하고 세탁합니다. 사실은 아주 좋은 발판이 있어서 잘된 것인데도, 천재 개념을 활용하면 자신의 위치를 그렇게 판단할 필요가 없죠. '이건 내가 가진 재능 때문이야'라고 생각하면 되니까요." 내가 실시한 연구의 결과도 이런 분석과 일맥상통한다.[24]

천재 멘털리티는 현상 유지에 도움을 준다. 현상現狀을 통해 가장 많은 혜택을 누리는 사람들, 스타로 간주되는 소수는 의식하든 하지 않든 간에 그 자리를 유지하는 것이 이득이다. 동시에 이런 사고방식은 선택받지 못한 사람들의 부담을 덜어준다. '능력 없는' 사람이 되면, 주위의 기대가 낮아질 가능성이 높다.

그렇다면 우리가 천재 문화를 구축하는 방향으로 이끌리는 것이 논리적일지도 모른다. 천재가 키를 잡거나, 조직 전반에 최대한 많이 퍼져 있으면 조직이 크게 성공할 것이기 때문이다. 그렇지 않은가? 하지만 나의 연구 결과에 따르면, 그렇지 않다. 앞으로 살펴보겠지만 아이러니하게도 천재 문화는 천재를 더 적게 만들어낸다. 이는 혁신을 막고, 창의성을 억누르며 지속적인 성장이나 결과가 일어나지 않게 한다. 쉽게 성공하는 것을 추구하고 증명과 성과를 요구하는 천재 문화 속에서는 구성원들의 의욕, 차세대 대박 아이디어나 돌파구로 이어지는 위험을 감수하려는 의지, 동료나 다른 부문의 사람들과 협력하려는 욕구가 모두 줄어들 수 있다.

반대로 가능성을 믿고 서로에 대한 수용을 강조하는 성장 마인드셋 문화 또는 성장 문화는 때로 더 번거롭게 느껴진다. 지속적으로 학습하는 조직에는 언제나 더 많은 개선 방식과 찾아야 할 새로운 지평선이 있다.

그런데도 사람들은 흔히 성장 마인드셋을 더 부드럽고 덜 엄격한 것으로 오해한다. 또한 성장 문화는 리더가 결과보다 노력에 더 보상하는 한편, 무조건적인 온정과 긍정성 그리고 끝없는 긍정을 제공하는 것으로 오해한다. 그러나 이는 나의 연구 결과와 배치된다.[25] 가령 성장 마인드셋 문화를 조성하는 교수에게 배운 대학생들은 해당 교수의 강의가 더 쉽다거나 덜 엄격하다고 생각지 않았다. 오히려 그들은 강의가 상당히 힘들었으며 때로는 매우 짜증스러웠다고 말했다.

성장 마인드셋에 따라 강의를 진행하는 교수들은 학생들이 분발하여 배우고 성장하도록 계속 자극한다. 그들은 학생 1명이라도 학습 정체기를 맞으면 만족하지 않는다. 또한 이미 잘하고 있는 학생이라도 계속 더 나아지도록 밀어붙인다. 학생들이 보기에 그런 상황이 항상 유쾌하지는 않다. 그래도 그들은 장기적으로 그 점을 고맙게 여긴다. 더 나아지고 더 많이 배우기 때문이다.

성장 문화에 속한 사람들은 노력, 끈기, 좋은 전략, 도움, 지원을 통해 재능과 능력을 개발할 수 있다고 믿는다. 그들은 단순히 목표 달성 여부만 보고하는 것이 아니라, 자신의 역량 진전과 개발을 성찰하기까지 해야 한다. 또한 진전하기 위해 어떤 일을 했는지(성공한 일뿐 아니라 실패한 일까지) 파악해야 한다. 끝으로 그 지식을 활용하여 조직을 개선하도록 요청받는다.

성장 문화는 혁신을 촉진하고 구성원의 능력을 확대하는 가시적 전략과 구조를 제공한다. 더불어 많은 것을 요구한다. 개선할 방법을 적극적으로 파악하기 위한 노력과 주의와 헌신이다. 그래도 구성원들이 이 일을 혼자 하도록 내버려두지 않는다는 사실은 중요하다. 조직은 그 과정에서 도움이 될 지원과 자원을 제공한다.

나의 연구 결과는 조직의 마인드셋 문화가 5가지 측면에서 구성원들이 함께 잘 일하는지(또는 아닌지)에 지속적인 영향을 미친다는 것을 보여준다.[26] 그것은 협력, 혁신, 위험 감수 및 회복탄력성, 정직성 및 도덕적 행동, 다양성·형평성·포용성(DEI)이다. 이 '행동 기준'(집단 내에서 수용 가능하거나 바람직한 것으로 여기는 묵시적 행동 규칙으로 정의함)들은 흔히 연동되어 있다. 그래서 협력과 혁신에 문제가 있는 팀은 대개 위험 감수, 윤리, DEI 측면에서도 어려움을 겪는다. 2부에서 마인드셋 문화가 이 각각의 기준을 좌우하는 양상을 보여줄 것이다. 또한 기준을 활용하여 조직적 신뢰, 직원 만족도 및 헌신과 성과를 얻는 방법도 보여줄 것이다. 이는 상당히 포괄적이다. 그래서 마인드셋 문화가 그토록 많은 것을 좌우하는지 어떻게 아느냐고 의문을 제기할 만하다.

의미 형성 시스템으로서 조직적 마인드셋

조직적 마인드셋은 공통의 신념에 깃든다.[27] 또한 구성원들의 다른 신념이나 목표, 행동에도 영향을 미친다. 좌절에 직면하거나, 일에 상당한 노력을 기울여야 하는 상황이거나, 새로운 기술을 터득해야 할 때, 조직을 뒷받침하는 핵심적 마인드셋 신념은 어떻게 대응하는 것이 최선인지 말해준다. 성장 문화에서 우리를 둘러싼 신호는 이런 난관을 마주할 때 이를 능력을 확대하고 직업적, 인간적으로 성장할 기회로 여기도록 촉구한다. 반면 천재 문화에서는 다른 사람을 희생시켜서라도 자신을 방어하고 증명할 계기로 보기 쉽다. 즉, 배움을 얻는 것이 아니라 자신의 위상이나 지위를 높이려 든다.

조직이 모든 맥락에서 천재 문화 아니면 성장 문화를 전적으로 따르는 것은 아니다. 조직은 단면적이지 않다. 조직적 마인드셋은 개인적 마인드셋과 마찬가지로 연속체 위에 존재한다.[28] 또한 조직 수준에서 인지 가능한 포괄적인 마인드셋 문화가 흔히 존재하지만(문화적 설정 지점), 내부적으로 다양한 '마인드셋 세부문화mindset microculture'도 존재하는 경우가 많다. 가령 조직 전체는 고정 마인드셋을 더 많이 따르지만, 특정 부문이나 부서 또는 팀은 성장 마인드셋을 더 많이 지향할 수도 있다.

그다음으로 개인적 수준에서 따르는 마인드셋도 있다. 우리 팀은 연구를 통해 일반적이고 예측 가능한 4가지 상황을 분류했다. '마인드셋 트리거mindset trigger'로 불리는 이 상황들은 우리가 개인적으로 고정 마인드셋이나 성장 마인드셋을 따르도록 유도한다. (당신과 다른 사람들은 여기에 나열되지 않은 트리거를 가졌을 수 있다.[29] 그러나 이 4가지 상황은 관련 문헌 및 다양한 조직에서의 경험에 대한 분석을 토대로 하여 대다수 트리거를 신뢰성 있게 보여준다.) 이런 상황들은 알아두면 유용하다. 우리가 언제 고정 마인드셋을 따르는 경향이 있는지 그리고 어떻게 하면 성장 마인드셋으로 옮겨 갈 수 있는지에 대한 통찰을 제공하기 때문이다. 이 모든 내용을 3부에서 다룰 것이다. (이 내용들이 모두 어떻게 맞물릴지 여전히 혼란스럽다면 걱정하지 마라. 이야기를 진행하면서 자세히 풀어줄 것이다.)

일단은 이 장의 처음에 나오는 개인적 마인드셋에 대한 이미지를 다시 살펴보자. 거기에는 2개의 상반되는 관점이 묘사되어 있다. 다음 그림은 마인드셋이 작동하는 양상을 보다 정확하게 보여준다. 이 버전은 마인드셋 문화와 마인드셋 신호의 영향을 고려한다. 이 2가지 요소는 우리가 개인적 차원에서 고정 마인드셋 신념과 성장 마인드셋 신념 사이의 연속체를 따라 움직이게 만든다.

개인은 자신의 개인적 마인드셋 신념을 어느 정도 통제할 수 있다. 그러나 조직적 마인드셋 문화 같은 외부 요소는 우리의 생각, 동기, 행동을 형성하는 일에 강력하게 작용하지만, 과소평가되어 있다.

당신의 조직은 마인드셋 문화를 갖고 있다. 문제는 그것이 무엇인지 그리고 내부에 있는 당신과 다른 사람들에게 어떤 영향을 미치는지 알고 있느냐는 것이다.

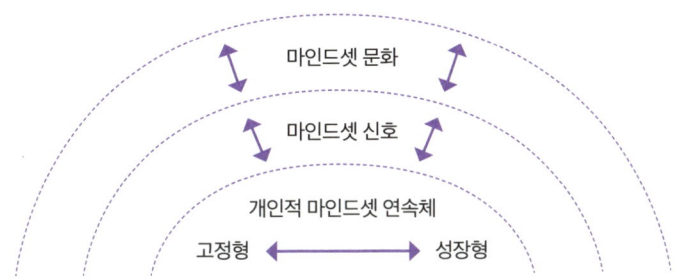

2장 개인을 움직이는 조직 마인드셋

 미국 심리학 창설자로 불리는 윌리엄 제임스는 "개인에게는 자신이 중시하는 각기 다른 의견의 수만큼 사회적 자아가 있다"라고 썼다.[1] 당신이 다양한 직업적, 사회적 상황에서 어떤 사람이 되는지 생각해보면 이 개념이 구현되는 양상을 알 수 있다.

 가령 나는 교회에서 열리는 친구 결혼식에 참석했을 때는 그 자리에 맞는 방식으로 행동한다. 그 방식은 강의실이나, 금요일 저녁 친구들과의 자리에 있을 때와는 다르다. 환경에 따라 우리의 정체성을 이루는 다양한 면이 드러나고 우리의 행동이 바뀐다. 집단의 마인드셋 문화는 우리 자신의 다른 면을 이끌어내는 환경적 특징을 가졌다.

 다른 마인드셋 문화가 사람을 바꾸는 양상은 대학원에 다닐 때 처음으로 확인했다. 스탠퍼드대학교 심리학과에는 대다수 심리학과처럼 사회심리학, 인지심리학, 발달심리학, 신경과학 등 다양한 분야가 있다. 매해 연말에 각 부문의 박사과정 학생들은 그들의 프로젝트를 평가받고 진전 과정을 공유하기 위해 연구 결과를 발표한다. 대다수 대학원생은 이 발표에서 긴장한다. 특히 교수들 앞에서 발표하는 1년 차, 2년 차 대학원생은 더욱 그렇다.

어느 날 오후 캐롤 드웩과 나는 2개의 세미나에 참석한 학생들이 아주 다른 모습을 보인 일에 관해 이야기를 나누었다.

첫 번째 세미나는 증명과 성과를 요구하는 명확한 고정 마인드셋 문화를 따랐다. 이 세미나에는 대단히 저명하고 수상 실적이 화려한 교수들이 참가했다. 대다수는 미국에서 가장 명망 높은 과학자 단체인 전미과학아카데미National Academy of Sciences 회원이었다. 교수들은 경쟁심에 사로잡혀서 각 발표의 치명적 결함을 먼저 찾아내고, 논지를 가장 효과적으로 무너트리며, 제일 파괴적인 논평으로 서로를 이기려 들었다.

교수들이 서로 스타가 되려고 싸우는 상황이 되자 대학원생들은 고통받았다. 그들은 1년 내내 연구해온 자신의 프로젝트에서는 전문가였다. 하지만 중요한 세부 내용을 가리는 부정적 반응에 갑자기 압도당해버렸다. 연구 내용을 속속들이 아는데도 말문이 막히고 말았다. 발표가 끝난 후 그들은 좌절하고 낙담했다. '왜 이렇게 말하지 않았을까? 그 질문에 대답할 수 있는 많은 방법이 있었어. 데이터는 그 교수의 해석을 뒷받침하지도 않아!'라고 생각하면서.

두 번째 세미나에도 저명한 교수들이 참가했다. 그러나 그 분위기는 성장 문화를 더 많이 반영했다. 여전히 교수들이 결함과 문제를 지적하는 비판적 분위기였지만 그들은 누가 더 똑똑한지 겨루지 않았다. 그 대신 "쌓기 위해 허무는" 접근법을 취했다. 그들은 세미나가 연구의 난점을 드러내고 정면으로 대처하는 방법을 배우는 자리가 되어야 한다고 믿었다. 그래서 연구 설계와 분석 접근법을 개선하기 위한 제안을 앞다투어 제시했다. 프로젝트를 더 낫게 만들기 위해서였다.

대학원생들은 존경받는 교수들 앞에서 발표하는 일에 여전히 긴장했다. 하지만 고정 마인드셋을 따르는 세미나에 참석한 학생들처럼 주춤거리거나 얼어붙지 않았다. 그들은 교수들의 질문에 대답하고, 연구 방식을 개선하는 방법을 같이 논의할 수 있었다. 그래서 필요한 변화를 이루겠다는 동기와 의욕에 가득 차 세미나실을 나왔다.

나는 두 세미나가 대학원생들의 행동을 좌우하는 양상을 설명한 후 캐롤에게 물었다. "마인드셋을 문화적 요소로 연구한 사람이 있을까요? 전체 집단이나 환경의 속성으로서 말이에요." 그녀는 환한 얼굴로 활짝 웃으며 고개를 저었다. 그리고 "없었어요! 누구도 그런 관점에서 바라보지 않았습니다. 그러니까 우리가 같이 해야 해요!"라고 말했다.

그렇게 해서 "마인드셋 문화"라는 개념이 탄생했다.

이전 30년 동안 우리는 마인드셋이 거의 전적으로 개인의 내면에 존재하는 것이라 간주했다. 수많은 연구는 개인이 고정 마인드셋이나 성장 마인드셋을 따를 때 어떤 일이 일어나는지 보여주었다.[2] 그러나 조직적 마인드셋에 직면했을 때 우리가 어떻게 생각하고, 느끼고, 행동하는지, 심지어 조직적 마인드셋이 존재하는지 연구한 사람은 없었다.

조직도 마인드셋을 가진다

사람들이 마인드셋 문화에 대응하는 양상을 평가하기 위해, 나의 팀은 천재 문화 또는 성장 문화와 상응하는 기업의 사명 선언을 제시하는 방법을 쓴다.[3] 더불어 웹사이트, 신입 교육 절차, 고과 및 승진 정책 같은 다른 문화적 산물도 모두 조직의 마인드셋 문화를 조명한다. 이 요소들을 합치면 하나의 초상이 떠오른다.

어떤 기업은 협소하게 성과에만 초점을 맞춘다. 그래서 직원들에게 "자신을 개선하고 최선의 성과를 낼 기회"를 제공하고, "결과 중심"을 내세우고, "최고 인재"와 그들의 "타고난 재능 및 성공"을 명시적으로 중시한다. 거기에 이르는 데 필요한 성장과 개발은 언급하지 않는다. 이는 고정 마인드셋 문화를 더 많이 드러낸다. 이런 산물들은 실로 흑백에 가까운 문화의 그림을 그린다. 성공 아니면 실패이고, 직원은 스타 아니면 조연이며, 과정의 어떤 측면보다도 최종 결과만이 중요하다.

 대다수 성장 및 고정 마인드셋 조직은 몇 가지 특징을 공유한다. 그들은 모두 실적을 내기 위해 탁월한 성과를 원한다. 그렇지 않은 조직이 있을까? 그러나 직원들이 성공을 이루기를 바라는 '양상'은 다르게 나타난다.

 성장 문화를 가진 조직들은 발전에 초점을 맞추고, 거기에 필요한 지원을 제공한다. 그들은 직원들에게 "능력을 증명할 기회"가 아니라 성장할 기회를 준다. 또한 진전과 개발에 열정을 보인다. 물론 실적 개선이 중요하다. 하지만 직원 개발도 그만큼 중요하게 여긴다. 성장 문화를 가진 조직은 대체로 순전한 능력이나 재능 또는 지능 외에 더 많은 속성이 성공에 필수적이라고 여긴다. 거기에는 동기, 창의성, 문제 해결 능력, 자기 개발 의지 등이 포함된다.

 나의 연구 결과, 성장 문화를 추구하는 조직은 더 효과적인 기업문화를 가지고 있으며, 직원 만족도와 성과 수준이 더 높다.[4]

 다음 글상자는 두 문화의 차이점을 정리한 것으로, 사명 선언과 구직 공고 같은 기업의 산물을 분석할 때 활용할 수 있다.[5]

 당신의 조직이 주로 천재 문화를 따른다는 의심이 드는가? 이를 성장 마인드셋으로 옮겨가는 방법이 궁금한가? 그렇다면 마인드셋 문화를 바꾸는 일이 '가능하다'는 사실을 알아야 한다. 다만 이런 전환은 거대한 선박의 항로를 돌리는 것처럼 쉽지 않다. 많은 기업은 은근하고 잘못된 마인드셋 이분법으로 바로 돌아간

천재 문화	성장 문화
• 최고 성과를 낼 기회를 제공한다 • 직원의 재능과 성공을 강조한다 • 결과에 초점을 맞춘다 • 최고의 육감, 최고의 아이디어, 최고의 인재 등 최고를 내세우는 분위기	• 최고로 성장할 기회를 제공한다 • 직원의 동기와 노력을 강조한다 • 결과와 과정에 초점을 맞춘다 • 학습, 열정, 창의성, 수완에 대해 긍정적인 반응을 하는 분위기

다. 그래도 전환이 가능하다고 믿어보라.

2부에서 그 일을 시작하는 몇 가지 방법을 보여줄 것이다. 거기에는 당신 혼자 또는 당신이 관리하는 직원들과 함께, 즉시 활용할 수 있는 확실한 접근법도 있다.

조직의 마인드셋이 개인에게 미치는 영향

아마 당신은 당신의 조직이 마인드셋 연속체에서 어디에 위치해 있는지 확실히 알지 못할 것이다. 그렇다면 "어떻게 하면 알아낼 수 있을까?"라는 질문이 자연스럽게 따라온다. 당신은 고정 마인드셋을 가진 리더나 직원을 파악하는 데 도움이 되는 간단한 질문이 있으면 좋겠다고 생각할지도 모른다. 충분히 그럴 만하다. 특히 순위와 정적靜的 평가에 집착하는 세계에서는 더욱 그렇다.

그러나 마인드셋과 관련한 이런 평가는 표적을 빗나갈 가능성이 높다. 대상자가 능력과 지성에 대해 현재 가진 신념을 보여줄 수는 있지만 그 사람의 고정 또는 성장 마인드셋이 어디에서, 어떤 상황에서 나타나는지는 알려주지 못한다. 또한 그들이 잠재력을 발휘하도록 돕기 위해 상사나 멘토로서 당신이 할 수 있는 일이 무엇인지 알려주지 못한다.

우리가 던져야 할 올바른 질문은 "고정 마인드셋과 성장 마인드셋 중에서 어느 쪽이 더 강한가?"가 아니라, "언제 고정 마인드셋 또는 성장 마인드셋을 취하게 되는가?"이다. 또한 조직적 수준에서 던져야 할 올바른 질문은 "어떻게 하면 고정 마인드셋을 따르는 사람을 채용하지 않을 수 있을까?"가 아니라, "직원들이 고정 또는 성장 마인드셋에 따른 시각과 행동을 더 많이 받아들이도록 만드는 요인은 무엇일까? 어떻게 하면 성장 마인드셋을 더 많이, 더 자주 취하도록 하는 환경을 조성할 수 있을까?"이다.

수많은 조직은 구성원들의 마인드셋 설정 지점을 평가하기 위해 흔히 그들이 얼마나 큰 성과를 냈는지에 과도하게 초점을 맞춘다. 반면 성과를 내는 환경에 대해서는 별로 신경 쓰지 않는다.

마인드셋에 따라 구성원들에게 딱지를 붙이려 들 때 어떤 일이 일어나는지 살펴보자. 채용 담당자가 재능을 타고난 똑똑한 인재를 찾는다고 가정하자. 이런 명민성에 기반한 어림법, 흔히 명민함과 연계되는 사람이나 패턴을 찾는 인지적 지름길은 금세 편향에 직면한다.[6] 명민성과 타고난 재능을 나타내는 자질이 무엇인지 떠올리면, 불가피하게 선입견과 흡사한 사회의 문화적 기준에 물든 결과가 나온다.

우리 문화에서 천재로 여기는 사람은 누구인가? 재미 삼아 구글에서 "천재는 어떻게 생겼는가?"라는 질문으로 이미지 검색을 해보라. 대개 아인슈타인의 이미지가 나온다.[7] 천재 문화의 리더들은 재능은 타고나는 것이라 간주하는 사람을 찾는다. 그 과정에서 역사적으로 기술이나 능력이 무시당하고, 열등하다는 선입견에 시달린 집단에 속한 사람들은 묵시적으로 배제된다. 해당 집단에게 명민성과 타고난 재능이 없어서가 아니다. 천재 문화가 중시하는 천재 원형原型에 맞출 때 그들이 저절로 떠오르지 않기 때문이다.

천재 문화에서 어느 집단이 배제되는가는 흔히 산업에 좌우된다. 기술 및 다른 이공계 분야에서, 백인(그리고 때로는 아시아계) 남성은 천재의 원형처럼 인식되는 경향이 있다. 유명한 기술 기업의 창업자들을 생각해보라. 거의 모두가 백인 또는 아시아계 남성이다. 이런 분야에서 타고난 천재 원형에 맞지 않는 사람들은 누구일까? 여성, 흑인이나 남미계, 원주민, 성소수자, 장애인 등이다. 천재 문화에서 이런 원형 맞추기 과정은 흔히 저절로, 무의식적으로 이루어진다.[8]

의사결정자는 원형을 벗어난 사람들이 어떻게 조직에 기여할 수 있을지 고려하기 전에 누구를 채용할지에 대한 그림을 그린다. 성장 문화도 뛰어난 기술과 능력을 강조한다. 다만 동기, 성장 궤도, 헌신, 장기적인 자기계발 의지도 우선시한다. 인종, 성별, 연령, 능력 또는 다른 인구학적 요소가 어떻든 성장하려는 의지는 모두에게 주어지는 자질이다.

이는 핵심 신념이 행동 기준으로 이어지는 사례다.[9] 그 과정을 자세히 살피기 위해 완전히 다른 측면인 시간에 대한 신념을 예로 들어보자. 어떤 조직이나 팀이 시간은 희소하며, 1분이라도 최대한 활용해야 한다는 신념을 핵심 신조로 삼는다고 가정하자. 이 경우 회의를 언제 시작할지(정시에)와 회의에 늦는 것(늦지 말 것. 늦으면 큰일 남!)에 대한 기준이 명확해진다. 이는 사람들의 행동을 좌우한다(정시에 회의 참석).

시간이 풍부하고 넉넉하다고 믿는 환경에서는 다르다. 이 경우 시간을 생각하는 데 활용할 수 있다(그리고 흔히 활용한다). 이런 조직은 아이디어를 급히 실행하다가 그 과정에서 일을 그르치지 않는다. 그대신 더 사려 깊고 신중한 접근법을 선호한다.

MIT 명예교수였던 고 에드거 샤인은 수십 년 동안 조직문화를 연구했다. 그는 이런 기준이 핵심 신념을 통해 형성되는 양상을 보여주었다.[10] 기준은 조직에 깊이 내재되어 무의식적이며 당연하게 여기는 행동을 형성한다. 이런 행동은 조직문화의 정수를 이룬다.

마인드셋은 시간과 마찬가지로 인간 행동을 둘러싼 핵심 신념 중 하나이다.[11] 또한 조직문화의 초석이기도 하다. 지성, 재능, 능력이 고정된 것인지 개발할 수 있는 것인지에 관한 우리의 핵심 신념은 조직에서 겪는 일들을 통해 우리 자신을 변화시킨다.

나는 이를 조직적 마인드셋 문화 주기Organziation Midnset Culture Cycle라 부른다.

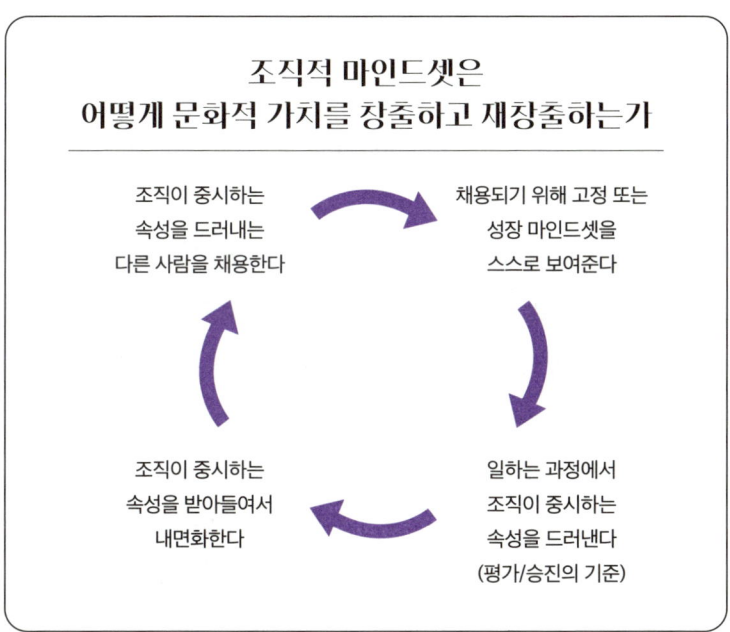

우리는 회사가 어떤 가치를 중시한다고 판단하느냐에 따라 처음에는 채용되기 위해, 나중에는 좋은 팀에 들어가거나 중요한 업무를 맡기 위해 고정 마인드셋 또는 성장 마인드셋의 속성을 보여준다.[12] 일단 채용된 후에는 긍정적 평가, 승진, 보너스 등 조직이 주는 혜택을 얻으려고 그 속성을 드러낸다. 그러나 (인정과 칭찬을 받기 위해) 팀이 중시하는 고정 또는 성장 마인드셋의 속성

을 체현하는 과정에서 우리는 그 행동의 가치를 믿기 시작한다. 즉, 행동을 신념과 일치시키기 위해 그 속성이 자신의 정체성을 나타낸다고 믿는다. 그리고 인지부조화를 해소하기 위해 조직의 마인드셋을 자신의 것으로 내면화한다.

우리 팀은 연구를 통해 조직이 선호하는 마인드셋 속성을 장기적으로 보여준 구성원은 다른 사람의 면모 중 자신과 같은 속성을 칭찬하기 시작한다는 사실을 확인했다.[13] 또한 그들은 채용 권한을 지닌 위치에서 같은 속성을 드러내는 사람을 선택할 가능성이 훨씬 높았다. 이 모든 양상은 조직의 마인드셋을 더욱 강화한다. 이런 피드백 고리는 조직 내에서 구성원이 겪는 경험을 형성한다. 이는 그들의 성과, 끈기, 적극성에 영향을 미치며, 그 결과 개인 및 조직의 실적에 상당한 영향을 미친다.

==성장 문화와 비교할 때 직원들은 천재 문화에서 직장을 덜 신뢰하며, 덜 헌신한다.==[14] 천재 문화는 애초에 능력을 가진 사람과 갖지 못한 사람이 있다고 믿는다. 그래서 직원들은 꾸준히 능력을 증명하고 성과를 내야 한다. 자신이 최근의 성과로만 평가받는다는 사실을 알기 때문이다. 이런 환경에서 동료들과 끊임없이 경쟁하며, 누가 자신의 자리를 차지하려 들지 않을까 의심한다. 이런 문화는 같이 일하는 사람들 사이의 신뢰를 무너트린다.[15] 또한 조직이 자신의 능력을 알아보고, 중시하고, 인정해주리라는 믿음도 무너트린다. 그래서 강한 천재 문화를 가진 기업에 직원들이 덜 헌신하는 이유를 어렵지 않게 알 수 있다. 이런 조직의

구성원들은 성장 문화에 속한 구성원들과 달리 외부의 영입 제안을 더욱 기꺼이 받아들이며, 탈출할 길을 일찍 찾을 가능성이 더 높다.

행동 기준을 형성하는 조직적 마인드셋

협력이 핵심 가치라고 주장하는 기업은 협력적 문화를 가질 가능성이 더 높을까? 그게 아니라 조직의 문화는 구성원들이 행동하고 상호작용하는 양상에 더 정확하게 반영될까? 나와 동료들은 사명 선언에 표현된 가치가 조직의 마인드셋을 나타낼 수는 있지만 확실한 연관성은 없다는 사실을 확인했다.[16]

마인드셋이 실제로 행동에 영향을 미치는 양상을 이해하려면 조직을 더 깊이 들여다봐야 한다. 가령 협력과 위험 감수, 혁신, 정직성은 흔히 큰 조직적 신뢰 및 헌신과 연계되는 기준이며, 생산성과 경제적 성공에 영향을 미친다. 하지만 우리는 이런 기준을 형성하는 신념에 대해 잘 모른다. 그 사이에서는 어떤 상호작용이 이루어질까? 그래서 나와 동료들은 조직적 마인드셋이 실제 업무 환경에서 직원들에게 어떻게 영향을 미치는지 살펴보기로 했다. 조사 대상은 〈포춘〉 500대 기업이었다.

우리는 당연히 천재 문화와 성장 문화 사이에 차이가 드러날 것이라 예측했다. 그럼에도 그 차이의 중대성은 놀라웠다. ==분석 결과, 강한 천재 문화를 가진 조직의 직원들은 강한 성장 문화를 가진 조직에서 일하는 직원들보다 회사 문화에 대한 만족도가==

40퍼센트나 낮았다.

우리는 (미국 GDP의 3분의 2를 차지하는) 〈포춘〉 500대 기업의 사명 선언을 검토하고, 이를 글래스도어Glassdoor에서 얻은 직원 만족도 데이터와 비교했다. 그 결과는 명확했다. 기업의 사명 선언에 표현된 마인드셋은 회사의 문화에 대한 직원들의 경험에 뚜렷한 영향을 미쳤다. 그러나 단지 원하는 기준과 가치를 선언한다고 해서 그것이 실현된다는 보장은 없었다.

직원들이 모든 범주에서 천재 문화에 만족도가 낮다는 점은 흥미롭다. 가령 보상과 복지 차원에서는 두 문화 사이의 만족도가 비슷했다. 이는 직원들이 성장 문화를 무조건 장밋빛 렌즈로 바라보지 않고, 천재 문화를 무조건 회색빛 렌즈로 바라보지 않는다는 증거였다. 그들은 핵심 인식(심리학적 '후광 효과')에 따라 모든 것을 평가했다.

그러나 마인드셋 문화는 조직의 기준과 가치에 분명하고 고유한 영향을 미쳤다. 마인드셋 문화가 모든 것에 영향을 미치지는 않는다. 다만 구성원들이 자신에 대해 생각하는 방식, 그들이 상호작용하는 방식, 조직이 성과를 내는 방식에 영향을 미친다.

문제는 조직적 마인드셋이 구성원들의 실제 행동 방식을 좌우하는가다. 우리는 샌디에이고에 있는 문화 컨설팅 기업과 함께 또 다른 연구를 실시했다. 연구 내용은 성장 문화와 천재 문화에 존재하는 행동 기준을 분석하는 것이었다. 연구 결과 (문화적·경제적 측면에서 긍정적 결과와 연계되는) 협력, 혁신, 정직성은 두 문화에 걸쳐 같은 양상으로 존재하지 않는다는 사실을 확인했다.

천재 문화에서 일하는 직원들은 조직이 협력을 덜 지원하고, 덜 혁신적이며, 위험 감수를 덜 권장한다고 밝혔다. 거기서 끝이 아니었다. 그들은 동료들이 소중한 승진 기회나 중요한 업무를 차지하기 위해 속임수, 편법, 정보 독점, 비밀 은폐, 밀실 협상 같은 비도덕적 행위를 할 가능성이 높다고 밝혔다. 당연히 회사에 대한 신뢰도가 떨어졌다. 또한 회사가 천재 문화를 따를 때 헌신도도 약해졌다.

특기할 점은 조직적 마인드셋이 구성원들의 행동을 좌우할 만큼 실로 강력하다는 것이다. 천재 문화가 실제로 성장 마인드셋으로 기우는 개인의 성향을 압도한다던 나의 말을 떠올려보라. 대부분이 목격한(또는 직접 경험한) 상황이 있다. 그것은 누군가가 성장을 추구하면서 조직의 고정형 또는 억제적 문화에 맞서다가 결국에는 굴복하거나 포기하고 떠나는 상황이다. 우리의 분석이 보여주듯이 강한 천재 문화에 속한 직원들은 포용력이 낮은 기업문화를 경험했다.[17] 이 경우 심리적 측면에서 직원들의 헌신도가 낮아진다. 강한 성장 문화에 속한 직원들에 비해 이들은 회사가 자신을 공정하게 대우할 것이라는 신뢰가 약하다. 반면 다른 기회를 찾아 회사를 떠나려는 욕구는 강하다.

우리는 다음으로 회사의 행동 기준에 대한 관리자들의 인식이 직원들의 인식과 어떻게 다른지, 부하 직원들을 어떻게 평가하는지 궁금했다.[18]

이번에도 놀라운 조사 결과가 나왔다. 강한 천재 문화에서 일하는 관리자들은 강한 성장 문화에서 일하는 관리자들보다 직속 부하가 덜 협력적이고, 덜 혁신적이며, 덜 도덕적으로 행동한다고 밝혔다. 관리자들은 직원들이 조직에 대한 신뢰도와 헌신도의 차이도 감지할 수 있었다. 천재 문화에서 두 수준이 모두 더 낮았다. 관리자들의 이런 인식 차이는 직원들이 스스로 밝힌 차이와 비슷했다. 다시 말해 두 집단의 인식이 일치했다.

우리가 예상하지 못한 것은 마인드셋 문화가 성과와 리더십 잠재력에 미치는 효과였다. 천재 문화는 최고 인재를 세심하게 끌어들이고 선택하며, 장기적으로 그들을 중시하고 승진시킨다. 그렇다면 해당 관리자들은 성장 문화에 속한 관리자들보다 직원들의 능력과 리더십 잠재력을 더 높이 평가해야 하지 않을까? 하지만 성장 문화에 속한 관리자들이 직원들의 성과 수준과 리더십 잠재력을 더 높이 평가했다.

천재 문화에 속한 직원들은 자신을 리더십 잠재력을 지닌 스타로 본다. 관리자들도 처음에는 같은 믿음을 가질지 모른다. 그러나 평가의 시간이 되면 그런 믿음은 사라졌다. 어쩌면 그들의 시각은 틀리지 않았을지도 모른다. 천재 문화에서는 누구라도 진정한 잠재력을 발휘하기가 어렵기 때문이다.

이제 조직적 마인드셋의 중요성을 알았으니, 당신이 속한 조직의 마인드셋을 파악하는 방법을 살펴보자.

마인드셋 문화 신호 파악하기

우리 팀은 기업들로부터 자신들의 마인드셋 문화를 평가하고 바꿔달라는 요청을 받는다. 그 과정에서 우리는 '신호 검증'이 가장 효과적인 도구 중 하나라는 사실을 발견했다.

우리는 고정 및 성장 마인드셋의 역동적 성격을 직원들에게 교육한다. 더불어 직원들이 이 마인드셋들 사이를 오가도록 신호를 주는 4가지 상황도 알려준다. 그다음에는 조직에서 꾸준히 접하는, 고정 또는 성장 마인드셋을 (무의식적으로라도) 알리는 일상적 정책과 관행을 생각해보라고 요청한다. 조직은 직원들에게 상반된 마인드셋 메시지를 의도치 않게 내보낸다. 신호 검증은 상당히 은근할 수도 있는 이런 비일관성을 파악할 뿐 아니라, 그것을 바로잡는 일에 직원들을 참여시키는 데 특히 효과적이다.

이런 신호는 관리자들의 말과 행동에서 찾을 수 있다. 2016년에 한 대형 다국적은행이 우리 연구팀에게 마인드셋 문화가 직원들의 경험을 형성하는 양상을 파악해달라고 요청했다. 우리는 조사 과정에서 관리자들의 마인드셋이 직원들의 행동을 좌우한다는 사실을 발견했다. 직원들에게 성장 마인드셋을 더 많이 취하는 관리자는 성장 지향 전략으로 그들을 가르치고 상호작용했다.

이런 관리자들은 부하 직원이 고전하고 혼란스러워하는 것을 당연하게 받아들였다. 특히 해당 직원이 새로운 기술을 개발하려고 노력할 때는 더욱 그랬다. 그들은 또한 모든 직원에게 시간과 관심을 투자할 가능성이 더 높았다. 직접 소통하는 직원이나 두드러진 스타에게만 투자하지 않았다. 이런 모습은 모든 직원이 자신의 능력을 개발하고 성장시킬 수 있다는 신념과 일치했다. 끝으로 그들은 한 직원이 어려움과 마주하면 팀 전체를 동원해 도왔다. 난관을 개인이 혼자 넘어야 할 산이 아니라 모두가 극복해야 할 "우리의 것"으로 보는 태도였다.

고정 마인드셋 신념을 더 많이 취한 관리자는 크게 개발이 필요 없는 스타 직원을 선호했다. 그들은 최고 성과자에게 동기를 부여하고 성취감을 얻게 하는 것이 좋은 관리자의 역할이라고 믿었다. 또한 잠재력이 약하다고 생각하는 직원들에게 지루하고 흥미롭지 않은 업무를 맡겼다.

이런 관리자들은 고전하는 직원에게 해당 과제가 능력 밖임을 알려주는 게 낫다고 생각했다. 끝으로 그들은 전체 팀을 개발하는 데 역점을 두기보다 가장 유능하다고 판단한 직원에게 최고의 개발 기회를 제공했다. 대다수 기업의 관리자들이 만드는 여러 마인드셋 세부 문화 안에서는, 고정 마인드셋에서 비롯된 이런 방식의 행동이 일어난다.

나는 해당 은행과 다른 대기업에서 확인한 사실들에 흥미를 느꼈다. 그래서 기업인 벤 타우버, 심리학자 크리스토퍼 삼사와 함께 165명의 실리콘밸리 스타트업 창업자를 대상으로 설문조사를 했다. 또한 어윙 마리온 카우프만 재단Ewing Marion Kauffman Foundation의 캐슬린 보일 데일런, 웬디 토런스와 함께한 별개 연구에서는 300여 기업인들의 마인드셋을 조사했다. 우리는 이 두 연구를 통해 창업자의 마인드셋이 회사의 문화에 어떤 영향을 미치는지 분석하고 싶었다. 그 결과는 〈포춘〉 500대 기업을 대상으로 한 연구 결과와 일치했다.[19]

우리가 확인한 바에 따르면 고정 마인드셋 신념이 더 강하다고 밝힌 창업자들은 직원들이 개인적으로 경쟁하고, 비도덕적 행동을 할 가능성이 높고, 조직이 실수를 용납하지 않는다고 인식하는 기업을 만들었다.

반면 성장 지향 마인드셋을 더 많이 가진 창업자들이 이끄는 기업은 직원들이 더 많이 위험을 감수할 수 있도록 돕고, 보다 유연하게 변화를 받아들였다. 이런 조직의 기업문화는 보다 혁신적이고, 도덕적이며, 개인적 경쟁이 덜했다. 또한 직원들의 이직률도 더 낮았다. 조직에 대한 신뢰도와 헌신도가 더 높기 때문이었다. 기업문화는 또한 창업자가 자금 확보 목표를 달성하는지에도 영향을 미쳤다. 마인드셋은 인식과 행동뿐 아니라 실적에도 영향을 미친다.

마인드셋의 5가지 가치

이제 마인드셋이 조직 내에서 행동과 결과에 실제로 영향을 미치는 양상을 더 자세히 살펴보자. 2부에서는 마인드셋 문화가 영향력을 발휘하는 5가지 행동 기준과 결과를 다룰 것이다.

첫 번째는 직원들이 기꺼이, 적극적으로 함께 노력하는지 아니면 개인적 경쟁에 매몰되어 있는지를 말해주는 협력이다.

두 번째는 직원들이 원대한 구상을 하도록 조직이 지원하고 격려한다고 느끼는지 아니면 자신들의 창의성이 협소한 논리에 억눌린다고 느끼는지를 말해주는 혁신이다.

세 번째는 직원들이 과감한 시도를 하고, 목표를 달성하지 못했을 때 다시 일어서도록 조직이 권한과 자원을 제공한다고 느끼는지 아니면 직원과 조직이 실패를 두려워하여 안전한 길을 택하고, 좌절에 직면했을 때 흔들린다고 느끼는지를 말해주는 위험 감수와 회복탄력성이다.

네 번째는 직원들이 올바른 일을 하도록 격려하는지 아니면 수상한 편법을 취하도록 부추기는지를 말해주는 정직성과 도덕적 행동이다.

마지막은 조직이 모든 직원의 성공을 지원하는 한편 다양한 인종의 직원들을 채용하고 유지하는지 아니면 선택받은 소수만 포용하고 지원하는 배타적 문화를 조성하는지를 말해주는 다양성·형평성·포용성이다.

먼저 협력부터 살펴보자.

2부

조직을 바꾸는 마인드셋

3장 협력

인디애나대학교 신임 교수 시절에 참석한 첫 교수 회의가 떠오른다. 논의 주제는 학과에 배정된 고과별 연봉 인상분 배분이었다. 많은 조직처럼 연봉 인상분은 1, 2퍼센트 정도로 미미했다.

과거에는 고과평가 위원회가 60여 명에 달하는 교수 전체를 대상으로 (얼마나 많은 논문을 썼는지, 얼마나 많은 박사과정 학생들을 지도했는지, 얼마나 많은 지원금을 따냈는지 등을 포함하는) 연간 생산성 보고서를 검토하여 교수 각각의 등급과 순위를 매겼다. 나는 최고 등급부터 최저 등급까지 모든 교수의 순위가 매겨진 편지를 각 교수가 받는다는 사실에 경악했다. 거기에 본인의 순위는 노란색으로 밝게 표시되어 있었다.

사실 우리 학과의 교수진은 훌륭했다. 논문 게재, 지원사업 선정, 수상 내역, 학술원 회원 여부, 강의 평가, 지도 학생 수, 취업 학생 수 등 어떤 기준으로 평가해도 전국에서 가장 뛰어난 생산성을 자랑하는 교수들로 가득했다. 그러나 수많은 교수들은 문제의 편지가 편지함에 도착하는 날을 정말 두려워했다.

이런 시스템 때문에 신참 교수들은 거의 하위 등급을 받았다. 그들이 어떻게 하면 훨씬 많은 자원과 기회를 가진 선배 교수들과 경쟁할 수 있을까? 선배 교수들은 더 많은 학생과 직원과 함께하는 큰 연구실을 차릴 수 있었다. 게다가 큰 성과를 뒷받침할 지원금도 더 많이 받아냈다. 그들 입장에서 시간의 흐름에 따른 불가피한 연봉 압착salary compression[연공서열에 따른 연봉 격차가 줄어드는 것]은 시스템을 불공정하게 만들었다. 25년차 교수의 연봉조차 연례 인상분이 물가 상승분을 따라잡지 못하는 바람에 초임 교수의 연봉과 비슷했다. 순위 시스템이 학과 내 경쟁을 너무 과열시킨다는 데에는 모두가 동의했다. 연봉 인상분은 기껏해야 1, 2퍼센트에 불과한데도 말이다.

교수들만 이런 순위 시스템이 만든 문제에 직면한 것은 아니었다. 몇 주 후, 대강의실을 지나다가 보니 출입문 옆 벽에 몇 장의 종이가 붙어 있었다. 자세히 보니 철학 개론 강의를 듣는 전체 학생의 시험 점수가 최고 점수부터 최저 점수까지 차례대로 나열되어 있었다. 복도를 지나는 학생들 중 일부는 의도적으로 공고문을 무시했고, 일부는 공고문 주위에 몰려들었다. 그들은 손가락으로 순위를 훑으며 자신의 학번을 찾았다. 네 번째 장이나 다섯 번째 장이 아니라, 첫 번째 장이나 두 번째 장에서 찾기를 바라면서 말이다.

점수를 기준한 교실 자리 배치부터 기업의 순위 시스템까지, 우리는 흔히 자리를 놓고 경쟁해야 한다. (낡고 오도된) 강력한 능력주의적 가치를 주장하는 사회에서는 기준에 따라 순위를 매겨 우등반 배치, 장학금, 연봉 인상 등의 자원을 배분하는 행위가 합리적이라고 여긴다. 그러나 이런 관행이 불러일으키는 조직 내 내부 경쟁은 흔히 의도치 않은 결과를 낳는다. 협력 붕괴가 그중 하나다.

지금 자리에서 벌떡 일어나 경쟁의 장점을 옹호하고 싶다면 내 말을 끝까지 들어보라. '시장'의 경쟁성은 장기적인 성공에 필요한 요소다. 특히 자본주의 기업은 더욱 그렇다. 누구나 선택받는 기업이나 브랜드, 학교가 되고 싶어 한다. 내가 말하는 것은 조직 사이의 경쟁이 아니라 조직 '내부'의 경쟁이다. 구성원들이 지위와 자원을 놓고 서로 싸우게 되거나 성공의 기회가 줄어들면 해결책이 늘어나는 게 아니라 문제가 팽배해진다.

어떤 리더들은 《헝거 게임Hunger Games》 같은 분위기를 만들면 직원들이 최선을 다하리라 믿는다. 하지만 우리는 헝거 게임식 이야기가 어떻게 흘러가는지 안다. 연구 결과도 그 양상을 뒷받침한다. <u>성공의 기회가 줄어들면, 구성원들이 고정 마인드셋 쪽으로 이끌리게 된다.</u> 장기적으로(때로는 단기적으로도), 그에 따른 행동은 결국 자신들의 성과를 저해하고, 나아가 조직의 잠재력까지 제한한다.

이 장에서는 조직적 마인드셋이 어떻게 경쟁적인 환경 또는 협력적인 환경을 만드는지 살필 것이다. 또한 마인드셋 문화를 형성하고 강화하는 정책 및 행동과, 마인드셋이 조직의 성과에 영향을 미치는 양상을 분석할 것이다. 끝으로 조직에서 협력에 관한 성장 지향 접근법을 실행할 수 있는 몇 가지 구체적인 제안을 제시할 것이다.

직원들 사이의 경쟁은 혁신과 성장에 필요하다고 생각할 수도 있다. 경쟁은 (한정된 척도와 기간에 걸쳐) 일부 개인들 사이에서 긍정적인 결과를 낳을지도 모른다. 그러나 앞으로 확인하겠지만, 그런 결과를 얻기 위해 큰 비용을 지불하게 될 수도 있다. 협력 증진은 단지 구성원들의 기분만 좋게 만들기 위한 일이 아니다. 조직에서 더 많은 구성원이 오랫동안 지속 가능한 성과를 내는 환경을 조성하는 것이기도 하다.

성장 문화는 협력을 강조한다. 그래서 성공하기 위해 필요한 강점과 추진력이 부족해 보이기도 한다. 그러나 우리의 연구는 상반되는 결과를 보여준다. 성장 문화를 가진 조직도 충분한 추진력을 가진다. 다만 그들은 천재 문화에서 흔히 하는 방식인, 성과를 무기화하여 내부를 겨냥하는 방식을 사용하지 않는다. 또한 구성원들을 승자와 패자로 나누지 않는다. ==성장 문화는 개인과 조직의 현재 위치와 가고자 하는 위치 사이에서 생겨나는 긴장을 동력원으로 삼는다. 그리고 그 긴장을 활용해 모두가 목표를 향해 나아갈 수 있도록, 서로를 돕는 노력이 일어나도록 한다.== 우리의 연구 결과에 따르면 성장 문화는 시장의 성과 측면에서 탁월한 경쟁력을 지녔다.¹ 게다가 천재 문화가 흔히 초래하는 구성원들에 대한 부수적 피해도 없다.

협력을 위한 성장 지향 문화를 증진하는 방법을 파고들기 전에 먼저 그것이 왜 구성원들을 서로 경쟁시키는 것보다 더 효과적인지 그 이유부터 자세히 살펴보자.

1등이 되거나 해고되거나

애덤 노이만은 위워크WeWork가 경쟁을 통해 발전한다고 주장했다.² 위워크의 전 CEO인 그는 직접 직원들의 경쟁을 부추기는 것으로 유명했다. 제드 로스스타인이 만든 다큐멘터리, 〈위워크: 또는 470억 달러짜리 유니콘의 탄생과 몰락WeWork: Or the Making and Breaking of a $47 Billion Unicorn〉을 보면 노이만의 전 비서가 내부 실적 평가에 대해 말하는 장면이 나온다. 실적 평가는 위워크에 산재한 유리벽 회의실 중 하나에서 진행되었다. 노이만은 그녀에게 일을 잘하고 있다고 말했다. 그러더니 회의실을 지나가던 다른 직원을 가리키며, "하지만 저 직원보다는 못해. 그만큼 할 자질이 있지만 저 직원이 가진 자신감이 네게는 없어"라고 말했다. 그녀는 퇴근 후 집에서 그 직원처럼 되려면 무엇이 필요한지 자문했다. 그녀는 이렇게 털어놓았다. "다른 사람이 내 자리를 빼앗을 거야. 자리를 지키려면 싸워야 해'라는 불안이 끊임없이 생겼습니다. 계속 숨이 막히는 기분이었습니다." 그녀가 덧붙인 말에 따르면 노이만은 "당신들 전부 해고해버리고 나 혼자 해도 돼"라고 말하며 직원들을 자주 질책했다.

위워크는 말단직원들을 지속적으로 해고해야 한다는 사고방식을 받아들였다. 인력의 20퍼센트를 해마다 내보내야 한다는 것이었다. 스택 랭킹이라 불리는 이 절차는 제너럴 일렉트릭의 전 CEO, 잭 웰치를 통해 널리 알려졌다.[3] 하지만 위워크에서는 "제노사이드Jen-ocide"[집단 학살을 뜻하는 'genocide'에 빗댄 말장난]라는 가차 없는 명칭으로 불렸다.[4] 이는 사내 변호사이자 임원으로서 해고 작업을 담당했던 제니퍼 베런트의 이름을 따서 만들었다.

살아남은 직원들에게 상위 80퍼센트에 계속 남는 일은 그 자체가 난관이었다. 하지만 과도한 목표를 달성하기 위한 자원이나 지원은 거의 주어지지 않았다. 결국 직원들이(다수는 "사랑하는 일을 하라"는 노이만의 감언이설에 이끌린 밀레니엄세대) 18개월 만에 회사를 떠나는 일이 흔했다. 그들이 그저 진저리가 나서 회사를 떠났을 수도 있다.

성장 마인드셋을 가진 직원들은 천재 문화 속에서 좌절하게 된다. 회사에서 자신을 중시하지 않는다고 느끼고, 계속 자리를 지켜야 하기 때문이다. 따라서 진정한 성장에 필요한 위험을 감수할 수 없다. 이 모든 것은 조직의 성과에 영향을 미친다. 높은 이직률은 재무적 측면뿐 아니라 조직의 평판에도 큰 비용을 초래한다. 경쟁이 심한 시장에서 가장 인기 있는 직원을 채용하려 할 때, 이직률이 높은 기업은 아이러니하게도 경쟁력을 잃는다.

미국진보센터Center for American Progress가 발표한 데이터에 따르면 기업들은 연봉 5만 달러 미만의 직원을 교체하기 위해 급여의 약 20퍼센트를 쓴다.[5] 고위직 직원을 교체하는 데는 더 많은 비용이 든다. 많게는 연봉의 몇 배가 소요되기도 한다. 갤럽은 밀레니엄세대의 이직이 미국 경제에만 연간 305억 달러의 비용을 발생시킨다고 추정한다.[6] 밀레니엄세대는 일에서 목적의식을 느끼고 회사의 가치관이 자신의 가치관과 맞는 것을 우선순위로 삼는다.[7] 글래스도어 데이터에 대한 우리의 분석이 말해주듯 천재 문화에 속한 직원들은 성장 문화에 속한 직원들보다 회사에 대한 만족도가 낮다.[8] 특히 젊은 직원들을 중심으로 한 두터운 선수층을 개발하고 싶다면, 직원 확보를 위한 투자에 의욕적임을 알려야 한다. 그것이 탁월하고 헌신적인(그렇게 될 수 있는) 직원들을 끌어들이고 유지하기 위한 열쇠다.

2021년에 유례없는 "대퇴사great resignation"가 발생했을 때 3,000만 명 이상의 미국인이 일자리를 떠났다.[9] 당시 조직행동 전문가들은 그들이 단순히 회사를 떠나는 게 아니라, 아주 나쁜 직장 문화를 떠나는 것이라고 지적했다.[10] 직원들이 대규모로 그만둘지도 모르는 상황에서 성장 문화는 인재를 회사에 남게 하며, 높은 수준으로 개인을 개발하는 것을 중요하게 여기는 사람들을 끌어들이는 데 더 유리하다.

직원의 경험, 동기, 성과에 가장 강력한 영향을 미치는 요소 중 하나는 마인드셋에 대한 상사의 인식이다.[11] 실제로 이는 리더가 스스로 밝힌 마인드셋보다 더 결과를 잘 예측해준다. 이런 차이가 생긴 부분적 이유는, 고정 마인드셋을 많이 따르는 리더는 자기 인식 측면에 큰 맹점이 있을 가능성이 높기 때문이다. 노이만의 전 비서는 결국 회사를 떠난 후에야 노이만과 임원들이 말하는 회사의 모습과, 자신이 문화적 측면에서 경험한 현실의 간극을 온전히 깨달을 수 있었다.[12]

카리스마 있는 단일 리더의 손에 성패를 맡기는 것은 천재 문화에서는 특히 쉽다. 그런 조직은 천재 신화를 계속 이어나간다. 그러나 우리의 연구 결과가 말해주듯이 조직의 마인드셋이 미치는 효과는 직원들이 해당 마인드셋에 동조할 때 가장 크게 나타난다.[13] 많은 사람들은 위워크의 흥망을 전적으로 노이만과 그의 허황된 성격 탓으로 쉽게 돌려버린다. 그러나 이는 수많은 임원, 감사, 투자자 들이 그가 조성한 문화에 따른 행동을 실행하고 권장하면서 자립적인 문화 주기를 형성했다는 사실을 간과하는 판단이다.

아이러니하게도 위워크는 문화의 힘을 내세워 자신을 홍보했다.[14] 그러나 직원들이 경험한 문화는 회사 웹사이트에서 소개하거나 노이만이 발표한 것과 완전히 달랐다. 위워크는 실로 강한 문화를 갖고 있었다. 단지 외부에 홍보하던 문화와 달랐을 뿐이었다. 회사가 중시한다고 말하는 문화와 직원들이 실제로 경험하는 문화의 간극('가치 실행 간극value-implementation gap')은 많은 비용을 초래한다. 노이만은 상장 실패 후 결국 쫓겨났다.[15] 470억 달러로 평가되던 위워크의 가치는 몇 주 만에 약 90억 달러로 줄어들었다. 노이만의 영업술과 벤처 투자사들의 과도한 투자로 위워크의 재무 자료가 대부분 부풀려졌다는 사실이 밝혀졌기 때문이었다.

과거 웰스파고Wells Fargo,[16] 엔론Enron,[17] 최근의 위워크와[18] 테라노스[19] 같은 사례에서 알 수 있듯이, 직원들을 서로 경쟁시키는 접근법은 천재 문화에서 주로 사용한다. 스택 랭킹이 기술 부문에서 되살아나는 듯해 안타깝다.[20] 그러나 이러한 관행이 공식적으로 제시될 때에만 직원 사이를 경쟁적으로 만드는 것은 아니다. 경쟁적 행동은 조직의 마인드셋에 대한 직원들의 '인식'에서 기인한다.[21] 회사가 고정 마인드셋에 따른 생각들을 지지한다는 인식은 직원들이 자리를 놓고 다투도록 만들기에 충분하다. 이 경우 자신의 우월한 재능과 능력을 선택적으로 증명하는 방식으로 행동하면서, 실수와 약점을 숨길 가능성이 높다.

또한 똑똑함을 드러내야 한다는 압박은 협력이 아닌 경쟁을 초래한다. 천재 문화에서 협력은 개인이 얼마나 그 업무에 기여하는지를 파악하기 더 어렵게 만드는 방식이다. 팀 작업으로 일의 결과물이 나오면 홀로 두각을 드러내는 스타로 인식되기가 더 어렵기 때문이다. 게다가 천재 문화에서 직원들은 혁신적이거나 위험한 업무를 맡지 않으려 한다. 위험 감수는 실패로 이어질 수 있으며, 실패는 능력 부족을 나타내기 때문이다.

마지막으로, 직원들이 능력을 증명해야 한다는 압박을 느낄 때 정보 독점이나 실수 감추기 같은 비도덕적 행동을 할 확률이 더 높아진다. 그렇게 해야만 똑똑하고 유능하다는 인식을 얻을 수 있기 때문이다. 이런 행동은 능력치가 높은 사람과 낮은 사람이 있다는 고정 마인드셋 사고방식을 강화한다. 그 결과, 문화 주기가 계속 이어진다.

마인드셋 문화는 어떻게 개인의 행동을 좌우하는가

앞서 소개한 〈포춘〉 500대 기업 연구에서 참가자들은 성장 문화 쪽으로 기울어진 기업(가령 웹사이트와 사명 선언에서 직원 개발에 대한 의지를 드러내는 기업)은 보다 협력적일 것이라고 예상했다.[22] 반대로 천재 문화를 내세우는 기업(오로지 결과와 성과에 초점을 맞추는 똑똑한 사람들만 채용하려는 기업)은 내부적, 개인 간 경쟁이 더 심할 것이라고 예상했다. 우리는 이런 외부의 인식을 파악하는 수준에서 만족할 수 없었다(외부의 인식이 입사 지원자의 결정을 좌우할 수는 있지만 말이다). 해당 기업의 직원과 간부 들이 조직의 마인드셋을 어떻게 인식하는지 그리고 그 인식이 어떻게 현장에서 서로를 대하는 방식을 좌우하는지 알아낼 필요가 있었다.

우리는 경영 컨설팅 기업과 협력하여 여러 〈포춘〉 1000대 기업을 대상으로 연구를 실시했다. 이 기업들은 에너지, 의료, 유통,

기술을 비롯한 여러 산업에 걸쳐 있었다. 우리는 직원들에게 다양한 질문을 던져서 조직적 마인드셋(가령 회사의 리더 대다수가 재능이 고정되어 있다고 믿는지 아니면 가변적이라고 믿는지)과 더불어 협력과 경쟁에 관한 행동 기준을 확인했다. 구체적으로는 아래와 같은 진술에 동의하는 정도 또는 동의하지 않는 정도를 물었다.

* 이 회사에서는 협력하는 사람들이 점수를 얻는다.
* 이 회사에서는 당신이 얼마나 똑똑한지 보여주는 것이 아주 중요하다.
* 같이 일하는 다른 사람보다 내가 더 유능하다는 것을 보여주는 것이 아주 중요하다.
* 내가 동료들보다 아는 것이 적다고 상사가 생각하지 않는 것이 중요하다.

결과는 명확했다. 천재 문화에 속한 직원들은 회사의 대다수 사람들이 협력보다 내부적, 개인 간 경쟁을 할 가능성이 더 높다고 밝혔다. 반면 성장 문화에 속한 직원들은 문제를 해결하고 목표에 도달하기 위해 서로 협력할 가능성이 높았다. 간부들도 이런 차이를 알게 되었다. 이 결과는 중요하다. 조직이 협력 또는 경쟁을 더 지향한다는 직원들의 시각이 그들 사이의 신뢰와 헌신에 영향을 미치기 때문이다.

성장 문화에 속한 직원들의 경우, 회사의 문화가 협력하기를

==바라고 지원한다는 인식은 조직에 대한 신뢰와 헌신을 촉진했다. 반면 천재 문화에 속한 직원들의 경우, 개인 간 경쟁이 기준이라는 인식은 조직에 대한 헌신을 약화시킨다.==

천재 문화는 경쟁적 행동 기준을 수립하고, 직원의 성장과 개발에 더 적은 자원을 할애하는 것으로 고정 마인드셋을 보여준다. 스타들은 이미 스타다. 성과가 부진한 직원은 그냥 내보내면 된다. CEO이자 창업자, 경영학 교수인 마거릿 헤퍼넌은 이렇게 쓴다. "탁월한 성과를 낸 사람을 숭배하면 다른 모든 사람은 어린애 취급을 당한다. 이는 우월한 능력을 가진 사람 앞에서 모두가 수동적인 태도를 취할 수 있다는(심지어 취해야 한다는) 메시지를 전달한다."[23] 조직이 스타플레이어 또는 팀 기반 문화를 가졌는지 여부는 외부의 인식에도 영향을 미친다. 다른 야구팀의 팬들에게 뉴욕 양키스를 어떻게 생각하는지 물어보라.

마침, 캔자스대학교와 머레이주립대학교 합동 연구팀은 스포츠팀에 초점을 맞춰서 "영입" 팀과 "성장" 팀에 대해 사람들이 가진 친밀감과 생각을 조사했다.[24] "영입" 팀은 다른 팀에서 스타 선수를 영입하는 반면, "성장" 팀은 장기적으로 선수들의 재능을 개발한다. 조사 결과 사람들은 성장 팀을 더 좋아했다. 이는 스포츠 이외의 다른 분야에도 적용된다.

성장 팀을 응원하는 이유 중 가장 흔한 답변은 그들이 성공하기 위해 더 열심히 뛰고, 더 많은 노력을 기울였기 때문이라는 것이었다. 사람들은 그 점을 높이 평가하고 존중했다. 그들은 구성원을 육성하는 데 투자하는 조직도 높이 평가했다. 스타를 영입하는 팀은 성공으로 가는 지름길을 택했다고 간주했다. 성장 팀을 응원하는 두 번째 이유는 그들이 '함께' 발전했기 때문에 "단결심과 협동심"이 더 강할 것이라고 생각해서였다. 이런 연구 결과는 우리의 〈포춘〉 500대 기업 연구 결과와 일치한다. 성장 문화에 속한 간부들은 천재 문화에 속한 간부들보다 더 직원들이 성과와 리더십 측면에서 잠재력을 가지고 있다고 생각했다. 천재 문화의 경우, 단지 "사들인" 스타들이 영입 이유인 그들의 능력을 증명하기를 기대할 뿐이었다.

아틀라시안Atlassain은 "성장" 접근법을 취한 기업이다. 이 소프트웨어 개발사는 프로젝트 관리 시스템처럼 팀을 지원하는 제품을 만든다. 많은 천재 문화 기업은 채용 과정에서 알아서 살아남으라는 접근법을 취한다. 반면 아틀라시안은 지원자들에게 성공하는 방법을 알려준다. 완벽한 성과자를 파악하기 위해서가 아니라 평등한 경기장에서 구성원들의 잠재력을 육성하기 위해서다.

예를 들어 디자인 부문 지원자들에게는 압박과 강요를 받으며 일하도록 하지 않을 것이라고 말하며 안심시킨다. "지원자에게 스트레스를 주면 그들이 실제로 무엇을 할 수 있는지, 팀에 가치를 더할 수 있을지 알기 어렵기" 때문이다.[25] 또한 지원자들에게 "가장 진솔한 모습"을 면접 자리에서 보여주기를 권장하며, 회사가 기대하는 것과 높은 성과를 내는 방법에 대한 구체적인 정보도 제공한다. "사전에 당신의 작업물을 이해하는 데 필요한 맥락을 알려주세요. (…) 대다수 프로젝트는 협력을 통해 이루어진다는 걸 알고 있습니다. 그러니 당신이 구체적으로 어떤 기여를 했는지 먼저 말해주세요"라는 식이다.

아틀라시안의 홈페이지에는 다양한 인종적, 민족적 배경을 지닌 3명의 여성 직원이 기술 부문에서 여성이 성공하는 방법을 알려주는 별도 정보 페이지가 있다.[26] 또 다른 페이지는 인턴과 최근 대학 졸업자를 대상으로 한 질의응답을 제공한다.[27] 거기에는 "생산성은 주기를 가지고 있으니" 항상 최대한으로 성과를 내지 못한다고 해서 과도하게 걱정하지 말아야 한다는 말도 나온다.

이와 달리 고정 마인드셋 조직의 웹사이트에서 쓰는 거창한 언어들은 최상급 표현에 가깝다. 그래서 자신들이 "인정받는 리더"이며, "세계적 수준의 성과"와 "우월한 결과"를 안기는 "경쟁 우위"를 제공한다고 말한다.

아틀라시안의 철학은 "경력 개발은 새로운 일자리에서 맞는 첫 90일 안에 시작된다"는 것이다.[28] 그래서 그들은 직원들이 올바로 시작할 수 있도록 돕기 위한 90일 계획을 실행한다. 올바른 시작은 조직의 가치관과 절차를 배우면서 재직하는 동안 업무를 수행하고 능력을 개발하는 데 도움을 받을 초기 관계를 형성하는 것을 말한다. 그다음에는 관리자와 직원이 같이 경력 개발 계획을 만든다. 이 계획은 회사에서 경력을 쌓아 앞으로 나아가는 길을 보여주는 지도에 해당한다. 아틀라시안은 승진한 직원들의 여정을 공유한다. 그래서 그 과정의 성공과 더불어 고전과 도전을 정상적인 것으로 만든다.²⁹ 가령 "솔직히 (신임 관리자로서) 첫 6개월 동안은 제가 뭘 하고 있는지 몰랐습니다"라고 밝히는 식이다.

그들은 또한 퇴사 때만 잠깐 진행하는 게 아니라 지속적으로 직원들의 경력 목표를 더 많이 파악하려고 노력한다.³⁰ 아틀라시안의 인재 관리 및 개발 책임자인 사라 라슨은 관리자들에게 퇴직 관련 면담 때까지 기다리지 말고 팀원들과 "근무자 면담"을 하라고 권장한다. 직원들의 회사에 얼마나 헌신하는지, 또 회사에 만족하고 있는지의 정도를 측정하고, 필요한 경우 근무 경험을 개선할 방법을 파악하기 위해서다. 라슨은 이 면담에서 각 팀원에게 어디서 동기를 얻는지, 앞으로도 계속 일하게 만드는 요소가 무엇인지, 마지막으로 회사를 떠날 것을 고민한 때는 언제인지 물어보라고 말한다.

관리자들에게 주어진 목표는 "소통을 통해 신뢰를 쌓고, 직원들의 현재 상황과 미래 계획에 대한 지속적인 대화를 나눌 길을 여는 것"이다. 이 덕분에 직원들은 성장과 개발이 가능한(또한 회사가 그것을 기대하고 지원하는) 문화에서 일하고 있다는 신호를 받는다. 글래스도어가 발표한 2023년 데이터에 따르면, 아틀라시안 직원의 93퍼센트는 회사를 친구에게 추천하겠다고 밝혔다.³¹ 또한 아틀라시안은 문화 및 가치관 측면에서 5점 만점 중 4.8점을 받았다.

성장 문화를 받아들이면 시장에서 경쟁력이 떨어질 것 같아 걱정되는가? 그렇다면 이 사실을 고려해보라. 2023년 5월 기준으로 아틀라시안의 가치는 380억 달러 이상이며, 지라Jira와 트렐로Trello를 비롯한 아틀라시안의 제품들은 해당 부문에서 꾸준히 최고 순위를 기록하고 있다.[32]

연구 결과가 분명하게 보여주듯이 (개인 간 경쟁 문화에 내재된) 과도하고 고질적이며 지속적인 스트레스는 값비싼 대가를 치른다. 압박과 성과 사이의 관계를 보여주는 여키스 도슨 법칙 Yerkes-Dodson law에 따르면, 스트레스는 힘든 과제를 수행할 때 특정 지점 이후에서는 학습을 저해하는 요소가 된다.[33] 동료 경쟁자나 외부에서 대체 인력으로 영입된 스타에게 일자리를 잃을 것이라는 두려움이 성과를 내게 만드는 동기인 경우가 있다. 이는 심리적 안정감 및 장기적 건강을 해칠 뿐 아니라 더 발전하고 개선하려는 능력을 저해할 가능성이 높다.

압박은 성과를 좌우하는 결정적 요소가 아니다. 강한 압박을 받는 상황과 기한은 거의 모든 업무 환경에 존재한다. 문제는 압박 상황에서 협력과 동지애, 혁신이 발생하는지의 여부다. 즉, 스트레스를 모두의 의욕과 능력, 열심을 모아 함께 극복할 수 있는 것으로 재구성해야 한다. 그렇지 않으면 동료들 사이에서 끊임없이 뒤통수를 조심하며 홀로 성과를 내야 한다는 스트레스가 가중된다. 이런 접근법은 창의성과 단결력을 잃게 한다. 또한 장기적으로 직원들이 좌절하여(또는 병에 걸려서) 회사를 떠나버릴 수도 있다. 다시 말하지만, 우리의 연구 결과에 따르면 천재 문화에

서 일하는 직원들이 회사를 떠날 길을 찾을 확률이 더 높다.[34]

지금까지 내부 경쟁이 어떤 부정적 영향을 미치고, 어떻게 협력을 저해하는지 살폈다. 이제 성장 문화에서 협력이 업무 수행력과 성과를 '증진'시키는 양상을 자세히 살펴보도록 하자.

협력적인 조직이 경쟁에서 승리한다

제니퍼 다우드나는 청소년기에 과학자인 제임스 왓슨과 프랜시스 크릭이 DNA의 이중나선 구조를 발견한 이야기에 흥미를 가졌다.[35] 그녀의 마음을 가장 사로잡은 것은 두 사람의 동료 과학자인 로잘린드 프랭클린이 그 발견에 기여했다는 사실이었다. 프랭클린의 이야기는 다우드나에게 여성도 과학자가 될 수 있다는 계시나 다름없었다. 이 계시는 다우드나의 인생 경로를 결정했을 뿐 아니라 유전자 연구의 경로를 영원히 바꿔놓았다. 이후 다우드나는 연구팀 내외부에 걸친 협력을 통해 과학적 발견을 해낸다. 이 발견은 크리스퍼CRISPR라는 기술의 개발로 이어졌다. 크리스퍼는 유전자 편집 기술로, 향후 여러 파괴적인 유전 질환을 퇴치할 가능성이 있다. 또한 지금은 바이러스의 위협을 감지해 물리치기 위한 새로운 수단을 개발하는 데 활용하고 있다.

왓슨과 크릭은 자신들의 발견에 프랭클린이 도움을 주었다는 사실을 인정하지 않았다. 이 점 또한 다우드나에게 영향을 미쳤을지 모른다. 그녀는 연구팀과 함께 이룬 선구적인 발견뿐 아니라 결과에 이른 '방법'에서도 두드러진 모습을 보였다. 그녀의 연구팀은 과학계에 만연한 천재 멘털리티에 맞서서 이례적인 수준의 동지애를 드러냈다. 이는 여러 연구자가 협력하는 것이 한두 과학자가 홀로 연구하는 것보다 더 효과적인 진전 속도로 더 나은 해결책을 얻는다는 다우드나의 믿음에 기반했다.

다우드나는 2020년에 노벨 화학상을 받았다. 공동 수상자는 그녀의 연구팀에 속하지 않은 외부 과학자로, 크리스퍼 기술 개발에서 핵심 연구를 공동으로 진행한 에마뉘엘 샤르팡티에였다.

코로나 사태가 발생했을 때 다우드나는 여러 조직에 걸친 태스크포스를 소집하여 코로나와 싸우는 데 크리스퍼 기술을 활용할 방법을 찾아냈다. 또한 유전자편집 연구자인 동료 장평과의 오랜 경쟁 관계도 옆으로 제쳐두었다.[36] 두 사람은 연구에 필요한 자원을 한데 모으고, 특허권 없이 연구 결과를 일반에 공개하는 데 동의했다. 그 결과물이 2022년 초에 미 식약청으로부터 긴급 사용 승인을 받은 크리스퍼 기술 기반 진단 테스트였다.[37]

다우드나에게 연구실 문화를 유지하는 일은 대단히 중요했다.[38] 월터 아이작슨이 《코드 브레이커The Code Breaker》에 기록한 대로, 그녀는 연구 팀원을 채용할 때 "연구 실적을 평가하는 것만큼이나 팀과 잘 어우러질지 확인하는 데 중점을 두었다." 아이작슨은 이 접근법을 사용하면 "명민한 부적응자"를 놓칠 수 있지 않냐고 문제를 제기했다. 다우드나의 대답은 이랬다. "저는 창의적 충돌을 좋아하는 사람들을 압니다. 하지만 저는 함께 일을 잘 하는 사람을 우리 연구팀에 두고 싶습니다." 그녀는 박사과정 학생을 대상으로 면접을 진행하면서 이들에 대한 팀원들의 의견을 수렴한다. 이는 면접 절차 중 하나로, 누가 팀과 잘 어우러질지에 대해 모두가 동의하는지 확인하는 것이다. 그녀는 "자율적이면서도 친화적인 사람"을 찾기 위해서, 라고 말한다.

내재적 동기가 성장 마인드셋 문화와 맞물리면 의욕을 끌어내는 데 팀원들과의 경쟁이 필요치 않다. 함께 성장하고, 배우고, 달성하려는 열정을 통해 더 많은 의욕이 생긴다. 다우드나는 경쟁심이 강한 사람으로 알려져 있다. 그러나 그녀는 팀 내에서는 협력을 권장하고 기대한다. 협력은 각 연구자의 강점과 전문성을 발휘하게 하여 새로운 발견이 나올 수 있는 공동의 연구 영역을 만든다. 다우드나는 위로부터 연구실 문화를 설계한다.

다우드나의 연구실에서는 살벌한 경쟁이 아니라 협력을 통해 진전한다. 가령 다우드나는 한 박사과정 학생이 과감하게 연구하지 않는다는 사실을 알게 되었다. 그녀는 그를 따로 불러내서 이렇게 말했다. "당신은 해낼 능력이 있는 프로젝트를 맡지 않고 있습니다. 그렇게 하지 않을 거면 왜 과학을 하나요? 우리는 거대한 질문에 대한 답을 찾고 위험을 감수하기 위해 과학을 하는 겁니다. 새로운 시도를 하지 않으면 어떤 돌파구도 찾지 못합니다." 그 학생은 다우드나의 격려와 면밀한 지도, 지속적인 지원에 힘입어 이후 해당 분야를 발전시킨 여러 발견을 해냈다. 다우드나는 같은 접근법을 연구팀 바깥에서도 적용했다. 그녀는 크리스퍼 컨퍼런스를 공동 주최하여 유전자 편집 분야의 과학자들을 한데 모았다. 덕분에 그들이 안심하고 미발표 데이터와 새로운 아이디어를 공유할 수 있는 자리가 만들어졌다.

다우드나는 협력과 단결을 중시한다. 이는 그녀의 연구실을 가장 성공적이고, 혁신적이며, 재정적 경쟁력을 갖춘 연구실로 만든 성장 문화를 창출하고 유지하는 데 도움을 주었다. 조직이 의도적으로 협력을 증진하지 않으면 직원들에게 의도치 않게 아주 다른 메시지를 내보낼 수 있다. 우리가 다국적은행을 조사하면서 발견한 양상이 바로 그랬다. 조직 내 여러 곳에서 마인드셋과 관련된 메시지가 나오면, 직원들은 간부를 통해 조직이 어떤 행동을 중시하는지에 대해 많은 것을 알아낸다.

우리는 수천 명의 직원과 관리자 들을 대상으로 설문조사를 실시했다. 거기서 얻은 데이터를 분석한 결과, 직원들이 동료들과 경쟁할지 아니면 협력할지에 영향을 미치는 경영 전략을 확인할 수 있었다. 한 전략은 스타 직원에게 어려운 업무를 맡겨 행복도를 높이는 것이었다. 그 결과 관리자는 최고 성과자의 사기를 떨어트리지 않으려고 따분한 업무를 덜 재능 있는 직원에게 넘기게 되었다. 이렇게 관리자들은 무심코 천재 문화를 육성했다. 직원들은 고정 마인드셋에 따른 관리자들의 행동을 인식하자마자 자리를 놓고 서로 경쟁하기 시작했다. 반면 성장 마인드셋을 취하는 관리자는 어려운 프로젝트를 팀 전체에 배분했으며,

직원들과 함께 성공하는 방법을 파악했다.

파타고니아Patagonia의 관리자들은 직원을 채용해 능력을 개발할 때 이런 고관여, 성장 마인드셋 접근법을 따른다. 파타고니아 창립자인 이본 쉬나드는 처음부터 의도적으로 협력을 증진했다.[39] 그는 이렇게 말한다. "우리는 특별한 대우와 혜택을 바라는 '스타'를 찾지 않는다. 우리가 기울이는 최선의 노력은 협력적으로 이루어진다. 파타고니아의 문화는 앙상블 플레이어를 보상한다. 반면 조명을 받아야 하는 사람은 거의 봐주지 않는다." 파타고니아는 (협력을 하든지 아니면 나가라는) 고정 마인드셋이 긍정적인 효과를 낼 수 있는 뛰어난 사례다. (쉬나드와 파타고니아의 리더들은 다른 사람들보다 자신의 위상을 높이려 드는 사람들을 봐주지 않을 뿐 아니라 지속가능성 및 도덕적 기준에서도 물러섬이 없다.)

파타고니아도 여전히 고성과자를 원한다. 다만 개인적 순위나 결과보다 집단적, 조직적 성과에 더 초점을 맞추는 사람이어야 한다. "우리는 마음대로 부릴 수 있는 사람을 채용하지 않는다. (…) 우리는 그저 지시만 따르는 게으름뱅이를 원하지 않는다. 우리는 나쁜 결정이라고 생각되면 문제를 제기할 수 있는 직원을 원한다." 마지막 부분은 파타고니아가 제품에 관해 가진 높은 도덕 기준과 품질 기준을 지키는 데 필수적이다. 파타고니아의 디자인팀과 제품팀은 서로 긴밀하게 협력한다. 단순한 디자인 변경 건으로도 공장을 바꿔야 할 수 있기 때문이다. 그러면 자재와 노동자 대우가 기준을 충족할 수 있도록 인증 절차를 완전히 새로 진행해야 한다.

파타고니아는 성장하는 문화를 갖고 있다. 그래서 내부에서 승진하는 경우가 많다. 이 방식이 통하는 이유는 다우드나의 사례처럼 문화적 적합성, 협력적 태도, 잠재력을 보고 직원을 채용하려 애쓰기 때문이다. 이 경우 직책에 맞는 기술을 익혀야 하기 때문에 일부 직원은 일을 제대로 하기까지 오랜 시간이 걸리기도 한다. 그래도 파타고니아의 모델은 대단히 성공적이었다. 심지어 환경에 미치는 영향에 관한 내부 기준을 계속 유지하기 위해 때로 성장의 고삐를 당겨야 할 정도였다. 그럼에도 파타고니아는 지속적으로 수익을 낼 뿐 아니라 심한 불경기에도 성장하는 소수의 대형 소매업체 중 하나였다.

다우드나와 쉬나드 같은 리더들은 조직의 마인드셋에 심대한 영향을 미친다. 우리 팀의 연구는 다른 창업자들도 마찬가지라는 사실을 증명한다. 앞서 언급한 카우프만 재단과의 공동 연구에서 우리는 성장 마인드셋이 강한 기업에는 노력과 능력 사이의 정적 상관성positive correalation을 믿는 창업자가 있다는 사실을 확인했다. 그들은 노력을 많이 기울일수록 능력이 발전한다고 믿었다. 반면 고정 마인드셋이 강한 사람들은 노력과 능력 사이의 부적 상관성negative correalation을 주장한다. 즉, 열심히 노력해야 한다면 능력이 부족할 확률이 높다는 것이다.

성장 마인드셋이 강한 창업자가 이끄는 기업들은 고정 마인드셋이 강한 창업자가 이끄는 기업들보다 덜 경쟁적이고 더 협력적인 성향을 보였다. 그렇다면 성장 문화를 가진 기업들이 (경쟁적 기준과 비교할 때) 협력적 기준에 대한 대가를 치렀을까? 전혀 아니다. 앞서 지적한 대로 이런 기업들에서는 이직률이 더 낮았다. 게다가 성장 마인드셋을 지향하는 창업자가 이끄는 기업들은 자신들이 설정한 연간 자금 모금 목표를 달성할 가능성이 더 높았다. 그들이 더 쉬운 목표를 설정한 것도 아니었다. 그들은 고정 마인드셋을 지향하는 창업자들만큼 야심이 있었다.

일부 독자는 여전히 유보적 입장을 취할 것이다. 내부 경쟁이 때로 최선의 결과를 이끌어낸다고 믿기 때문이다. 외과처럼 생사가 달려 있어서 개인이 실로 뛰어나야 하는 분야도 있다. 어쩌면 이런 분야는 경쟁이 이점을 낳는 상황에 속할 수도 있다. 그러나 유명한 신경외과의, 데이비드 랭거는 그렇지 않다고 말한다. 그는 뉴욕시 레녹스 힐 병원의 신경외과 과장으로, 현실을 충분히 알고 있다. 이 병원은 〈유에스뉴스앤드월드리포트U.S. News & World Report〉에서 신경학 및 신경외과 부문에서 전국 최고 병원 중 하나로 꼽혔다.[40] 그는 이렇게 말한다. "협력하지 않고, 뛰어난 팀을 갖추지 못하고, 서로 도우려는 의지를 가진 사람들이 없으면 모든 것이 무너집니다. (…) 우리의 관심사와 마음과 협력적 문화가 성공을 이끌어냅니다. 우리는 이런 특별한 화합 덕분에 규모가 큰 신경외과를 상대로 경쟁할 수 있습니다."[41]

내부 경쟁을 멈추고 함께 싸우는 방법

다음은 조직에서 부정적인 내부 경쟁을 최소화하면서, 협력적인 성장 문화를 창출하는 방법들이다.

신호 검증을 실시하라

우리 팀은 어떤 조직을 알고자 할 때 신호 검증을 실시한다. 이를 통해 조직에서 통용되는 정책과 관행, 기준과 함께 조직이 구성원들을 고정 마인드셋과 성장 마인드셋 중에서 어느 쪽으로 더 많이 이끄는지를 파악할 수 있다. 당신도 조직에서 비슷한 일을 할 수 있다. 이때 구성원들을 서로 경쟁시켜서 단결을 해치는 일반적이고 통상적인 조직 내 운영 방식에 초점을 맞춰야 한다.

우리는 신호 검증을 대개 조직의 동호회affinity group에서 시작한다. 특히 부정적 고정관념이나 구조적 불이익에 시달리거나 수적 열세에 놓인 사람들이 모인 동호회가 그 대상이다. 앞선 연구에서 밝혀진 대로 그들은 회사가 존중, 포용, 협력의 기준을 따르는지 알려주는 국지적 환경의 신호를 더 잘 살피곤 한다. 가령 인종 기반 동호회에 속한 사람에게 팀에서 협력 및 포용과 관련하여 어떤 경험을 했는지 물어보면, 회사의 행동 기준에 대해 많은 걸 알 수 있다.

때로 나는 회사에서 "이미지를 좋게 만들기 위해" 자신들을 "진열창 장식이나 휘장처럼" 내세우는 느낌을 받는다는 말을 듣는다. 그러면서도 정작 일을 할 때면 그들에게 어려운 업무를 주지 않고, 그들은 자신의 성장과 개발에 도움을 주는 인맥에 접근할 수 없다. 이는 기업문화에 문제가 있음을 증명한다. 어떤 직원에게는 실수를 하고 거기서 배움을 얻을 기회가 주어지지만, 다른 직원에게는 그런 융통성이 폭넓게 제공되지 않는다. 이런 일은 드물지 않다(실제로 이런 행동 유도성이 인종 및 젠더에 따라 이루어지는 경우가 아주 많다).

우리는 신호 검증을 시작할 때 마인드셋 연속체를 설명한 다음, 다양한 정책과 관행이 이런 마인드셋을 드러내는 상황을 이야기한다. 그다음 "일상적 업무에서 고정 또는 성장 마인드셋에 따른 메시지를 전한다고 느끼는 상호작용이나 정책, 관행은 무엇인가요?"라고 묻는다. 거기서 나오는 대답들이 출발점이다. 신호 검증을 실시하는 자세한 방법을 알고 싶다면 www.marymurphy.com을 방문하라.

데이터가 보여주는 것을 보라

기업문화와 관련된 흔한 오해는 성장 문화가 천재 문화보다 데이터를 덜 중시한다는 것이다. 사실은 그 반대인 경우가 많다. 사람들은 천재에 대한 믿음 때문에 자신의(또는 천재의) 육감에 더 의존한다. 게다가 데이터를 살피는 일은 천재성에 도전을 제기한다. 육상 감독인 스티브 매그니스는 나이키 코치인 알베르토 살라자르의 비도덕적이고 학대적인 관행을 고발했다.[42] 그는 살라자르에게 (얼마 전에 처음 세계선수권 팀에 들어온) 한 선수가 "너무 뚱뚱하다"는 비판을 들었던 일을 회고한다. 그는 살라자르에게 그 선수의 체지방률이 대단히 낮다는 데이터 차트를 보여주었다. 그러자 살라자르는 이렇게 쏘아붙였다. "과학 따위는 신경 쓰지 않아. 내 두 눈으로 보면 아니까. 걔는 살을 빼야 해." (게다가 살라자르는 매그니스가 계속 능력을 "증명"하지 않으면 계약기간을 줄이겠다고 자주 위협했다.) 천재 문화에서는 흔히 데이터를 분석한 결과를 팀이나 사업부 또는 회사를 개선하기 위해 외부에서 영입한 집단과 공유하기를 꺼린다.

천재 문화에 속한 사람들은 개인 간 경쟁이 성공의 핵심 요소라고 주장한다. 하지만 데이터를 살펴보면 이야기가 다른 경우가 많다. 우리가 조사한 바에 따르면 강한 성장 문화를 지닌 팀은 일을 할 때 협력적인 행동 기준을 따른다. 이 점은 분기별 실적 평가에서 그들이 더 높은 성과(그리고 더 높은 직원 만족도)를 낼 것임을 알려준다.

이 사실은 흔히 데이터를 살피지 않았다면 실상을 몰랐을 리더들을 놀라게 만든다. 그렇다 해도 내 말을 그대로 믿지 말고, 당신이 속한 조직의 데이터가 무슨 말을 하는지 확인하라.

경쟁의 개념을 재구성하라

시트콤 〈프렌즈Friends〉의 등장인물인 모니카는 경쟁심이 아주 강해서 누구하고든, 어떤 일에 대해서든 경쟁하려 든다.[43] 한 에

피소드에서 그녀는 자신의 마사지 실력이 자부하는 것처럼 최고가 아니라는 사실을 알고 좌절한다. 사실 그녀의 마사지 실력은 최악이다. 남자 친구인 챈들러는 그녀를 달래려고 표현을 바꿔서 말한다. 그녀는 "실력 없는 마사지사 중 최고"라고 말이다. 경쟁의 개념을 재구성하는 것은 기업문화를 마음 약한 사람들에게 맞추는 게 아니다. 바로 경쟁의 양상에 대한 생각에 약간의 재미와 창의적인 면을 더하는 것이다.

문제는 이것이다. 어떻게 하면 직원들이 고정된 사고방식으로 서로를 이기려 하는 것을 막고, 협력과 성장과 개발 측면에서 경쟁하도록 권장할 수 있을까? 기술 기업 디지털오션Digital Ocean은 협력적 행동을 하는 구성원에게 비금전적 인센티브와 보상을 제공한다.⁴⁴ 가령 CEO가 선정한 비즈니스 도서가 담긴 킨들 전자책 단말기를 주는 식이다. 펩시코에서는 다른 직원들의 성공을 도운 실적이 연간 보너스와 연계된다.

어떻게 하면 공동의 혁신 능력을 가장 많이 개발하거나 드러낸 직원 혹은 팀을 중시하는 방향으로 인센티브와 평가 구조를 바꿀 수 있을까? 팀 간, 부서 간 협력을 가장 많이 이끌어낸 프로젝트를 포상하면 어떨까? 어쩌면 성장 마인드셋에 따른 경쟁의 아이디어를 내는 것을 각 팀의 첫 번째 과제로 제시할 수 있을지도 모른다.

평가 시스템을 바꿔라

2013년에 마이크로소프트는 스택 랭킹 시스템을 버렸다.[45] 당신의 조직이 여전히 스택 랭킹(또는 구성원들이 귀중한 자원을 놓고 경쟁하도록 만드는 비슷한 검투사식 접근법)을 쓴다면, 구성원들이 서로 경쟁하도록 부추기는 시스템 대신 다른 평가 수단을 고려하라.

파타고니아는 자사의 인적자원관리 시스템에 문제의식을 가졌다. 그들은 변화하기 위해 개인별 평가 시스템을 아예 없앴다. 파타고니아의 인사 책임자 딘 카터는 직원 관리를 위해 지속가능한 재생 농업 운동의 모범을 따라야 한다는 사실을 배웠다.[46] 오늘날 표준적 농업 접근법에서는 작물이 성장하면 이를 수확한 후 땅을 간다. 카터의 설명에 따르면 그렇게 할 때마다 토양의 양분이 고갈된다. 그래서 그 과정을 반복할 때 토양을 비옥하게 만들기 위해 자원을 투자해야 한다. 이는 전적으로 추출에 초점을 맞춘 접근법으로, 우리가 조직에서 일하는 사람들을 대하는 방식이기도 하다. 재생 농업의 경우, 토양이 건강하게 유지되도록 산출물만큼 투입물에도 주의를 기울인다.

카터는 파타고니아가 의도치 않게 토질을 훼손한다는 사실을 깨달았다. 그 이유는 회사가 직원들에게 되돌려주는 것을 신경 쓰지 않고 직원들에게서 얻는 것에만 초점을 맞췄기 때문이었다. 그는 "인사 절차 중에서 추출적 성격을 지닌 것은 무엇이고, 재생적 성격을 지닌 것은 무엇인가?"라는 의문을 품었다. 이

의문은 카터의 팀이 연례 실적 평가 절차를 점검하게 했다. 그는 이 절차가 한 해 동안 (나와 동료 교수들이 고과별 연봉 조정 절차에서 경험한 것처럼) 엄청난 통점pain point을 만들었다는 사실을 깨달았다. 그 절차는 "직원과 관리자 들이 싫어할 뿐 아니라 거의 모두가 그로 인한 타격에서 회복할 필요가 있"었다. 그들은 실적 평가 과정에서 지쳐가고 있었다. 회사는 토양을 다시 비옥하게 만들고 사기를 되살리기 위해 연봉 인상과 보너스를 제공했다. 카터가 회사의 실적 관리 절차를 개편하겠다고 발표했을 때 직원들은 "말 그대로 자리에서 일어나 박수를 쳤다."

파타고니아는 일을 잘할 수 있는 방법에 대해 직원들에게 폭넓은 재량권을 부여하는 것으로 이미 유명했다. 그럼에도 실적 관리 방식을 바꾸기 위해 아이디어를 공유하는 자리를 만들었을 때, 기록적인 인원이 참석했다. "입추의 여지 없이 들어찬" 직원들은 실적을 재고하는 방식에 대해 의견을 제시했다. 현재 인사팀은 연례 평가 대신 직원들이 실적을 올리는 데 도움을 받기 위해 자발적으로 선택할 수 있는 도구를 제공한다. 이 도구는 "인사팀이 강제하는 것이 아니라 개인적 상황과 필요 그리고 상사의 필요에 따라 최대한 노력할 수 있도록" 직원들을 도와준다.

새로운 접근법은 직원들의 실적을 개선했다. 또한 인사팀은 직원들의 능력을 개발하는 데 도움이 되는 흥미로운 통찰과 데이터를 찾을 여유를 얻었다. 카터는 현재 인사팀이 이 새로운 실적 분석 시스템을 통해 훨씬 유용한 정보를 얻고 있다고 밝힌다. 또한 그는 이 시스템이 "파타고니아의 경우에는 직원과 관리자가 일을 더 잘할 수 있도록 웹서핑을 할 수 있는 시간을 허용한다"라고 덧붙였다.

소프트웨어 개발사인 깃랩GitLab은 인재 평가 프로그램을 운용한다.[47] 그 일환으로 관리자들은 직원의 과거 실적뿐 아니라 성장 잠재력까지 평가한다. 깃랩의 설명에 따르면 "성장 잠재력은 갈수록 폭넓어지거나 복잡해지는 책임을 성공적으로 완수하고 새로운 기술을 익히는 능력과 그에 대한 의욕을 말한다. 이때 같은 직군에 속한 동료 및 직위의 책임을 비교 대상으로 삼는다. 거기에는 해당 직군에서 더 높이 올라가거나 옆으로 이동할 수 있는 잠재력이 포함된다." 관리자들은 (적응성, 확장성, 일관성, 자기 인식이라는 주요 기준에 따라) 직원의 성장 잠재력을 파악한다. 또한 이를 토대로 잠재력을 실현하는 데 가장 좋은 경로를 계산한다.

깃랩은 진정한 성장 문화의 방식을 추구한다. 그래서 성장 잠재력은 장기적으로 기술 및 능력의 변화와 더불어 관심사에 따라 바뀔 수 있다고 말한다. 당신도 직원들을 위해 비슷한 방식을 받아들일 수 있다. 그러면 성장 기회를 파악하고 실현하는 데 도움이 될 것이다.

이 장의 서두에서 해마다 동료 교수들이 서로의 평점을 돌려보던 민망한 방식에 대해 이야기했다. 하지만 지금은 교수들이 논문, 프로젝트, 지원사업 부문에서 서로 협력하는 모형을 따르고 있다. 학과 사무실에는 교수 우편함 바로 옆에 협력망을 그린

그림이 붙어 있다.

당신의 조직에서 협력적 성장 문화를 발생시키고 경쟁적 천재 문화에 도전하기 위해 어떤 척도를 쓸 수 있을지 생각해보라. 모두가 계속 성장할 것이라 기대하고, 또 그것을 지원하는 아틀라시안의 개인화된 개발 계획을 참고하라.

새로운 시스템이 정착된 후에는 반드시 데이터를 살펴라. 과거 시스템과 비교하여 실적이나 직원 유지 등의 척도에 어떤 영향을 미쳤는지 확인하고, 필요에 따라 조정하라.

4장 혁신

　에너지의 미래와 관해, 우리에게는 기존 방식을 바꾸는 것 외에는 다른 선택지가 없다. 화석연료를 기반으로 사업을 구축한 기업들은 비교적 검증된 모형에서 벗어나, 해결해야 할 미지의 요소와 불확실성이 훨씬 많은 모형으로 옮겨가야 할 것이다. 셸Shell은 이 문제를 다음과 같이 제시한다. "예측 가능하지만 변동성이 있는 환경에서 근본적으로 불확실한 환경으로 옮겨가는 방법은 무엇일까?" 현재 전 세계적으로 에너지 전환이 진행되고 있다. 셸의 인사 담당 수석 부사장(사회심리학 박사학위 소지자) 요릿 반 데르 토흐트는 "속도가 얼마나 빠를지, 규모가 얼마나 클지는 모르지만… 전환기가 다가오고 있다는 건 압니다"라고 말한다.[1] 셸은 불분명한 미래를 헤쳐나가려면 전반적인 사업 구조를 변혁해야 한다. 하지만 어떻게 해야 할까?

반 데르 토흐트는 여러 산업에 걸쳐서 다른 오래된 조직이 그토록 엄청난 전환을 성공적으로 관리한 적이 있는지 살폈다. 그가 찾아낸 기업은 마이크로소프트였다. 마이크로소프트는 클라우드 기술 부문의 후발 주자였다가 선도 주자로 변신했다. CEO 사티아 나델라는 조직문화를 천재 문화에서 성장 문화로 바꾸어 그 전환을 일으켰다. 반 데르 토흐트는 셸이 글로벌 에너지 부문의 변화하는 수요를 충족하기 위해서는 비슷한 문화적 변혁을 거쳐야 한다는 사실을 알았다.

셸이 앞으로 나아갈 길을 찾고 있을 때, 우연히 반 데르 토흐트도 직원 개발 프로그램을 개편하고 있었다. 그 작업에 도움을 줄 파트너 후보 중 하나가 스탠퍼드대학교였다. 반 데르 토흐트는 팔로알토로 날아가 교수들의 발표를 들으며 하루를 보냈다. 발표 내용은 셸이 직면한 것과 같은 변혁적 순간에 대처하는 방법이었다. 우리는 거기에서 만났다. 나의 조직적 마인드셋 발표를 들은 그는 비로소 조각을 맞출 수 있게 되었다. 그는 셸이 직면한 난관을 넘기 위해서는 시급히 혁신을 이뤄야 하며, 모든 창의성을 발휘해야 한다는 사실을 깨달았다. 어쩌면 조직적 마인드셋에 초점을 맞추는 것이 마이크로소프트에서처럼 이런 우선순위를 해결하는 데 도움이 될지도 몰랐다.

나는 헤이그로 가서 반 데르 토흐트의 생각에 동의하는 당시 CEO 벤 반 뷰어든 및 경영팀과 회의를 가졌다. 그들은 조직문화를 위에서 이끌어야 하며, 따라서 전환은 그들부터 시작해야 한다는 사실을 이해했다. 각 임원은 고정 마인드셋을 드러낸 상황, 성장 마인드셋으로 전환한 방법과 이유, 그 전환이 경력에 도움을 준 방식을 돌아보며 자신의 마인드셋에 대한 이야기를 만들었다.

물론 경영팀은 우리의 마인드셋 문화 변화 모델을 검증하고 싶어 했다. 그들은 만약 우리의 방법이 통하지 않을 경우 회사에 끼칠 부정적 영향을 최소한으로 줄일 수 있도록 소규모 검증을 우선 진행할 수도 있었다. 대신 그들은 가장 중요하고 까다로운 우선순위인 안전에 초점을 맞추는 전략적 선택을 했다. 반 데르 토흐트는 이렇게 말한다. "우리는 본질적으로 위험한 산업에서 일합니다. 사업을 운영하는 과정에서 안타까운 사망 사고가 발생할 수 있어요. 그래서 안전이 우리에게는 새 모델을 가장 유용하게 활용할 수 있는 부문입니다."

그때까지 셸은 주로 천재 문화의 방식으로 사업을 운영했다. 특히 안전에 관해서는 더욱 그랬다. 이는 타당한 방식이다. 그렇지 않은가? 안전은 엄격한 규칙이 필요해 보이는 분야다. 임원을 비롯한 셸의 모든 구성원은 회사가 중시하는 안전 수칙을 담은 카드를 목에 걸고 다닌다. 셸은 철저히 안정지향적이며 이는 사고를 줄이는 데 기여했다. 그러나 아무리 많은 점검 목록을 준수하고 사후 분석을 실행해도 '골 제로Goal Zero'를 달성할 수 없었다.

2007년에 수립된 '골 제로'는 셸에게는 안전에 관한 성배였다.² 그들은 조직의 전체 시스템에서 피해와 누출 사고를 없애려 했다. 그 시스템은 인력 운용과 가공 및 운송 과정, 즉 원유를 뽑아내서 트럭, 철도, 선박으로 운송하고, 대형 탱크에 보관하고, 전 세계로 나갈 제품을 만드는 데 활용하는 모든 과정을 포함했다.

셸은 사망 사고와 누출을 용인할 수 없다는 것을 인식했다. 그럼에도 골 제로를 달성하는 데 실패했다. 그들은 수년 동안 꾸준히 나아졌고 관련 수치는 조금씩 줄어들었다. 그래도 성장 마인드셋 문화가 간극을 메우는 데 도움이 될지 알고 싶었다. 구성원들이 고정형 사고방식과 관행적으로 운용하는 방식에서 멀어질 수 있을까? 특히 불가피하게 실수를 저질렀을 때 그를 통해 학습하는 방향으로 나아갈 수 있을까?

셸은 사업 모델을 바꾸고 에너지 전환을 위한 새로운 목표를 세우는 한편, 안전 의무의 균형을 맞추고자 했다. 그에 따라 혁신의 난관과 대가는 다른 산업보다 더 커졌다. 우리는 셸의 구성원들이 안전 규정을 적극적으로 개선하도록 도울 방법을 찾았다. 또한 안전 문제에서 셸이 말하는 "학습자 마인드셋"을 구현하도록 촉진하는 방법을 찾았다. 이후에 셸이 골 제로를 추구하는 과정에서 어떻게 조직적 마인드셋을 바꾸었는지 살필 것이다.

창의성과 혁신은 협력과 마찬가지로 조직문화에 영향받는다. 협력은 혁신을 촉진한다. 그래서 성장 문화는 협력에 투자하는 데서 이중 혜택을 얻는다. 구성원들이 새로운 아이디어를 떠올리거나, 새로운 방식으로 기존 개념을 결합하도록 장려하기 때문이다.

천재 문화도 혁신할 수 있고, 혁신을 이룬다. 그러나 셸이 안전 문제에 대처하던 방식처럼, 천재 문화는 흔히 고정 마인드셋의 기준이 초래하는 구조적 제약과 개인 간 제약에 시달린다. 천재 문화에 따라 사업을 운용하기란 강한 역풍을 맞으며 비행기를 조종하는 것과 같다. 목적지까지 갈 수는 있지만 비용이 더 많이 들고, 시간이 지체되고, 여행하는 동안 훨씬 많은 스트레스를 받을 수 있다. 천재 문화에서도 때로 중대한 혁신이 일어난다. 그러나 성장 마인드셋이 더 많이 활용되었다면 얼마나 더 큰 성과를, 얼마나 더 적은 비용으로 이루었을지에 대한 궁금증은 여전히 남는다.

성장 문화는 '학습 조직learning organization'과 깊게 관련되어 있다. 성장 문화에서는 매일이 보물 찾기가 된다. 직원들은 제품과 절차를 개선하기 위한 새로운 아이디어를 열심히 찾는다. 천재 문화가 만연한 조직은 주로 '의존 조직leaning organization'이다. 즉, 현상現狀 또는 과거 방식에 기대어 현재의 노력을 기울인다. 이런 조직도 혁신에 필요한 자원과 격려를 제공하지만 대개 이런 혜택은 소수의 특별한 스타나 또는 리더가 선호하는 프로젝트에만 주어진다.

이 장에서는 성장 문화와 천재 문화가 각각 어떻게 혁신을 달성하는지 살필 것이다. 또한 마인드셋에 따라 생기는 구체적인 도움이나 장애물도 살필 것이다.

혁신을 위해 무엇까지 할 수 있는가

혁신을 생각할 때 회계는 아마 마지막으로 떠오르는 분야다. 그러나 캔디스 캔디 던컨은 그 일을 해냈다. 그러기 위해 구성원들이 생각의 폭을 넓히도록 고무하고, 창의성과 엄격한 법률적·도덕적 규칙 준수 사이에서 미묘한 균형을 맞추는 방법을 썼다. 던컨은 KPMG에서 최초의 여성 워싱턴 메트로 지역 경영 담당 파트너였다. 당시 그녀는 감사·세무·자문 부문에 걸쳐 회사의 품질 향상 프로젝트를 이끌었다. 그녀의 이력은 광범위하다. 그러나 KPMG에서 같이 일한 부하 직원들은 대개 그녀가 자주 던진 질문으로 그녀를 기억한다. 바로 "어떻게 하면 기준을 높일 수 있을까?"다.

던컨은 인터뷰에서 모든 부하 직원에게 같은 숙제를 안겼다고 말했다.[3] "매일 최선을 다해야 합니다. 쉬운 말처럼 들리지만 다음 주에도, 다음 달에도 계속해야 합니다. 편법을 쓰면 안 됩니다. 그런 목표를 정하는 것은 막 대학을 졸업했든 아니면 51세에 새로 리더의 자리에 오르든 도움이 됩니다. 1년 동안 그렇게 노력했을 때 어떤 결실이 생겨나는지 알면 놀랄 겁니다. 제가 37년 동안 얼마나 많은 결실을 얻었는지 보세요." 모범은 던컨이 이룬 성공의 필수적인 요소였다.[4] 그녀는 "제가 하지 않을 일은 절대 누구에게도 시키지 않아요"라고 말했다. 이 관행은 재무상담사들을 대상으로 한 학계의 연구로 검증되었다. 성장 마인드셋에 따라 일하는 재무상담사들은 다른 사람이 모범을 보일 때 고객을 위해 적극적으로 일하려는 의지를 더 강하게 보였다.

던컨의 말에 따르면 규제에 따른 제약으로 가득한 분야에서 혁신을 일으키는 열쇠 중 하나는, 협력적이고 의욕적인 팀을 지원하는 것이다. 그녀는 "대개는 팀이 더 나은 답을 찾아낸다고 생각해요. 다양성을 지닌 팀은 더 많은 경험을 바탕으로 도움을 줘요. 그게 현명한 방식이죠. 우리가 가진 모든 자원 중에서 최선의 것을 활용하지 말아야 할 이유가 있을까요?"라고 말했다. 또한 그녀는 여러 직급을 가진 조직의 직원들이 제시하는 다양한 아이디어는 자신의 맹점을 보여주었다고 덧붙였다. "때로 사람들은 자신이 모른다는 사실을 몰라요. 다른 사람과 같이 일할 때 그 사람이 왜 어떤 일을 하는지 이해하지 못할 수 있어요. 그럴 때 기꺼이 배우려는 자세를 취하면 갑자기 상황이 다르게 보여요." 호기심을 갖고 기꺼이 모두에게 배우려는 던컨의 핵심 가치관은 성장 마인드셋의 특징이다.

기업문화와 관련해 많은 기업은 조직 전반에 영향을 끼치는 가치관에 의존한다. 차량 공유 앱 우버를 예로 들어보자. 지금은 악명을 얻은 초기의 여러 핵심 가치관들은 천재 문화에 영향을 받았다.[5] 그것은 ①항상 열성을 다하고, ②세입자가 아니라 주인이 되고, ③원대하고 과감하게 베팅하고, ④도시를 찬미하고, ⑤고객에게 집착하고, ⑥속마음을 드러내고, ⑦창의적인 사람에게 자율권을 주고, ⑧마법처럼 해결하고, ⑨실력주의 및 도발을 지향하고, ⑩낙관적 리더십을 갖고, ⑪원칙에 따라 충돌하고, ⑫열정을 초과 충전하고, ⑬챔피언의 마인드셋으로 승리하고, ⑭자기답게 행동하라, 라는 것이었다. 하지만 직원들이 어떻게 승리에 초점을 맞추고 실력주의를 우선으로 여기는 동시에 자기답게 행동할 수 있을까?

〈뉴욕타임스〉 저널리스트인 마이크 아이작은 《슈퍼펌프드 Super Pumped》에서 우버 초기의 실적 평가에 대해 썼다. 책에 따르면 직원들은 맹렬성, 규모, 최대한의 열의, 혁신 같은 자질을 기준으로 평가받았다. "점수가 낮으면 해고당할 수도 있었다. 반면 높은 점수는 연봉 인상, 승진, 연말 보너스에 반영되었다." 당연히 고과 점수는 "해당 직원이 평점을 매기는 관리자 또는 부서장과 얼마나 가까운지에 좌우되었다."

과거 우버의 고정 마인드셋 문화는 명확하고 적절한 기준이 없어 보인다. 그런데도 사람들은 흔히 성장 문화가 너무 느슨하고 선이 명확하지 않다는 편견을 갖고 있다. 하지만 성장 마인드셋 조직의 구성원은 진정한 경계선이 어디인지 배우며, 그 안에서 창의성을 발휘하고 혁신을 이룬다. KPMG의 경우 중요한 법률과 규제의 경계선이 존재했다. 던컨은 이런 여건에서는 아무리 많은 창의성을 발휘해도 (적어도 도덕적 방식으로는) 목표에 이를 수 없다는 난관에 직면했다.[6]

연방정부가 폐쇄된 가운데 한 정부 기관의 사업 입찰이 막 시작되었다고 가정해보자. 이런 경우 연방 공무원에게 해당 사업에 대해 질의할 수 없다. 업무가 정지된 상태이기 때문이다. 던컨은 KPMG의 뉴욕 사무소에서 일할 때 상사에게 시달렸던 일을 회고한다. 그 상사는 워싱턴의 관행을 받아들이려 하지 않았다. 입찰에서 경쟁력을 높이기 위해 더 많은 정보를 얻지 못할 이유가 없다고 주장했다. 그녀의 팀은 창의성을 발휘하여 최대한 노력했다. 구체적으로는 "해당 기관이 제공한 정보를 해석하고 입찰에 반영"했다. 그래도 상사는 입찰 담당 공무원과 접촉해야 한다고 우겼다. 던컨은 그래서는 안 된다는 사실을 알았다. "합법적이지 않기" 때문이었다. 던컨은 상사보다 직급이 높은 2인을 통해 이러한 상황에 어떤 법률적 문제가 있는지 설명했고 문제를 해결했다. 결국 상사가 물러섰다. 던컨은 규칙을 깨라는 압박을 받을 때도 선을 지키는 모범을 보여주었다.

이와 달리 우버의 창의성은 어두운 면을 지니고 있었다.[7] 가령 해마다 국회의원들이 자사에 유리한 입법 활동을 하도록 영향을 미치기 위해 수천만 달러를 썼고, 그렇게 하지 않는 국회의원들에게 최신 기술을 활용한 문자메시지 세례를 퍼부었다. 또한 우버 앱을 떠난 사용자들의 활동 내역을 몰래 추적하고, CIA나 NSA, FBI 출신들을 채용하여 정부 관료에 대한 첩보 활동을 벌였다. 운전자를 늘리기 위해 전과 때문에 일반 상업용 운전면허를 받을 수 없는 사람들까지 받아들였다.

직원들이 "지옥"이라는 별칭으로 부른 우버의 "혁신"은 승차 공유 서비스인 리프트Lyft 운전자의 활동을 감시하는 첨단 프로그램이었다. 그들 다수는 우버에서도 일했다. 우버는 운전자들이 우버의 일을 더 많이 받도록 전략적으로 요율을 조작하는 등의 꼼수를 썼다. 이는 조직의 여러 행동 기준으로 인해 창의성이 과도하게 활용되는 상황을 보여주는 강력하고도 안타까운 사례다. 직원들은 어떤 대가를 치르더라도 혁신을 이루어야 한다는 압박을 받는다. 그 과정에서 도덕적 과실도 성공하기 위한 대가의 일부로 장려된다.

우버는 제로섬 세계에서 자신이 질 수도 있는 게임을 벌였다. 실제로 대규모 #우버 삭제DeleteUber 캠페인이 일부 꼼수를 까발린 후 회사가 거의 망할 뻔하기도 했다. 캠페인에 앞서 당시 우버 엔지니어인 수전 파울러가 우버의 성추행 문화를 블로그에 폭로했다. 이 글은 삽시간에 퍼져나갔다. 공동 창립자이자 당시 CEO인 트래비스 칼라닉은 우버에 만연한 문화적 문제의 주요인으로 지목되어 결국 쫓겨났다.

그러나 문화의 뿌리는 깊었다. 하버드 경영대학원 교수 프랜시스 프라이는 리더십 및 전략 담당 수석 부사장이 되어 우버의 문화를 복구하는 일을 맡았을 때 이를 깨달았다. 프라이는 임원 교육을 대폭 강화했다.[8] 논리, 전략, 리더십에 구체적 초점을 맞춘 임원 교육의 목적은 관리자의 의무와 능력 사이에 존재하는 간극을 메우는 것이었다. 그러나 그녀는 평가 보고서에서 "교육 범위를 훨씬 넓혀야 한다는 사실이 매우 자명해졌다"라고 밝혔다. 때마침 신임 CEO 다라 코스로샤히가 칼라닉의 14개 가치를 신속하게 폐기하고, 이를 포용성과 도덕성에 초점을 맞춘 가치들로 대체했다.[9] "차이를 찬양한다" "올바른 일을 한다" 등의 가치였다. 그럼에도 우버가 실수를 통해 배우고, 이미지를 복구하고, 진정한 잠재력을 발휘하려면 해야 할 일이 많다. 마인드셋 문화 전환은 그 변화를 이루기 위한 큰 부분이다.

앞서 여러 사례를 통해 성장 문화와 천재 문화에서 이루어지는 혁신이 어떻게 다른지 살폈다. 지금부터는 조직적 마인드셋이 혁신을 촉진하거나 저해하는 양상을 파악하기 위해 조직문화의 몇 가지 요소를 해부해보도록 하자.

마인드셋은 어떻게 창의성에 영향을 미치는가

천재 문화에서 창의성은 소수의 재능 있는 창조적 인재의 영역이다. 성장 문화에서는 모두의 소관이다. 연구 결과에 따르면 능력을 증명하고 성과를 내야 하는 상황에서 가해지는 압박은 혁신 능력을 저해한다.[10] 구체적으로는 자신의 노력이 어떻게 받아들여지고, 어떤 평가를 받을지 집착하기 시작하면 주어진 과제에 적용할 인지적 자원이 줄어든다.

연구자들은 실험에서 대학생과 대학원생 들에게 수리 능력 및 언어 능력을 시험하는 과제를 냈다. 그다음 고정 마인드셋을 불러일으키는 그다지 은근하지 않은 지시를 내렸다. 가령 "시험이 진행되는 동안 실험자들이 당신의 성과를 평가할 것입니다. 당신의 능력을 증명하려면 시험을 잘 봐서 높은 점수를 받아야 합니다. 많은 학생이 이 시험을 치릅니다. 그러니 두각을 드러내기 위해 노력해야 합니다. 다른 학생보다 시험을 잘 치러야 합니다"라고 하는 식이었다. 그 결과 고정 마인드셋에 빠진 학생들은 더 낮은 점수를 받았다. 자신이 어떤 평가를 받을지 걱정했기 때문이다.

이런 연구 결과는 사회적 비교에 집착하고, 자신의 능력을 과시하려는 시도가 작업 기억working memory을 소모한다는 가설을 뒷받침한다. 저성과가 끼칠 여파를 걱정하는 직원들은 오히려 지적 능력이 줄어든다. 이에 따라 혁신은 더 적게 일어나고, 문제 해결에 어려움을 겪게 된다. (우리는 이런 정신적 잠음을 '과제 무관 사고task-irrelevant thought'라 부른다. 어려운 문제를 해결할 때 생각해서는 안 되는 것이기 때문이다.) 반대로 다른 연구는 피실험자들이 창의력을 성장 마인드셋의 관점으로 살펴볼 때 더 나은 성과를 올릴 뿐 아니라 창의적 사고에 더 큰 관심을 갖는다는 사실을 보여주었다.[11]

인지적 측면에서 창의성은 적어도 2개의 다른 사고 유형을 수반한다. 하나는 복수의 방향과 해법을 검토하는 확산형 사고이고, 다른 하나는 단일한 최고의 또는 가장 정확한 해법을 파악하는 수렴형 사고이다. 연구자들은 확산형 사고를 측정하기 위한 연구를 실시했다.[12] 그들은 특히 마인드셋과 창의적 해법 생성 사이의 관계를 살폈다. 그 결과 창의력을 성장 마인드셋의 관점으로 보는 피실험자들은 창의성이 한정되었다고 믿는 피실험자들보다 더 다양하고 고유한 아이디어를 만들어냈다.

또 다른 연구에서 연구자들은 수렴형 사고를 측정했다.[13] 참가자들이 10분 안에 통찰력이 필요한 문제들을 푸는 실험이었다. 가령 "커피가 가득한 잔에 어떤 여성의 귀걸이가 빠졌다. 하지만 귀걸이는 젖지 않았다. 어떻게 이런 일이 일어났을까?" 같은 문제였다. (여러분이 궁금해하도록 놓아두지 않겠다. 답은 컵에 커피 가루가 가득했다는 것이다.)

실험 결과 고정 마인드셋의 관점을 가진 참가자들은 창의성 문제를 덜 재미있어 했고, 시험 시간에 부정적 감정을 경험할 확률이 더 높았으며, 성적도 더 나빴다. 반면 성장 마인드셋의 관점을 가진 참가자들은 시험을 더 재미있어 했고, 시험 시간에 긍정적 감정을 경험할 확률이 더 높았으며, 문제를 해결하는 데 훨씬 노력을 기울였다. 창의성에 대해 성장 마인드셋의 관점을 갖도록 유도하는 환경은 직원들의 자기 효능감self-efficacy 및 자신의 창의력에 관한 동기를 자극할 가능성이 높다. 이는 효과적인 문제 해결자가 되는 데 도움을 준다.

변화에 대응하는 법

찰스 다윈은 "가장 강하거나, 가장 지적 능력이 뛰어난 종이 아니라 변화에 가장 잘 대응하는 종이 생존한다"라고 말했다.[14]

심리학에서 인지적 유연성은 환경 변화에 맞춰서 사고나 주의를 전환하는 능력을 말한다. 이 정의를 참고하면 유연성이 혁신의 필수 요소인 이유를 쉽게 알 수 있다. 그런데도 기업들은 대개 안전한 길을 택하고 자원을 극대화할지('활용-exploitation'이라 부름) 아니면 성장을 위해 새로운 제품이나 영역 또는 협력관계를 찾을지('탐험exploration'이라 부름)를 두고 고민한다.[15] 연구 결과에 따르면 습관적으로 성장 마인드셋을 많이 따르는 개인과 조직은 더 유연한 경향이 있다.[16]

재클린 노보그라츠는 대규모 금융 거래 부문에서 탁월한 경력을 쌓았다.[17] 그러나 그녀는 세상에 실질적으로 기여하고 싶다는 욕구에 사로잡혀 있었다. 그래서 아프리카로 갈 기회가 생기자 바로 받아들였다. 그녀는 르완다와 다른 나라에서 소액 대출 프로그램 같은 사업을 통해 창업자들을 지원하는 일을 시작했다. 하지만 아프리카의 상황은 매우 실망스러웠다. 시스템은 망가져서 의미 있는 지원이 어려웠다. 가령 창업자들을 지원하려 해도 자금 사용과 관련된 엄격한 제약 때문에 발목이 잡히는 경우가 많았다. 그런 제약은 지역 경제가 실제로 어떻게 작동하는지, 무엇이 창업자와 지원 대상자에게 실질적으로 혜택을 주는지 전혀 고려하지 않았다.

임팩트 투자에서는 자금을 제공하는 사람들이 해결책까지 제공하는 경우가 많았다. 그들은 자신의 관점에서 본 문제 해결책을 다른 사람들에게 알려주었다. 노보그라츠는 현장에서 이 접근법이 기대에 미치지 못하는 양상을 거듭 목격했다. 기부자들은 뿌듯할지 모르지만 가난에 시달리는 사람들은 실질적 도움을 거의 받지 못했다.

노보그라츠는 성공적인 소액 대출 프로그램을 공동 출범한 후 시야를 넓히기로 결심했다. 그녀의 조직 애큐먼Acumen은 아프리카와 다른 지역의 창업자들을 돕기 위해 재정 지원과 자문을 제공하는 글로벌 비영리 사업체다. 이 단체의 목표는 창업자들이 빈곤층에게 도움이 될 독자적인 개념을 개발 및 검증하고 규모화하도록 지원하는 것이다. 애큐먼의 기금 제공자들은 자신에게 돌아올 금전적 보상이 아니라 지역 공동체를 위한 성장, 혁신, 금전적 수익이라는 형태의 보상을 기대한다. 애큐먼의 혁신적 모델은 벤처 투자사의 사업 감각을 자신들이 돕는 사람들에 대한 진정한 존중을 지닌 자선 활동과 결합한다.

애큐먼이 지원한 창업자 중 안키트 아가르왈이라는 사람은 인도의 신성한 강인 갠지스강의 오염을 줄이겠다는 의지를 갖고 있었다. 매일 인도 전역의 힌두교도들이 신에게 바칠 꽃과 음식을 들고 사원을 방문한다. 꽃들이 쌓이면 사제들은 그것을 동네 강에 버린다. 꽃들이 떠다니는 모습은 보기에는 좋다. 그러나 많은 경우 이 꽃들을 키우기 위해 사용한 살충제가 수로를 오염시킨다. 갠지스강도 그랬다. 아가르왈은 가장 가까운 친구이자 동업자인 카란 라스토기와 함께 여러 과제를 한꺼번에 해결해낼 사업을 구상했다. 그들의 회사인 풀Phool(힌디어로 "꽃"을 뜻함)은

갠지스 강변에 있는 사원들에서 꽃을 수거하여 유기농 세척제로 독소를 제거한 후 향으로 만든다. 그러면 독소가 수로로 유입되지 않도록 막을 수 있다. 또한 이 향은 호흡기 건강에 해로운 전통적인 석탄 향보다 몸에 좋다.

아가르왈과 라스토기는 인도의 최하층 "청소부" 계급에 속한 직원들을 채용하여 자신들의 비전을 한층 더 밀고 나갔다. 그 계급의 사람들은 대개 배설물을 치우는 것 같은 달갑지 않은 일을 도맡았으며, 극심한 빈곤에 시달렸다. 풀은 그들에게 생활 임금, 건강보험 혜택, 교통비뿐 아니라 즐겁고 편안한 일터를 제공한다. 또한 가족과 쓸 수 있는 깨끗한 물까지 배급한다.

애큐먼은 훨씬 규모가 큰 사업체도 지원한다. 그중 하나가 딜라이트d.light다. 이 회사는 전 세계의 저소득층에게 저렴한 태양광 조명과 전력 해결책을 제공한다. 덕분에 2023년까지 70개국에 걸쳐 약 1억 4,000만 명이 저렴한 친환경 제품을 통해 삶의 질을 개선할 수 있었다.[18] 노보그라츠에 따르면 현재 애큐먼은 탈전력망 에너지 부문에서 활동하는 40개 회사를 지원한다.[19] 그녀는 "탈 전력망 태양광 및 전력으로 전 세계의 벽지에 사는 2억 1,500만 명에게 청정 전력을 제공하고 싶다"는 포부를 밝힌다. 진정한 임팩트다.

소위 이해관계자 자본주의는 원래의 목적을 달성하지 못하는 경우가 많다. 많은 문제의 원인은 천재 문화를 따르는 사고방식이다. 노보그라츠는 내게 헤지펀드 투자자들과 나눈 대화를 들려주었다.[20] 대화의 주제는 애큐먼이 지원하는 인도 비하르Bihar 농촌 지역의 한 회사가 쌀겨 가스화와 관련해 직면한 난관이었다. 투자자들은 "그냥 우리가 그 회사를 운영하게 해주면 안 됩니까?"라고 대꾸했다. 그들은 인도에 가본 적이 한 번도 없었으며, 가스화 공정에 대한 경험도 없었다. 노보그라츠는 "천재 문화에 젖어서 사람들을 무시하는 태도였습니다"라고 말했다. 그것은 그녀가 해당 분야에서 흔히 접한 사고방식이었다. 그녀는 "그들은 우리가 하는 일을 자신들이 하면 훨씬 잘할 수 있다고 깊이 확신했습니다. 그들의 지적 체계는 머릿속에서는 통할지 몰라도 현장에서도 반드시 통하는 건 아닙니다"라고 말했다.

그와 달리 애큐먼의 접근법은 경청, 학습, 겸손을 강조한다. 문제를 깊이 이해하기 위해서다. 그래야 창업자들과 협력하여 최선의 해법을 개발할 수 있다. 애큐먼은 지원 대상 창업자를 찾을 때 거창한 약속에 흔들리지 않는다. 그들은 카리스마 대신 인성을 본다. 노보그라츠는 "인성이 모든 것입니다"라고 말했다. 애큐먼이 찾는 사람은 이런 요건을 갖춰야 한다. "실패에서 배운 것에 대해 신뢰성과 끈기를 보여주며 꾸밈없이 말할 수 있어야 합니다. 또한 피드백을 받아들이고 정말로 경청할 줄 아는 능력을 보여야 합니다. 그리고 자신들이 돕는 사람들에 대해 진정한 호기심을 가졌음을 보여야 합니다. 거기에 자신의 결점을 최소한 어느 정도는 알아야 하고, 그 결점을 보완하는 데 도움을 줄 사람들로 팀을 구축하려고 시도해야 합니다."

노보그라츠 자신도 그런 팀을 구축하고 싶다. 깊고 다양한 선수층은 조직을 기민하고 유연하게 만들어준다. 그래야 복잡한 문제를 해결하는 한편 어려운 시장에서 성공적으로 사업을 진행할 수 있다.

마인드셋 마케팅

지금까지 우리는 조직 '내부'에서 마인드셋 문화가 뚜렷하게 드러나는 양상에 초점을 맞췄다. 그러나 우리의 연구 결과가 보여주듯이 기업의 마인드셋에 대한 일부 신호는 (의식적이든 아니든) 조직 '외부'로도 명백하게 드러난다.

우리는 과연 마인드셋에 따라 선호하는 청바지나 부리토 또는 렌터카 브랜드를 선택할까? 캐롤 드웩과 함께한 연구를 비롯하여 복수의 연구 결과는 이를 긍정한다.[21] 당신이 프랑스 요리책을 사는 이유는 주방에서 자신에게 도전하는 일을 좋아하기 때문일 수도 있고, 다음 디너 파티에서 요리 실력을 뽐내는 것을 좋아하기 때문일 수도 있다. 이는 (각각) 성장 마인드셋이나 고정 마인드셋 중 무엇에 더 많은 영향을 받는지 말해준다. 핵심 고객의 마인드셋을 이해하는 일은 고객의 목표와 연결되는 가장 효과적인 메시지가 무엇인지 파악하는 데 도움을 줄 수 있다.

나는 신시내티대학교의 연구자인 조시 클락슨과 함께 관련 연구를 진행했다.[22] 이 연구는 마인드셋이 사람들을 특정한 제품으로 이끈다는 사실을 증명했다. 그 이유는 해당 제품이 성과 목표나 학습 목표를 달성하는 데 도움을 주기 때문이다. 연구에 따르면 성장 마인드셋을 취하는 사람들은 지식을 좀 더 폭넓게 확장해 학습을 강화하는 제품에 이끌린다. 가령 성장 마인드셋이 강한 메를로 와인 애호가는 선호하는 와인의 아종(가령 메를로-카베르네 소비뇽 혼합주)보다 완전히 새로운 종류의 와인(가령 샤르도네)을 시도하는 쪽으로 이끌린다. 그 편이 새로운 것을 배울 가능성이 더 크기 때문이다. 또한 그들은 실험에서도 새롭고 이국적인 맛의 초콜릿이나 아직 개발 단계에 있는 소프트웨어, 이전에 들어본 적 없는 장르의 노래, 새로운 유형의 전기 스포츠카를 선호했다. 이런 선택지는 여러 제품 범주에 걸쳐서 학습을 확대하기 때문이다.

반면 고정 마인드셋에 따라 행동하는 사람들은 학습이 아니라 자기 강화를 위한 성과 목표를 설정할 가능성이 높다.[23] 가령 시음 코너에 갔을 때 궁금한 것을 물어보고 새로운 정보를 찾기보다 이미 아는 내용을 자랑하려는(가령 타닌이나 토양에 대해 언급하는) 경향이 더 강하다. 우리의 연구에서도 고정 마인드셋이 강한 참가자들은 자신을 돋보이게 만들고 특정 제품 범주에서 최고의 선택지에 해당하는 제품을 더 추구했다. 메를로-카베르네 소비뇽 혼합주, (새롭고 이국적인 맛이 아니라) "강화된 초콜릿 맛"을 제공하는 초콜릿, 대표적 산업 표준 소프트웨어(검증된 소프트웨어)의 새로운 버전, 자신이 가장 좋아하는 장르의 노래, 제품 설명에서 성능이 검증된 신형 "급가속" 스포츠카를 선택했다.

제품을 마케팅하는 방식은 고정 마인드셋과 성장 마인드셋으로 향하는 사람들 중 어느 쪽에 더 많이 소구하는지를 좌우한다.[24] 가령 아기들이 시청하는 것만으로 천재성을 발견할 수 있다고 광고하는 '아기 아인슈타인' 비디오는 고정 마인드셋이 강한 사람에게 더 소구한다. 반면 루모시티Lumosity의 "두뇌 훈련" 플랫폼이나 언어 앱 듀오링고Duolingo는 꾸준한 노력을 통한 능력 개발을 약속하기 때문에 성장 마인드셋이 강한 사람에게 더 소구한다.

조직 행동에 관한 여러 연구 결과도 마찬가지다.[25] 거기에 따르면 고정 마인드셋이 강한 사람들은 다른 사람들에게 자신의 능력을 증명하고 성과를 내는 데 도움을 주는 브랜드와 연계되고 싶어 한다. 이들은 해당 브랜드와 연계된 긍정적 자질을 보여주려 한다. (많은 사람들이 고급스러운 브랜드의 이름으로 온통 덮여 있어서 스타일을 알려주는 명품 지갑을 선택하거나, 똑똑함을 알려주는 명문대의 기념품이 급증한 것을 생각해보라.)

사람들은 흔히 고정 마인드셋이 강한 조직이 더 높은 위신을 지닌다고 인식하는 반면, 성장 마인드셋이 강한 조직은 더 믿음직하다고 인식한다.[26] 또한 소비자들은 학습 자세를 지닌 기업에 신뢰를 보내는 경향이 있다.

이는 렌터카 회사인 에이비스Avis의 "더 열심히 노력하겠습니다" 광고 캠페인이 성공한 이유 중 하나이다.[27] 이 광고 캠페인은 고객을 위해 더 열심히 뛰려는 동기를 설명하는 수단으로 (허츠Hertz에 뒤진) 2등의 위치를 강조한다. 구체적인 내용은 이렇다. "저희는 대형 기업의 그늘에서 렌터카 사업을 합니다. 무엇보다 저희는 살아남기 위해 배워야 합니다. (…) 2등이 가져야 할 태도는 올바른 일을 하고, 새로운 방식을 찾고, 더 열심히 노력하는 것입니다." 〈슬레이트Slate〉에 따르면 이 광고는 즉각 히트를 쳤다. 덕분에 해마다 320만 달러의 적자를 보던 에이비스는 120만 달러의 흑자를 냈다. 이는 10년 만에 처음 기록한 흑자였다.

천재 문화가 위신을 얻고자 한다면, 그것을 얻기 위해 노력하는 대신 소비자의 신뢰를 잃을 수 있다. 비트코인과 다른 암호화폐는 젊은 소비자들 사이에서 전통적인 금융 서비스에 대한 신뢰가 하락한 탓에 크게 부상했다. 메타Meta가 밀레니엄세대를 대상으로 실시한 설문조사 결과에 따르면 응답자 중 최대 92퍼센트는 전통적 금융기관이 자신의 돈을 관리하는 것을 신뢰하지 않았다.[28] 전통적 금융기관은 소비자가 계속 빚을 지도록 설계한 관행에 많이 의존하며, 그들이 고객의 돈을 부실하게 관리한 사건들이 널리 알려졌기 때문이었다. 또한 전통적 금융기관은 밀레니엄세대의 필요를 이해하지 못했다.

이런 정서는 새로운 형태의 화폐뿐 아니라, 버진 그룹Virgin Group과 산하 브랜드인 버진 머니Virgin Money처럼 금융과 관련 없는 기업들이 혁신적인 제품 또는 서비스를 제공할 시장을 열었다. 사실 신뢰는 당신이 속한 산업에서 핵심적 차별화 요소가 될 수 있다. 어떤 조직이나 업종의 신뢰가 약해지면 창의성과 혁신을 통해 기회를 잡을 수 있다.

덧붙이자면, 버진은 다양한 제품을 통해 소비자들이 자사 브랜드를 경험하게 만드는 데 성공했다. 음반, 항공 여행 및 우주여행, 이동통신 서비스 등이다. 그러나 버진 콜라를 비롯하여 유명한 실패 사례도 있다. 역사가 보여주듯이 사람들이 즐겨 마시는 청량음료로 장난을 치는 것은 위험하다. 코카콜라가 뉴 코크New Coke를 선보였을 때 사람들이 코카콜라에게 보낸 메시지가 그랬다.[29] 뉴 코크는 시음 과정에서 좋은 반응을 얻었다. 그러나 정작 출시된 후에는 소비자들의 연이은 반발에 부딪혔다.

소비자들에게 코카콜라는 (랄프 로렌의 전통적 폴로셔츠와 중독성 강한 웨더스 오리지널Werther's Original 캔디처럼) "유산 브랜드heritage brand"였다. 이런 브랜드는 브랜드 확장 제품을 성공적으로 출시하기가 어렵다. 제품이 지닌 예측 가능한 속성에 대해 소비자들에게 심어준 고정 마인드셋 때문이다. 그래서 소비자들은 해당 제품이 절대 변하지 않을 것이라는 일종의 믿음을 가졌다. 코카콜라가 코카콜라 클래식을 출시하고 뉴 코크를 포기할 수밖에 없었던 이유가 거기에 있다.

또 다른 사례는 유년층에 어필하려던 케첩 회사, 하인즈의 시도다.[30] 하인즈의 이지 스퀴트 케첩EZ Squirt Ketchup은 케첩의 전통적 색인 빨간색을 "블래스틴 그린" "펑키 퍼플" "패션 핑크" 등의 여러 선택지로 바꾸었다. 이 제품은 초기에 인기를 끌었지만 결국 실패했다. 건강을 의식하는 일부 부모들이 인공적인 색과 맛을 넣은 제품에 눈살을 찌푸렸기 때문이다. 그들은 하인즈의 신제품을 자연적인 기존 버전과 다른, 일종의 '프랑켄푸드Frankenfood'로 보았다. 반면 버진 같은 일부 브랜드는 유행의 첨단을 달리는 이미지를 자신에게 부여한다. 이런 브랜드는 소비자들 사이에 성장 마인드셋을 불러일으킨다.[31] 그래서 소비자들은 브랜드 확장 제품, 특히 원래 시장과 동떨어져 보이기까지 하는 확장 제품을 기대한다. 그래서 버진그룹은 항공사부터 이동통신사까지 사업을 확장할 수 있었다.

조직적 마인드셋은 기업이 목표 시장을 파악하는 과정에서 혁신이 일어날 수 있게 한다.[32] 또한 특정한 집단에 대한 관점과 해당 집단에게 소구할 수 있는 것과 없는 것에 대한 관점을 형성한다. '집단 간 마인드셋'은 '다른' 집단이 어떠한 속성을 가졌을 것이라는 믿음, 그리고 그 속성이 고정되었는지 아니면 바꿀 수 있는지에 대한 믿음을 말한다.[33] 고정형 접근법은 특정한 시장(가령 전통적 시장이 주로 백인인 경우, 인종과 민족 측면에서 다양한 소비자로 구성된 시장)을 피하게 만들 수 있다. 해당 시장의 소비자를 "획득할 수 없는 대상"으로 보기 때문이다.

또는 고정 마인드셋의 관점으로 새로운 시장에 진입하면 새로운 소비자에 대한 고정관념이 있는 제품이나 서비스를 선보였다가 실패할 수 있다. 타코벨이 멕시코에 진출했을 때 그런 일이 일어났다.[34] 타코벨 멕시코 지사장은 그들의 메뉴가 미국에서 제공하는 메뉴와 거의 같다고 자랑스레 밝혔다. 그러나 나처럼 텍스

멕스[멕시코풍 텍사스 음식]을 사랑하는 텍사스 사람이라면 누구나 말할 수 있다. 미국에서 인기 있는 특정 멕시코 메뉴는 사실 정통 멕시코 음식이 아니다. 멕시코 사람들은 타코벨이 내놓은 딱딱한 타코 껍질을 보고 황당해했고, 심지어 매우 불쾌해했다. 본토 음식에 그런 것은 존재하지 않기 때문이다. 한 소비자는 "그건 타코가 아니라 접은 토스타다tostada예요. 너무 보기 싫습니다"라고 불평했다.

맥도날드는 외국 시장으로 사업을 확장할 때 훨씬 나은 모습을 보였다.[35] 그들은 현지 소비자의 입맛에 유연하게 메뉴를 맞췄다. 프랑스, 벨기에, 독일, 오스트리아에서는 맥주를, 캐나다에서는 푸틴poutine(감자튀김에 소스와 치즈를 끼얹은 요리)을, 호주에서는 베지마이트Vegemite(특이한 맛을 지닌 스프레드)를 제공하는 식이었다. 조직이 성장 마인드셋을 갖고 새로운 소비자 부문이나 시장에 접근하면, 다른 선호를 학습해 그에 적응할 가능성이 더 높다. 그러면 해당 시장에 맞는 혁신을 이루게 된다. 설령 그 과정에서 제품을 약간 변형해야 한다고 해도 말이다.

새로운 영역에 진출하고 불편한 접근법을 시도하는 것을 편하게 느끼려면 심리적 안정감이 필요하다. 이는 성장 문화를 조성하고 유지하는 일에서 필수적인 요소다.

심리적 안정감

"불안은 학습을 억제한다."[36]

이는 하버드대학교 조직행동 전문가인 에이미 에드먼슨의 말이다. 두려움이나 초조함을 느낄 때 우리의 심리적 자원이 소모된다. 앞서 확인한 대로, 성과가 어떤 평가를 받을지 신경 쓰면 복잡한 과제에 할애할 작업 기억이 줄어든다. 불안(그리고 고정 마인드셋으로 향하는 것)은 혁신에 필수적인 창의성과 문제 해결 능력을 저해한다. 조직은 구성원이 힘든 일에 도전한다는 느낌을 받게 만들어야 한다. 그러나 동시에, 그 일을 해내는 데 필요한 자원에 접근할 수 있으며 조직의 지원을 받는다는 느낌도 갖게 만들어야 한다.

안타깝게도 천재 문화는 고정된 능력과 경쟁에 초점을 맞춘다. 그래서 구성원들은 위협을 느끼는 상태에 자주 처하게 된다. 에드먼슨이 《두려움 없는 조직The Fearless Organization》에서 요약한 대로 "구성원들이 두려움을 느끼면 최선의 업무를 하기 어렵다." 성장 문화는 심리적 안정감을 조성함으로써 구성원들을 성장 마인드셋으로 유도한다.

에드먼슨은 박사과정 1년차 때 병원의 의료과실을 연구하는 팀에 합류했다. 그녀는 팀워크가 의료과실률에 미치는 효과에 초점을 맞췄다. 6개월 동안 간호사로 구성된 조사원들이 데이터를 수집했다. 그동안 그녀는 의료팀을 조사하고 관찰했다. 연구에 들어갈 때 그녀는 유능한 팀의 의료과실이 적을 것이라는 가설을 세웠다.

그러나 데이터가 보여주는 사실은 혼란스러웠다. 더 뛰어난 팀이 더 과실이 많았다. 에드먼슨은 추가 조사를 실시했다. 확인 결과, 잘하는 팀이 실수를 더 많이 저지르는 것이 아니었다. 단지 그들은 다른 팀들보다 서로에게 실수를 공개적으로 이야기했고, 실수를 기꺼이 보고했다. 다른 팀들은 실수를 보고서에서 삭제할 확률이 높았다. 실수를 털어놓기 위해서는 심리적 안정감과 결합된 학습이 필요했다. 이는 잘하는 팀이 지속적 개선에 계속 초점을 맞추도록 해주었다.

심리적 안정감은 직원들이 편안함을 느끼도록 비판을 삼간다고 해서 생기지 않는다. 서로를 존중하는 솔직한 태도를 촉진하는 것이 핵심이다. 어떤 방식이 통하지 않는다는 사실을 알았을 때, 심리적으로 안전한 환경의 직원들은 그 사실을 밝힐 확률이 높다. 무시당하거나, 조롱당하거나, 해고당할까 두려워하지 않기 때문이다. 성장 마인드셋은 한 걸음 더 나아간다. 직원들이 업무 결과물work product과 자신을 함께 혁신하고 개선할 기회를 적극적으로 찾아나서도록 격려한다. 심리적 안정감은 직원들이 통찰과 아이디어를 편안하게 나눌 수 있는 분위기를 조성한다.

이와 관련하여 연구자들은 숫기 없는 사람들이 사회적 상황에 대처하는 양상을 살폈다. 그 결과 마인드셋 설정 지점이 영향을 미친다는 사실을 확인했다. 성장 마인드셋을 따르는 사람들은 어려운 사회적 상황을 선호했다. 그런 상호작용을 통해 대인 기술을 향상시킬 수 있다고 믿기 때문이다. 반면, 고정 마인드셋을 따르는 사람들은 덜 까다로운 상호작용을 선호했다. 그래야 부족한 사회성이 부각되지 않을 것이기 때문이다. 그들은 사회적 교류를 하는 동안 훨씬 회피적 행동을 하는 경향을 보였다.

재클린 노보그라츠는 애큐먼을 설립하기 이전의 초기 활동에서 심리적 안정감의 결여가 사업에서 거대한 장벽임을 확인했다.[37] 이 장벽은 아프리카 전체에 걸쳐, 창업자들과 효과적으로 협력하지 못하도록 막았다. 그녀는 여러 프로그램에 참여하면서 혁신적 아이디어를 가진 여성 창업자들을 만났다. 그들은 자신의 통찰을 드러내거나 성공하기 위해 정말로 필요한 것을 밝히기보다 자금 제공자들이 듣고 싶어 하는 말을 하는 법을 배운 터였다. 그녀는 《블루 스웨터The Blue Sweater》에서 이렇게 썼다. "항상 다른 사람의 자선이나 선의에 의존하던 사람들은 흔히 자신이 정말로 원하는 것을 말하는 데 어려움을 겪는다. 누구도 그들에게 묻지 않기 때문이다. 가난한 사람들은 질문을 받아도 흔히 누구도 진실을 듣고 싶어 하지 않는다고 생각한다."

조직에서도 흔히 같은 일이 일어난다. 누군가가 배우려는 마인드셋을 가지고 직원들의 말을 들어주는 일은 매우 드물다. 그래서 직원들은 의견을 말한다고 해서 변화가 생길지 의문을 갖는다. 노보그라츠는 애큐먼을 설립할 때 이런 통찰을 토대로 삼았다. 그녀는 애큐먼의 사업에 참여하려는 자선가와 다른 파트너들에게 리더십은 "듣는 데서 시작된다"라고 말한다.

셸이 사망 사고 없는 현장을 만들기까지

셸은 안전 부문을 혁신하기 위해 성장 마인드셋을 육성하려고 시도했다. 처음부터 모두가 마인드셋을 전환한다고 해서 골 제로에 더 가까이 다가갈 수 있다고 확신하지는 않았다. 오히려 더 멀어지면 어떻게 하냐고 의문을 제기하는 사람들도 있었다.

나는 셸의 본사에 도착해 모든 인원이 지참하는 안전 수칙 카드를 받았다. 메인 로비에 설치된 대형 스크린은 골 제로와 관련된 최신 정보를 뚜렷하게 보여주었다. 이는 모두 회사가 안전 문화를 중시한다는 것을 알리고 있었다. 그럼에도 안전 문제를 제거한다는 목표는 요원했다. 그렇다면 마인드셋을 전환해야 할까? 그것이 원하는 목표에 도달하는 데 도움을 줄까?

셸은 문화적 혁명에 매진하기로 결심했다. 몇 차례의 브레인스토밍 회의와 일반적인 안전 캠페인으로는 충분치 않다는 것을 알았기 때문이다. 재무·기술·법무·인사부터 일선 직원 및 하청업체까지, 사업의 각 영역에서 '모두'가 성장 마인드셋 문화를 받아들여야 했다. 사무실, 유전, 해상 채굴선에서 일하는 셸의 직원과 하청업체, 다른 협력 조직까지 말이다.

어떻게 구성원들이 새로운 기술과 산업을 배우고, 창의적이면서도 안전하게 혁신할 수 있을까? 새로운 협력관계를 맺고, 작업 과정에서 발생하는 불가피한 실수를 통해 교훈을 얻는 어려운 일에 매진하게 할 수 있을까? 이를 위해서는 총력을 기울여야 했으며, 모두가 반드시 동참해야 했다. 동시에 임원들은 위에서부터 변화가 시작되어야 한다는 사실을 알았다.

셸의 리더들은 배우지 않아도 모든 것을 알아야 한다는 기대에 시달렸다. 이는 오랜 천재 문화 사고방식의 일부에서 비롯된 것이었다. 요릿 반 데르 토흐트는 이렇게 설명한다. "중간 간부들은 다른 방식을 시도하려고 하는데 상층부가 '리더는 답을 알아야 해'라고 말하면 단절이 생깁니다. 우리가 내린 결론은 리더는 모든 답을 '가진' 교사가 아니라 학습자가 되어야 한다는 겁니다. 그래서 다른 사람을 돕고, 다른 사람과 팀들이 답을 '찾도록' 유도해야 합니다. 지식을 토대로 일하는 것이 아니라 더 나은 답을 찾는 것, 경쟁자보다 더 빨리 해내는 것이 중요합니다."[38]

<u>무엇을 아는가가 아니라 어떻게 배우는가에 초점을 맞추는 것이 중요하다.</u> 셸이 변화하기 위해 교정해야 하는 대상 중 첫 번째는, 모든 것을 알아야 한다는 리더들의 마인드셋이었다.

당시 CEO 벤 반 뷰어든과 각 사업 부문을 관장하는 경영위원회를 바꾸는 일이 시작이었다. 경영위원회는 마인드셋에 대해, 특히 일터에서 관리자와 직원 사이에서 마인드셋이 드러나는 양상에 대해 날카로운 질문들을 던졌다. 뒤이어 각 임원들은 각자의 경력에서 고정 마인드셋이 자신이나 팀의 발목을 잡았던 사례들을 찾아냈다. 또한 성장 마인드셋으로 전환해 끈기를 발휘하고, 혁신하고, 성과를 달성하는 데 도움을 준 때를 떠올렸다. 그들은 이런 이야기들을 자신이 담당하는 고위 리더들과 공유하기

로 약속했다. 또한 해당 리더들이 하위 직원들에게도 같은 일을 하는 시스템을 만들었다.

셸은 직원들이 고정 마인드셋 관점을 갖게 하는 지배적 행동 기준을 살폈다. 회의는 대개 어떻게 진행되는지, 회의에서 "모든 것을 알아야 한다"라는 태도와 "모든 것을 배워야 한다"라는 태도 중에서 어느 것이 우세한지, 직원들이 성장 마인드셋의 관점을 더 자주 취하도록 만들기 위해 어떤 절차를 개발해야 하는지와 같은 문제들을 검토했다.

또한 셸은 평가 절차를 살펴서 직원들과의 실적 평가 시간에 성장과 개발이 논의의 핵심 영역이 되도록 했다. 직원들에게 성장 마인드셋에 따른 목표를 정하고 정기적으로 관리자 및 팀과 현황을 검토하도록 권장했다. 특히 진척이 없는 일이나, 새로운 전략을 사용해야 해결할 수 있는 난관에 직면했을 때 더욱 그랬다. 무엇보다 구성원들에게 업무 개선 방법을 찾기를 권장했고 그에 따라 보상을 지급했다. 또한 관리자들에게 개선 방안을 제공하는 채널도 만들었다. (특히 안전 수칙과 관련된) 좋은 방안은 검증을 거쳐 대규모로 실행했다. 이제는 지참한 카드에 적힌 안전 수칙을 따르고, 그 수칙에 어긋나는 일이 생겼을 때 알리는 것으로는 충분치 않았다. 직원과 하청업체가 개선을 위한 새로운 아이디어를 적극적으로 찾아내고 제안하도록 유도했다. 일을 더 뛰어나게(그리고 더 안전하게) 하는 방법을 배우려는 의지가 생겨났기 때문이다.

이를 토대로 인사 및 전략 부문 리더들은 사업의 모든 측면에 성장 마인드셋(셸의 표현으로는 "학습자 마인드셋") 관점을 활성화시켰다. 가령 해마다 8만 6,000명에 달하는 전체 임직원이 참여하는 '안전의 날' 행사에서 학습 프로그램을 논의했다. 이 논의는 "리더들이 방식을 바꿔야 하는 일은 무엇인가?" 같은 질문으로 시작되었다. 반 데르 토흐트는 달라진 분위기를 이렇게 설명했다. "먼저 들어야 합니다. 발언하기 전에 4, 5개의 질문을 더 요청해야 합니다. 안전에 관한 우리의 사고방식은 실로 달라졌습니다. '무조건 실수를 방지해야 해'라는 태도에서 멀어졌습니다. 모든 실수를 피하는 건 불가능하기 때문이죠. 이제 우리의 모델은 '실수가 나왔을 때 신속하게 대응하는 법을 배우는' 것입니다." 다시 말해 셸은 이제 상황에 따른 즉각적 조치를 취한다. 그리고 원래대로 돌아가기 전에 상황에서 배운 것에 매진한다.

셸은 직원들의 행동을 좌우하는 마인드셋의 역할에 관한 연구 결과를 회사 운영에 반영한다. 천재만 성공하는 천재 문화에서 직원들은 재능을 드러내고 실수를 감추려 든다. 그 결과 실수가 반복될 가능성이 높다. 이런 행동은 안전이 핵심인 조직에 특히 위험하다. 그래서 셸은 성장 문화를 구축하는 방향으로 나아갔다. 이는 리더들이 학습을 중시하게 되고, 실수를 기회로 보게 되었음을 뜻한다. 결과를 개선하고 미래에 교훈을 얻을 수 있는 새롭고 적극적인 전략을 수립할 기회 말이다. 리더들의 학습자 마인드셋은 심리적 안정감을 조성했다. 이는 직원들이 적극적으로 발언하고, 실수와 시스템의 취약점을 알리고, 조직을 개선할 방법을 적극적으로 찾는 데 필요한 요소였다. 셸은 실수에서 귀중한 배움을 얻는 방법을 배웠다.

반 데르 토흐트는 이렇게 말한다. "이제 우리는 안전 수칙과 관련된 상황에 훨씬 잘 대응하게 되었습니다. 시간이 지나면서 단순히 학습하는 데서 그치지 않고, 교훈을 셸의 모든 임직원이 같이 배우도록 만드는 데 초점을 맞추었습니다."

2020년에 셸은 골 제로를 향한 거대한 진전을 이루었다.[39] 전 세계에 걸쳐 셸이 운영하는 설비에서 단 1건의 사망 사고도 발생하지 않았다. 반면 경쟁사들은 안타깝게도 여전히 사망 사고를 겪었다. 성장 문화로의 전환은 셸이 생명을 보호하고 구하는 데 도움을 주었다.

조직 모두의 의견을 반영해 혁신하라

직원들이 혁신과 조직 개선을 모두의 일로 여기게 만드는 아이디어에는 끝이 없다. 그중 몇 가지를 제안한다.

모든 곳에서 아이디어를 얻어라

성장 문화에서 뛰어난 아이디어는 조직의 모든 곳에서 나온다. 파타고니아는 환경 파괴가 최대의 경쟁 상대라는 철학을 갖고 있다.⁴⁰ 그들은 환경 파괴에 맞서려 애쓴다. 그러기 위해서는 모두가 참여하여 최선의 해결책을 제시해야 한다. 파타고니아는 직원들이 경영진의 결정을 쉽게 이해할 수 있도록 운영 전반에 걸쳐 "오픈 북open book" 정책을 취한다. 또한 회사 내 모든 직위의 사람들로부터 정기적으로 의견과 피드백을 얻는다. 이처럼 투명하고 접근 가능한 조치는 모두의 통찰을 중시한다는 말이 단지 립서비스가 아님을 증명한다.

픽사는 모두가 최선을 다해 회사 업무에 임하도록 만들기 위해 수많은 전략을 활용한다.⁴¹ 거기에는 참여를 막는 장애물을 제거하는 것도 포함된다. 설립 초기, 주 회의실 중 하나의 중앙에는 아름다운 테이블이 놓여 있었다. 제작팀은 이 테이블에 모여서 제작 중인 영화를 논의했다. 감독과 프로듀서, 소수의 다른 수석 팀원들은 모든 참석자가 자신의 말을 들을 수 있도록 앞줄 가운데 자리에 앉았다. 그러나 팀의 규모가 커지면서 테이블의 자리가 부족해졌다. 남은 팀원들은 벽을 따라 늘어선 의자에 끼어 앉거나 서 있어야 했다. 결국 누군가가 수석 팀원들이 앉을 자리를 맡기 위해 이름표를 붙이기 시작했다. 이는 뜻하지 않은 효과를 낳았다.

어느 날, 픽사의 공동 창업자인 에드 캣멀은 회의에서 자리에 이름표가 붙은 사람이나 그 근처에 앉은 사람만 발언한다는 사실을 깨달았다. 우발적으로 위계가 형성된 것이었다. 이는 다른 구성원들이 회의에 의견을 내기 어렵게 만들었다. 그래서 그들은 이름표를 완전히 없애고, 모두가 회의에 참석하기만 하는 게 아니라 참여할 수 있도록 더 넓은 회의실을 마련했다.

엠마 맥길로이는 전통적으로 남성 의류에 사용되던 디자인 접근법을 받아들인 혁신적 여성 의류 기업, 와일드팽Wildfang의 공동 창업자다.[42] 그녀는 어디서나 좋은 아이디어가 나올 수 있다는 사실을 잊지 않게 해주는 간단한 단어를 알려준다. 바로 '그래, 어쩌면'이다.

그녀는 7세 때, 장래에 고생물학자가 되겠다고 마음먹었다. 어느 날, 엄마와 모국인 아일랜드 북부의 한 해변에 간 그녀는 화석을 발견했다. 맘모스의 발 화석이 분명했다. 그러나 그녀의 엄마는 딸이 들고 온 작고 울퉁불퉁한 돌덩어리가 맘모스의 발 화석이 아님을 알았다. 그래도 "그래, 맞아!"라며 넘겨버리지 않고 고개를 끄덕이며 "그래, 어쩌면 맞을지도 몰라. 박물관에 가져가서 알아보자"라고 말했다. 맥길로이의 지적에 따르면 다른 사람의 생각에 "그래, 맞아!"라는 식으로 반응하는 것은 대화와 가능성을 차단한다. 또한 상대방의 기분을 상하게 하고, 다음에는 대화에 참여하지 않게 만들기도 한다. 반면 "그래, 어쩌면"이라는 말은 생각과 기회가 이어지도록 해준다.

몇 년 전, 고객서비스 담당 하급 직원이 엠마를 찾아와 어떤 일에 대한 아이디어를 제시했다. 그녀는 즉시 머릿속으로 아이디어의 문제점을 찾아내기 시작했다. 실제로 이상하고 엉뚱한 아이디어였다. 그녀는 그 아이디어가 통하지 않을 온갖 이유를 바로 생각해낼 수 있었다. 그럼에도 그녀는 그것이 한 번도 고려하지 않은 아이디어임을 인정했다. 마음 한구석에 어린 시절에 엄마와 해변에 갔던 날이 떠올랐다. 그녀는 직원에게 그 아이디어를 개발해보라고 말했다. 조사와 예비 작업을 통해 어떤 결과가 나오는지 보자는 것이었다.

그녀의 말에 따르면 많은 청년이 와일드팽에서 일하는 이유는 특별한 문화의 일원이 되는 데 관심이 있기 때문이었다. 와일드팽의 문화에는 "아이디어는 어디서나 나올 수 있다"가 있다. 그러나 "직원들이 반드시 정식 훈련을 받은 것은 아니어서", 현실적 경험에 기반하지 않은 아이디어를 제시하는 경우도 있었다. "때로 직원들이 제시한 아이디어에서 약점과 결함이 보이기도" 했다. 그런 때에는 아이디어가 진화할 기회를 얻기 전에 폐기해버리기 쉽다. 그래서 "아이디어를 폐기할지 아니면 키울지"를 놓고 매일 선택에 직면하게 된다.

맥길로이는 "그래, 어쩌면"이라는 마인드셋을 유지하기가 생각처럼 쉽지 않다고 말한다. 그러기 위해서 맥길로이는 그 질문을 내면화하려 애쓴다. 그녀가 보기에 많은 사람들은 자신의 가능성을 차단한다. 그래서 자신에게 "그래, 어쩌면"이라고 말하는 것은 혁신에 큰 차이를 만들 수 있다. 그녀가 실패를 "혁신 여정의 일부"로 보고 잘 감내한다는 점도 도움이 된다. 그녀는 아일랜드 육상 국가대표팀으로 세계 무대에서 경쟁하며 그런 마인드셋을 익혔다. 충분히 패배하지 않으면 충분히 높은 수준에서 경쟁할 수 없었다. 그래서 와일드팽에서도 같은 관점에서 혁신을 바라보았다. 즉, 모든 중요한 진전은 실패 덕분에 이루어진다.

그녀의 말을 들어보자. "우리가 구축한 문화는 실패에 적응하고 그것을 받아들인 다음, 거기서 배우고 교훈을 나누는 데 초점을 맞춥니다. (…) 리더들부터 실패를 인정하고 받아들이면 나머지 구성원들도 그렇게 합니다. 그러면 조직은 하나의 유기체가 됩니다. 가능하다고 생각지 못했던 방식으로 성장하고 움직이기 시작하는 거죠. 그건 구성원들이 새로운 것을 시도하고 실패할 권한을 얻었다고 진정으로 느끼기 때문이에요." (참, 엠마가 어린 시절에 찾은 돌덩이는 어떻게 됐을까? 그녀는 엄마와 함께 그 돌덩이를 들고 박물관에 갔다. 알고 보니 그것은 맘모스의 발 화석이 아니라 2억 년 된 어룡의 해골 화석이었다. 박물관 직원은 그 화석이 아일랜드에서 발견된 동종의 해골 화석 중에서 최고의 표본이라고 말했다. 그 화석은 지금도 벨파스트의 울스터 박물관에 전시되어 있다. 근처에 있다면 한번 가보라.)

성장 문화는 모두의 아이디어를 환영한다. 또한 그 사실을 모두가 이해하는 데 방해가 되는 난관을 철학적 접근법이나 물리적 설계를 통해 찾아내고 제거한다.

혁신에 시간을 할애하라

비자 카드의 공동 설립자인 디 호크는 말했다.[43] "새롭고 혁신적인 생각을 떠올리는 것보다 낡은 생각을 몰아내는 것이 중요하다. 머릿속의 한구석을 비워내면 즉시 창의성으로 가득 찰 것이다." 그래서 어떤 기업은 직원들의 시간을 비우는 것을 전략으로 삼는다.

3장에서 소프트웨어 기업 아틀라시안이 협력을 추구하는 양상을 설명했다. 마인드셋 문화는 결속력을 지닌 의미 체계로 조직에서 작동한다. 그래서 협력 같은 성장 마인드셋 기준을 드러내는 조직은 혁신 같은 다른 성장 마인드셋 기준도 체현할 확률이 높다. 아틀라시안은 이런 기준을 '해냄의 날ShipIt day'로 통합한다.⁴⁴ 이날, 직원들은 서로 힘을 합쳐서 자신들이 원하는 문제를 해결하려 한다. 업무 지원 시스템의 장애부터 직원 휴게실의 오락기 부족까지 다양한 문제이다. 분기별 '해냄의 날'을 통해 여러 부서에 걸친 직원들 사이의 협력이 증진된다. 이는 향후 더 많은 혁신으로 이어질 수 있다.

다른 많은 조직도 비슷한 구조를 통해 혁신을 촉진한다. 다국적 대기업인 3M이 이 아이디어를 처음 도입했다.⁴⁵ 3M은 포스트잇 같은 제품으로 유명하지만 약 6만 종의 다른 제품들을 생산하며, 46곳의 기술 플랫폼을 운용한다. 해마다 매출의 약 3분의 1은 지난 5년 내에 개발된 제품에서 나온다. 이런 목표를 세운 데는 의도가 있다. 3M은 협력을 강조한 덕분에 성공적인 신제품을 계속 내놓을 수 있었다.

3M의 '15퍼센트 타임'은 모든 직원이 개인적으로 관심을 가진 의문과 난관을 해결하는 데 업무 시간의 15퍼센트를 쓰도록 권장하는 프로그램으로서, 1948년부터 시작되었다. (엔지니어만

이 아니라 '전체' 직원에게 이 프로그램이 적용된다. 3M은 모든 곳에서 뛰어난 아이디어가 나올 수 있다고 믿기 때문이다. 이는 성장 문화의 또 다른 징표다.) 15퍼센트 타임은 천재가 혼자 발명을 하도록 만들기 위한 것이 아니다. 직원들은 아이디어의 개념을 구체화한 후 동료들에게 발표한다. 이를 통해 자신의 아이디어에 충분한 흥미를 느끼고 충분한 잠재력을 본 협력자를 찾는다. 협력자는 프로젝트에 동참하여 개발 작업을 돕는다.

15퍼센트 타임의 가장 잘 알려진 결과물은 '포스트잇'이다. 포스트잇은 과학자인 아서 프라이가 다른 직원이 개발한 접착제를 활용하여 개발했다. 저널리스트 캐서린 슈왑은 〈패스트 컴퍼니 Fast Company〉 기사에서 이렇게 설명했다. "1년에 한 번, 10여 개 사업부에 소속된 약 200명의 직원들은 15퍼센트 타임 프로젝트를 설명하는 골판지 포스터를 만든다. 이는 중학교 과학 축제에서 화산 모형을 발표하는 것과 비슷하다. 그들은 포스터를 설치하고 그 옆에 서서 피드백, 제안, 잠재적 협력자를 기다린다." 3M 연마재 사업부의 한 관리자는 "그것은 우리 기술 인력이 3M에서 가장 열정적으로 참여하는 행사입니다"라고 말했다.

구글은 직원들이 업무 시간의 최대 20퍼센트를 자발적 부가 프로젝트에 할애하도록 허용한다.[46] 실제로 지메일과 구글 지도에 관한 아이디어는 이런 부가 프로젝트에서 나왔다. 제조업체 W. L. 고어 W. L. Gore에서는 이를 부 프로젝트가 아닌 일반 프로젝트로 본다.[47] 그래서 3M과 비슷하게, 직원들이 스스로 아이디어를 개발한 다음 동료들을 끌어들이기 위한 홍보를 할 수 있도록 해준다. 이런 수준의 자유도는 어떤 사람들에게는 부담스러울 수 있다. 그래서 고위 관리자들은 신입 사원들에게 현실적으로 감당할 수 있는 수준을 넘어서지 말고, 도움을 줄 사람을 끌어들이라고 권장한다.

고어는 뛰어난 아이디어를 떠올리는 능력뿐 아니라 그것을 전달하는 능력도 중시한다. 다른 사람들이 동참할 의욕을 갖지 않는다는 사실은 그 자체로 아이디어가 좋지 않음을 말해준다. 반대로 아이디어에 궁금증을 갖기 시작하고 시험해보고 싶다는 마음을 가진 사람은 환영받으며 팀에 합류할 수 있다. 고어텍스는 실험실에서 일어난 사고에서 개발되었다. W. L. 고어는 이 사실을 알기에 새로운 길이 어디로 이어지는지 확인하는 데 열성적이다.

심리적 안정감 조성에 투자하라

심리적 안정감을 조성하려면 진정성 있는 꾸준한 참여와 장기적 후속 조치가 필요하다. 그 과정에서 수백 번의 대화가 의미 있는 방식으로 이루어져야 한다. 다만 요릿 반 데르 토흐트가 지적한 대로 심리적 안정감만으로는 충분치 않다. 그는 이렇게 말한다. "안전하다고 느끼는 것은 중요합니다. 그러나 그것만으로는 진정한 진보를 이끌 수 없습니다. (…) 심리적 안정감은 노래가 아니라 배경을 이루는 음조입니다."[48]

이것이 성장 마인드셋이다. 노래를 고르는 일에 모범을 보여라. 개인적 또는 조직적 역경에 직면했을 때 성장 마인드셋의 관점에서 살펴보고, 계산된 위험을 감수할 기회를 최대한 활용하라.

폴리시링크PolicyLink 설립자인 앤절라 글로버 블랙웰은 변호사이자 인권운동가다.[49] 그녀는 록펠러재단에서 재클린 노보그라츠와 같이 일했다. 그들은 조직과 지역사회 전반의 의견을 편안하게 받아들일 뿐 아니라 적극적으로 듣는 문화를 개발했다. 그 결과 "소수자 우선주의적 리더십minoritarian leadership"을 통해 조직을 크게 강화할 수 있었다. 블랙웰은 이렇게 설명한다. "지배적 집단에 속한 개인은 자신에게는 공정해 보이기 때문에 규칙이 타당하다고 여깁니다. 반면 자신이 비주류라고 인식하는 사람은 성공하기 위해 지배적 문화를 헤쳐나가는 법을 배워야 합니다. 다른 사람들이 일하고 결정하는 방식에 맞추는 것은 다음 세대의 리더들에게 심어줘야 할 필수적인 기술입니다." 그다음 세대의 리더들은 이미 당신의 조직 안에 있을지 모른다. 심리적 안정감을 조성하면 그들의 조직 내 기여도를 매우 높일 수 있다. 거기에는 조직이 효과적으로 위험을 헤쳐나가고 회복탄력성을 키우는 것을 돕는 일이 포함된다.

앞으로 강력한 천재 문화가 유색인종에게 불이익을 주고, 심리적 안정감을 무너뜨리는 양상을 살필 것이다. 성장 문화를 구축하고 싶다면 구성원들이 고정 마인드셋이 아닌 성장 마인드셋을 지향하게 하는 안전한 맥락을 조성하는 것이 핵심이다. 그 목표는 난관과 위협을 제거하여 구성원들이 자유롭게 최고의 성과를 올리도록 해주는 것이다.

다른 곳을 살펴라

때로 우리는 혁신을 생각할 때 새로운 아이디어에만 초점을 맞춘다. 그러나 혁신에는 기존 아이디어를 새롭게 적용하거나, 다른 산업에서 영감을 얻어 다른 방식으로 활용하는 것도 있다.

어떤 경영학 연구자들은 사람들이 인근 분야의 지식에 접근해 그것을 활용하는 양상을 확인하고 싶었다.[50] 그들은 수백 명의 목수와 지붕공과 인라인 스케이터에게 다른 분야 사람들이 안전 보호구를 착용하게 만들 수 있는 아이디어를 내달라고 요청했다. (불편하다는 이유로 안전 보호구를 거부하는 사람들이 많았다.) 가령 목수들에게 권장되는 방진마스크, 지붕공들이 착용해야 하는 안전 벨트, 스케이터들이 차는 무릎 패드를 어떻게 재설계하면 착용률을 높일 수 있을지 물었다. 조사 결과 거의 모두가 자신들에게 해당되는 안전 보호구보다 다른 집단의 안전 보호구를 혁신적으로 개선하는 법을 더 잘 알았다. 이처럼 때로는 유사 분야를 살피는 일이 정신적 장벽을 허물고 "그래, 어쩌면" 모드로 바꾸는 데 도움을 줄 수 있다.

금융 자문 및 투자자문 회사인 모틀리 풀Motley Fool은 기발하고 혁신적인 문화로 유명하다.[51] 한 예로 아이디어 발굴을 위한 보물 찾기가 있다. '굉장한 아이디어 찾기Great Idea Hunt'라 부르는 이 행사는 직원들을 여러 팀으로 나누어 진행한다. 각 팀은 자신들이 선택한 조직(기업부터 비영리단체까지 어떤 조직이라도 괜찮다)을 몇 시간 동안 방문한 후 거기서 발견한 흥미로운 아이디어를 최소한 하나씩 갖고 돌아온다.

한 '바보Fool'(직원들이 자신을 일컫는 말) 팀은 대다수 직원이 원격근무를 하는 어니스트 티Honest Tea에 방문했다. 그들은 거기서 직원들에게 일에 집중할 시간과 공간을 제공하기 위해 의사소통을 간결하게 만드는 방법을 배웠다. 그 방법은 별도의 이메일이나 슬랙Slack식 업데이트를 연이어 보내는 대신, 모든 내용을 "애프터눈 티Afternoon Tea"라는 일간 소식지로 모으는 것이다. 모틀리 풀은 이 아이디어를 차용하는 방안을 고려하고 있다.

의외의 결과를 기록하라

나의 동료 킴벌리 퀸은 "의외 사항 일지surprise journal"를 추천한다.[52] 그녀와 그녀의 학생들은 어떤 것이 작동하는 방식에 관한 가설을 세웠다가 연구실에서 이상하거나 놀라운 결과를 접하면 일지에 기록한다. 그런 결과들을 누적하다 보면 이론을 수정할 근거가 되는 패턴이 드러날 수 있다. 의외 사항 일지는 이 패턴을 통해 확증편향, 즉 어떤 아이디어나 사람들의 행동이 우리의 기대와 일치할 것이라고 기대하는 경향에서 벗어나도록 해주는 효과를 보인다.

우리는 어떤 전략이 명백하고, 잘 검증되었으며, 수용 가능하다고 간주할 때 자연스레 그 전략에 가장 잘 맞는 방식을 찾는 경향이 있다. 확증편향은 이렇게 우리를 고정 마인드셋으로 더 깊이 끌고 들어간다. 이런 경우 우리는 다른 전략이 성공하는 것처럼 보이면 놀라게 된다. 우리의 기대와 어긋나는 결과를 무시하거나 간과하지 말고 의외 사항 일지에 적어라. 이 관행은 퀸이 연구실에서 성장 문화를 적용한 한 방법이다. 그녀는 학생들이 새롭지만 정돈되지 않은 결과를 기록하도록 도왔다. 그러면 의외의 결과들이 가리키는 혁신적 방향을 볼 수 있기 때문이다.

5장   위험 감수와 회복탄력성

"위험 감수에 대해 이야기하고 싶습니다."

나는 이전에 이런 요청을 많이 받았다. 이번에는 트위터였다. 당시 트위터 최고법무책임자이던 비자야 가데와 다른 임원들은 글로벌 법무팀의 문제를 발견했다. 그들의 변호사들은 위험을 감수하기를 주저했다. 변호사들이 보수적 의사결정자가 되도록 훈련받는다는 점을 감안하면 이해할 만한 태도였다. 그들은 잠재적 법률 리스크를 피하기 위해 고객에게 "안 된다"라고 말했다. 그러나 트위터의 경우, 몸을 사리는 경향이 혁신 기회를 제한하고 있었다.

가데는 내게 변호사들의 위험 기피 성향을 줄일 수 있도록 도와달라고 말했다. 또한 그녀는 의도치 않게 과도한 주의를 야기하는 문화적 요소도 파악하고 싶어 했다. 경영팀은 변호사들이

"어떻게 하면 법률적 문제에 노출될 위험으로부터 회사를 안전하게 지킬 수 있을까?"라고 자문하기를 원치 않았다. 대신 "어떻게 하면 책임감 있게 나의 임무를 수행하는 동시에 회사가 혁신적으로 바뀌도록 도울 수 있을까?"라고 자문하기를 바랐다.

나는 가데의 요청을 받았을 때 당시 CEO 잭 도시와 경영팀이 여러 중대한 결정에 직면해 있다는 사실을 몰랐다.[1] 그들은 허위 발언을 식별하고, 그것이 선동적이거나 잠재적 위험을 초래할 때 개입해야 할지 여부에 관해 결정해야 했다. 변호사들도 그런 조치에 반대하는 입장은 아니었지만 이 결정은 법률적 문제를 불러올 가능성이 높았다. 경영팀이 보기에 변호사들의 마인드셋 세부 문화를 이해하고, 공통의 언어와 목표에 합의하는 것이 위험을 신중하게 감수하고 혁신을 실현하는 데 도움이 될 수 있었다.

트위터는 글로벌 법무, 정책, 신뢰 및 안전 팀 전체를 연수회로 소집했다. 200여 명이 샌프란시스코 본사에 모였다. 그들은 트위터가 이전보다 성장 마인드셋 관점을 가진 조직이 되는 방안을 열성적으로 논의했다. 연수에서 두드러진 한순간이 있었다. 나는 참석자들에게 "위험 감수와 관련하여 정말로 두려운 점이 무엇인가요? 절벽을 향해 더 멀리 나아가려 할 때, 절벽에서 떨어지는 게 아니라 계산된 위험을 감수하면서 조금 더 나아가려 할 때 무엇이 무서운가요?"라고 물었다. 예상대로 그들이 안전하게 행동하는 이유는 타고난 위험 회피 성향 때문이나 지성 및 창의력 부족 때문이 아니었다. 그들은 회사에 도움이 되는 일을 하려는 똑똑하고 헌신적인 직원들이었다. 그들의 대답은 "우리가 틀려서 소송이 제기되는 등의 위험이 생기면 어떻게 하죠? 잘못된 판단 때문에 해고되면 어떻게 하죠?"였다.

이런 유형의 두려움은 천재 문화에서 흔하다. 대개 관리자와 임원 들이 실패에 어떻게 대응할지 모른다는 불안이 그 원인이다. 상사들이 실패를 개인적 결함이나 나쁜 판단력의 증거, 심지어 능력과 역량 부족의 신호로 볼까? 좌천되거나 해고당하는 건 아닐까? 자신들을 트윕스tweeps라 칭하는 트위터의 변호사들은 법률 자문을 할 때 너무 앞서나가는 생각을 하는 건 아닐지 걱정했다. 사용자가 올린 콘텐츠에 허위 자료나 오도 자료라는 딱지를 붙이는 것이 그런 사례였다. 그들은 조치를 취했다가 회사를 법률 리스크에 노출시키고, 자신의 일자리를 위험에 빠트리며, 나중에 다른 곳에 취업하는 데 지장이 생기지 않을까 걱정했다. 이런 식으로 고정 마인드셋이 생겨나면 위험을 감수할 가능성이 낮다(이는 이해 가능한 반응이다).

성장 문화에서도 위험은 여전히 존재한다. 결과가 어떻게 될지는 항상 불확실하다. 그래도 구성원들은 위험이 성장과 혁신에 필수적이며, 목표를 달성하기 위해 필요하다는 사실을 안다. 또한 신중한 계획을 거쳐 세심하게 위험을 감수하며, 베팅이 실패할 경우에 대비하여 (하나 또는 복수의) 비상 계획을 마련할 가능성이 높다. 성장 마인드셋을 따르는 조직에서는 결과가 잘못되어도 비난의 대상이 될지 모른다는 걱정을 덜 한다. 그보다 문제를 어떻게 해결하고 거기서 교훈을 얻을지 더 신경 쓴다. "누가 일을 망쳤지?"라고 따지는 대신 "무엇이 계획대로 진행되지 않았고, 다음에는 어떻게 해야 더 잘할 수 있을까?"라고 묻는다. 실수가 나왔을 때는 그 사실을 (최대한 빨리) 알아야 한다. 다만 성장 문화에서 사후 분석의 목표는 실수한 사람에게 수치심을 안기고 처벌하는 게 아니라 학습을 하려는 데 있다. 우리는 셸이 안전 사고 대응의 초점을 누구 잘못인지 파악하는 것에서 어떤 교훈을 얻을 수 있는지 파악하는 것으로 바꾸는 과정을 통해 이를 확인했다.

위험 감수는 혁신의 사촌이다. ==조직이 시류에 뒤처지지 않으려면 위험을 감수해야 한다.== 성장 문화와 천재 문화는 위험에 대한 인식에서 시작하여 위험을 감수하는 것을 돕는 정도도 다르다.

성공에는 각기 다른 위험이 따른다

각각의 조직은 위험을 다르게 범주화한다. 강력한 천재 문화가 지배적인 조직의 구성원은 성패에 평판과 생계가 달려 있다. 그래서 위험을 부정적으로 바라볼 가능성이 더 크다. 또한 모험을 할 때는 걱정과 불안에 사로잡힌다. 실패에 따른 개인적·직업적 대가가 너무 크기 때문이다. 반면 성장 문화에서 위험 감수는 학습 기회이자 구성원이 목표에 이르도록 돕는 전략이다. 또한 성장 문화는 천재 문화보다 현상現狀에 덜 연연하며, 변하지 '않거나' 새로운 것을 시도하지 않는 데 따른 난관과 위험을 더 잘 인식한다. 그래서 소셜미디어에 올라오는 선동적 언어를 적극적으로 식별하고 조치를 취한다.

학습과 협력만 계속 추구하다 보면 대화가 무한정 이어질 뿐, 결정을 내리거나 위험을 감수하지 못할 것이라는 인식이 있다. 그래서 나는 친구이자 연구 협력자인 벤 타우버(에살렌 연구소의 전 CEO이자 실리콘밸리 경영 자문 기업인 벨로시티 그룹Velocity Group의 공동 창립자 겸 전 CEO, 구글과 어도비의 전 간부)에게 고정 마인드셋을 적용하는 게 도움이 되는 때가 있는지 물었다.[2] 가령 스타트업의 다양한 여건에서는 고정 마인드셋이 도움을 줄 수도 있었다.

벤은 창업자들이 자금 확보 단계에서 고정 마인드셋의 관점을 갖는 게 도움이 되는지 살핀 우리의 연구를 상기시켰다. 투자자와 벤처 투자사가 위험을 감수하게 하기 위해서는 창업자가 성과를 보여주고 증명하는 태도를 취해야 하는 것 같았다. 그러면 보상이 따라왔다. 테라노스의 엘리자베스 홈즈, 우버의 트래비스 칼라닉, 위워크의 애덤 노이만이 그랬다. 특히 노이만은 "나한테 '아니오'라고 말하는 사람은 없습니다"라고 자랑하기도 했다.[3] (위워크가 엄청나게 실패한 후에도 일부 투자자는 노이만을 믿고 기꺼이 다시 모험을 감행했다. 그들은 노이만이 만든 후속 벤처, 플로우Flow에 거액을 투자했다.)[4] 우리의 데이터는 정반대의 결과를 보여주었다.

투자 유치 단계에서 성장 마인드셋을 따르는 창업자들이 고정 마인드셋을 따르는 창업자들보다 실제로 자금 확보 목표를 달성할 확률이 더 높았다.

타우버는 이렇게 말했다. "초기 단계에서 투자를 유치할 때는 '이 사람이 해낼 수 있을 거라고 믿어도 될까?'라는 벤처 투자사의 의문을 해소하는 것이 핵심입니다. 우리의 초기 가설은 고정 마인드셋의 창업자가 보다 강한 설득력을 발휘할지 모른다는 것이었습니다. 그러나 이제 저는 신념과 행동을 구분합니다. 마인드셋은 신념의 집합체입니다. 성장 마인드셋으로 기울면 배우려는 자세를 갖게 됩니다. 다른 한편, 행동은 소통하는 방법과 관련이 있습니다. 우리는 배우겠다는 마인드셋을 가지면서 동시에 자신 있게 소통할 수 있습니다."[5]

성장 마인드셋을 따르는 사람은 자신의 아이디어를 보다 세심하게 탐구한다. 그래서 성공 방법에 대해 최대한 많은 것을 배웠을 가능성이 높다. 탐구 대상에는 성공으로 가는 길을 막을 위험도 포함된다. 성장 마인드셋의 관점으로 보면 시야가 넓어지고 정확해진다. 그래서 난관을 좀 더 열린 눈으로 보게 된다. 또한 겸손한 태도로 자신의 아이디어를 점검하고 기꺼이 스트레스 테스트를 통해 다듬으려고 노력한다. 그러면 아이디어를 홍보할 때 지식을 얻고 자신감이 생길 수 있다.

실리콘밸리는 "빠르게 실패하라"라는 주문으로 유명하다.[6] 그러나 "빠르게 배워라"라는 주문이 더 도움이 될지도 모른다. 이 주문은 투자자들이 열심히 성장 마인드셋 문화를 조성하려는 창업자를 지원하는 데 초점을 맞추게 한다. 그래서 성공 확률을 높여준다. 벤처 투자사는 창업자가 사업을 시작하는 데 필요한 복잡한 결정과 전환을 어떻게 감당하는지 평가해야 한다. 이를 위해 창업자가 대부분의 시간 동안 성장 마인드셋을 따를 가능성이 높은지, 신생 조직에 성장 문화를 심어줄 절차와 기준을 개발할지 여부를 알려주는 단서를 살펴야 한다. 이때 지속적 개선 능력보다 타고난 천재성이나 아이디어의 천재성을 강조하는 창업자를 조심해야 한다.

벤은 내게 이렇게 말했다. "고정 마인드셋으로는 계획대로 일이 되지 않을 때 팀이나 외부 요소를 탓하면서 주저앉을 수 있습니다. 반면 성장 마인드셋으로는 더 많은 일을 시도하게 됩니다. 즉, 'A와 B와 C의 차이가 이 정도밖에 되지 않는다면 A를 2주 동안 시도해보고 통하지 않으면 B를 시도해보는 게 어떨까?'라고 생각하게 됩니다."[7] 성공 척도만 명확하게 밝혀두면 얼마든지 전략을 세우고, 목표를 설정하고, 생각과 행동에서 더 많은 유연성을 발휘할 수 있다.

사티아 나델라는 마이크로소프트의 수장이 되면서 도전에 직면했다.[8] 바로 "협력을 죽이고 혁신을 가로막는" 문화를 재발명하는 일이었다. 과거 마이크로소프트는 안전한 길을 걸었다. 그래서 스마트폰을 비롯한 여러 신기술 분야에 늦게 진입하거나, 아예 기회를 놓쳐버렸다. 런던 경영대학원의 사례연구는 뒤이어

"외부 경쟁의 파도가 마이크로소프트를 덮치면서 인재들이 배를 버리게 만들었다"라고 결론지었다. 전 CEO 스티브 발머는 위험을 회피하는 성향으로 유명했다. 반면 나델라는 정반대의 성향을 드러냈다. 그는 마이크로소프트가 기술 부문에서 영향력을 잃을 위기에 처한 데에는 마인드셋 문화에 어느 정도 이유가 있다고 믿었다.

"각 직원은 자신이 가장 똑똑하다는 것을 모두에게 증명해야 했다. 제때 성과를 내고 목표를 달성해야 하는 책임성이 모든 것에 우선했다. (…) 위계와 우열이 주도권을 행사했고, 즉흥성과 창의성은 억눌렸다." 나델라는 광범위하게 경청하는 법과 학습을 배우고 모바일과 클라우드 기술로 사업의 초점을 옮기고, AI 개발 능력을 강조했다. 또한 그는 직원들이 다른 사람들의 아이디어에 호기심을 갖고 접근하기보다 그것을(그리고 일부 경우에는 다른 사람 자체를) 공격하는 데 과도한 시간을 들인다는 사실을 알게 되었다. 그런 문화를 바꿔야 했다.

현재 마이크로소프트 구성원들은 아이디어가 통할 만한 요소를 찾아내고, 장점을 발전시키는 데 주력한다. 다만 성장 문화라고 해서 비판적 사고와 솔직함이 부족한 건 아니다. 오히려 정반대다. 나델라가 《히트 리프레시Hit Refresh》에 쓴 대로 "토론과 논쟁은 필수적이다. 서로의 아이디어를 개선하는 일은 매우 중요하다."

성장 마인드셋을 따르는 조직은 솔직한 태도에 필수적 요소인 심리적 안정감을 더 많이 지닌다는 사실을 상기하라. 초점은 구성원들이 타고난 능력이 아니라 그들의 아이디어에 맞추어야 한다. 아이디어를 엄격하게 분석하고 개선하는 방법을 찾아내는 일은 가치를 더하는 것이며, 조직 내에서 자신의 위치를 보호하는 데 중점을 둔 비열한 폄하와 다르다. 참고로 나델라는 《히트 리프레시》에서 마이크로소프트의 직원들이 "마비 상태에서 벗어날 로드맵" 또는 "궁지에서 빠져나오는 방법"을 간절히 원했으며, "성장 마인드셋 문화로의 전환이 도움을 주었다"라고 밝혔다.

나델라는 또한 직원들이 고객과 직접 대화하여 실효성이 없는 것이나 고객에게 더 도움이 되는 것을 알아내는 데 시간을 많이 들이도록 권장했다. 이 접근법은 사업에서 위험을 한층 줄여준다. 고객의 문제를 해결하는 제품을 만들 가능성이 높아지기 때문이다. 마이크로소프트의 전 기업전략 총괄 부장인 키니 잴리슨은 마이크로소프트뿐 아니라 전 세계가 복잡한 문제를 해결하기 위해 이렇게 협력해야 한다고 믿는다.[10] 키니는 이렇게 말했다. "우리 사회가 앞으로 나아가기 위해서 아이디어를 나누거나 그것으로 논쟁하는 것보다 중요한 건 없다고 생각합니다. 하나의 작은 기업이나 한 부문에서만 부상하는 아이디어는 더 이상 우리에게 필요치 않습니다. 우리가 전 세계적으로 직면한 문제는 너무나 거대합니다. 그래서 다양한 분야와 접근법이 교차하는 지점에서 나오는 해결책을 찾아야 합니다. 성장 마인드셋은 그런 대화를 시작할 수 있는 여건을 조성하는 근본적 요소라고 생각합니다."

 목표는 단지 더 행복한 직원과 더 나은 결과가 아니다. 물론 이런 것들은 목표의 일부이다. 키니는 이렇게 덧붙인다. "지금, 그리고 앞으로 문제를 해결하려면 과감하고 비정통적인 융합적 사고가 필요합니다. 그걸 모두에게 가르쳐야 하고, 기업과 정부가 중시해야 합니다."

 한 사람이 온전히 "융합적"일 수는 없다. 융합성을 확보하려면 다른 지식과 경험을 갖춘 다양한 사람들로부터 최선의 것을 모아야 한다. 조직과 개인이 다른 집단 및 분야와 아이디어나 자원을 나누는 일이 위험하다고 생각하면, 직원들이 경쟁에 집중한 나머지 지식과 자원을 공유하지 않는다면, 조직이 선수층을 구축하기보다 소수의 스타에게만 의존하면, 우리가 직면한 난관에 대응하는 데 필요한 해결책을 구상하거나 그를 실행할 수 없다.

 데이터를 중심으로 구성원들을 참여시키는 일 또한 성장 문화 조직에서 어떤 위험을 감수할 가치가 있는지, 어떻게 감수할 것인지 판단하는 데 도움을 준다.

데이터를 확인해 위험을 줄여라

 나는 2가지 마인드셋 문화를 생각할 때 자주 "어느 것이 더 위험한가?"라고 자문한다. 학자의 관점에서 우리의 연구 결과를 되돌아보면 데이터에 기반한 의사 결정을 보다 중시하게 된다. 데이터를 폭넓게 공유하는 일은 사실 성장 문화가 조직적 변화를 덜 위험하게 만드는 가장 효과적인 접근법 중 하나다. 나는 2020년에 마이크로소프트 및 컨설팅 기업인 키스톤Keystone과 협력하는 과정에서 이 사실을 발견했다. 우리는 다양한 기업에서 데이터 수집 및 활용 관행을 분석했다.

우리가 확인한 바에 따르면 성장 문화 조직에서는 누구나 데이터에 폭넓게 접근할 수 있었다.[11] IT와 데이터분석 부문에 속한 구성원뿐 아니라 모든 구성원이 의사 결정에 참고할 데이터를 확보하고 활용하는 방법을 알았다. 그 결과 현재 상황에 대한 맥락을 모두가 이해하게 되었고, 해당 모델에 따라 예측하는 것도 가능해졌다. 우리는 또한 성장 문화에 속한 리더들이 비전을 자신 있게 팀과 공유하고, 그 비전을 실현하는 과정에 팀원들을 참여시킨다는 사실을 확인했다. 명확한 비전, 성장 중심 과정, 올바른 방향으로 나아가는지를 평가할 연관 데이터 분석을 갖춘 환경에서 일하는 팀은 한 걸음 더 나아갔으며, 창의적인 해결책을 도출하는 경우가 많았다.

반면 천재 문화 조직에서 데이터는 흔히 강력한 문지기에게 가로막혔다. 우리는 그런 사례에 해당하는 몇몇 기업의 직원들을 인터뷰했다. 그들이 밝히기로, 요청한 데이터를 IT 부서에서 받기까지 몇 달이 걸리기도 했다. 또한 우리는 데이터를 관리하는 팀들이 정보를 독점하고, 고위 리더가 요구할 때만 마지못해 공유하는 경우를 확인했다. 아이러니하게도 천재 문화에 속한 리더들은 수치를 참고하기보다 직관에 더 의존했다(알다시피 최적의 의사결정은 데이터와 직관을 모두 활용할 때 이루어진다).

데이터는 루이스 울이 (다른 행정가, 교사, 학교 이사회의 뒤늦은 지원을 통해) 전체 학구를 천재 문화에서 성장 문화로 바꾸는 일을 도왔다.[12] 울은 뉴욕시 북쪽, 차로 약 30분 거리에 있는 웨스트체스터 카운티Westchester County의 해리슨 중부 학구Harrison Central School District를 이끄는 교육감 대행이 되었다. 그는 숫자가 (학업 성과 및 자원 배분 같은 척도에서) 말해주는 이야기를 살핀 후 개선의 여지가 있다고 생각했다.

해리슨 중구 학구는 전반적으로 "지원 필요성이 낮은" 학구로 간주되었다. 그러나 이 학구는 부자 동네부터 서민 동네까지 경제적 수준이 다양한 지역에 걸쳐 있었다. 마찬가지로 학교마다 학생층도 다양했다. 울은 내게 "아주 잘사는 것처럼 보이는 지역의 학교에 갔는데 학생의 25퍼센트가 급식비 면제 또는 감면 혜택을 받았어요"라고 말했다.

전 교육위원 데이비드 싱어는 해리슨 중구 학구에 고정 마인드셋을 반영하는 분위기가 존재한다고 말했다.[13] 그 이면에는 "낮은 기대에 따른 가벼운 편견"이 만연해 있었다. 교사, 행정가, 학부모, 학교운영위원회 등 교육공동체 전반은, 인종적 다양성과 사회경제적 불이익을 배경으로 가진 학생은 공부를 잘하지 못할 거라 생각했다.[14] 그들은 이를 기정사실로 받아들였다. 울의 시각은 달랐다. 이 공평하지 않은 관점이 일부 학생들의 길을 막았고, 다른 학생들에게는 길을 열어주었다. 가령 고소득 지역 학교는 더 많은 보조금을 받았고, 학생들은 최신 교재로 공부할 수 있었다. 반면 다른 지역의 교재는 낡고 수량도 부족했다. 이 학생들이 중학교와 고등학교에서 뒤섞이자 성적 격차가 생겼다. 그 원인은 순수한 능력의 차이가 아니라 접근성과 기회의 차이에 있었다.

울은 예산부터 성적 척도까지 학구와 관련된 데이터를 살폈다. 그리고 모든 학생에게 보다 형평성 있는 교육 기회를 제공하기 위해 학교들 사이에 재정과 기회의 균형을 맞추는 계획을 수립했다.

울은 이렇게 말했다. "기회에 격차가 있다는 증거는 부끄러울 정도로 명확했습니다. 가령 역사 선행수업을 듣는 학생들 중에 남미계 학생은 지금까지 1명도 없었습니다. 우리 학구에 속한 4개의 초등학교를 우편번호로만 나누어도 어느 학교 학생들이 나중에 리젠츠 디플로마Regents' Diploma로 불리는 고졸 학위를 받거나 받지 못할지 예측할 수 있었습니다. 또한 학생들이 10세가 되었을 때 나중에 누가 수학 선행수업을 들을지 정확하게 예측할 수 있었습니다. 누구도 그게 문제라고 생각지 않았습니다. 누구도 '바로잡아야 해'라고 소리치지 않았습니다."

울은 학구의 정책과 관행뿐 아니라 전반적 마인드셋 문화를 바꾸는 일에 나섰다. 근본적 목표는 모든 학생을 위한 교육형평성 달성이었다. 현장에서 학교 예산, 교사 평가 시스템, 학업 성취도 기준을 대대적으로 개편했다. 그 과정에서 울은 교사, 학교 운영위원회, 부유한 학부모들의 (때로 신체적 위협을 포함한) 상당한 반발에 직면했다. 특히 부유한 학부모들은 학교의 성적별 분반 시스템을 없애고 고등학교의 선행학습 프로그램에 폭넓게 접근하도록 하는 일부 변화가 교육과정을 비효율적으로 만들 거라고 주장했다. 학교가 교육과정과 관행의 형평성과 포용성을 강화할 때 학부모와 교사들이 흔히 드러내는 우려는, 그런 변화가 "학력 수준을 떨어트"리고 "똑똑하고 재능 있는" 학생들의 발목을 잡는다는 것이다. 다시 말해 특권층(대부분 백인) 스타들의 발목을 잡는다는 것이다.

그러나 사실은 기울어진 형평성을 회복하기 위한 변화를 세심하게 실행하면 모든 학생의 학업성적이 오른다는 연구 결과가 꾸준히 나오고 있다.[15] 해리슨 중부 학구의 조직적, 문화적 변화는 학생들의 성적에 대단히 성공적인 영향을 끼쳤다. 덕분에 2009년, 울은 올해의 뉴욕 교육감으로 선정되었다.[16] 또한 학생들의 학업 평가 점수도 높게 유지했다.[17]

울이 학구의 문화를 개선하기 위해 실행한 가장 극적인 변화는, 특정 프로그램에 참여하는 데 필요한 모든 요건을 없앤 것이었다. 그는 "고정된 속성이나 단일 평가가 운명을 결정해서는 안 된다고 믿습니다"라고 말했다. 그러나 그가 일으킨 변화는 모두에게 위험해 보였다. "모두 잃는 게 있었습니다. 교사들은 효능감을 잃었고, 일부 학부모들은 특권의식을 잃었습니다. 가난한 아이들은 상황이 더 나빠질 거라고 걱정했습니다. (그런 상황에서 변화를 일으키려면) 모두가 틀렸다고 말할 때 밀어붙여야 합니다."

물론 이는 울의 육감에 기반한 것이 아니었으며, 학교나 교육 공동체에게 해로운 일도 아니었다. 오히려 정반대였다. 울은 학구와 관련된 데이터를 엄격하게 분석하고, 운영자금이 부족한 다른 학교들에서 성과를 개선한 경험을 참고했다. 그는 학구의 모든 학생이 더 나아지도록 하기 위해 증거와 근거에 기반한 정책을 밀어붙였다. 그는 겸손한 태도를 유지하고 계획과 진전을 지속적으로 점검하고 또 점검하는 것이 변화를 이끄는 데 필수적이라고 말했다. 그의 말에 따르면 "그 대목에서 성장 마인드셋이 실로 도움을 준다."

결과는 자명하다. 성적 데이터는 배경과 무관하게 학구 모든 학생의 성적이 크게 개선되었음을 보여준다. 가령 해리슨 중부 학구는 다른 많은 학구처럼 중학교에서 수학 분반 제도를 실시했다. 그래서 일부 학생만 대수학 같은 고등 수업을 받을 수 있었다. 분반 제도를 적용한 마지막 해에 대수학 시험에서 숙달 등급에 이른 학생은 약 10퍼센트에 불과했다. 뒤이어 울이 분반 제도를 폐지하고 모든 학생이 대수학 수업을 들을 수 있게 했다. 또한 학업을 돕기 위한 지원도 제공했다. 변화를 이루고 거의 20년이 지난 2023년, 대수학 평균 합격률은 90퍼센트까지 치솟았으며, 52퍼센트의 학생이 숙달 등급에 이르렀다.[18]

울은 이렇게 설명했다. "저의 행동이 대다수 교육감의 행동과 다른 하나가 있습니다. 저는 갈등에 대한 두려움 때문에 흔들리지 않습니다. 현재 저는 젊은 교육감과 행정가를 가르치는 데 많은 시간을 들입니다. 그들은 지나치게 신중합니다. '어떻게 하면 일을 잘할 수 있을까?'가 아니라 '어떻게 하면 직위를 유지할 수 있을까?'를 주로 걱정하죠."[19]

울의 말에서 갈등이 개인적인 지점이 아니라 사안에 기반한 것이 핵심이다. 직원들이 서로 경쟁하거나 논쟁하는 것 또는 상사가 철권통치를 휘두르는 것은 후자에 해당하지 않는다. 직원들은 기꺼이 함께 달려들어서 해결책을 모색해야 한다. 서로가 동의한 척도를 살펴야 한다. 서로의 의견이 다르더라도 자유롭고 안전하게, 상대를 존중하는 태도로 의견을 피력할 수 있어야 한다. 중요한 점은 리더들이 분위기를 조성해야 한다는 것이다. 충분한 정보를 바탕으로 하고, 개선을 목표하는 한 위험과 갈등도 괜찮으며, 심지어 환영받는다는 분위기 말이다.

이는 성장 문화가 거의 갈등 없이 행복하고 쉽게 지내는 분위기를 만든다고 생각하는 사람들에게 중요한 시사점이다. 성장 문화는 오히려 대단히 엄격하고 도전적인 분위기를 만든다(일부 사람들이 천재 문화를 고수하기 위해 열심히 싸우는 이유가 거기에 있다). 편안함은 성장 문화와 천재 문화의 차이와 관련이 없다. ==다양성·형평성·포용성을 강화하는 일은 구성원들을 편안하게 만드는 일과 무관하다. 핵심은 일부 구성원이 기회를 얻지 못하도록 하는 장애물과 난관을 제거하는 데 있다.== 그래야 모두에게 성공할

==기회가 주어진다.== 학교의 경우라면, 모든 학생과 직원이 진정한 '능력'을 살릴 수 있도록 '위협'을 제거하는 일이다. 장애물을 제거해야 학생들이 보다 엄격한 교육과정 내에서 학습할 수 있다. 기업의 경우, 직원들이 혁신의 난관을 극복하고 문제 해결에 수반되는 위험을 감수할 자원을 더 많이, 자유롭게 제공할 수 있다.

위험 감수는 그저 맹목적으로 뛰어드는 것이 아니다. 성장 마인드셋을 따르는 팀들은 데이터에 의존한다. 조직적 변화를 헤쳐나갈 뿐 아니라 위험을 감수할 가치가 있는지 저울질하기 위해서다. 또한 데이터를 활용해 기존 결정이 성공으로 이어지는지 아니면 재고와 조정이 필요할지 판단하려 한다. 그들은 자신들의 결정이 원하는 결과를 얻는 데 기여할(또는 기여하지 못할) 것이라는 증거를 열린 자세로 대한다. 진정한 성장 문화 조직은 시간, 에너지, 자원을 토대로 어떤 위험을 감수할지 고려하고, 그에 따른 대가를 지속적으로 평가하기 위해 데이터를 활용한다.

파타고니아의 인사 책임자로 3장에서 소개한 딘 카터는 재생농업의 데이터 중심 모델을 의사결정의 지침으로 활용했다.[20] 파타고니아는 금요일 격주 휴무제를 도입하기 위해 표준 근무일을 수정했다. 카터는 당시 "투입과 산출을 측정하기" 위해 사전 설문조사와 사후 설문조사를 실시했다. 또한 근무일 변경이 원하는 효과와 영향을 실제로 가져오는지 확인하려 했다. 그 일환으로 직원들의 생산성, 작업량, 참여도를 측정했다. 카터는 이를 "추출적extrative" 요소라 불렀다. "회사가 여전히 직원들로부터 투입분에 상응하는 가치를 얻고 있는지" 말해주기 때문이다.

더불어 그는 회사가 직원들의 삶에 투입하는 가치를 측정했다. 카터는 "가령 이것(근무일 조정)이 배우자와의 관계에 도움이 되었는지, 자녀들과 양질의 시간을 더 많이 보냈는지, 건강한 식사를 준비할 수 있는지, 병원에 갈 시간을 확보했는지, 지역사회와의 관계나 지역사회에 기여하는 능력을 개선했는지 살폈다"라고 말했다. 그들은 전체 부문에서 개선되었다는 사실을 확인했다. 또한 생산성과 작업시간이 안정적으로 유지되는 가운데 직원 참여도가 높아졌다.

이처럼 파타고니아는 어떤 변화를 일으켰을 때 의도한 결과가 나왔는지 파악한다. 이는 성장 마인드셋에 따른 엄격한 접근법으로, 미래를 염두에 두고 결정을 내리는 파타고니아의 모델에 매우 중요한 기준이다. 카터는 이렇게 말했다. "(직원들을) 앞으로 100년 동안 채용할 것처럼 관리하려 한다면 스트레스를 주고 싶지 않을 겁니다. 저는 그들이 자녀들을 잘 돌보기를 바랍니다. 100년 후에는 그 자녀들뿐 아니라 손주들까지 채용하게 될 가능성이 높으니까요."

덧붙여 파타고니아는 2021년에 4퍼센트 미만의 자발적 이직률을 자랑했다.[21] 당시 동종업계의 평균 이직률은 최소 3배였다. 게다가 5년 기준 파타고니아의 워킹맘 재직률은 무려 100퍼센트다. 대퇴사 사태 동안 수많은 기업은 직원들을 붙잡아두는 데 애를 먹었다. 특히 수많은 여성 직원이 회사를 떠났다. 이런 시기에 파타고니아의 수치는 상당한 경쟁 우위를 증명한다. 기업들은 추출, 즉 단기적으로 직원들에게서 뽑아낼 수 있는 것에 과도하게 초점을 맞춘다. 그러면서도 직원들에게 투입하는 것이나 되돌려주는 것은 간과한다. 이 경우 장기적으로 성공하기 위한 기반이 부실해진다.

데이터는 성장 문화 조직이 직원들의 삶을 명확하게 파악하도록 도와준다. 또한 그들이 균형 잡힌 생활을 더 많이 경험하도록 돕는 방법을 알려준다. 이는 직원과 회사 모두에게 유익하다.

회사를 신뢰하는 직원, 신뢰하지 못하는 직원

조직 안에서 위험을 감수할 때 고정 마인드셋을 따르는 생각들은 어디서 기인할까? 나는 트위터 법무팀과 함께한 시간 동안 그 근원을 탐색했다. 일부 직원의 경우 면접 및 채용 과정에서 그런 생각이 시작되었다. 면접관들은 지적 성취에 대해 질문했으며, 출신 학교(명문대=똑똑함)와 취업 경력(기업 법무팀 근무 경험)을 가장 중요하게 여기는 듯했다. 이런 시각 때문에 서열 낮은 대학을 나왔거나, 트위터에서 하게 될 일과 맞지 않더라도 여전히 회사에는 소중할 지원자들을 놓치곤 했다. 또한 가상의 시나리오에 관한 질문에는 분명한 정답과 오답이 있는 것처럼 보였다. 그러나 이는 실제 성과를 예측하기에 좋은 지표가 아니다. 업무를 하다 보면 아무런 정보 없이 즉석에서 대응하기보다 연관된 여러 가능성을 조사하고 배워야 하는 경우가 많기 때문이다.

일단 채용된 후에도 (신입 사원 연수 같은) 학습과 개발의 기회는 대개 하루 정도 주어졌다. 대부분의 경우, 그들은 과도한 정보에 파묻힌 상태로 알아서 상황을 파악해야 했다. 많은 신입 사원에게 알아서 살아남으라는 이런 사고방식은 성장 문화보다 천재 문화를 더 많이 시사했다.

트윕스들은 이런 절차를 바꿔서, 배우려는 마인드셋을 즉시 증진하고 싶어 했다. 그들은 지원자들이 가진 경험의 (양이나 출신 학교가 아닌) 질을 살피는 일이 자기계발의 의지를 더 잘 전달하리라 여겼다. 그래서 면접에서 "난관에 직면했을 때 어떻게 극복했는지 말해주세요"라고 요청했다. 또한 그들은 가상의 상황이 아니라 관련된 기술을 토대로 채용하는 것이 매우 중요하다고 생각했다. 지원자가 신뢰안전팀Trust&Safety Team에 지원했다면, 도덕적 원칙을 가졌는지 확인해야 한다. 따라서 업무와 관련해 질문할 때 난관에 부딪힌 적이 있는지, 어떻게 대처했는지 물어야 한다. 이런 질문에 대한 답변은 가상의 상황에 어떻게 대처할지에 대한 답변보다 더 많은 것을 알려준다.

트윕스들은 또한 예비 직원을 첫 면접 이후 트위터 위민Twitter Women, 트위터 아시아Twitter Asia, 블랙버즈Blackbirds 같은 관련 유연 단체와 맺어주는 것을 추천했다. 그렇게 하면 지원자들은 해당 집단의 관점에서 회사 문화를 더 배울 수 있었다. 또한 큰 조직구조를 성공적으로 헤쳐나가기 위한 전략도 배울 수 있었다. 그들은 연수 기간을 늘리거나, 더 낫게는 신입 사원들이 입사 첫해 동안 지속해서 함께 배울 수 있는 기회를 제공하는 방식을 제안했다. 그들은 이렇게 학습 기간을 연장하면 여러 팀에서 동지애 문화와 유대감을 조성할 수 있다고 생각했다. 또한 직원들이 여러 직무 능력에 관한 전략과 경험을 공유할 때 일 자체가 개선될 수 있다고 생각했다. 그들은 지침서, 도구, 입문서 같은 내부 문서를 더 많이 만들기를 원했다. 그래야 모든 직원이 스스로 모든 것을 파악할 필요 없이 학습의 기회를 얻을 수 있었다.

이런 제안들은 채용 과정을 개선하는 한편 직원들이 트위터의 문화를 경험하는 양상을 보여주었다. 가장 인상적이었던 것은 그들이 성장 문화가 잘 자리잡을 수 있게 기꺼이 함께 노력하는 모습이었다. 그들이 편안한 태도로 장애물이 될 수 있는 사안을 제기하고, 문제를 개선하는 방식을 토의하는 것은 심리적 안정감을 강하게 느낀다는 방증이었다.

이 책의 출간을 앞둔 지금, 트위터(현재는 X로 불림)는 지각 변동을 겪고 있다. 이는 리더에 의존하는 조직문화가 얼마나 취약한지 보여주는 좋은 사례다. 일론 머스크는 트위터를 인수하고 CEO 역할을 맡은 지 2주 만에 트위터의 모든 동호회를 해체하고, 인력의 절반 이상을 해고했으며, 남은 직원들에게도 공격적인 최후통첩을 했다.[22] 그가 직원들에게 보낸 이메일은 천재 문화

지침서의 한 페이지 같다.

그는 이렇게 썼다. "앞으로 획기적인 트위터 2.0을 만들고 갈수록 경쟁이 격화되는 세상에서 성공하기 위해서는 극도로 철저해야 합니다. 이는 장시간 고도로 집중해서 일해야 한다는 것을 뜻합니다. 특출한 성과만이 합격점을 받을 것입니다." 직원들은 다음 날 오후 5시까지 이메일에 담긴 설문 링크를 눌러서 거기에 "동의"하는지 밝혀야 했다. 조직적 신뢰와 헌신이 끔찍하게 낮은 (그리고 특히 직원들이 이전에는 포용적 성장 문화를 받아들이기 위해 열심히 노력한) 천재 문화에서 예상할 수 있는 대로, 남은 직원 중 절반 이상이 회사를 떠났다.

성장 문화를 구축하고 유지하려면 셸, 마이크로소프트, 루이스 울이 그랬던 것처럼 리더가 구성원들을 동참하게 해야 한다. 그다음 변화를 일으키는 사람들이 계산된 위험을 감수할 때 그들을 뒷받침할 것임을 알려라. 또한 더욱 학습하고, 앞으로 나아가는 과정에서 그 교훈을 받아들여라. 혁신을 바란다면 위험을 감수하는 태도가 필요하다. 구성원들이 위험이라는 불편한 영역으로 안심하고 들어설 수 있는 분위기를 조성하는 데 집중하라.

현명하게 모험하고 실패에서 배우라

다음은 조직 내에서 발생하는 다양한 위험을 받아들이는 마인드셋과 이것을 점진적으로 발전시키는 데 도움을 주는 몇 가지 전술이다.

위험을 추구하라

밤에 뒷골목을 걸어가거나 부리토에 매운 고추를 넣어달라고 주문하지 마라. 신중하게 위험을 추구하라. 성장 마인드셋을 따르면 가고자 하는 방향으로 세심한 도약을 추구하게 된다.

와일드팽의 엠마 맥길로이는 중거리 육상선수 시절에 알게 된 사실이 있다.[23] 바로 충분히 실패하지 않는다면 과감한 시도도 충분히 하지 않았다는 것이다. 이는 충분히 도전적이지 않은 분야에서 경쟁함으로써 안전한 길을 걷고 있다는 뜻이다. 근래에 실패한 적이 없다면, 삶에서 진정한 진전을 이루기에는 너무 안전하고 소심하게 살아가고 있는 것인지 모른다.

이 점은 조직에도 동일하게 적용된다. (참고로 연구자들은 시도한 일의 약 15퍼센트가 실패하는 것이 적절하다고 말한다.)[24] 그런 경우라면 위험에 대해 성장 마인드셋을 적용할 수 있는 소수의 분야를 파악하라. 일이나 삶에서 계산된 위험을 감수할 수 있는 1~3개의 분야를 파악하는 일부터 시작하라. 가령 당신이 존중하는 동료가 잘하는 일을 배울 수도 있고, 앞으로 나타날 난관에 대비할 수 있도록 능력 개발의 기회를 요청할 수도 있다. 조사하고, 낙하산을 챙긴 다음, 뛰어내려라!

데이터와 친구가 되어라

데이터는 계산된 위험에서 "계산"에 해당한다. 조직에서 어떤 자리에 있든 간에, 데이터와 친밀해지는 일은 자신 있게 새로운 영역으로 들어서는 데 도움을 준다. 또한 지금 감수하고자 하는 위험이 목표 달성에 도움이 되는 것인지 아닌지를 미리, 혹은 과정 전체에 걸쳐 계속해서 파악할 수 있도록 도와준다.

데이터는 당신이 맞았는지 아니면 틀렸는지 말해주지 않는다 (이는 고정 마인드셋에 따른 관점이다). 대신 현재 당신이 어떤 위치에 있는지 그리고 과거에서 현재를 거쳐 미래로 나아가는 궤적이 어떤 모양인지 말해준다. 어디서 점검과 성찰을 할지 표시하라. 위험의 대가가 없다는 사실을 알았다면 재평가하거나, 새로운 전략을 시도하거나, 방향을 틀어라.

웨이백 머신을 타고 여행하라

웨이백 머신Wayback Machine은 인터넷 아카이브의 명칭이 되기 이전에, 〈록키와 불윙클 쇼The Rocky and Bullwinkle Show〉라는 만화에 나오는 타임머신이었다. 이 만화에 등장하는 피바디와 셔먼은 역사의 중요한 순간들을 방문했다.

당신도 위험을 감수했지만 기대한 성과를 얻지 못한 역사의 순간을 웨이백 머신으로 재방문할 수 있다. 우리는 과거의 실패를 멀리하려는 경향이 있다. 고정 마인드셋을 불러일으킬 수 있기 때문이다. 과거의 실패는 우리 자신의 능력을 제한하는 신념으로 이어질 수 있다. 그래도 노트와 펜을 들고 그런 경험을 재방문하는 것은 학습의 계기가 된다.

실패를 통해 무엇을 배웠는지, 그런 상황에 어떻게 대처했는지 돌아보고 기록하라. 고정 마인드셋을 자극했는가? 배를 버렸는가 아니면 로프를 잡고 돛을 조정한 후 수평선을 향해 나아갔는가? 그 방식으로 대응하게 만든 요인은 무엇인가? 그 경험이 향후 당신의 행동에 어떤 영향을 미쳤는가? 지금의 성장 마인드셋은 그 위험의 유용성을 어떻게 평가할 것인가? 지금, 같은 기회를 접한다면 위험을 감수할 것인가? 위험을 감수한다면 다른 방식으로 접근할 것인가? 그렇다면 어떻게 접근할 것인가?

당신이 보내는 메시지에 주의를 기울여라

앞서 말한 대로 나는 트윕스와 함께 채용 과정에서 지원자들에게 보내는 문화적 메시지를 검토했다. 우리는 때로 의도치 않게 고정 마인드셋을 내포한 메시지를 줄 수 있다는 사실을 알게 되었다.

채용과 충원은 특히 그런 일이 많이 일어나는 영역이다. 해당 영역에 성장 마인드셋을 불어넣기 위해서는 (특히 정체성이나 배경 때문에) 천재 원형에 맞지 않는 사람에게 투자하려는 의지를 가져야 한다. 자신의 능력으로 조직에 기여하고, 조직의 접근법을 재고하도록 만들려는 의지를 가진 사람에게 초점을 맞춰라. 이는 언뜻 위험해 보일 수 있지만 성장 문화를 창출하는 강력한 방식이다.

위험 감수를 뒷받침하는 또 다른 방법은, 직원들에게 모험을 권장할 뿐 아니라 다른 직원들의 모습을 보고 그렇게 해도 안전하다는 사실을 깨닫는 분위기를 조성하는 것이다. 주변 직원들이 모험을 감행했다가 성과를 얻지 못했을 때 해고당하는 모습을 보면 획기적인 다른 일을 시도할 가능성이 낮다. 회사 행사나 웹사이트, 직원 대상 의사소통에서 직원들의 위험 감수를 칭송하라. 성공 사례를 제시하되 실패 사례와 그에 따른 유용한 통찰도 부각시켜라. 비판은 차치하고.

아마존 창립자인 제프 베조스가 특히 잘하는 일이 있다. 바로 위험 감수를 지지하고 학습을 수반하는 한 그에 따른 실패를 받아들이는 것이다.[25] 베조스는 아마존의 실패 사례를 칭송하는 것으로 유명하다. 그만큼 여러 가지 시도를 한다는 뜻이기 때문이다. 파이어 폰 Fire Phone 같은 실패 사례가 나와야 킨들, 파이어 스틱, 알렉사 같은 성공 사례가 더 많이 나올 수 있다.

사실 이 사례에는 복잡한 측면도 존재한다. 아마존은 다른 분야에서 난관을 겪고 있기 때문이다. 그러나 다시 말하지만 이는 조직문화의 복잡성을 시사한다. 일부 분야는 성장 마인드셋을 추구할 여지가 형성되어 있는 반면 다른 분야는 고정 마인드셋에 따른 행동 양상을 보일 수 있다. 조직 전체에 걸쳐 성장 문화를 창출하고 유지하는 것은 어려운 일이다. 그래도 위험을 감수할 가치가 있다.

6장   정직성과 도덕적 행동

 편법을 쓰거나 규칙을 어기는 사람은 비도덕적이다. 대다수는 우리의 행동이 상황적 요소가 아니라 인성에 좌우된다는 성급한 결론을 내린다. 하지만 실상은 그렇지 않다. 우리가 속한 상황(그리고 문화)은 인성보다 우리의 행동을 형성하는 데 더 강력한 역할을 한다.

 이 이론은 스탠퍼드대학교 연구팀의 연구 조수가 내가 정한 도덕적 행동 기준을 어겼을 때 현실로 다가왔다. 당시 분기 말을 앞두고 어떤 연구에 참가할 학생들을 충분히 모집하지 못할 것 같은 문제가 생겼다. 그러자 한 연구 조수는 참가 적격성 통과 가능성을 높이려고 후보 학생들에게 편법을 썼다. 적격성 평가를 진행할 때 그냥 배점이 높은 항목을 선택하라고 말한 것이다. 나는 갑자기 적격자가 급증한 이유를 물어본 후에야 그 사실을 알게 되었다. 결국 나는 연구를 아예 중단했다. 누가 진짜 적격자인지 아니면 적격자인 것처럼 꾸미라는 꼬임에 넘어갔는지 모르는 상태에서 연구를 계속할 수는 없었다.

연구 조수를 맡은 학생은 수치심과 충격에 빠졌다. 자신은 그냥 도움을 주려 했을 뿐이기 때문이다. 하지만 나는 이 상황을 윤리위원회에 보고할 의무가 있었다. 뒤이어 조사가 시작되었다. 이로 인해 그 학생이 의과 대학원에 들어가지 못할지도 몰랐다. 하지만 결과적으로 우리는 관계를 회복할 수 있었다. 나는 신뢰를 회복하는 과정에서 학생이 연구실에서 할 수 있는 일을 찾아주었다. 사실 어쩌다 그런 일이 일어났는지를 돌이켜 보면 순전히 학생 잘못만은 아니었다.

당시 우리 학교에는 천재 문화 전염병이 돌고 있었다. 학생들은 자신이 충분히 똑똑하다는 것을 증명해야 한다는 끝없는 압박감을 느꼈다. 그때를 생각하면 내가 우리 연구팀에서 조성한 문화를 돌아보게 된다. 그 문화는 해당 학생이 편법을 써도 괜찮으며, 오히려 인정받을 수 있으리라 생각하게 했다. 내가 연구팀의 리더로서 한 말과 행동 때문에 그 학생이 그렇게 생각한 건 아닐까? 나는 수치를 맞추는 데 너무나 매몰되어 있었다. 그래서 충분한 참가자를 모집하는 일이 대단히 중요하다고 강조하기만 했다. (그 일을 맡은) 연구 조수들이 현장에서 무엇을 보고 배우는지 확인하지 않았다. 우리의 목표가 현실적이었을까? 예비 계획이 필요했을까? 참가자를 모집할 다른 전략이 있었을까?

나는 연구 조수들이 받을 증명과 성과에 대한 압박을 고려치 않고 목표를 향해 그들을 몰아붙였다. 그러니 열성적인 학생이 나를 실망시키지 않으려는 마음에, 목표를 달성하기 위해 무슨 짓이든 할 만도 했다. 내가 우리 학교의 천재 문화를 의식적, 명시적으로 재현할 것일까? 당연히 그렇지 않다. 하지만 나는 내가 연구팀에서 조성한 문화를 적극적으로 살피지 않았다. 그래서 우리 학교의 지배적 문화가 우리 모두와 생각, 동기, 행동에도 영향을 미치게 되었다.

그 이후로 나는 연구팀의 문화를 창출하고 유지하는 일에 훨씬 신경 썼다. 연구팀이 조직문화를 어떻게 인식하는지, 정책과 관행, 기준이 우리가 바라는 문화를 어떻게 반영하는지 시간을 들여서 점검하고 평가했다. 또한 포용적 성장 문화 조직으로 함께 문화를 구축하고 유지하는 데 필요한 실천 단계를 정기적으로 확인했다.

윤리와 정직성의 결여는 꼼수나 편법을 쓰는 데서만 드러나는 것이 아니다. 그것은 정보를 독점하는 것이나 동료에게 피해를 주는 은근한 방식(가령 회의 초대 명단에서 빠트리는 것)부터 실수를 덮는 것과 노골적인 사보타주, 기만, 사기까지 폭넓은 비도덕적 행위를 포괄한다. 이런 행위는 천재 문화에서 나올 가능성이 더 높다. 그러나 ==성장 문화라고 해서 도덕적 일탈을 절대 겪지 않는 것은 아니다. 다만 그런 문제가 생겼을 때 성장 마인드셋을 따르는 조직은 성찰적 태도와 책임성을 드러내고 문제를 바로잡기==

위해 결단력 있게 행동할 가능성이 더 높다.¹ 또한 윤리 위반 행위를 적극적으로 감시할 가능성도 더 높다. 반면 천재 문화는 그것을 무시하거나 은폐하려고 시도하는 경향이 더 강하다.

우리는 혁신을 이루기 위해서 위험도 감수해야 한다고 말한다. 이때 권장하는 규칙 파괴는 어디까지나 상징적인 의미를 지닌다. 실제로 규칙을 위반하라는 말이 아니다. 그 목적은 구성원들이 과거의 관행을 넘어서 생각하고, 문제를 해결할 때 창의성을 발휘하도록 만드는 데 있다. 이 장에서는 우리가 넘지 말아야 할 선에 대해 이야기할 것이다. 도덕적 일탈은 조직의 정직성을 무너 트리며, 구성원들을 다치게 만들 수 있다.

윤리와 정직성이 성장 문화와 천재 문화에서 어떤 양상을 지니는지 몇 가지 사례를 살펴보도록 하자.

도덕은 마인드셋에 따라 다르게 나타난다

엔지니어인 수전 파울러는 2017년에 우버를 떠났고 두 달 후, 자신의 경험을 개인 블로그에 기록했다.² 그녀는 새 팀에서 일한 첫날의 경험에 대해 이렇게 썼다. "새로운 상사는 사내 채팅 프로그램을 통해 연이어 메시지를 보냈다. 자신은 개방적 관계를 맺고 있으며, 섹스할 여자들을 찾고 있다는 내용이었다. 내가 자신과 관계를 맺게 만들려 애쓰는 것이 분명했다. 너무나 명백하게 선을 넘은 내용이어서 즉시 채팅 메시지를 스크린숏으로 찍어서 인사팀에 신고했다." 우버의 인사 담당자들은 그녀의 항의를 무시하며 자신들이 할 수 있는 최선은 "엄중한 경고"뿐이라고 말했다. 고위 임원들의 반응은 더욱 신랄했다. 그들은 파울러에게 문제의 간부는 "고성과자이며, 단지 악의 없는 실수 때문에 처벌하기가 껄끄럽다"라고 말했다.

"똑똑한 밉상들"(전 우버 이사인 아리아나 허핑턴이 다수의 우버 신입 사원들을 묘사하는 데 사용한 표현)은 천재 문화에서 일을 잘할 수 있다(많은 경우 그들만이 일을 잘한다).[3] 그러나 그들의 성과는 비용을 수반한다. 우버, 테라노스,[4] 위워크는[5] 모두 윤리와 정직성 측면에서 중대한 일탈을 겪은 조직의 대표적 사례다.

골드만삭스도 마찬가지다.[6] 2008년 금융위기에 중대하게 기여한 골드만삭스는 뿌리 깊고 지속적인 윤리 위반으로 여전히 지탄받는다. 2018년 〈뉴욕타임스〉에 실린 기사는 골드만삭스의 전 파트너인 제임스 카츠먼이 회사의 내부고발 핫라인에 복수의 윤리 위반 사례를 고발한 이야기를 들려준다. 거기에는 "기밀 고객 정보를 획득하고 공유하려는 반복적 시도"도 포함된다. 기사에 따르면 고위직 리더는 카츠먼에게 고발을 취소하라고 다그쳤다. 그는 거부했고, 이듬해 고발 내용을 발설하지 않겠다는 비밀유지계약서에 서명한 후 골드만삭스를 떠났다.

골드만삭스의 전 상무이사인 제이미 피오르 히긴스는 《불리 마켓Bully Market》에서 골드만삭스의 문화를 묘사한다.[7] 그 내용을 보면 골드만삭스의 문화는 행동 측면에서는 인종차별, 성차별, 살벌한 경쟁이 가득하고, 절차 측면에서는 스택 랭킹처럼 행동을 부추기는 정책과 관행이 가득하다. 히긴스는 이런 문화가 지원자들이 일을 시작하기 전부터 전파된다고 말했다. 채용 담당자들은 지원자들에게 골드만삭스에서 일하려면 운이 좋아야 한다고 말한다. 또한 입사 후에는 골드만삭스 직원이라는 위상이 그들을 금융계의 스타로 만들어준다고 말한다. 동시에 꾸준히 능력을 증명하지 않으면 연봉 삭감이나 계약 해지의 위험에 처할 수 있다고 경고한다.

그렇다고 해서 성장 문화 조직이 고성과자를 채용하지 말아야 한다는 말은 아니다. 모든 기업은 똑똑하고 유능한 고성과자를 채용하고 싶어 한다. 그들 모두가 똑똑한 밉상인 것은 아니다. 트위터 글로벌 법무팀의 사례에서 확인한 대로, 기업이 어떤 똑똑하고 유능한 고성과자를 영입할지 선택하는 방식은 큰 파급력을 지닐 수 있다.

문제는 회사에 들어온 후 직원들이 고정 마인드셋과 성장 마인드셋 중 어느 것을 더 많이 이끌어내는 문화에 둘러싸이냐다. 우버에서도 소수의 직원은 규칙을 깨트릴 준비와 열의를 갖춘 상태로 입사했을 것이다(그리고 아마 명백히 그런 태도 때문에 채용되었을지도 모른다). 그러나 대다수 사원들의 경우, 주변에서 받은 깊고 강력한 메시지들이 비도덕적 행동을 부추겼을 확률이 높다.

천재 문화 조직이 기만적 행위를 피하기 위해 할 수 있는 일이 있을까?

 어떤 기업이 채용과 충원을 진행하는 동안 해당 분야 또는 산업에서 "최고이자 가장 똑똑한 사람"만 뽑는다고 선언했다고 상상해보라. 채용 담당자는 일자리를 제안할 때 후보자들에게 그들이 분명한 스타이며, 입사를 환영한다고 말한다. 특히 천재 문화 조직이 이렇게 할 경우 해당 직원은 향후 정직성 및 윤리 측면에서 일탈을 저지를 준비가 된 것이나 마찬가지다.

 "똑똑한 밉상들"을 채용하지 않으려고 의도적으로 노력하는 조직 중 하나가 좋은음식연구소Good Food Institute다. 좋은음식연구소는 과학 및 기술 중심 조직으로서 글로벌 식품산업에 지각 변동을 일으키고 싶어 한다. 그들의 목표는 식물 및 세포 기반 제품을 만드는 데 필요한 과학을 진전시키는 것이다. 설립자인 브루스 프레더릭은 임파서블 푸즈Impossible Foods나 비욘드 미트Beyond Meat 같은 기업이 아니라 비영리단체를 만든 이유가 "사명의 파급력 측면에서 수천 배는 더 효과가 있으리라 생각했기 때문"이라고 말했다.[8] 그들은 자신들의 과학적 발견이 지적재산권의 벽 안에 격리되기를 원치 않았다. 그래서 오픈 사이언스open science 모델을 따르면서 연구 자금을 제공하고, 다른 조직과 연구 결과를 자유롭게 공유한다.

 좋은음식연구소는 채용 과정에서 지원자가 팀의 일원으로서 일을 잘해야 한다는 점을 강조한다. 스타의 지위를 추구하는 지원자는 배제한다. 물론 가끔 잘못된 사람이 채용 절차를 통과하는 일도 있다. 그런 사람은 성장 마인드셋을 따르는 분위기에서 금방 본색을 드러내곤 한다. 이 경우 행동 방식을 바로잡을 수 있도록 지원하고, 바뀌지 않으면 내보낸다.

좋은음식연구소의 규제 담당 부소장 로라 브레이든은 한 인터뷰에서 이전 직장과 좋은음식연구소의 차이점을 말했다.[9] 좋은음식연구소는 조직의 핵심 가치를 엄격하게 고수한다. 그것은 변화는 가능하다고 믿는 것, 최대한 좋은 일을 하는 것, 지식을 자유롭게 공유하는 것, 증거를 토대로 행동하는 것, 모두를 테이블에 초대하는 것이다. 그녀의 말을 들어보자. "우리는 업무의 중심이 되는 가치를 토대로 부서 내의 우선순위를 평가하고 재평가합니다. 결정을 내릴 때도 의식적으로 가치를 고려해요." 그녀는 특히 자신의 부서가 어디에 자원을 배분할지 결정할 때 조직의 핵심 가치가 도움이 된다고 말했다. 좋은음식연구소가 고유한 역할을 할 수 있는 분야가 어디이고, 다른 조직이 대신할 수 있는 분야가 어디인지 파악할 수 있기 때문이다.

브레이든의 팀은 국내외에서 식물 및 세포 기반 제품에 대한 공정하고 적절한 규제를 마련하도록 제품을 홍보하는 막중한 책임을 맡고 있다. 대체 단백질 시장은 비교적 새로운 시장이다. 그래서 나라마다 규제가 크게 다르다. 또한 농업 분야의 전통적인 이해관계자들이 새로운 제품과 기술을 적극적으로 막으려 들어서(가령 대체 단백질 제품의 광고와 라벨에 "우유"나 "버거" 같은 단어를 쓰지 못하도록 금지하는 것) 골치 아픈 상황이다. 브레이든의 팀은 대체 단백질을 위한 시장의 문을 활짝 열어두려 노력한다. 또한 업무의 일환으로 기업들이 식품 안전을 저해하는 편법을 취할 여지는 없는지 규제의 허점을 살핀다.

좋은음식연구소는 협력관계에도 성장 마인드셋에 따라 접근한다.[10] 업계에서 최대한의 변화를 일으키는 데 도움이 된다면 어떤 조직과도 협력한다. 그 결과 언뜻 보기에는 어울리지 않을 것 같은 조직이나 이해관계자들과 협력하게 되었다. 전통적인 육가공 업체인 JBS, 타이슨Tyson, 스미스필드Smithfield, 카길Cargill 등이다. 이와 관련하여 프레더릭은 이렇게 말했다. "식물 기반 고기 또는 세포 기반 고기를 주류로 만들고 싶다면, 이런 기업들이 관련 제품을 시판하도록 만드는 것이 최선의 방법 중 하나입니다." 이는 또한 경쟁자를 협력자로 만드는 데도 도움을 준다. 그들이 대체 고기 시장에서 차지하는 지분이 커지면 공정한 규제에 대한 이해관계가 형성된다. 그래서 대형 기업들도 점차 브레이든과 같은 편에 서게 된다. 이는 성장 문화 조직이 추구하는 윈윈 방식의 협력적 혁신이다. 또한 키니 잴리슨이 복잡한 사회문제를 해결하는 데 필수적이라고 말한, 큰 그림을 그리는 성장 마인드셋 사고방식이다.

앞서 윤리와 정직성이 천재 문화와 성장 문화에서 어떻게 다른 양상을 지니는지 보여주는 몇 가지 사례를 확인했다. 지금부터는 그 이면의 이유를 살펴보자.

조직의 마인드셋이
직원의 도덕관을 움직이는 방식

성장 문화는 모든 것을 아는 일보다 모든 것을 배우는 일을 중시한다. 꼼수 같은 도덕적 일탈은 핵심 신념 및 조직문화의 목표와 맞지 않는다. 그런 행동은 학습의 가능성을 없애버리기 때문이다. 지표를 속이거나 조작하면 실제로 무엇이 통하고 통하지 않는지 분간할 수 없다.

천재 문화의 핵심 신념은 다른 무엇보다 스타 성과자로 분류되는 일이 더 중요하다는 것이다. 그런 지위를 획득하거나 유지하기 위해 비도덕적 행동이 필요하다면 어쩔 수 없다. 다시 말하지만 대개 이는 리더들이 의도한 것이 아니다. 나는 직원들이 그렇게 행동하기를 원하거나, 심지어 자신들이 그런 분위기를 조성했음을 깨닫는 조직을 본 일이 거의 없다. 조직문화가 전파하는 메시지를 검증하는 일이 중요한 이유가 거기에 있다.

천재 문화와 성장 문화는 모두 성공을 추구하는 성과 목표를 신경 쓴다. 다만 성장 마인드셋이 강한 조직은 고정 마인드셋이 강한 조직과 달리 학습 목표도 같이 추구한다. 물론 우리는 성공을 원한다. 하지만 그 과정에서 학습과 성장이 같이 이루어지는가? 또한 실패한 경우 다음에 더 잘할 수 있도록, 또는 경로를 바꿔야 하는 때를 알 수 있도록 교훈을 얻는가?

조직이 가진 성과 목표 및 인센티브는 비도덕적 행동과 엉성한 편법을 부추기는 주된 요인 중 하나다.

성과 목표 및 인센티브

잘못된 목표와 척도는 직원들이 조직의 핵심 가치에 따라 실천하거나 행동하는 능력을 크게 저해한다. 가령 어떤 조직이 안전을 중시한다고 말하면서도 그 척도를 전적으로 작업 속도나 작업량에 맞춘다고 가정해보라. 이처럼 상충하는 우선순위는 직원들을 난처한 지경에 몰아넣는다. 이들은 목표를 달성하지 못하든지 아니면 목표를 달성하기 위해 편법을 써야 하는지 선택해야 한다.

폭스바겐의 배출가스 데이터 조작 추문은 이를 증명하는 실패 사례다.[11] 폭스바겐의 엔지니어들은 약 1,100만 대의 디젤 차량에 불법 소프트웨어("속임수 장치"라 불린다)를 설치했다. 이 장치는 배출가스 검사용 컴퓨터에 가짜 데이터를 전송했다. 그래서 폭스바겐의 디젤 차량이 실제보다 환경오염 물질을 적게 배출하는 것처럼 속였다. 여러 기업계 인사의 말에 따르면 그런 일이 생긴 근본 원인은 폭스바겐의 기업문화에 있다. 폭스바겐은 환경을 중시한다고 홍보했지만 실상은 판매실적이 더 중요했다. 직원들은 폭스바겐에 "공포 분위기"가 조성되어 있다고 말한다. 이는 폭스바겐을 세계 최대 자동차 제조사로 만들겠다는 전 CEO, 마틴 빈터콘의 목표와 결합하여 엄청난 도덕적 일탈을 저지를 수 있는 여지를 만들었다.

인지과학자 수전 맥키는 내게 한 은행의 콜센터를 돕는 과정에서 발견한 가치와 인센티브의 괴리에 대해 이야기했다.[12] 계좌 해지가 목적인 고객과 한 104건의 통화 중에서 상담원이 계좌를 유지하려고 노력한 통화는 4건에 불과했다. 문제는 그들에게 목표 지향적 지시(고객 유지 방법)가 아니라 과제 지향적 지시(계좌 해지 방법)가 주어졌다는 것이었다. 또한 직원들에게 할당된 성과를 달성하려면 과제 지향적 행동을 해야 했다. 성과척도에는 통화 처리 속도 등이 포함되었다. 상담원들은 계좌를 해지해달라는 요청을 받으면 그냥 처리해주는 편이 가장 빠른 길이라고 생각했다. 그다음에는 해당 파일을 고객재확보팀에 넘겨서 계좌를 다시 여는 일을 맡겼다. 물론 이는 은행이 바라는 바가 아니었다. 그런데도 훈련과 성과척도가 그런 행동을 부추기고 있었다.

맥키는 이렇게 말했다. "고객 대응에 따른 잠재적 기회를 살리려면 과제 지향적 태도가 아니라 목표 지향적 태도를 개발해야 합니다. 그러나 고객서비스 기술에 대한 지금의 접근법은 과제 관련 역량을 구축하는 데 초점이 맞춰져 있습니다. 계좌 개설 및 해지, 청구 오류 수정 같은 것들이죠. 이런 기술은 직무를 수행하는 데 필수적이기는 합니다. 하지만 고객의 목표를 달성하는 방법을 파악하는 데 필요한 기술은 아닙니다."

성장 마인드셋에 따른 접근법은 고객을 대응할 때 생겨나는 복잡한 상황을 인식한다. 그래서 장기적으로 인식 능력 및 적절한 대응 능력을 개발하고 연마하도록 해준다. 조직은 직원들이 핵심 역량을 개발하도록 돕는 데 초점을 맞춰야 한다. 그래야 그들이 고객과 조직의 목표를 모두 달성하기 위해 역동적으로 역량을 발휘할 수 있다. 또한 직원들의 성과를 측정하는 척도가 조직의 목표를 반영하며, 그것을 달성하는 행동을 촉진해야 한다.

해당 은행은 수전 팀의 조언에 따라 통화 처리 속도나 하루 통화량이 아니라 유지 고객 수로 성과척도를 바꿨다. 그러자 바라던 대로 고객서비스에 중점을 둔 성과가 나오기 시작했다.

보상 구조도 조직에서 육성하고자 하는 가치를 적절하게 알리고 뒷받침해야 한다. 버네 하니시(창업자 자문 조직인 스케일링 업 Scaling Up의 설립자이자 《회사를 키우는 보상Scaling Up Compensation》의 저자)는 내게 단지 10배나 20배 또는 50배의 성장을 원한다고 직원들에게 말할 것이 아니라 그 성장의 내면으로 들어가 의미를 부여해야 한다고 말했다.[13] 그의 경험에 따르면 재정적 성장만 주목하는 기업들은 거의 몇 년 지나지 않아 망한다. 반면 학습을 통해 성장하는 기업들은 오래 살아남을 확률이 높다. 그들은 훨씬 장기적인 관점에서 사업을 운영하기 때문에 더 크게 생각한다. 이는 결국 50배 성장 목표를 달성할 가능성이 더 높다는 뜻이다.

학계에서는 2가지 구조적 압박 때문에 학습이라는 명백한 목표가 흔들리는 일이 많다. 바로 "논문을 발표하지 못하면 죽는다"라는 압박과 연구 결과를 흠 없이 보이도록 만들어야 한다는 압박이다. 이 압박 때문에 많은 연구자들은 연구 결과를 최대한 돋보이게 하기 위해 의도적이든 아니든 간에 일종의 부정 연구 관행questionable research practice을 저질렀다. 연구 과정에서 측정한 모든 변수를 언급하지 않는 것과 예측한 대로 결과가 "올바로" 나오지 않았을 때 해당 연구를 원고에서 누락시키는 것('파일 서랍 문제file drawer problem'로 알려진 관행) 등이다.

또 다른 부정 연구 관행은 바람직한 결과가 나오면 데이터수집을 중단하는 것이다. 그에 따라 추가 데이터가 다른 그림을 그릴 가능성이 사라진다. 그 결과가 현재 과학계를 뒤흔들고 있는 재현성 위기다. 이 위기는 후속 연구에서 원 연구자들이 보고한 결과를 재현하지 못하는 경우가 너무 흔해진 데서 발생했다. 과학이 발전하려면 무엇이 통하고, 통하지 않는지 모두 알아야 한다. 멜버른대학교 연구자 사이민 바지르는 이에 대해 "믿을 만한 결과를 원하는지 아니면 믿기 힘들 만큼 놀라운 결과를 원하는지" 질문했다.[14]

유전학 연구자인 허젠쿠이는 믿기 힘들 만큼 놀라운 결과에 대한 유혹에 이끌려 크리스퍼 기술의 선구자인 제니퍼 다우드나 및 동료 연구자들과의 합의를 깼다.[15] 합의 내용은 생존 가능한 인간 배아에 크리스퍼 기술을 적용하는 시점이나 적용 여부를 결정할 때 신중을 기하자는 것이었다. 그러나 허젠쿠이는 천재로 자리매김할 기회를 발견하고 무모한 짓을 저질렀다. 그는 크리스퍼 기술로 조작한 배아를 두 여성의 자궁에 착상시켰다. 그 결과 세계 최초로 유전자가 편집된 아기들이 태어났다. 그는 중국에서 재판에 회부되어 3년의 징역형과 43만 달러의 벌금형에 처해졌다.[16] 또한 평생 생식 과학 분야에서 일하는 것이 금지되었다. 법원은 "(피고는) 명성과 이익을 좇기 위해 의도적으로 관련 국가 규정을 어겼으며, 과학 윤리 및 의료 윤리의 기본선을 넘었다"라고 밝혔다.

조직 또는 과학 연구의 환경을 성장 문화로 전환하는 일은 여러 가지 방식으로 이루어질 수 있다. 가령 과학자들의 정보 공유와 협력을 증진하고 보상하는 것이 하나의 출발점이다. 이런 움직임은 주로 플로스PLOS(공공과학도서관, Public Library of Science)가 이끌고 있다. 개방형 출판사인 플로스는 비영리단체로 운영되며, 동료 평가를 거친 과학 논문을 사람들이 보다 쉽게 볼 수 있도록 하기 위해 만들어졌다.

플로스 CEO 앨리슨 무디트는 과학 천재라는 인식에 초점을 맞추는 것에 대해 이렇게 말했다. "제가 보기에 그것은 근본적으로 과학의 핵심 가치에 어긋납니다. 여러 측면에서 상당한 역기능을 초래하는 평가 시스템의 요구 때문에 그런 문제가 생겼죠. 그 요구에 맞추려면 지원금을 받거나 승진하기 위해 데이터를 독점해야 합니다. 또한 다른 연구자가 앞서나가지 못하도록 데이터를 공유하지 말아야 합니다. 과학자들도 우리 모두와 마찬가지로 보상을 받는 행동을 반복합니다. 과학계의 가치 척도를 보면, 저널 편집자들은 보기 좋고 깔끔한 이야기를 들려주는 논문을 선호하는 경향이 있습니다. (…) 하지만 실제 데이터는 난잡한 경우가 많아요. 그래서 실제를 그대로 드러내면 오히려 비판에 노

출될 수 있습니다."¹⁷

무디트는 지원금을 지급하는 방식이 대부분의 작업을 하는 여러 대학원생, 박사후연구원, 연구원의 이야기를 들려주기보다 개인 연구자를 조명한다는 사실을 강조했다. 이 요인들은 과학이 이루어지는 양상에 대한 잘못된 이야기를 만들고 퍼트린다.

무디트는 이렇게 말했다. "플로스에서 일하는 사람들은 이런 상황을 이끄는 시스템의 핵심에 2가지 핵심 난관이 있다고 생각합니다. 하나는 대단히 선택적인 소수의 저널에 실려 새롭게 보이는 논문을 크게 선호하는 인센티브 시스템이에요." 나의 동료들은 향후 몇 년간 그들이 할 일은 파급력 있는 최선의 연구를 하는 게 아니라, 몇몇 특정 정상급 저널에 논문을 실어서 승진과 종신 교수 자리를 확보하는 것이라는 말을 들었다. 대부분의 대학은 교수들이 어느 저널에 얼마나 자주 논문을 실었는지를 평가한다. 이때 소수의 저널이 중시된다. 시스템이 이렇다면 부정 연구 관행이 발생하는 이유를 알 수 있다.

플로스는 정확한 이야기를 들려주려고 노력을 기울이고 있다. 그들은 "엄격하게 잘 실행되었지만 결국에는 무효화된 연구, 즉 실패한 연구를 실어주"려 노력한다. 전 컬럼비아대학교 생물학과 학과장 스튜어트 파이어스타인은 《구멍투성이 과학Failure》에서 "실패의 가치를 충분히 인정하지 않는 것은 과학에 대한 왜곡된 시각으로 이어진다"라고 썼다.[18] 그의 말에 따르면 실패는 모든 과학적 진보를 떠받치는 기둥이다. 또한 2022년 노벨 화학상 수상자 캐럴린 베르토치는 스탠퍼드대학교의 기념 영상에서 이렇게 말했다. "과학은 때로 어렵고 절망적인 것으로 여겨집니다. 실패 확률이 높기 때문이죠. 하지만 사실 실패라는 건 없어요. 그보다는 실험에서 예상하지 않은 결과가 나오는 거죠. 그건 새로운 것을 배울 기회예요."[19]

결과에 대한 기록이 없다면 다음에 무엇을 시도할지 어떻게 알 수 있을까? 실패를 숨기고 이미 예상한 내용을 확증하는 연구만 공유하는 분위기를 조성한다면 과학적 탐구의 폭이 좁아지고 발견의 속도가 느려진다. 또한 외로운 천재를 숭배하는 문화 때문에 그런 지위를 얻으려는 욕구를 가진 일부 과학자들이 허젠쿠이처럼 심각한 윤리적 일탈을 저지를지도 모른다.

성장 문화와 도덕적 행동을 촉진하는 또 다른 방법은 연구에 대한 포용적이고 협력적인 접근법을 제공하는 것이다. 나는 2020년에 다양한 분야에 속하며 다양한 배경을 지닌 28명의 연구자로 구성된 팀을 이끌었다.[20] 우리는 여러 분야에 걸쳐 과학 분야를 개선하려는 각기 다른 2가지 운동인 재현성 운동과 오픈 사이언스 운동을 연구했다. 두 운동은 과학계에 만연한 천재 문화(우리는 이를 농담조로 또는 진지하게 "제왕적 과학"이라 불렀다)에 다른 방식으로 대응한다. 이 천재 문화는 외로운 천재라는 고정 마인드셋의 신화를 지속시킨다. 그 결과 충분한 자원을 갖춘 단일 연구자(대개 연구책임자)들이 팀의 성과에 대한 대부분의 혹은 모든 공을 차지한다. 그들은 지원금과 출간이라는 형태로 최대한

의 혜택을 얻을 때까지 자원, 데이터, 소재를 독점한다.

재현성 운동은 개인을 경쟁하게 하며, 어느 연구 결과가 "옳은지" 파악하는 데 초점을 맞춰 의도치 않게 천재 문화를 재현했다. 즉, 어느 연구와 어느 효과를 재현할지 선택해 근본적으로 어떤 연구와 아이디어가 유효한지(또는 유효하지 않은지) 판단하는 비평가의 역할을 맡았다. 또한 "참 아니면 거짓"이라는 고정 마인드셋에 따른 이분법을 체현하기도 했다.

반면 오픈 사이언스 운동은 상호의존적이고 협력적인 접근법을 강조한다. 그래서 여러 분야에 걸친 대규모 팀이 중독이나 기후변화, 빈곤 같은 다면적 문제를 해결하기 위해 데이터, 소재, 코드를 공유한다. 이 운동에 참여하는 사람들은 발견 속도를 높인다는 목적에 따라 과학적 도구에 접근성과 가용성을 넓히려 노력한다.

우리 팀이 확인한 바에 따르면 이 두 운동은 과학계 전반에 걸쳐 다른 문화적 접근법을 취하면서 비교적 독립적으로 진행되었다. 두 운동 모두 연구 방식을 개선한다는 목표를 추구했다. 그러나 목표를 달성하는 방식은 크게 달랐다. 흥미롭게도 한 진영에 속한 과학자들은 해당 진영을 고수하는 경향이 있었다. 경계선을 넘어서 다른 진영의 일원으로 논문을 발간하는 일은 드물었다.

두 운동은 마인드셋 문화만 다른 것이 아니었다. 우리는 오픈 사이언스 운동이 형평성과 포용성을 더욱 촉진하여 다양한 과학자들을 끌어들인다는 사실을 확인했다. 이 운동에 여성과 다양한 문화적 배경을 지닌 사람들이 더 많이 참여했다. 그 방법은 무엇일까? 바로 해당 집단이 흔히 중시하는 친사회적·공동체적 목표(독립적·경쟁적 목표가 아님)를 체현하는 것이었다. 우리는 관련 저널에 실린 수천 종의 논문 초록에 검증된 텍스트 사전을 적용했다. 그 결과 오픈 사이언스 운동에 속한 과학자들은 과학을 설명할 때 재현성 운동에 속한 과학자들보다 상호의존적이고 공동체적인 언어를 더 활용했다. 또한 오픈 사이언스 운동 진영에서는 여성이 주 저자 자리를 얻는 사례가 갈수록 늘어났다.

반면 재현성 운동 진영에서는 그 수가 점점 줄었다. 이는 과학 연구 부문의 다양성을 확보하면서 연구의 유형과 방식에도 영향을 미쳤다. 우리가 확인한 바에 따르면 여성과 유색인종이 사회 중심적 목표를 추구하고 사회의 건강과 복지를 개선하기 위한 연구를 실시하는 사례가 훨씬 많았다.

마인드셋 문화와 관련된 윤리 및 정직성 문제는 교육계나 과학계를 넘어선다. 우리 연구팀은 대기업 및 스타트업 대상으로도 관련 연구를 실시했다.[21] 연구 방식은 참가자들에게 윤리 및 정직성에 관한 조직의 행동 기준을 나타내는 아래 진술에 동의하거나 동의하지 않는 정도를 묻는 것이었다.

* 우리 회사에서는 흔히 다른 사람들에게 정보를 숨긴다.
* 우리 회사에서는 실수를 한 사람이 전적인 책임을 진다.
* 우리 회사에서는 꼼수나 편법을 쓰고 대충 일하는 경우가

많다.
* 우리 회사에서는 사람들이 공정한 대우를 받는다.
* 우리 회사에서는 사람들을 신뢰할 수 있다.
* 우리 회사에서는 윤리가 아주 중요하다.

추가로 도덕적 행동에 관해 경영진이 어떻게 접근하는지 나타내는 진술도 아래와 같이 제시되었다.

* 우리 회사의 경영진은 비도덕적 행위가 발생했을 때 제재를 가한다.
* 우리 회사에서는 비도덕적 행위에 대한 벌칙이 엄격하게 집행된다.
* 우리 회사의 경영진은 높은 도덕적 기준을 지킨다.

여러 연구에 걸쳐 매우 일관된 사실이 드러났다. 바로 천재 문화는 윤리와 정직성 측면에서 좀 더 취약한 반면, 성장 문화에 속한 직원들은 동료, 관리자, 조직이 높은 도덕적 기준과 정직성을 지닌다고 인식했다.[22]

성장 문화는 투명성을 중시하고 정보를 공유한다(다른 사람들을 앞지르려고 정보를 독점하지 않는다). 또한 성장 문화를 따르는 조직에서는 실수를 저지른 사람이 (남탓을 하지 않고) 책임을 받아들인다. 반면 천재 문화를 따르는 조직에서는 뒷거래가 많이 이루어진다. 또한 윤리 위반이 드러났을 때 벌칙이나 처벌을 실행할 가능성이 낮다. 즉, 모른 척하거나 대수롭지 않게 넘겨버린다. 고성과자가 잘못을 저질렀을 때 특히 그렇다.

정직한 경쟁이란 무엇인가?

미래의 의사들은 의과 대학원에 들어갈 때부터 시작해 일찍부터 고도의 경쟁심을 갖도록 교육받는다. 경쟁심은 엄격한 의료 훈련을 성공적으로 완주하는 데 도움을 준다. 그러나 다른 한편으로는, 의사로 일할 때 윤리적 일탈을 하도록 부추기기도 한다.

워싱턴 의과대학교 외과 전문의이자 우리의 연구를 돕는 협력자인 제니퍼 다넥은 해당 사례의 당사자다.[23] 그녀는 다행히 성장문화를 주로 따르는 의대를 다녔다. 워싱턴 의대는 구성원이 될 자격을 계속 증명하라며 경쟁을 부추기지 않는다. 대신 학생들이 성공할 수 있도록 지원한다.

제니퍼의 설명을 들어보자. "학교를 다니는 동안 모두가 한 번은 위장병학이나 내분비학 시험 같은 시험에 낙제해요. 그러면 그 시험을 다시 볼 수 있는 정책이 있어요. 그냥 두 번째 시험에 합격하면 돼요. 큰일이 아니에요. 제 친구는 해부학 시험에 두 번이나 낙제했어요. 하지만 그건 영어가 그녀의 모국어가 아니기 때문이기도 했어요. 그녀가 세 번째로 해부학 시험을 볼 때 교수님은 새벽 3시까지 그녀를 도와주면서 '이번에는 합격할 거야. 같이 노력해보자'라고 말했어요. 기본적으로 우리 학교는 처음부터 '우리는 여러분을 선택했습니다. 이제 여러분은 우리 학생이며, 잘할 수 있을 것입니다'라고 말해요."

이후 제니퍼는 아픈 가족 곁에서 지내기 위해 다른 의대에 편입했다. 그때 그녀는 다른 많은 의대에 다니는 학생들과 같은 경험을 했다. "첫날 우리를 앉혀놓고 규칙을 말해주던 게 기억나요. 규칙을 따르지 않으면 쫓아낼 거라고 하더군요. '우리는 의사이고 성인인데 5세 아이 취급을 하네'라는 생각이 들었어요. 더 멍청해지기 전에 최대한 빨리 여기를 떠나야겠다고 생각하던 기억이 나요. 계속 머물면 그곳의 문화 때문에 제가 할 수 있는 최선을 다하지 못할 거라 생각했어요." 그런 문화는 또한 비밀주의와 부실한 윤리에도 영향을 미쳤다. 그녀는 제약사로부터 받는 돈(얼마인지 밝히지 않았다)에 따라 발표 내용을 바꾸던 수련의를 떠올렸다. 그녀가 보기에 병든 것은 환자만이 아니었다. 문화도 병들어 있었다.

의료계는 대체로 천재 문화에 따라 돌아간다. 의사(대개 외과의)들은 서열의 꼭대기에 있다. 제니퍼는 한밤중에 간호사들에게 도와달라는 요청을 많이 받았다. 문제는 환자들이 자신이 담당하는 환자가 아니라는 것이었다. 그녀는 왜 담당 외과의를 부르지 않았냐고 물었다. 간호사들은 잠든 (대개 남성) 외과의를 깨웠다가 한소리 들을까 봐 무섭다고 말했다. 이런 여건에도 불구하고 의료계는 성장 문화를 향해 나아가고 있다. 주된 이유는 성과 때문이다. 부적절한 행동이 질병이나 심지어 사망을 초래한다면 조치를 취해야 한다.

이런 구조적(및 문화적) 변화 중 하나는 전체 치료팀이 모여서 치료 계획을 논의하는 집단 회진이다. 의사가 혼자 지시를 내리면 빠트리는 것이 생긴다. 제니퍼는 말한다. "치료 과정은 너무나 복잡해서 혼자 모든 걸 잘할 수는 없어요. 그래서 좀 더 평등한 협력적 방식으로 바뀌게 되었어요." 제니퍼는 여전히 위계가 존재하며, 의사가 치료를 주도한다고 설명한다. 그러나 집단 회진에 들어가면, 환자와 가까이 교류하기 때문에 의사가 놓칠 수 있는 작은 부분을 인지해낸 간호사가 정보를 주기도 한다. 또한 약사들이 회진에 참여하면 의사가 고려하는 약이 기존의 다른 약과 상충할 수 있음을 알려주고, 다른 조치를 고려할 수 있다.

제니퍼는 성장 마인드셋에 따른 접근법 덕분에 이런 변화가 일어나며 실수를 보고하는 경우가 늘었다고 말한다. 이는 에이미 에드먼슨이 의료과실에 관한 연구에서 확인한 대로, 실수를 바로잡고 치료 방식을 개선할 기회가 늘었음을 뜻한다.[24] 제니퍼는 이렇게 말한다. "그런 시스템은 부담감을 덜어줘요. 모두가 그 느낌을 받을 거예요. 결과에 대해 공동의 주인의식을 갖게 되니까요."[25] 이런 변화는 결과를 개선하기 위해 경쟁을 완화하고 학습과 소통을 증진한다. 성장 문화는 경쟁의 일부 혜택을 촉진하기도 한다.

제2차 세계대전 직후 일본 경제는 침체에 빠졌다. 정부는 간절히 필요한 현금을 국고에 채울 수 있는 소수 핵심 분야를 지원하는 데 초점을 맞췄다. 시계 제조업이 그중 하나였다.[26] 세이코는 오랫동안 양호한 품질의 시계를 제조해왔다. 그러나 신뢰성을 확보하는 데 애를 먹었다. 시계 산업을 주도하는 스위스 기업들에게 맞서려면 혁신을 서둘러야 했다. 그때까지 세이코는 주로 스위스 시계의 디자인 요소를 재현하는 데 주력했다. 그들은 이 전략을 버리고 처음부터 자체 기술을 구축하는 과감한 시도에 나섰다.

세이코는 노력에 박차를 가하기 위해 두 공장 사이에 치열하면서도 우호적인 경쟁 관계를 촉발시켰다. 한 공장은 붐비는 도시인 도쿄에 있었고, 다른 공장은 농촌인 나가노에 있었다. 두 공장은 지리적 위치가 다른 것처럼 각자의 문화를 갖고 있었다. 세이코의 경영진은 두 공장이 서로 다른 창의적 접근법을 취할 것이라 예측했다.

그들의 예측은 옳았다. 그들은 한 공장이 문제를 해결하거나 우월한 기술을 개발할 때마다, 다른 공장에게 이겨보라고 촉구했다. 다만 지저분한 경쟁이 벌어지지 않도록 지침을 마련했다. 경영진은 두 공장의 직원들에게 세이코는 한 가족이며, 한 공장이 얻는 이득은 전체 가족의 이득이라고 말했다. 또한 이런 인식을 강화하고 혁신을 한층 더 밀어붙이기 위해, 중대한 난관에 부딪히면 서로에게 도움을 청하라고 권장했다. 그리고 모두가 혜택을 얻을 수 있도록 한 공장이 신기술을 개발하면 다른 공장과 공유하라고 권장했다.

천재 문화였다면 두 공장은 혼자만의 영광을 위해(또는 일자리를 지키기 위해) 경쟁했을 것이다. 또한 목표를 이루려고 저열한 수단을 동원했을 것이다. 분명 자신이 학습한 내용을 공유하지 않았을 것이다. 반면 세이코가 만든 문화와 소통 구조는 두 공장이 각자의 성과를 독점하지 못하도록 막았다. 이 전략은 보상을 안겼다.

두 공장은 생산적인 방식으로 서로를 독려했다. 덕분에 세이코 시계의 품질, 신뢰도, 디자인의 매력이 향상되었다. 또한 세이코 최초의 고급 시계도 생산하게 되었다. 1964년에 세이코는 비스위스 기업으로는 처음으로 스위스에서 열리는 유명한 국제 시계 경연 대회에 참가했다. 각 공장은 세이코 자체 디자인을 출품했다. 다만 해당 시계는 두 공장에서 개발한 기술과 부품으로 제작했다. 1967년에 한 공장에서 출품한 시계가 4등을 차지했다. 뒤이어 1969년 말, 세이코는 세계 최초로 쿼츠 기술을 활용한 제품을 출시했다. 그 후 자체 기술을 진전시켜서 스위스 제조사들의 제품을 능가하는 두 번째 쿼츠 시계를 선보였다. 스위스 제조사들은 여전히 기계적 방식의 기술에 초점을 맞추고 있었다.

일탈과 실수에 제대로 대처하라

성장 문화를 정착시키기 위해서는 지속적인 노력이 필요하다. 엠마 맥길로이가 말한 대로 조직은 유기체와 같다.[27] 즉, 내외부의 변화하는 역학에 끊임없이 영향받는다. 거기에는 직원 구성과 시장, 규제 구조 그리고 고객과 직원의 기대에 생기는 변화가 포함된다. (레코딩 스튜디오에서 곡을 만들 때 사용하는 다양한 요소를 지속적으로 확인하고 조절해야 하는 복잡한 음향 장치를 상상해보라.) 성장 문화는 학습을 지향한다. 그래서 천재 문화보다 내부의 조직 문화와 행동 기준에 주의를 기울인다. 또한 가치관과 기준, 목표에서 벗어나는 행동을 감지하는 적극적인 감시 시스템을 마련할 확률이 높다. 반면 천재 문화는 개인적 성과와 결과를 주시할 확률이 높다.

성장 마인드셋이 강한 조직에서도 일탈은 일어난다. 인간은 실수를 저지르기 마련이다. 우리가 구축하는 시스템은 그런 결함을 반영한다. 대부분은 조직이 완벽하기를 기대하지 않는다. 다만 일이 잘못되었을 때 조직이 최선을 다해 사태를 바로잡고, 그 과정이 투명하게 진행되기를 기대한다. 생명이 달린 일이라면 더욱 그렇다.

제품과 관련하여 역사상 가장 위험했던 두 번의 사태가 있었다.[28] 한 번은 누군가가 존슨앤드존슨의 타이레놀 캡슐에 청산가리를 넣었을 때였고, 다른 한 번은 페리에 생수에서 벤젠이 검출

되었을 때였다. 이 사례들에서 성장 문화와 천재 문화가 발현되는 양상을 볼 수 있다. 존슨앤드존슨은 소비자의 안전에 헌신하는 모습을 확인시키려 애썼다. 그들은 해당 제품을 수거하고, 어디서 어떻게 독극물이 주입되었는지 파악할 때까지 제품을 먹지 말라고 소비자들에게 촉구했다. 반면 페리에 경영진은 즉시 증명하고 성과를 보이려 했다. 그들은 소수의 제품만 회수하면서 전적인 책임을 지려 하지 않았다. 이런 경우에 기업이 스스로 학습하는 모습을 보이면 소비자들이 더욱 신뢰한다는 사실을 명심하라.

지금까지 성장 문화가 신뢰, 정직성, 도덕적 행동을 낳는 몇 가지 방식을 확인했다. 이제 당신의 조직이 얻을 수 있는 교훈을 살펴보자.

도덕적이며 정직한 조직을 만드는 방법

다음은 조직이 도덕적으로, 성실하게 운영되도록 촉진하는 몇 가지 전략이다.

측정 시스템을 활용하여 개발 및 개선의 기회를 파악하라

직원의 성과를 측정하는 척도가 탄탄하고 투명해야 한다. 해당 척도는 누구에게 더 많은 자원과 지원이 필요한지, 누가 그것들을 얻을 좋은 후보인지 파악하는 데 활용해야 한다. 어떤 개인과 팀이 상승 궤도를 그리는지 또한 정체되거나 퇴보하는지(새로운 전략과 더 많은 지원이 필요하다는 증표) 살펴라. 성장 문화는 투명성을 중시한다. 투명성은 직원들에게 목표가 무엇인지, 성과를 평가받는 방식은 어떤지 분명하게 알려준다. 또한 심리적 안정감을 얻게 하고 신뢰와 헌신적 태도를 발생시킨다.

콜센터 직원들에 대한 개발과 성과척도를 조직이 원하는 행동 및 성과와 일치시킨 수전 맥키의 사례를 떠올려보라.[29] 그녀가 도와준 회사는 의도치 않게 그들이 이루고자 하는 것과 상반되는 훈련과 최적화를 했다. 그러니 직원들을 어떻게 교육하고 개발하는지, 그들의 성과를 어떻게 측정하는지 분석하라. 과제 기반 훈련만 실시하는가? 아니면 직원들이 기술을 다양하게 개발하도록 돕는가? 직원들은 회사가 세운 목표에 어떻게 기여하는가? 어떤 척도가 의도치 않은 결과를 초래했는가? 이런 점들을 살필 때는 목표를 분석하여 조작 가능성이 있는지 확인해야 한다. 직원들이 가능한 최선을 다해 일하고 있는가? 아니면 그런 것처럼 보이려 하는가?

척도는 투명해야 할 뿐 아니라 풍부해야 한다. (재정적 목표 같은) 표준적 성과 목표를 직원들이 이룬 진전, 그들이 극복한 난관과 감수한 위험, 협력적 행동, 여러 부서에 걸친 노력으로 달성한 성과 등을 고려한 척도로 보강하라. 수전이 말한 대로 "직원들이 '목표를 달성하기 위해 무엇을 배워야 할까?' 같은 질문을 자신에게 던지게 만드는 숙달 목표를 넣어라." 또한 행동 및 가치 중심 목표도 추가하라.

이런 목표는 전체적으로 당신이 이루고자 하는 결과에 더 가까이 다가가도록 해주며, 개인과 전체 조직이 성장 문화로 옮겨가도록 돕는다.

정직성을 보고 채용하라

면접 과정에서 도덕적 문제가 발생할지도 모른다는 위험 신호를 살펴라. 지원자가 목표를 달성하거나 경쟁자를 물리치기 위해 "필요한 일은 무엇이든" 하겠다고 말하는가? 그 말이 무슨 의미인지 확인하라. 그들이 과거에 어떤 도덕적 난관에 부딪혔고 어떻게 대응했는지 이야기해달라고 요청하라.

어떤 사람을 채용하고 그들이 무엇을 중시하는지 주의를 기울이는 데 더하여 경영진이 모범을 보여야 한다. 직원들은 경영진의 도덕적 문제를 알게 되면 혼란을 느낀다. 그들은 경영진이 하는 대로 뒤통수를 치거나, 정보를 독점하거나, 시스템을 속여도 괜찮다고(또는 심지어 그래야 한다고) 생각할 것이다.

모든 측면에 도덕성을 부여하라

높은 정직성을 지닌 조직은 말로만 도덕적 기준을 내세우지 않는다. 워싱턴 DC의 한 공공사업 하청업체는 정부 지침에 따라 윤리 프로그램을 실행해야 했다. 그들은 그 대응으로 도덕적 행동에 관한 표준 지침을 만들어서 직원들에게 배포했다(이 회사는 전 세계의 다양한 지역에서 1,500여 명을 고용하고 있었지만 문화적 차이를 따지지 않았다). 또한 컴퓨터로 진행하는 일반적인 윤리 교육 프로그램을 사들였다. 직원들은 뻔한 질문에 답변하기만 하면 이수증을 받을 수 있었다. 끝으로 그들은 부사장이 담당하는 윤리 핫라인을 만들었다. 그러나 직원들은 부사장이 과중한 업무에 시달리며 음성사서함이 항상 가득 차 있다는 사실을 알았다. 경영진은 핫라인이 전혀 울리지 않자 윤리 프로그램이 성공했다고 자평했다.

유용하고 행동 가능한 정보를 제공하는 대신 점검 목록만 채워나가는 이런 윤리 교육이 너무나 흔하다. 애리조나주립대학교 기업윤리학 교수인 매리앤 제닝스는 《도덕성 붕괴의 7가지 증표 The Seven Signs of Ethical Collapse》에서 이렇게 쓴다. "직원들에게 무엇이 옳고 그른지 말해주는 구체적인 사례, 특히 그 업계에 해당하는 사례를 제시해야 한다. 목표를 달성하는 과정에서 직원들이 넘지 말아야 할 선이 무엇인지 설명하고, 선을 넘는 행동과 그렇지 않은 행동에 대한 사례를 제공하면 명확한 기준이 생긴다. (…) 가치관은 수치를 달성하는 과정에서 할 일과 하지 않을 일을 결정한다."[30]

재클린 노보그라츠는 이렇게 말한다. "애큐먼은 진실을 말하는 태도를 뒷받침하려고 노력합니다. 제가 전에 일한 대기업들은 똑똑하게 말하는 태도에 보상했습니다. 하지만 애큐먼에서는 다른 사람들이 이해할 수 있도록 말해야 합니다."[31] 이는 복잡한 표현과 의미 없는 구절 뒤에 숨지 말아야 한다는 뜻이다. (프랭크 설립자, 찰리 자비스가 프랭크를 "고등교육계의 아마존"이라고 표현한 것을 떠올려보라.)[32]

애큐먼은 매주 이런 태도를 강화한다. 전 세계에 있는 모든 애큐먼 지사는 월요일 아침에 회의를 연다. 이 자리에서 직원들은 지난주에 회사의 가치관이 실현되는 것을 확인한 사례를 이야기한다. 노보그라츠는 이렇게 말했다.[33] "월요일 아침 회의는 스토리텔링 시간이에요. 우리가 정말로 소중하게 여기는 가치들을 의식화하고 강화하기 위한 것이죠. 가령 저는 CEO로서 다른 지사들에게 '우리 지역에서 사기 사건이 발생했는데 해당 팀이 이렇게 대응했어요. 대단히 자랑스럽습니다'라고 말해요." 그녀는 "공개적 성찰의 문화는 천재 문화가 아니에요"라고 밝혔다.

수전 맥키는 자신이 자문하는 조직에게 '상황을 분명히 하기 위한 일시정지clarity pause'를[34] 일반화하라고 촉구한다.[35] 그녀의 말을 들어보자. "직원들은 때로 상황을 분명하게 만드는 데 두려움을 가져요. '어떤 사실을 알게 되었는데 그것 때문에 일을 더 많이 해야 하면 어쩌지? 어떤 사실을 알게 되었는데 그걸 공유해야 하고, 그것 때문에 멍청하게 보이면 어쩌지? 우리가 정확하지 않거나 비도덕적인 일을 하고 있다는 걸 알게 되면 어쩌지? 어떻게 문제를 제기해야 할까?' 같은 것들이죠."

제니퍼 다넥이 설명한, 의료 부문의 장애물에 대한 해결책과 마찬가지로 상황을 분명히 하기 위한 일시정지는 직원들이 서로 또는 상사와 문제를 점검할 기회이다.[36] 즉, "한발 물러서서 서로의 가정이 맞는지, 앞으로 나아갈 방향이나 하려는 행동이 옳은지 검증하는" 시간이다.

매리앤 제닝스는 이를 "타임아웃 time-out 카드"라 부른다.[37] 이는 말 그대로 점검 목록이 될 수도 있고, 상징적 구절이 될 수도 있다. 그녀의 설명에 따르면 "타임아웃은 수치와 성과를 향해 나아가는 과정에서 직원들이 육감에 따라 일시정지를 요구하는 보편적이고 외교적인 수단"이다. 핵심은 이런 메커니즘을 표준 절차에 포함시키는 것이다. 그래야 우려의 원인을 파악하는 과정에서 잠재적 문제를 완화할 수 있다.

성장 문화 조직은 모든 활동에서 윤리적이고 정직하기를 바라며, 구성원들에게 기대하는 바를 명시적으로 알린다. 그들은 구성원들이 문제를 안전하게 알릴 수 있고, 또한 알리도록 촉구하는 명확하고 접근 가능한 보고 시스템을 갖춘다. 구성원들은 문제를 보고하는 방식을 알고 있다. 문제가 보고된 후에는 수전 파울러가 우버에서 겪은 바와 달리 진지하게 문제를 받아들인다. 다만 직원들이 스스로 문제를 보고할 때까지 수동적으로 기다리지 말아야 한다. 직원을 대상으로 하는 정기 설문조사와 팀들과의 정기 대화, 관리자들과의 일대일 대화에 윤리 및 정직성에 대한 내용을 포함하여 적극적으로 접근하라.

협력을 강화하여
비도덕적, 경쟁적 행동을 억제하라

(동료의 일을 방해하는 것이 아니라) 협력이 조직에서 발전해가는 길임을 보여주는 정책과 관행을 제도화하면 도덕적 행동에 관한 의지를 보여줄 수 있다. 이를 통해 직원들은 조직이 집단적 성공에 더 관심이 있음을 알게 된다. 그러면 높은 자리에 오른 후 사다리를 치우거나 동료를 밀어버리려 들지 않을 것이다. 이런 환경에서도 직원들은 여전히 두각을 드러낼 수 있다. 다만 기술을 개발하는 방식과, 대의를 위해 다른 사람들과 협력하려는 의지를 통해 두각을 드러내게 된다.

협력 대상을 찾을 때 과거와 같은 곳만 살피지 마라. 모든 직위와 조직 전체뿐 아니라 회사 외부까지 살펴라. 조직 내부에 모든 답이 있다고 생각하기 쉽다. 그러나 성장 문화를 통해 학습하는 조직이 되려면 경청해야 한다. 질문을 하고 답변을 듣는 일(그리고 배운 것을 실천하는 일)은 (정직성의 필수 요소인) 신뢰를 쌓고, 뒤이어 조직 전체에 학습을 전파한다. 특히 조직의 리더들이 그저 규칙을 말하고 듣지 않으면, 경험과 학습을 통해 판도를 바꿀 기회를 놓칠 가능성이 높다.

7장 다양성·형평성·포용성

 이런 상황을 그려보라. 당신은 막 대학을 졸업하고 어디서 경력을 시작할지 결정하려는 참이다. 두 대기업이 당신을 채용하려 한다. 두 회사의 웹사이트와 그들이 보낸 자료를 훑어보니 등장하는 사람이 대부분 백인이다. 또한 경영진의 약력을 보니 인사 책임자 빼고는 모두 남성이다. 흑인 여성인 당신은 이런 환경에서 진정한 환영을 받을지 의심한다.

 또는 당신이 다국적은행에서 일하는 남성 관리자라고 가정하자. 상사가 당신을 사무실로 불러서, 팀의 단합을 위한 회식을 금요일 저녁에 자기 집에서 하겠다고 말한다. 그는 "사교 행사니까 부부 동반도 환영해!"라고 웃으며 말한다. 당신은 마른 침을 삼킨다. '나의 남편도 환영받을까?'라고 궁금해하면서 말이다.

 또는 당신이 새로운 장소에서 열리는 연말 파티에 초대받았다고 가정하자. 당신은 인사 담당자에게 초대장을 전달하며 "여기 아주 좋아 보이네요! 그런데 휠체어를 타고 들어갈 수 있을까요?"라고 묻는다. 몇 분 후 이런 답장이 온다. "너무 기대돼요! 휠체어로 접근할 수 있을지는 모르겠는데 확인하고 알려드리겠습니다."

DEI(다양성Diversity · 형평성Equity · 포용성Inclusion)는 폭넓은 집단을 대표하는 인력을 채용하는 것보다 훨씬 많은 요소를 담고 있다. 인력 채용은 그 일부이다. 그러나 이것들은 각기 다른 3가지 조직적 절차를 가리킨다.

다양성은 다양하고, 구조적 불이익에 시달리고, 역사적으로 배제된 집단에 속한 사람을 채용하고 고용을 유지하는 일을 포함한다. 그 핵심은 수적 대표성과 과소 대표성underrepresentation에 있다.

형평성은 회사가 구성원을 대우하는 방식과 자원 및 권력을 배분하는 방식에 관한 것이다. 구성원들의 다양한 필요를 이해하고 지원하는가? 조건은 평등한가? 아니면 데이터가 특정한 사회집단에 속한 사람들이 구조적 이점을 누린다는 것을 보여주는가? 어쩌면 그들은 유리한 조건에서 평가받거나 승진하며, 기회를 부여받는 경향이 있을지 모른다. 조직은 형평성을 달성하고자 할 때 모두의 출발점을 고려하고, 구성원들이 성공하는 데 필요한 자원을 제공하고, 진전 또는 기회에 접근을 막는 시스템적 장벽을 제거한다.

중요한 점은 형평성과 평등성이 다르다는 것이다. 평등성은 모두가 같은 방식으로 대우받는 것을 뜻한다. 반면 형평성을 기하려면 조직 내에서 모두가 성공할 능력을 얻을 수 있도록 일부 개인이나 집단을 추가적으로 지원해야 할 수도 있다.

<u>포용성</u>은 구성원들이 소속감을 느끼는지, 그리고 조직이 자신들을 중시하고 존중한다고 느끼는지의 문제다. 그래서 포용성은 주관적 경험에 좌우된다. 조직이 진정으로 포용적인지 말해줄 수 있는 권위는 구조적 불이익에 시달리고 역사적으로 배제된 배경을 지닌 사람들에게 있다. 그들이 중시되고 존중받는지에 관한 인식과 경험이 조직의 포용성을 평가하는 척도다. 많은 조직은 인력을 다양화하려고 시도한다. 그러나 그들의 노력은 채용에서 끝난다. 많은 조직은 채용을 마친 후에는 형평성과 포용성을 거의 또는 전혀 신경 쓰지 않는다.

사람들은 어떤 환경이 자신들을 중시하고, 존중하고, 포용할지(또는 경시하고, 무시하고, 배제할지) 어떻게 알까? 내가 지도교수인 클로드 스틸과 실시한 초기 연구(그리고 지금은 다른 많은 연구자들이 확장한 연구)는 우리가 말한 '신호 가설cues hypothesis'을 뒷받침한다.[1] 근본적으로 사람들은 스스로 위의 질문에 대한 답을 찾으려 주위의 '상황적 신호'를 살피는 방법을 쓴다. 우리 각자는 자신의 사회적 정체성이 어떻게 보이며 중요하게 여겨지는지 말해주는 신호, 메시지, 조짐을 주시한다.

가령 주위를 둘러보며 누가 중요한 회의나 팀에 포함되는지 또는 두드러진 프로젝트의 담당자나 승진 대상으로 고려되는지 살핀다. 그들이 (인구 통계학적 특성부터 사회경제적 및 교육 기반 정체성까지 여러 측면에서) 우리와 같은 부류가 아니라면, 그런 기회가 우리에게 주어질 것이라 생각하기 어렵다. 경영진에 여성이 없다면(또는 인사처럼 전통적으로 여성과 연계된 분야만 맡는다면) 여성이 그 자리까지 올라가도록 회사가 장려하거나 지원할 것이라고 믿기 어렵다. 다른 집단에 속한 사람들의 경우도 마찬가지다. 우리는 실수를 저질렀을 때 누가 너그러운 처분을 받거나 받지 못하는지 인식한다. 누가 고위 임원이 "잠재력"을 발견했기 때문에 기회를 얻고, 누가 계속 간과되는가? 이런 상황들은 누가 중시되는지 말해주는 조용하면서도 강력한 신호다.

==지난 10년 동안에 걸친 나의 연구 결과는 조직의 마인드셋 문화가 다양성·형평성·포용성에 중대한 영향을 미친다는 것을 증명했다.==[2]

천재 문화는 자질이 있거나 없는 사람들의 전체 범주를 파악하는 강력하고 엄격한 원형을 가진다. 그 원형에 맞지 않는 사람은 채용되지 않는다. 또는 문 안까지 들어온다고 해도 기회가 주어지거나 자원이 배분될 때, 승진 시점이 올 때 쉽게 대상에서 빠지게 된다. 반면 성장 문화는 대외적 인식만이 아니라 자신의 발전을 위해 인력의 다양화를 중시한다. 다양한 인력은 더 폭넓게 사고하고 더 많은 창의성을 발휘할 수 있다. 이는 힘든 난관을 극복하는 새로운 해결책을 비롯하여 더 나은 업무 결과물로 이어진다. 성장 문화는 좋은 아이디어가 모든 곳에서 나온다고 믿으며, (문화적·경제적·사회적) 차이를 중시한다. 또한 다양성과 포용성을 갖추기가 어렵다는 사실을 안다. 그래도 학습 지향적 태도로 다양성과 포용성을 촉진하며, 모든 구성원에게 성공하는 데 필요한 것을 제공하기 위해 노력한다.

고정관념의 함정

천재 문화에서 기회는 성장 문화보다 훨씬 좁은 범주의 사람들에게 주어진다. 미국 사회에 속한 사람들은 "천재"라고 하면 다른 집단보다 백인 남성을 떠올릴 확률이 훨씬 높다(구글 검색 결과를 기억하는가?).[3] 또한 연구 결과는 우리가 6세 때부터 이런 전형을 받아들인다는 사실을 보여준다. 이런 이미지는 우리 사회, 우리가 언론에서 접하는 대표적 인물, 우리가 태어난 후로 듣는 이야기와 언어에서 나온다.

하지만 이는 많은 사람들이 천재 원형에서 배제된다는 것을 뜻한다. 가령 흑인과 남미계, 원주민, 다른 능력을 가진 사람, 신경 다양성neurodiverse[자폐증, ADHD, 난독증 같은 신경학적 차이를 말함]을 지닌 사람, 여성, 성소수자, 사회경제적 불이익을 당하는 사람, 지역사회 대학 출신(또는 고졸자) 등이다. 이 집단들은 많은 경우 지능 및 역량 측면에서 부정적인 고정관념에 시달린다.[4] 여기에서 하나 이상의 집단에 속한 사람은, 특히 천재 문화의 성공 원형과 일치할 확률이 낮다. 그리고 그 원형에 자신이 불일치한다는 메시지를 크고 분명하게 전파하는 상황적 신호를 받아들일 확률이 높다.

자신이 속한 집단 때문에 부정적인 고정관념의 대상이 될 수 있다는 신호를 인식하거나, 그런 상호작용을 하고 나면 '고정관념 위협stereotype threat'을 경험하게 된다.[5] 즉, 사람들이 자신을 자신이 속한 사회적 정체성에 해당하는 집단과 연계된 부정적인 고정관념에 따라 해석하고 대우할 것이라고 우려하게 된다.

모두가 삶의 여러 지점에서 일정한 형태의 고정관념 위협을 경험한다. 심지어 특권을 누린다고 여겨지는 집단에서도 그렇다. 가령 백인은 인종주의자가 되는 것(그리고 다른 사람들이 그렇게 인식하는 것)을 우려한다. 또한 남성은 성차별주의자가 되는 것(또는 그렇게 인식하는 것)을 우려한다. 당신도 종교나 국적 또는 정치적 지향이나 성적 지향에 따르는 고정관념 위협을 경험할지 모른다. 물론, 모든 사회집단이 지능·재능·능력의 측면에서 부정적인 고정관념에 시달리는 것은 아니다. 물론 '그런' 집단에 속한 사람은 천재 문화에서 가장 많은 불이익을 받는다.

고정관념 위협은 한 집단이 수적으로 과소 대표될 때 가중된다.[6] 실제로 수적 과소 대표는 정체성 위협을 말해주는 가장 강력한 신호 중 하나다. 가령 전 세계에서 여성, 특히 유색인종 여성은 경영진에서 심하게 과소 대표된다.[7]

연구 결과는 고정관념 위협이 인지적·감정적·생리적 피해를 초래한다는 것을 보여준다.[8] 과소 대표된 집단에 속한 사람들이 그런 피해를 과도하게 당한다. 자신의 행동이 부정적인 고정관념을 확증하는 것이 아닐까 계속 신경 쓰는 일은 스트레스와 피로를 초래한다. 이 부담은 악순환이 되어 과소 대표가 지속되는 결과를 초래할 수 있다. 기업계 여성들이 겪는 부담에는 직무를 수행하는 것뿐만 아니라, 지나치게 "유약하고" 감정적이라거나, 지나치게 정치적이고 공격적이라거나, 아이 때문에 정신이 딴 데가 있다는 인식이 생기지 않도록 노력해야 하는 것 등이 있다.

나와 전 대학원생인 케이시 에머슨은 이와 관련된 연구를 실시했다. 우리는 조직적 마인드셋이 기업 환경에서 여성들에게 고정관념 위협의 신호를 보내는 역할을 한다는 사실을 확인했다.[9]

우리는 남성과 여성에게 회사의 마인드셋을 알리는 사명 선언과 웹사이트 문구를 읽어보라고 요청했다. 그 결과 남성과 여성 모두 고정 마인드셋이 강한 조직을 덜 신뢰하는 경향을 보였다. 다만 여성의 정도가 훨씬 심했다. 왜 그럴까? 여성의 능력과 역량이 남성보다 부족하다는 경영진의 고정관념에 시달릴 것이라 '예상'했기 때문이다. 반면 남성들은 천재 문화나 성장 문화 모두에서 동등하게 능력과 역량을 인정받을 것이라고 가정했다. 그들이 천재 문화를 신뢰하지 않은 이유는 고정관념 위협 때문이 아니라 경쟁과 개인 간 험담이 극심할 것이라고 생각했기 때문이다. 그런 환경은 사실 모두에게 불쾌하다.

우리는 조직적 마인드셋이 고정관념 위협 측면에서 너무나 강력한 영향을 미친다는 사실을 확인했다. 가령 표본 기업에서 남성 직원과 여성 직원의 수를 동일하게 조정해도 천재 문화에 대한 불신은 여전했다. 따라서 여성이나 다른 집단에 속한 사람을 더 많이 채용하기만 하면 직원들의 인식이 저절로 바뀔 것이라는 생각은 하지 않는 게 좋다.

또 다른 연구에서 우리는 참가자들에게 어떤 회사의 자료를 검토한 후 해당 기업의 담당자를 만날 것이라고 말했다.[10] 명목상의 목적은 면접 기술 연습이었다. 또한 우리는 그들이 면접을 준비할 때, 면접이 잘 진행되지 않았다는 가정하에 상황을 반전시킬 전략을 생각해보라고 요청했다. 남성과 여성 참가자들은 모두 고정 마인드셋이 강한 조직과의 면접을 예상할 때 마음이 더 불편했다고 밝혔다.

조직의 마인드셋은 다수의 여성이 준비 과정에서 의욕을 잃게 만들었다. 그들은(남성들은 달랐다) 천재 문화 위주의 조직과 면접을 준비할 때 "어차피 면접은 신경 쓰지 않습니다"라는 식으로 말하는 경향을 보였다. 먼저, 그들은 고정관념 위협을 경험했다. 해당 기업의 천재 문화 때문에 그들은 경영진의 부정적인 고정관념에 시달릴 것이라고 걱정하게 되었다. 그래서 해당 기업이 자신들을 공정하게 대하리라는 믿음이 생기지 않았다. 뒤이어 면접이 잘 진행되지 않은 상황을 가정할 때 고정관념 위협과 불신이 결합하여 면접 준비 과정에 의욕을 잃게 만들었다. 이 패턴은 성장 마인드셋 위주의 조직에서는 나타나지 않았다. 애초에 해당 기업에는 여성에 대한 고정관념 위협이 없기 때문이었다. 이처럼 <mark>천재 문화는 그것이 지닌 핵심 신념과 가정의 속성 때문에 여성에게 고정관념 위협의 신호를 보낸다.</mark>

우리는 창업 환경에서도 마인드셋이 미치는 비슷한 파급력을 확인했다. 카우프만 재단과의 공동 연구에서, 여러 산업에 걸친 수백 명의 창업자들이 보편적으로 지닌 인식이 드러났다.[11] 바로 벤처 투자사와 투자자 들이 창업 시에 성장 마인드셋보다 고정 마인드셋을 선호할 것이라는 인식이었다. 다만 이런 인식이 모두에게 동일한 영향을 미친 건 아니었다. 여성 창업자들은 투자자들에게 사업 계획을 발표할 때 고정관념 위협을 더 많이 경험했다. 그들은 '나 같은 사람이 성공한다면 (투자자들이) 놀랄 거야'라고 생각했다. (실제로 그런 인식이 흔히 작용했다.) 반면 남성들은 투자자들의 고정 마인드셋을 여성만큼 신경 쓰지 않았다. 자신들이 성공하는 창업자의 원형(고정관념)에 더 잘 맞기 때문이었다. 그래서 다수는 오히려 그런 가정의 '혜택'을 받는다고 느꼈다.

다른 연구는 인종적, 민족적 소수집단에 속한 개인에게도 이런 과정이 비슷하게 진행된다는 사실을 시사한다. 우리가 학교 전체의 이공계 교수들을 대상으로 조사한 결과, 그들이 스스로 밝힌 마인드셋 신념과 해당 학과에서 인종별 성적 차이가 연결되는 지점이 있었다.[12] 고정 마인드셋 신념을 지닌 교수의 학과에서는 백인 학생과 인종적, 민족적 소수집단에 속한 학생 사이의 인종별 성적 차이가 2배나 컸다. 반면 성장 마인드셋이 강한 교수의 학과에서 성적 차이가 더 적게 드러났다.[13] 또한 학생들도 더 많은 동기와 의욕을 느낀다고 밝혔다. 그들은 교수가 자신들을 북돋는다고 느꼈다.

우리는 천재 문화에 대한 여러 집단의 불신이 근거 없는 것이 아님을 거듭 확인했다. 앞서 언급한 나의 연구 결과는 여성과 유색인종이 천재 문화를 덜 신뢰한다는 사실을 보여주었다. 한 대형 다국적은행 직원들을 대상으로 실시한 조사에서, 고정 마인드셋이 강한 팀에 속한 여성과 소수인종 직원들은 고정관념 위협을 더 많이 경험했다. 그뿐 아니라 실제로 실적 평가에서 더 낮은 등급을 받았다. 그런 일을 겪지 않은 직원들도 자신의 조직이 천재 문화를 받아들인다는 인식을 우려했다.

그렇다면 이런 문제는 조직의 성과에 있어서 얼마나 많은 의미를 지닐까? DEI는 그저 기업계에 다른 추세가 나타나면 옆으로 밀려날 최신 유행에 불과할까? 아니면 성공에 필요한 요소일까?

조직에서 DEI를 추구하라

컬럼비아 경영대학원 선임 부학장 캐서린 필립스는 이렇게 썼다. "혁신을 이룰 수 있는 팀이나 조직을 구축하려면 다양성이 필요하다. (…) 다양성은 기업의 실적을 개선하고 제한받지 않는 발견과 획기적 혁신으로 이어질 수 있다. (…) 문제를 해결하기 위해 모인 다양한 사람들은 각기 다른 정보, 의견, 관점을 가져온다."[14] 필립스가 언급한 대로 S&P 1500 종합주가지수를 구성하는 정상급 기업들에 대한 분석 결과, 평균적으로 "최고 경영진에 여성이 있는 경우, 기업가치가 4,200만 달러나 늘어났다." 또한 맥킨지 조사 결과에 따르면 직원이 인종적, 민족적으로 다양한 기업들은 경쟁사보다 고성과를 낼 가능성이 35퍼센트나 더 높았다.[15] 반면 젠더 다양성을 갖춘 기업들은 그 가능성이 15퍼센트 더 높았다.

사실 여러 연구 결과에서는 초반에 다양성이 어려움을 초래할 수 있음을 보여준다.[16] 생각과 행동, 기준, 상호작용 스타일의 충돌은 까다로운 문제이며 불편을 초래할 수 있다. 그러나 곧 살펴 겠지만 성장 문화는 다른 사람들에게서 배움을 얻는 데 초점을 맞춘다. 그래서 모두가 업무를 완수하고 마찰을 통해 배우도록 돕는 여러 방법을 갖추고 있다.

천재 문화는 인재들이 협소한 정체성을 가질 것으로 기대한다. 흑인 여성인 재니스 브라이언트 하우로이드는 그런 정체성을 갖고 있지 않다. 그녀는 미국에서 손꼽히는 개인 기업인 액트원 그룹ActOne Group 창립자이자 CEO다.[17] 그녀는 1978년에 노스캐롤라이나에서 캘리포니아로 이주했을 때 겨우 1,500달러로 사업을 시작했다.[18] 그녀는 베벌리힐스에 팩스와 전화기를 갖춘 작은 사무실을 빌린 후 무작정 전화 영업에 나섰다. 2020년에 액트원은 28억 달러의 매출을 올려서 흑인 소유 기업 중에서 2위를 기록했다. 또한 하우로이드는 10억 달러 규모의 기업을 만들고 소유한 최초의 흑인 여성이 되었다.

하우로이드는 액트원을 "소수인종" 중심의 "다양성"을 갖춘 기업으로 키우고자 노력했다. 그러나 액트원은 백인 남성들이 운영하는 기업과 같은 역량을 갖추지 못했다고 여겨지기도 했다. 그녀는 다른 대기업의 약 10분의 1에 불과한 일감밖에 수주하지 못했다. 그럼에도 가격에서 다른 대기업들을 따라잡거나 이겨내야 했다. 그 간극을 메우려면 창의력을 발휘하고 기술의 힘을 빌려야 했다. 그래서 하우로이드는 다른 기업들은 하지 못하는, 상세한 보고가 가능한 기술을 구축하기 위해 팀을 꾸렸다. 그렇게 만들어진 기술은 대단히 인기를 얻었다. 덕분에 액트원은 인력 채용 서비스에 더하여 기술 서비스까지 판매하기 시작했다.

하우로이드는 백인 남성이 지배하는 산업에서 활동하는 흑인 여성으로서 여러 난관에 직면했다고 말한다. 사업 초기, 그녀는 인종과 젠더에 관한 고객들의 잠재적 고정 마인드셋에 대응해야 했다. 가령 회사를 소개하기 위한 준비를 자신이 했지만 고객과 대면할 때는 백인 남성 직원을 대신 보냈다. 그녀는 이렇게 회고한다. "그 일이 자랑스럽지는 않습니다. 다른 팀원에게 저의 능력을 빌려주고 대신 발표를 시킨 적이 있습니다. 고객이 흑인 여성인 저와 직접 소통할 필요가 없도록 말이죠." 그녀가 경험한 바에 따르면 그녀가 직접 발표했을 때 고객들은 액트원의 역량에 대해 질문했다. 반면 남성이 발표를 주도하면 고객들은 액트원이 능력을 갖췄다는 전제로 접근법에 대해 질문했다.

하우로이드는 수십 년 전에 이런 일들을 겪었다. 그러나 자매인 잰과 함께 휩드어번디저트랩Whipped-Urban Dessert Lab을 창립한 흑인 창업자, 코트니 블라그로브는 지금도 투자자들에게 사업 계획을 설명할 때 차별을 겪는다고 말한다.[19] 두 사람은 창업자가 '여성'이 아니라 '남성'일 것이라고 가정한 투자자들로부터 창업자가 언제 오느냐는 질문을 꾸준히 받는다. 또한 그들은 기술 집약적인 식물 기반 브랜드의 바탕이 되는 과학을 완전히 이해하느냐는 질문도 받는다. 코트니가 영양학 및 대사학 박사학위를 갖고 있는데도 말이다. 그뿐 아니라 변호사인 잰은 법률적 문제를 정리했는지 추궁당한다. 두 사람이 많은 투자자들이 생각하는 천재 원형에 맞지 않기 때문이다.

덧붙여 우리는 최근 기술 부문에서 다양성이 부족해 제품이 실패하는 양상을 실제로 목도하고 있다.[20] 가령 "지능형" 무접촉 비누 거품 배출기는 흑인의 손에는 작동하지 않는다. 얼굴 및 이미지 인식 소프트웨어는 흑인의 얼굴을 인식하지 못하거나 적절하게 분류하지 못한다.[21] 음성 인식 소프트웨어는 외국인이 발음하는 영어를 인식하지 못한다. 엔지니어에게 또는 시스템에 편견이 존재하면 제품에도 편견이 존재한다. 엔지니어이자 기술 부문의 베테랑이자 민주당 의회 캠페인 위원회Democratic Congressional

Campaign Committee의 최고기술책임자로 일하는 에리카 베이커는 이렇게 설명한다. "제조사들이 출시하는 얼굴 인식 카메라는 흑인의 얼굴을 거의 인식하지 못합니다. 그 이유는 해당 제품을 만드는 사람들이 백인이며, 그들이 자신들만을 대상으로 제품을 테스트하기 때문입니다. 그런데도 그 점을 생각하지 않죠."[22]

왜 천재만 고용하면 안 되는가?

천재 문화는 분명 나름의 혜택을 지닌다. 적어도 천재들에게는. 그렇지 않은가? 그러나 나의 연구 결과는 당신의 기대를 깨트린다. 긍정적인 고정관념의 대상이자 천재의 틀에 맞는 사람들은 한동안 혜택을 누린다. 소위 스타로 부상하는 동안은 말이다. 그러나 항상 새로운 스타가 태어난다. 천재 문화에서는 직위를 유지하고 높이려는 욕구가 개인과 조직에 해를 입히기도 한다. 또한 영광의 자리에서 내려오는 길이 가파르다. 고정 마인드셋 문화는 성공 모델이 제한적이다. 그래서 긍정적인 고정관념에 해당하는 사람에게도 성과와 관련한 일종의 정신적, 정서적 구속복을 입힌다.

나는 회사의 천재 문화에서 탈피하려는 리더들에게서 이런 제약을 흔히 본다. 그들이 천재 문화에서 탈피하려는 이유는 경쟁력을 유지하려면 회사가 변해야 한다는 사실을 알거나, 조직이 놓치지 말아야 할 기회가 가까이 있음을 보았기 때문이다. 문제는 천재 문화에서 능력을 증명하는 방법이 많지 않다는 데 있다. 단 한 번의 실수로 총기를 잃었다거나, 더 나쁘게는 사실은 전혀 실력이 없는 것 아니냐는 평가를 받을 수도 있다. 특히 모든 것이 불확실한 변화의 시기에 천재 문화는 뛰어난 인재도 궁지에 몰린 듯한 느낌을 받게 만든다.

조지 아이는 세계에서 가장 앞서나가는 디자인 회사 중 하나인 IDEO의 전 직원으로, 여러 언론 매체로부터 천재라고 불렸다. 그는 2021년에 〈미디엄Medium〉에 실은 에세이를 통해 자신이 유색인종으로서 IDEO에서 "괴롭힘과 수치심"에 시달렸다고 밝혔다. 또한 그는 "완벽주의, 항상 시간에 쫓기는 느낌, 온정주의, 권력 독점, 공개적 갈등에 대한 두려움, 개인주의가 회사에 자랑스럽게 전시되었다"라고 말했다.[23] 이런 분위기는 입사 첫날부터 나타났다. 한 남성 동료는 그에게 이렇게 말했다. "여기는 알아서 살아남아야 하는 곳입니다. 여기서 성공하지 못하는 건 여기에 있을 만한 자질이 없기 때문이에요." 처음에 아이는 이 말이 자신과는 무관하다고 생각했다. 어쨌든 자신은 채용되었으니까 말이다. 그러나 그는 재직 기간 동안 보이지 않은 성과 기준에 미치지 못할까 두려워하며 주당 60시간에서 80시간을 일했다.

아이는 이러한 "영구적 면접" 상태가 유색인종에게 특히 가혹했다고 밝힌다. 한 직원은 아이에게 관련된 이야기를 들려주었다. 그 직원의 업무는 마케팅 및 커뮤니케이션 팀과 무관했다. 그런데도 다양성과 포용성을 고민해야 한다는 명목으로 그 팀이 만든 자료를 검토해달라는 요청을 받았다. 아이는 불편했지만 리더들에게 이름을 알릴 기회라서 요청을 수락했다. 다른 유색인종 여성은 경험과 자격 덕분에 "엄청난 환호를 받으며 입사했지만" 보다 도전적인 업무를 달라고 요청하자 "참을성 있게 때를 기다리라"는 말을 들었다. 그녀는 자신보다 성과 수준이 낮은 백인 동료들에게 자신이 원하던 업무가 주어지는 것을 지켜보았다.

성장 문화는 강력한 DEI 정책과 관행을 유지하는 것이 업계의 리더가 되어, 그 자리에 머물기 위한 필수 요소임을 안다. 3M 최고과학홍보책임자 제이시리 세스의 말에 따르면[24] 3M이 다양하고 혁신적인 인력을 훌륭하게 꾸릴 수 있었던[25] 요인 중 하나는, 이공계 경력을 성공적으로 쌓아갈 사람에 관한 성장 문화 특유의 폭넓은 시각 때문이었다. 세스가 과학 및 과학 분야의 직업을 홍보하기 위해 맡은 역할 중 하나는, 이공계에서 성공하는 사람에 대한 원형을 바꾸는 것이다.[26] 그녀는 성공적인 과학자와 엔지니어를 생각할 때 사람들이 떠올리는 대상을 바꾸려 노력한다.

3M은 자체 조사를 통해 사람들이 과학자라고 하면 주로 연구실에서 혼자 애쓰는 남성 천재를 떠올린다는 사실을 알게 되었다. 세스는 이렇게 설명한다. "사람들은 자신들이 연구복을 입고 여러 가지 색의 액체를 섞는 모습을 상상하지 않습니다. 그런 모습이 그들이 과학에 대해 가진 이미지의 전부죠. 이는 아이들 사이에서도 온갖 오해로 이어집니다. 아이들은 천재 과학자나 사악

한 과학자, 외로운 과학자, 별종 과학자의 이미지를 떠올립니다. 그런 사람이 되고 싶지 않으면 과학으로부터 멀어지죠. 고정관념, 편견, 젠더 이슈 같은 온갖 문제가 뒤엉켜서 '나는 그런 사람이 아냐'라거나 '그런 사람은 되고 싶지 않아'라고 생각하게 만듭니다."

세스는 이렇게 덧붙인다. "과학계에 대해 이런 고정관념을 갖는 건 해롭습니다. 그 장벽을 무너트리고 싶습니다." 그녀는 아동뿐 아니라 성인들에게도 과학에 대한 관심을 불러일으키려고 노력하고 있다. 또한 3M은 아이들이 과학계에서 경력을 쌓는다는 것에 매력을 느끼도록 만들고, 사회 전반에 걸쳐 일반적인 과학 상식을 알리려 애쓰고 있다. 이는 까다로운 문제에 대처하는 전형적인 성장 문화식 방법이다. 3M은 데이터를 수집하여 이공계의 지배적 문화가 천재 문화라는 사실을 발견했다. 이런 문화는 특정 집단을 과도하게 배제하거나 억제한다. 3M은 이 문제를 새롭고도 폭넓은 방식으로 해결하는 프로그램을 개발하고, 진전 상황을 확인하고, 더 많은 일을 할 길을 적극적으로 살핀다.

뛰어난 인재를 찾는 일에서, 천재 모델에 속하지 않는 구직자는 천재 문화 조직에 지원할 가능성이 낮다. 지원한다 해도 일반적인 적격 시험에서 좋은 점수를 얻을 가능성이 낮다. 앞서 나와 케이시 에머슨이 실시한 연구 내용을 설명했다.[27] 그 연구 결과는 고정 마인드셋 조직이 여성 직원의 신뢰와 동기에 미치는 부정적인 영향을 보여준다. 우리는 또 다른 연구를 통해 기업들이 채용 과정에서 흔히 활용하는 표준 지능지수 검사 점수를 분석했다. 그러자 고정 마인드셋이 강한 기업에 지원할 때 모든 지원자가 평균적으로 더 나쁜 점수를 기록했다. 이런 양상은 여성과 소수인종 및 소수민족에게 특히 두드러졌다. 그들은 자기 집단의 지능이 낮다는 해당 기업의 고정관념에 시달릴 것이라고 예상했다. 반면 성장 문화를 지닌 기업에 지원한 지원자들은 같은 백인 남성 지원자만큼 좋은 점수를 기록했다. 이는 천재 문화가 문제적임을 시사한다.

파이프라인 속설

일부 조직은 다양한 인재를 파악하고 채용하고자 할 때 토대로 삼을 파이프라인[잠재적 인력 풀]이 없다고 불평한다. ("여성 엔지니어를 더 고용하고 싶어도 도무지 찾을 수가 없다.") SAP의 인사·지속가능성 책임자이자 최고 다양성·포용성 책임자 미셸 윌리엄스는 이런 속설에 문제를 제기한다.[28] 미 노동통계청 자료에 따르면 기술 부문에서 흑인이 차지하는 비중은 약 5~6퍼센트다. 윌리엄스는 〈디지노미카Diginomica〉 인터뷰에서 이렇게 말했다. "저는 데이터를 신봉하는 사람입니다. 항상 수치를 확인하죠. 저희 회사에서 흑인 직원의 비중이 (현재 수치인) 3퍼센트라면 해당 파이프라인을 다 소진하지 않았다는 뜻입니다. 직원 비중이 6퍼센트라면 수치를 2배로 늘리는 게 힘들 거라고 말하겠죠. 하지만 우리는 그렇게 말하지 않습니다. 파이프라인과 관련된 이야기를 할 때 실제로 기존 파이프라인을 반영하여 인력을 채용하고 있는지 확인해야 합니다."[29]

연구에 따르면 마인드셋 문화는 인력 다양성 문제의 원인이자 결과다. 천재 문화는 협소한 기준의 구직 광고를 내는 경향이 있다. 이런 구직 광고는 그들이 중시하는 속성들로 가득하다. 그들은 인사 관련 자료에서도 자신들의 마인드셋을 자랑스레 내세운다. 이런 신호들은 전체적으로 여성과 유색인종, 다른 과소 대표된 집단들에서 불신을 초래한다. 그들은 해당 문화에서 자신의 가치를 폄하당하고 무시당할지 않을지 우려한다(안타깝게도 우리의 데이터는 이런 우려가 타당하다는 것을 확증한다). 어떤 의미에서 보면 고정 마인드셋이 강한 기업의 불평, '자신들의' 파이프라인이 말랐다는 불평은 옳다. 그들은 성장 문화로 모여드는 다양한 인재를 끌어들이지 못하기 때문이다.

천재 문화는 인재 개발에 투자하지 않으며 형평성이 부족한 환경이다. 그래서 성장 마인드셋 조직에게 다양성을 갖춘 인재를 빼앗길 가능성이 높다. 결국 그들은 내부 파이프라인을 구축하지 못한다. 반면 성장 문화는 데이터를 분석하는 어려운 작업을 해낸다. 그래서 어떤 부문의 파이프라인과 업무 환경을 개선해야 하는지 파악하고, 인재 개발 프로그램에 투자하여 모두가 최대한의 성공 가능성을 얻도록 보장한다. 그러면 실제 사례를 일부 살펴보도록 하자.

인재 풀 확대

파이프라인 문제와 유사하게 리더들이 흔히 제기하는 문제는 "숨은 인재"를 찾을 수 없다는 것이다. 기업들은 다양한 배경을 지닌 소수의 최고 성과자를 놓고 경쟁하고 싶어 하지 않는다. 그런 유명한 스타들은 여러 조직에서 러브콜을 받기 때문에 이리저리 옮겨 다니는 경우가 많다. 그래서 기업들은 눈에 띄지 않는 새로운 인재를 파악하는 방법을 알고 싶어 한다. 나는 기업의 마인드셋 문화를 바꾸기 위해 에쿼티 액셀러레이터를 통해 여러 기업과 협력한다.[30] 거기에 더하여, 다양한 인력을 찾아내 성장 문화로 끌어들이기 위해, 인재 탐색 및 개발과 관련된 정책 및 관행도 바꿔 나간다.

성장 문화가 숨겨진 인재를 찾아내는 방법 하나는 채용과 관련된 낡고 불필요한 제한을 버리는 것이다. 그러면 다른 기준으로는 적격인 지원자들을 채용할 수 있다. 대졸 학력 기준을 버리거나, 전과자를 받아들이는 것 등이다.

그레이스턴Greyston은 40년 역사를 지닌 베이커리 겸 재단이다. 이들은 사회에 많은 기여를 할 수 있지만 흔히 간과되는 집단인 전과자들에게 기회를 제공한다.[31] 그들은 "다른 곳에서 거부당하는 사람들"을 명시적으로 찾고 환영하는 혁신적인 개방형 채용 모델을 활용한다. 그래서 신원 조회, 이력서, 약물 검사, 신용도 확인, 심지어 면접까지 없앴다. 지원자는 그레이스턴의 구인 목록에 등록한 후 선착순으로 채용된다. 이런 접근법은 고정 마인드셋과 맞지 않는다. 특별한 자격 요건을 내걸고 기준에 미달하는 사람을 걸러내지 않으면 고정 마인드셋 방식의 "최고 인재"를 찾을 수 없다. 그레이스턴 개방형 채용 센터의 책임자 사라 마커스는 성장 마인드셋, 즉 배우려는 의지를 갖는 것이 주요 자격이라고 말한다. 모두에게 기회가 주어지며, 입사한 후에는 성과에 대한 책임을 진다. 훈련, 지원, 개선 기회가 주어졌는데도 기대치를 충족하지 못하면 회사를 떠나야 한다. 마커스는 이렇게 말한다. "지금까지 우리를 찾아온 사람들 중에서 탁월한 인재들을 찾았습니다. (…) 우리는 세계적인 수준의 생산 설비를 운영하며 세계적인 고객들에게 제품을 공급합니다." 유니레버Unilever, 벤앤제리스Ben & Jerry's, 홀푸드Whole Foods도 그레이스턴의 고객이다.

그레이스턴의 특정한 접근법은 많은 조직에서는 통하지 않을지 모른다. 그래도 천재 문화와 달리 성장 문화는 인재 탐색의 폭을 넓히고 조직에 들어온 사람들에게 성장과 개발의 기회를 제공하려는 의지를 갖는다.

전과자 권리 회복 전문 변호사인 캐런 그로스는 시티즌 디스코스Citizen Discourse를 만들었다.[32] 교육 단체인 시티즌 디스코스는 교양 있는 담론에 참여하고, 공감 능력을 키우며, 여러 가지 차이를 넘어 서로 소통하는 법을 가르치는 교육과정과 재활 공간을 제공한다. 그녀는 채용에 관해 이렇게 말한다. "누구나 두 번째 기회를 얻을 권리가 있습니다. 하지만 우리는 현재 복역 중이거나 전과가 있는 사람들을 고정된 시각으로 바라봅니다. 그들을 감옥으로 보내거나 보호 관찰 대상으로 지정하고, 다시 사회에 참여할 준비가 되도록 재활 교육을 이수하게 만들죠. 하지만 우리는 정말로 그들이 재활한 것처럼 대하지 않아요. 잠재력을 갖춘 사람으로 대하지 않아요. 그들이 다시 사회에 나가 잘 살아갈 수 있도록 만들어주지 않아요. 오히려 그걸 정말로 힘들게 만들죠."

성장 마인드셋은 높은 성과를 내는 헌신적인 사람을 원한다. 그런 사람들은 일에 전념하고 계속 배우려는 의지를 갖고 있다. 성장 마인드셋은 사람들의 미래와 잠재력 그리고 지금까지 경력을 쌓으며 걸어온 길에 초점을 맞춘다. 성장 문화는 사람들이 자신을 개발할 수 있는 능력을 믿는다. 그래서 직원들이 잠재력을 완전히 실현하는 데 도움이 되는, 접근 가능하며 확실하고 폭넓은 기회를 제공한다. 그들은 그렇게 해서 직원들을 지원하거나 혜택을 얻을 뿐 아니라 사회의 집단적 미래에도 투자한다.

지금까지 천재 문화와 성장 문화에서 DEI가 어떤 양상을 지니는지 확인했다. 이제 DEI와 관련된 기업들의 노력을 촉진하거나 저해하는 마인드셋의 역할에 대한 연구 결과를 살펴보자.

동료를 결정하는 마인드셋의 과학

조직적 마인드셋과 DEI의 연결고리는 가장 기본적인 차원에서 형성된다. 조직이 고정 마인드셋과 성장 마인드셋 중에서 무엇을 지향하는지는 다양성 추구 여부를 좌우한다. 나는 연구 협력자인 조시 클락슨, 조시 벡과 함께 이를 증명했다.³³ 우리는 재미있으면서도 배고픔을 유발하는 첫 번째 실험에서 참가자들에게 6가지 종류의 초콜릿 바를 보여주고 그중 4개를 집에 가져갈 수 있다고 말했다. 그들은 각각 다른 종류로 4개 고르거나, 같은 종류를 4개 고를 수 있었다. 또는 3개를 같게, 하나를 다르게 고를 수 있었다.

우리가 고정 마인드셋을 촉발한 참가자들은 성장 마인드셋을 촉발한 참가자들보다("종류별로 주세요!") 다양성이 적은 쪽을 선택했다("이미 맛을 알고 좋아하니까 4개 다 그걸로 주세요!"). 여행용 치약을 대상으로 "5개를 고르면 하나를 공짜로 주는" 방식을 제안하거나, 6가지 브랜드의 청량음료 중에서 6개를 고르라고 요청하거나, 식료품점에 가서 3가지 과일과 3가지 주스 중에서 6개를 고르는 상황을 상상하게 만들었을 때도 비슷한 결과가 나왔다. 각각의 경우에 고정 마인드셋을 촉발한 참가자들은 동일성을 우선시한 반면, 성장 마인드셋을 촉발한 참가자들은 다양성을 선택했다.

마인드셋은 조직 전반이나 개인적 차원을 넘어서, 작은 집단에서 상호작용이 평등하게 전개되는지에도 영향을 미친다. 캘리포니아대학교 버클리 캠퍼스에서 형평성, 리더십, 경영 관련 연구를 선도하는 로라 크레이는 동료 마이클 하셀훈과 함께 관련 연구를 실시했다.³⁴ 연구에서는 협상 능력에 관한 마인드셋 신념(협상 능력은 일반적으로 타고나는 것인지 아니면 체득할 수 있는 것인지에 관한 신념)이 협상에서 추구하는 목표, 사용하는 전략, 협상이 진행되는 동안의 성과에 어떤 영향을 미치는지 살폈다. 그들은 협상 과제를 받기 전에 성장 마인드셋을 촉진한 팀이 고정 마인드셋을 촉진한 팀보다 나은 성과를 보인다는 사실을 확인했다. 실제로 전자가 협상가일 때 제시된 입장을 넘어서고, 파이를 키우고, 이면의 이해관계를 반영하는 거래를 성사시킬 가능성이 높았다.

이것이 DEI와 무슨 관계가 있을까? 크레이와 동료들이 여러 연구에서 확인한 바에 따르면, 고정 마인드셋을 반영해 여성에 대한 해로운 고정관념을 가지게 되면 협상에서 잠재력을 펼칠 기회를 줄어들고, 여성을 조직의 리더로 인식하지 못했다. 여성은 남성보다 협조적이고 협력적이며, 자신을 잘 내세우지 못한다는 고정관념 때문이었다. (어림법과 고정관념을 따를 가능성이 높은) 천재 문화는 이런 시각을 강화한다. 반면 성장 문화는 거기에 반발할 가능성이 높다. 〈포춘〉 500대 기업을 대상으로 한 우리의 조사 결과를 보면 성장 문화가 강한 기업들의 경우 이사회에 여성의 수가 더 많았다.³⁵ 그 이유는 평균적으로 이사회의 규모가 더 크기 때문이 아니다. 이사회에 여성과 유색인종을 위한 자리를 추가하여 다양성을 확장하는 것은 흔히 사용되는 방법이기는 하지만, 성장 문화는 천재 문화와 비슷한 규모의 이사회를 운영한다. 단지 그 구성이 더 다양할 뿐이다.

조직적 전환 추구: 형평성을 갖춘 성장 문화 창출

에쿼티 액셀러레이터를 설립한 후 나는 최근 조직의 실력자들이 천재 문화에서 성장 문화로 옮겨가도록 도왔다. 그 과정을 살펴보니 성장 문화가 누리는 DEI의 혜택이 동기로 작용하는 경우가 많았다.

우리는 미국 내 6개 대학의 강의실에서 성장 문화를 창출하기 위해 300여 명의 이공계 교수들과 협력했다.[36] 프로젝트의 명칭은 '학생 경험 프로젝트Student Experience Project'였다. 교수들은 워크숍에 참여하고, 실용적인 증거 기반 도구 및 지원 전략을 참고했다. 우리는 그들이 강의 관련 정책과 관행, 강의 전략, 학생들과의 상호작용을 평가하고 조정하도록 돕기 위해 이것들을 개발했다.

가령 그들은 사전 이수 과목을 설명하고, 새로운 평가 정책을 실험하고, 강의계획표에서 연습과 피드백의 기회를 제공하는 방법을 배웠다. 그들은 또한 "시험 참고 자료exam wrapper"도 실험했다. 거기에 담긴 메시지는 시험 전에 시험을 치르는 진정한 의미를 알려준다(시험은 학생이 해당 과목에 얼마나 뛰어나거나 소질이 있는지 선언하기 위한 수단이 아니라 현재 어느 수준에 있는지 평가할 기회임을 밝힌다). 또한 시험이 끝나면 학생들이 성과의 의미를 파악하도록 도와주고, 다음 시험에 더 나은 성적을 올리기 위한 전략도 제공한다.

수백 명의 교수들이 강의실에서 포용적인 성장 문화를 적극적으로 수용하면 어떤 일이 생길까? 그들에게 배우는 약 3만 명의 학생들은 강한 소속감과 정체성 안전감(집단 구성원으로 중시되고 존중받는 느낌)을 느낀다고 밝혔다. 젠더, 인종 및 민족, 사회경제적 지위 측면에서 구조적 불이익을 받는 학생들과 편입생, 1세대 대학생들이 그 혜택을 더 많이 누렸다. 마음이 편해지는 것은 좋다. 이런 긍정적 경험은 학생들의 기말 성적을 예측하는 지표가 되어주기도 했다. 포용적 성장 문화를 조성한 교수에게 배운 학생들 중 과소 대표된 집단에 소속된 학생들은 A, B 학점 분포도가 더 높았으며(D 학점과 F 학점을 더 적게 받았으며), 수강을 중도 포기할 가능성이 더 낮았다.

시스템과 제도를 변화시키려 할 때, 기본적 경향인 천재 문화 안에서 운영하기보다 의도적으로 성장 문화를 구축하면 일이 더 쉬워진다. 천재 문화는 이공계에 상당히 만연해 있다. 그래서 우리 팀은 해당 분야에 연구의 초점을 맞췄다. 교수들이 먼저 교수 학습 공동체(정기적으로 만나서 자신이 시도하는 전략, 학과에서 확인한 변화, 난관에 처한 지점을 공유하고 논의하는 모임)를 형성하여 자신들을 위한 성장 문화를 조성하면, 학생들도 혜택을 누릴 확률이 높아졌다. 그래서 학생들의 경험과 성과가 개선되면 전체 학과들이 우리와 협력하는 데 관심을 갖게 되었다. 거기서부터 성장 지향 접근법이 대학의 전략 계획과 교수 노조 협상에 나타나기 시작했다. 성장 마인드셋 문화가 유행하면서 포용적인 관행이 강의실로 퍼져나갔고, 학생들의 성공이 지닌 다른 측면에도 영향을 미쳤다. (이는 진정한 문화적 변화에서 기대할 수 있는 일종의 파급 효과다.) 대학 직원과 행정가 들은 현재 이 도구들을 활용하여 학생들에 대한 메시지, 조기 경보 시스템, 근신 정책, 학생들의 성공을 돕는 물리적 환경 및 가상 환경을 재설계하고 있다.

대학교수들, 특히 연구 중심 대학에 소속된 교수들은 흔히 자신들의 방식을 고수하며, 가르치고 배우는 일을 경시하거나 멀리한다는 고정관념에 시달린다. 그러나 우리의 경험에 따르면 그렇지 않았다. 이공계 학과에서 형평성, 성장, 소속감을 개선하기 위해 시작된 우리의 프로젝트는 교수들을 변화시키고 자극하는 중재 수단이 되었다. 이 프로젝트는 교수들이 학생, 자신의 일, 자신이 소속된 대학과 맺는 관계를 변화시켰다.

샌포드 샌디 슈가트는 플로리다 발렌시아 칼리지의 총장이 되었을 때(현재는 은퇴) 오랫동안 학습과 관련된 퍼즐을 풀려고 노력했다.[37] 지역사회 대학인 발렌시아 칼리지는 인종적, 민족적 소수집단에 속하는 학생의 비중이 70퍼센트 이상이었다. 또한 학생의 60퍼센트 이상은 학업과 직장 생활 또는 집안일을 병행했기 때문에 파트타임으로 학교를 다녔다. 슈가트는 "충분한 지성을 갖춘 사람들이 같은 강의실에 나란히 앉아 배우는데도 저마다 성과가 다른 이유에 정말 관심이 많았습니다"라고 말했다. 그는 2000년에 총장이 되었다. 당시 학교의 리더와 교육자 들은 이미 "이게 우리 학생들이 할 수 있는 최선일까? 학생들에게 결함이 없는데 왜 이런 결과가 나올까?"라는 의문을 품고 있었다. 학생들 사이의 성적 격차가 너무나 심했기 때문이다. 그들은 모든 학생들이 더 나은 성적을 얻게 만들 길을 찾기로 마음먹었다.

그에 따라 시스템 개편이 시작되었다. 슈가트는 이를 학습이라는 개념에 중점을 둔 '다른 인류학'을 만드는 일로 설명했다. 이 작업은 "올바른 조건에서는 누구나 어떤 것이든 배울 수 있다"는 신념을 중심으로 이루어졌다. 슈가트의 말에 따르면 고등교육계의 '생산성 문화'(최대한 많은 학생을 가르치고 내보내는 것)를 '학습 문화'로 전환하는 것이 그 핵심이었다. 학습 문화는 학생들의 성공을 척도로 유효성을 측정했다. 새로운 계획의 요지는 학생들이 처한 현실을 교육과정에 반영하자는 것이었다. 이는 뉴욕의 해리슨 학구가 세운 계획과 비슷했다.[38] 이들은 학생들의 학습을 가로막는 모든 장애물을 시스템 전반에 걸쳐서, 사례별로 제거하려 했다. 연간 수만 명의 학생들을 가르치는 상황에서 이는 교육자들에게 상당한 요구였으며, 반발이 생길 위험성이 높았다.[39]

슈가트는 "어떤 문화도 별개로 존재할 수 없습니다"라고 지적했다. 그는 허공에서 성장 문화를 창출하려는 게 아니었다. "기존 문화를 새로운 문화로 나아가는 지렛대로 활용할 수 있습니다. 우리는 직원 및 교육자와 한자리에 앉아서 '모든 학생이 배울 능력을 가졌다고 믿는다면 우리가 내리는 모든 결정을 2가지 질문에 따라 검증합시다. 그것은 이 일이 어떻게 학습을 개선하는가 그리고 그 사실을 어떻게 아는가, 입니다'라고 말했습니다. 그게 다였습니다. 뒤이어 우리는 수백 가지의 세부적인 대화를 나눴습니다."

슈가트와 그의 팀은 여러 개의 층을 이루는 성장 문화를 창출하려고 노력했다. 그중 하나는 '교수 층'이었다. 그 층은 교수들에게 그들의 능력, 그들이 학생들을 위해 만들 수 있는 학습 환경, 학생과 그들의 능력을 성장 마인드셋 관점으로 보도록 촉진했다. 슈가트는 '학생 층'에서는 교수, 직원, 행정가 들이 조성한 성장 문화로 학생들을 둘러싸야 한다고 생각했다. 그러면 학생들을 중시하고 존중하며, 학생들의 학습 및 개발 능력을 믿는다는 사실을 보여줄 수 있었다. 그 요지는 이런 환경에서는 학생들이 성장 마인드셋으로 보다 쉽게 옮겨갈 수 있다는 것이었다.

교육자들은 자신들의 발목을 잡는 많은 문제를 확실하게 파악했다. 알고 보니 그것은 학생들에게서 기인한 장애물이 아니라 대학의 구조와 정책이 초래한 제약이었다. 그래서 그들은 "학습을 저해하는 까다로운 조직의 행동을 바로잡고 조직을 바꾸도록 하자"라고 말했다. 슈가트는 교수들에게 "앞으로는 다른 방식으로 가르쳐야 한다"라고 말하지 않고 "앞으로는 다른 방식으로 가르칠 수 있도록 하겠다"라는 확신을 주기 시작했다. 그러기 위해 혁신적인 양질의 강의를 보상하도록 종신 재직권 시스템을 개편하고, 최대한 빨리 학습이 이루어지도록 신임 교수들에 대한 연수와 직업 개발 시스템을 바꾸고, 효과적인 교육을 위해 최신 증거 기반을 활용하는 교육으로 옮겨가도록 했다.

발렌시아는 교수 개발 및 종신 재직권을 위한 학습 중심 모델을 받아들였다. 그에 따라 교수들은 효과적인 교육을 하기 위해, 학생들이 배워야 한다고 생각하는 것들을 토대로 교과과정의 더 많은 부분을 스스로 설계하게 되었다. 그들은 발렌시아에서 일하는 동안, 특히 종신 재직권을 얻고자 할 때 교수로서 노력해온 부분을 증명해야 한다. 거기에는 자신의 강의가 학생들에게 어떤 혜택을 주는지 보여주는 일도 포함된다.

혁신 중 하나는 각 학기 초에 하던 수강 정정 기간을 없앤 것이었다. 이제 교수들은 첫날부터 어떤 강의를 맡게 될지 확실하게 알 수 있다. 이전에는 수강 정정일까지 정원을 채우지 못한 강의는 취소되었다. 확실성이 생긴 덕분에 교수들은 준비된 자세로 학생들이 바로 학습을 시작할 수 있도록 도울 수 있었다. 1~2주 후에 강의가 취소될 일은 없다는 것을 알기 때문이다. 이는 교수와 학생 모두에게 긍정적이었다.

이제 발렌시아는 교수 중심 문화를 따른다. 교수들은 가장 크게 기여할 수 있는 부문에 자신의 전문성을 사용하면서 서로 협력한다. 변화의 속도는 빠르지 않았다. 몇 년이 지난 지금도 교수들은 여전히 "세부적인 대화"를 이어가면서 변화에 기여한다. 하지만 마인드셋은 충분히 전환되었다. 발렌시아의 전 조직 개발 및 인사 담당 부총장 에이미 보슬리는 새로운 제안이 나오면 적어도 1명의 교수나 직원은 "그게 학생들에게 어떤 영향을 미치나요?"라고 묻는다고 말한다.[40] 이렇게 교수와 학생은 학습 환경을 함께 만들어가고 있다.

발렌시아가 거둔 큰 성공 중 하나는 "있는 그대로 받아들인다"라는 메시지로 모두에게 환영받는 느낌을 주는 것이다.[41] 그들은 배경이나 말하는 방식, 또는 외모를 바탕으로 사람들이 자신을 어떻게 인식할지 신경 쓰느라 너무 많은 기운을 소진하면, 학습과 교육에 쏟을 기운이 줄어든다는 사실을 안다. 천재 문화는 조직에 맞는 사람과 맞지 않는 사람에 대해 좁은 기준을 적용한다.[42] 그래서 구성원들은 '코드 전환', 즉 온전히 자신의 정체성을 반영하지 않고 주변에서 받아들일 수 있는 방식으로 자신을 드러내야 한다는 압박감을 많이 느낀다. 나의 연구 결과가 보여주듯이 같이 일할 사람들에게 고정 마인드셋에서 발현된 제약을 적용하면 조직에 대한 신뢰가 줄어든다.[43]

레즈비언인 라나야 어빈은 전통적인 남성의 스타일로 옷을 입었다. 그러나 월가 금융인으로 일하게 되면서 외모에 대한 금융가의 기대를 충족해야 했다. 그녀는 이렇게 말한다. "월가 문화는 적합성을 따집니다. 그래서 제가 맞춰야 하는 부분이 엄청나게 많았습니다. 실크 블라우스를 입고 진주 장신구를 걸쳐야 했습니다. 월가 유니폼이죠. 또, 남자 같은 제 모습이 아니라 제가 말하는 내용과 단어에 초점을 맞추도록 매우 여성스럽게 말해야 했습니다."[44]

그녀는 한 금융회사에서 8년 동안 일하면서 고위직이 되었다.

덕분에 보다 사람들의 입맛에 맞출 필요가 줄어들었다. 그래서 "내가 원하는 모습으로 나갈 수 없다면" 더 이상 어떤 자리에서도 연설하지 않겠다고 마음먹었다. 뒤이어 그녀는 회사에서 입는 복장을 바꾸기 시작했다. 궁극적으로 고객과 관련해 바꾼 것은 없었다. 그저 이전보다 발표를 하거나 리더로서 메시지를 전달하는 자리에서 편안함을 느끼게 되었다. 그녀는 "포켓 스퀘어pocket square를 꽂은 맞춤 셔츠를 입었습니다. 새롭게 부상하는 인재들에게 자신의 진실된 모습대로 살아도 괜찮다는 신호를 줄 기회였죠"라고 말한다.

지금까지 다양한 사례와 연구 결과를 살폈다. 당신은 분명 당신의 조직을 포용적인 성장 문화로 바꿀 방법들에 대한 영감을 얻었을 것이다. 그러면 조직 변화에 참고할 수 있도록 몇 가지 구체적인 방법들을 살펴보자.

DEI를 추구하는 조직을 만드는 방법

"의도를 갖고 나아가라."[45] 이는 DEI와 관련한 라나야 어빈의 조언이다. 어빈은 현재 코퀄Coqual의 CEO다. 코퀄은 기업들이 다양성을 추구할 수 있도록 돕는 싱크탱크 겸 자문그룹이다. 많은 조직이 좋은 의도와 달리 성장 마인드셋 문화에 뿌리를 둔 심도 있는 장기 계획을 따르지 못한다. 그래서 결국 DEI를 확보하려는 산발적인 접근법에 머문다. 다음은 당신의 조직이 폭넓은 인재를 끌어들이고 유지하는 포용적인 성장 문화로 운영되도록 도울 몇 가지 전술이다.

신호 검증 방식을 섬세하게 조정하라

어빈은 편견을 조장할 수 있는 시스템을 평가할 때 "조직적 성찰"을 하고 문화적 약점을 진단하는 것이 중요하다고 말한다.[46] 3장에서 신호 검증을 권장하면서 그 방법을 설명했다. 앞서 우리는 상황적 신호와 그것이 여러 기업에서 다양한 집단에 속한 사람들이 겪는 구체적 경험을 어떻게 형성하는지 확인했다. 이제는 이런 상황적 신호를 염두에 두고 DEI에 초점을 맞춰서 신호 검증을 재고할 때다. 다양한 배경 및 정체성을 지닌 현재, 과거, 미래 직원의 눈으로 회사를 살펴라.

그들은 이사회와 경영진에 누가 들어가는지(그리고 들어가지 않는지)를 통해 어떤 메시지를 얻을까? 회사의 자료에 담긴 언어는 어떤가? 그런 자료가 누구를 소개하는가(또는 소개하지 않는가)? 접근 가능성 문제는 어떤가? 휠체어를 쓰는 사람이나 왜소증을 가진 사람이 사무실에 접근하는 데 어려움이 있는가? 수용 가능한 농담은 무엇인가? 정체성이나 배경의 일부 측면 또는 외모를 갖고 누구를 놀리거나 대놓고 웃음거리로 삼아도 괜찮은가? 평가 및 승진 절차는 어떤가? 모두가 멘토와 후원자에게 공평하게 접근할 수 있는가?

검증을 실시할 때 간과하기 쉬운 정책에 주의를 기울여라. 복장 규정이나 구성원들이 자신을 드러내는 방식을 둘러싼 규칙들이 그에 해당한다. 불필요하게 젠더를 반영하는가? 특정한 외모나 몸매를 갖춰야 성공할 수 있다는 메시지를 의도치 않게 전파하는가? 그래서 직원들이 직장에서 온전히 자신의 모습을 드러내지 못하게 만드는가? 일부 정체성은 조직에서 반기지 않는다는 메시지를 내보내는가? 그렇다고 재미없는 분위기를 만들라는 말은 아니다. 우애와 결속은 높은 성과를 올리는 팀의 필수 요소다. 핵심은 모두가 중시되고, 존중받으며, 함께 최선의 일을 하도록 고무되는 느낌을 받는 환경, 그리고 거기에 이르는 데 도움이 되는 도구와 자원에 평등하게 접근할 수 있는 환경을 조성하는 것이다.

이야기를 공유하라

라나야 어빈은 이렇게 말한다. "저는 월가에서 일하는 흑인이자 여성의 신체를 가진 성소수자 리더로서 많은 접근권과 특혜를 얻었습니다. 하지만 제가 서 있는 교차점의 일부 공간에서는 여전히 경시당할 것임을 압니다."[47] 그녀는 회사 사람들과 자신의 경험을 공유할 기회를 가졌을 때 "그 어느 때보다 많은 것을 보여줄 수 있었다고 느꼈다."

조직 전반에 걸쳐 리더와 다른 구성원이 이런 역학을 이해하는 것이 중요하다. 그래야 모두가 편견에 따른 관행과 경험을 경계할 수 있다. 조직에서 자신의 이야기를 들려줄 기회를 만드는 것은 동료들을 교육하고, 끈끈하게 연대할 수 있게 하며 정체성 안전감을 증진하는 방법이다.

정체성과 관련된 대화의 자리를 마련하라

개인적 이야기에 의존하지 않고 다르게 접근하는 방법이 있다. 바로 과소 대표된 집단에 속한 구성원들이 리더들과 대화할 수 있는 정기적인 기회를 마련하는 것이다. 정체성과 관련된 사고나 사태가 발생할 때만 리더가 경청의 자리를 마련하는 경우가 너무나 많다. (회사에 난리가 날 때까지 기다리는 것이 아니라) 그런 자리를 정례화하면 장기적으로 신뢰를 쌓고 솔직하게 서로를 대할 수 있다. 그래서 문제가 생겼을 때 해결에 필요한 관계와 개방적 의사소통 경로를 미리 확보하게 된다. 이런 자리에서 얻은 정보는 신호 검증에도 도움을 줄 수 있다.

프로젝트 인클루드Project Include의 앨런 파오는 기업들이 DEI와 관련된 대화를 나눌 수 있는 정기적인 안전장치를 필수적으로 마련해야 한다고 말한다.[48] 어빈은 이렇게 덧붙인다. "모든 질문에 대한 답을 가지고 있어야 할 필요는 없습니다. 그냥 불편한 자리라도 감수할 방법만 찾으면 됩니다. 그런 자리에 아예 나타나지 않는 것보다 완벽하지 않더라도 나타나는 게 나아요. 그런 자리에서 오가는 대화는 리더들이 인간적인 소통을 유지하고 구성원들의 목소리를 들어주는 대단히 중요한 수단이니까요." 이런 대화는 복장이나 자신을 드러내는 방식에 대한 정책을 전환하는 것처럼, 과소 대표된 집단에 속한 사람들에게만 도움을 주는 것이 아니다. 실제로 모두에게 더 큰 신뢰감과 소속감을 안겨준다.

시티즌 디스코스에서는 '공감 계약Compassion Contract'에 기반을 두고 대화한다.[49] 사전에 참가자들은 서로의 아이디어와 경험을 이야기할 때 공감에 기반한 성장 마인드셋의 기준을 유지하고 서로를 존중하는 태도로 자신의 생각을 표현해야 한다는 데 동의한다. 또한 여러 차이점에 대해 호기심을 갖고 대화에 참여하기로 한다. 그들은 "될 때까지 아는 척하면서" 자신도 그런 대화를 나눌 줄 안다는 것을 보여주려 하지 않는다. 대신 학습 지향적 태도를 취한다. 연구 결과에 따르면 학습 목표를 가진 상황에서 흔히 집단 간 상호작용에서 존재하는 긴장이 완화된다.

성장 마인드셋 렌즈로 인사 절차를 재평가하라

조직의 마인드셋은 구인광고를 작성하는 일, 채용 규칙을 만드는 일, 면접을 실시하는 일, 신입 사원 연수를 진행하는 일, 기존 사원을 평가하고 승진시키는 일에 영향을 끼친다. 또한 그 조직이 어떤 사람을 찾는지, 이미 조직에 있는 다양한 배경의 인재들을 유지할 수 있는지, 직원들이 일에 기술과 재능을 전부 동원하려는 동기와 의지를 가지는지를 좌우한다. 처음에 어떤 기술이 필요한지 아니면 장기적으로 개발할 수 있는지 명확하게 파악하

라. 많은 경우 고용주들은 자신의 접근법과 "조직적 DNA"가 조직 전반에 퍼지도록 직원들을 훈련하고 개발하는 것이 좋다고 생각한다. 이 경우 거기에 필요한 훈련과 자원이 충실해야 한다. 사람을 채용한 후 아무런 지도나 지원 없이 깊은 곳에 던져놓고 알아서 헤엄쳐 나오도록 하는 것은 성장 마인드셋에 따른 접근법이 아니다.

지원자 풀을 넓히는 것을 고려하라. 그레이스턴의 사라 마커스가 말한 대로 한 번에 개방형 채용이라는 도약을 이루지 않아도 괜찮다.[50] 처음에는 그냥 신원 조사, 신용 조사, 전과자 자동 탈락 원칙 같은 것을 없애거나, 특정한 직무를 잘 수행하기 위해 정말로 대졸 심지어 고졸 학력이 필요한지 재고하는 일부터 시작할 수 있다. (갈수록 많은 대학이 온라인으로 강의를 제공하며, 그중 다수는 무료다. MIT의 학부 및 대학원 강의는 대부분 온라인에서 공짜로 볼 수 있다.[51] 이처럼 배움을 얻는 방식과 독학하는 방식이 바뀌고 있다.)

채용, 평가, 승진 모델을 검토하라. 다양성을 지닌 최고의 인재를 제대로 찾아내고 유지하는 데 방해가 되는 자의적 요건이나 불필요한 장애물을 만들고 있지 않은지 살펴라.

이는 쉬운 일이 아니다. 많은 시간과 헌신적인 노력, 자원이 필요하다. 그래도 조직과 팀을 포용적인 성장 문화로 만드는 첫걸음을 뗄 수 있다. 조직을 성장 문화로 전환하는 일은 목적지라기보다 하나의 여정이다. 마인드셋 트리거를 파악하고 마인드셋 설정 지점을 계속 조정하는 일도 마찬가지다.

지금까지 마인드셋 문화를 조직 차원에서 창출하고 강화하는 방법을 살폈다. 이제부터는 보다 미세한 개인 간 차원에서 마인드셋 문화가 작동하는 양상을 분석하도록 하자. 이를 탐구하기 위해 우리 각자를 고정 또는 성장 마인드셋으로 이끄는 4가지 신호를 분석할 것이다. 또한 자신도 모르게 고정 마인드셋으로 나아갈 때 기어를 바꿔서 성장 마인드셋으로 옮겨가도록 하는 전략을 배울 것이다. 더하여 이처럼 매 순간 마인드셋이 발휘하는 힘을 이해하는 일이, 팀과 개인 간 상호작용에서 모두가 행위 주체성과 영향력을 갖게 되는 성장의 세부 문화를 구축하는 데 어떻게 도움이 되는지 확인할 것이다.

3부

마인드셋 트리거를 파악하라

8장 마인드셋을 자극하는 상황들

 마인드셋은 머릿속에만 있지 않다. 그 영향력은 우리를 둘러싼 사방에서 발휘된다. 앞서 조직의 폭넓은 마인드셋 문화가 미치는 파급력을 살폈다. 지금부터는 더 깊이 파고들어가 다양한 개인 간 상황에서 겪는 세부 문화의 영향력을 분석할 것이다. 천재 문화나 성장 문화에서는 조직 전반의 마인드셋 지향과 비슷하거나 다른 마인드셋 세부 문화를 겪을 수 있다. 〈포춘〉 100대 기업 중 다수와 협력해보았을 때 그들은 천재 문화를 따르는 조직처럼 보였다. 그러나 마인드셋 문화를 살펴보면 해당 집단 내에 성장 문화를 육성하는 작은 세부 문화(몇몇 사업부나 부서 또는 소수 팀의 문화)들이 있었다. 그들은 나름의 국지적 문화를 형성했다.
 이런 이례적 세부 문화는 중요하다. 조직이 문화 전환이라는 힘겨운 과제를 수행할 때 좋은 출발점이 되어주기 때문이다. 해당 팀들이 지닌 특별한 요소는 주위를 둘러싼 더 큰 문화와 다른 문화를 뒷받침했다. 이런 세부 문화가 어떻게 형성되었고 유지되었는지 알아내는 일은 조직문화를 바꾸는 방법에 단서를 제공한다. 게다가 이런 세부 문화는 자생적이다. 그래서 (때로 도움이 될 수도 있는) 외부 사례를 활용하지 않아도 된다. 조직 내의 세부 문화는 중요한 통찰을 제공한다. 해당 집단이 회사의 DNA를 지니고 있어서 내부에서 어떤 일이 가능한지 알려주는 모범이 될 수 있기 때문이다.

앞으로 몇 개의 장에 걸쳐서 '마인드셋 트리거'의 렌즈로 세부 문화를 살필 것이다. 우리가 연구를 통해 발견한, 개인 사이에서 고정 또는 성장 마인드셋으로 나아가게 만드는 4가지 상황을 포함해서 말이다.

4가지 마인드셋 트리거
: 평가·역경·비판·성공

2016년, 한 대형 다국적은행이 우리 팀에게 도움을 요청했다. 직원들의 성장 및 개발을 위해 활용할 마인드셋 평가 수단을 만들어달라는 것이었다. 의도는 좋았다. 그러나 앞서 말한 대로 일회성 평가를 통해 직원의 마인드셋을 평가하는 것은 "현실 세계"에서 어떻게 행동할지 예측하는 최선의 방법이 아니다. 그럼에도 그들의 요청은 우리가 심증을 갖고 연구하던 내용을 검증할 기회였다.

우리 팀은 수많은 데이터와 문헌을 검토한 후 고정 및 성장 마인드셋 연속체를 따라 사람들의 생각과 행동을 변화시킬 가능성이 높은 4가지 상황을 골라냈다.[1] 이제는 우리의 가설을 검증할 차례였다. 우리는 수천 명의 직원들이 4가지 상황에 어떻게 대응하는지와 그것이 성과와 어떤 연관성이 있는지 분석했다. 그리고 4가지 트리거를 기준으로 한 데이터는 직원들의 동기, 행동, 성과를 예측해주었다. 직원들은 마인드셋 트리거에 대해 아는 것이 유용하다고 생각했으며, 대처 방법을 배우려는 의욕을 보였다. 관리자들도 어떤 신호가 부하 직원들을 고정 또는 성장 마인드셋으로 이끄는지 아는 것이 유용하다고 생각했다. 그들은 해당 정보를 활용하여 직원이 성장할 수 있게 피드백을 주거나 기회를 주는 방향을 조정할 수 있었다. 이는 직원들이 일을 할 때 더 오래 성장 마인드셋 관점을 가지도록 도왔다.

우리는 이런 연구 결과를 발판으로 삼아 심층적인 연구를 이어갔다. 여러 기업의 관리자들을 대상으로, 이 4가지 신호를 다른 업계의 다른 조직에도 적용할 수 있는지 파악하려 했다. 다음 연구 대상 기업은 쉘이었다. 뒤이어 우리는 크고 작은 여러 기업에서 일련의 초점 집단 조사와 워크숍을 통해 같은 방식을 적용했고, 비슷한 결과를 얻었다.

이런 통찰을 나눌 때마다 사람들은 놀라운 반응을 보였다. 바로 안도감이었다. 그들은 언제 고정 마인드셋이 불거지는지 마침내 이야기할 수 있게 되자 자유를 얻었다. 마인드셋 연속체에 대한 설명(그리고 우리가 두 마인드셋을 모두 가졌음을 보여주는 것)은 고정 마인드셋을 모두가 공감할 수 있는 일반적인 문제로 만들어주었다. 또한 마인드셋이 상황에 좌우된다는 사실을 알게 되면 사람들은 흔히 빠지던 도덕적 재단에서 벗어날 수 있었다. 그들은 트리거를 건드리는 4가지 상황에 대응하는 방식이 자신의 정체성과 무관하며, 대응 방식을 바꿀 수 있다는 사실을 알고 해방감을 느꼈다. 모든 사람의 대응은 개인적 신념, 경험, 개인사, (정책, 관행, 행동을 통해 알려지는) 조직문화 사이에 이루지는 복잡한 상호작용의 결과였다.

따라서 앞으로 마인드셋에 대한 탐구를 이어갈 때, 이 4가지 트리거 및 그 대응법에 대해 아는 것이 직원 개인뿐 아니라 그들의 성과 및 개발을 책임지는 사람, 그리고 조직문화에 영향을 미치는 모든 사람에게 필수적임을 명심해야 한다. 왜 그럴까? 문화는 상호작용하는 개인들을 통해 만들어지며, 사람들은 이 트리거들에 영향을 미치며 더불어 영향받기 때문이다. 당신의 집단이 이 트리거들에 어떻게 대응하는지 알아야 한다. 그 방식은 이 문제와 관련된 상황과 개인 사이의 상호작용을 좌우하기 때문이다. 또한 이런 상황과 상호작용이 모여서 마인드셋 문화를 이룬다.

① 평가받는 상황

중요한 발표를 준비하는 직원이나, 360도 다면평가를 기다리는 관리자, 새로운 회사 정책에 관한 연설을 앞둔 CEO는 모두 자신이 어떤 평가를 받을지 자연스레 예상한다. 이런 상황은 우리가 스스로를 증명하고 성과를 내야 한다는 자세를 갖게 한다. 이때 우리는 자신이 어떤 인상을 줄지에 초점을 맞출 수도 있고, 성장을 지향하는 행동을 통해 학습을 위한 태도를 취할 수도 있다.

② 역경이 닥친 상황

흔히 우리는 더 많은 주의와 기운을 요구하는 상황에 처한다. 이런 상황은 구글 같은 회사에서 자주 일어난다. 예를 들어 팀이 6주에서 8주마다 재편되는 경우, 새로운 업무 흐름과 다루는 제품, 제공하는 서비스를 빨리 익혀야 한다. 이처럼 역경은 고정 마인드셋을 촉발한다. 사람들은 이런 상황에서 실패를 두려워한 나머지 성장에 도움이 되는, 전근이나 승진 같은 귀중한 기회를 거부하기도 한다. 그러나 같은 상황에서 성장 마인드셋이 작동하면 개선과 진전을 위한 최선의 방법은 노력하며 자신에게 도전하는 것이라 믿게 된다.

③ 비판받는 상황

다른 사람들에게 어떤 평가를 받을지 예상하는 상황과 달리 부정적 피드백을 받는 상황을 말한다. 고정 마인드셋 관점에서 비판적 피드백은 특히 위협적이다. 자신이 어떤 일을 잘하는지 아니면 못하는지만 말해주는 게 아니라, 좋은 사람인지 아니면 나쁜 사람인지도 말해준다고 여기기 때문이다. 고정 마인드셋으로 바라보면 일에 대한 비판의 이면에 그 자신의 정체성에 대한 부정적 함의가 있다고 믿게 된다. 이 평가는 기술 부족과 함께 그 사람이 가진 능력에 결함이 있음을 드러낸다. 고정 마인드셋에 따라 일하는 직원들은 비판적 피드백을 요청하지 않는다. 그에 따라 성장이 억제되면서 자기 지속적 주기가 만들어진다.

반면 성장 마인드셋을 통해 비판적 피드백에 접근할 수 있는 사람은 배우고 발전할 가능성이 훨씬 높다. 실제로 우리는 성장 마인드셋이 강한 사람들이 적극적으로 비판적 피드백을 바라는 상황을 많이 접했다. 그렇다고 해서 자신의 부족한 모습을 보이는 일이 기분 좋은 것은 아니다. 그래도 그들은 문제를 파악하고 개선할 기회를 받아들인다.

④ 다른 사람이 성공하는 상황

동료들이 승진하거나 상을 받는 등, 일정한 수준의 성공을 거두는 모습을 곁에서 지켜보는 상황은 행동에 영향을 미친다. 다른 사람의 성공은 고정 마인드셋을 촉발한다. 그래서 '나는 절대 A만큼 잘하지 못할 텐데 노력해서 뭐 해?'라는 식으로 생각하며 의욕을 잃게 된다. 반면 성장 마인드셋을 취하면 다른 사람의 성공에 고무된다. 그래서 그것을 자신의 성공에 도움이 되는 새로운 전략을 배울 기회로 본다. 가령 'A는 정말 그 프로젝트를 잘해냈어. 어쩌면 나한테 조언을 해줄 수 있을지도 몰라'라고 생각한다.

지난 장에서 언급한 대로 상황적 신호는 긍정적 대우나 부정적 대우를 겪을 확률을 알려준다.[2] 즉, "우리의 말을 들어줄까?" "우리의 의견을 중시할까?" "우리를 포용하고 존중할까?" 같은 의문이 들 때 우리는 사회적 정체성에 따라 다른 경험을 하게 된다. 우리는 또한 주위를 둘러싼 사람, 기준, 상호작용을 관찰하여 그 제한된 환경이 고정 또는 성장 마인드셋에 따른 신념과 행동 중에서 무엇을 중시하는지 파악한다.

나의 연구 결과는 사람마다 각기 다른 마인드셋 트리거에 더 (또는 덜) 민감하게 반응하며, 해당 상황이 마인드셋에 미치는 영향은 다양하다는 것을 보여준다.[3] 가령 어떤 사람은 새로운 일을 시작할 때처럼 고도의 노력이 필요한 상황을 위협적으로 받아들이는 반면, 비판적 피드백은 개선의 기회로 본다. 어떤 사람은 난관에 힘들어하는 경향이 있는 반면, 다른 사람의 성공을 축하하고 거기서 교훈을 얻는 데 아무 어려움이 없다.

3부에서는 이런 마인드셋 트리거를 분석할 것이다. 이는 지금 당신의 반응을 불러일으키는 버튼이 무엇인지 파악하는 데 도움을 줄 것이다. 또한 시간이 지나면 그 반응들이 바뀔 수 있다는 사실도 알게 될 것이다. (설령 트리거에 다 해당한다고 해도 걱정하지 마라. 당신만 그런 것이 아니다.) 거기에 더하여 당신의 주변을 둘러싼 문화가 천재를 찬양한다고 해도, 성장 마인드셋 쪽으로 향할 수 있게 돕는 전략들도 배우게 될 것이다.

이 모든 일을 위해서는 성장형 또는 고정 마인드셋을 갖는 것이 실제로 어떤 '느낌'인지 아는 것이 도움이 된다. 그러면 거기서부터 시작하도록 하자.

목표 달성을 위한 마인드셋 설정

단지 기쁨을 주기 때문에 새로운 아이디어를 실행하거나 취미를 만들던 때를 생각해보라. 왕성한 호기심이 생겨서 그에 대한 모든 것을 배우고 최대한 많이 해보고 싶었을 때, 관련된 영상을 보고 책을 읽고 팟캐스트를 들을 때 말이다. 그런 시기에는 당장 달려들어서 그 일을 실행하고 싶은 의욕이 넘친다. 또한 앞으로 나아가는 과정에서 열린 자세로 배우고 개선하며, 몰입을 경험한다. 이것이 성장 마인드셋을 따를 때 받는 느낌이다.

그렇다고 해서 앞으로 나아가는 일이 쉽지는 않다. 사실 그런 경우는 드물다. 연구 결과에 따르면 능력을 한계까지 몰아붙일 때 몰입 상태가 자주 찾아온다. 다시 말해 힘에 부치지만 노력하면 난관을 넘을 수 있을 때가 그렇다. 성장을 향해 나아갈 때 당신이 추구하는 목표는 자성磁性을 발휘하게 된다. 당신은 단지 의무 때문이 아니라 숙달 또는 즐거움을 위해 깊이 빠져든다. 물론 일과 관련해서는 의무를 수행하는 것일 수도 있다. 그러나 해야 하기 때문이 아니라 하고 싶기 때문에 성장 마인드셋에 따라 해당 과제나 프로젝트를 실행한다.

안식년을 맞은 어느 아름다운 봄날, 나는 샌프란시스코 거리를 걷고 있었다. 한 거리의 모퉁이를 돌자 약 180센티미터 높이의 아름다운 벽화가 보였다. 거기에는 화려하게 꾸며진 글씨로 "진정한 자신이 되세요"라고 적혀 있었다. 순간적인 영감이 번뜩였고, '나도 저런 글씨를 쓸 수 있을까?'라는 생각이 들었다. 사실 나의 필체는 늘 아쉬웠다(내가 휘갈겨 쓴 코멘트가 달린 자신의 논문을 돌려받았던 학생들에게 물어보라). 게다가 나는 그다지 예술적이거나 창의적이지도 않다(헛, 고정 마인드셋!). 나는 멋진 동생인 모린이 우리 집안의 예술적 재능을 타고났으며, 나는 죽어도 그림을 잘 그리지는 못할 거라 말하곤 했다.

그래도 나는 집으로 돌아가 펜을 주문했다. 또한 서예 유튜브 동영상의 세계로 빠져들었고(그 세계는 아주 깊다!) 연습용 책도 샀다. 순전히 재미를 위해 새로운 것을 배우는 활력과 흥분이 느껴졌다. 물론 처음에는 형편없었다(지금도 노력하는 중이다). 그래도 상관없었다. 나는 새로운 것을 배우고 있었고, 너무나 기분이 좋았다. 배움에 대한 열의는 내가 창의적 재능을 타고나지 않았다는 고정 마인드셋에서 벗어나도록 해주었다. 덕분에 나는 성장 마인드셋으로 나아갈 수 있었다.

하지만 그것은 재미를 위한 취미였다. 생활비를 벌기 위한 일이라면 어떨까? 이 의문을 풀기 위해 영화 〈루디 이야기Rudy〉에 영감을 준 대니얼 루디 루티거의 사례를 살펴보자.[4] 그는 노터데임대학교 미식축구팀에 들어가고 싶다는 열망이 아주 강했다. 그래서 팀원이 되기 위해 필드 안팎에서 할 수 있는 모든 노력을 다 했다. 그는 일단 지역사회 대학에 들어가 열심히 공부한 끝에 전 과정을 이수하고 노터데임대학교에 들어갈 수 있는 학점을 쌓았다. 그다음에는 자신의 힘으로 미식축구팀에 자리를 따내야 했다.

이는 루티거에게 쉬운 일이 아니었다. 그는 자신이 뛰어난 미식축구 선수라고 생각했다. 그러나 170센티미터의 키에 몸무게도 75킬로그램밖에 되지 않아, 대학에서 경쟁력을 갖기에는 덩치가 작았다. 그래도 그는 실력을 키우는 데 매진했고 결국 대항 팀에 자리를 얻었다. 대항 팀은 주전들이 경기를 준비하는 데 도움을 주는 팀이었다. 루티거는 전력을 다해 팀원들이 연습경기에서 실력을 키울 수 있도록 도왔다. 그는 그들이 더 열심히 노력하도록 북돋고 밀어붙였다. 그 결과 많은 측면에서 팀의 심장이 되었다.

루티거는 선수로 뛸 수 있는 마지막 홈 경기에서 유니폼을 입으라는 지시를 받았다. 결국 꿈을 이룬 그는 세 번의 플레이에 걸쳐 경기를 뛰었다. 마지막 플레이에서는 조지아 공과대학교의 쿼터백에게 태클을 성공시키기도 했다. 이는 그가 노터데임대학교에서 남긴 최초이자 유일한 기록이다. 이후 팀원들은 그를 어깨에 태운 채 경기장을 나왔다. 노터데임대학교에서 그런 영광을 누린 선수는 그가 최초였다. 루티거는 부적격자라는 온갖 구조적·제도적 메시지에 둘러싸인 채 자신을 성장시키는 세부 문화를 창출했다. 초기의 좌절에도 흔들리지 않았던 열정은 그를 성장 마인드셋으로 이끌었다. 뒤이어 그는 팀 내에서 성장 마인드셋을 육성했다. 그 뒤의 이야기는 앞서 말한 대로다. 이와 비슷한 사례로 그저 지식 기반에 기여하기 위해 재미로 문제를 해결하고 해결책을 공유한 프로그래머들이 있다. 교과과정에서 요구하는 수준보다 어떤 주제에 대해 더 많이 배우고자 하는 학생들도 같은 경우다.

학습에서 보람을 얻는 것이 성장 마인드셋의 작용이다. 이 경우 외부에서 주어지는 상장이나 포상이 아니라 진전 자체가 보상이 된다. 즉, 내부적으로 동기가 생겨서 그저 더 많이 발견하기를 원한다. 성장 마인드셋을 따를 때, 더 배우는 것은 또 다른 "과제"처럼 느껴지지 않는다. 그렇다고 해서 그 일이 쉽다는 말은 아니다. 그저 원한다거나 "올바른" 마인드셋을 가지면 어떤 일을 갑자기, 마술처럼 잘하게 된다는 말도 아니다. 연구에 따르면 뇌는 새로운 기술을 개발하기 위한 학습 과정을 거칠 때 상당한 동요를 경험하는 경우가 많았다.[5] 그래도 성장 마인드셋을 취하면 계속 노력하려는 동기가 생긴다. 그래서 시간이 지나면 새로운 기술과 지식을 습득하며, 이해가 깊어졌음을 인식하게 된다.

마인드셋 연속체의 다른 쪽 끝에 속하는 경우에는 자신이 하는 일에 덜 빠져든다. 그보다 다른 사람들이 어떻게 인식하는지에 더 신경 쓰게 된다. "똑똑하고 유능하게 보일까?"라며 궁금해한다. 그렇지 않을 것이라는 걱정이 들면 긴장과 불안이 몸을 사로잡는다. 최대한 많이 배울 수 있는 방식으로 과제에 접근하는 게 아니라 자신을 최대한 돋보이게 만드는 데 골몰한다. 이런 유형의 사고와 감정은 고정 마인드셋에 빠졌거나, 그쪽으로 나아가고 있다는 방증이다.

내 친구 중 하나는 자신의 실수를 가볍게 웃어넘기지 못하고, 몸이 "불안의 우리에 갇힌 것" 같은 느낌이 들 때 고정 마인드셋으로 옮겨갔음을 안다고 말한다. 이런 순간에 처해도 끔찍한 기분에 빠지지 말라. 누구나 때로는 고정 마인드셋을 체현한다. 최대한의 성장 지향형 반응은, 그런 상황을 인식하는 법을 배우고 성장 마인드셋으로 옮겨가는 데 도움을 주는 전략을 떠올리는 것이다.

앞서 들려준 이야기는 성장 마인드셋을 찬양한다. 그래도 성장 마인드셋은 좋은 것이고, 고정 마인드셋은 나쁜 것이라는 인상을 갖지 말기 바란다. 이는 흔한 오해다. 마인드셋은 그냥 마인드셋일 뿐이다. 성장 마인드셋을 따르는 것이 대개 유익하기는 하지만 절대적이지는 않다. 우리는 두 마인드셋 사이를 오간다는 사실을 명심하라. 그러면 잠깐 시간을 들여서 지탄의 대상인 고정 마인드셋을 자세히 살펴보도록 하자.

다시, 고정 마인드셋 이해하기

나는 고정 마인드셋으로 "향하는" 것(모두가 고정 마인드셋이 있으므로 보다 정확하게는 고정 마인드셋을 취하는 것)이 좋을 수도 있냐는 질문을 자주 받는다. 물론 어느 정도 그렇다. 고정 마인드셋이 강한 사람들을 상대할 때는 그들의 관점에서 이야기하는 것이 유용하다. 그들의 눈으로 세상을 보기 위해 잠시 우리 자신의 고정 마인드셋을 체현해보자. 그들의 마인드셋 트리거 또는 고정 마인드셋 신념에서 기인한 우려를 이해하는 일은 그들이 다른 방식으로 상황을 보도록 돕는 방법을 찾는 데 도움이 된다. 또한 나의 연구 결과에서 확인한 대로, 고정 마인드셋에 친숙해지는 일은 고정 마인드셋에 따른 천재 문화를 전략적으로 헤쳐나가는 데 도움이 된다.[6]

조직의 고정 마인드셋 문화를 파악하면 우리에게서 무엇을 원하는지 알 수 있다. 또한 거기에 적응하는 방식으로 대응하여 조직에 발을 들이고 나중에는 그런 여건에서 주어지는 보상을 얻는 쪽을 선택할 수 있다.

실제로 천재 문화는 과거 방식으로 일을 처리하는 것이 안전하고, 이것이 강력한 전례가 되는 산업에 만연하다. 바로 법률, 의학, 회계 같은 산업과 데이터 입력, 품질 관리, 회계 감사 같은 직무다. 그러나 캔디스 던컨이 KPMG에서 실행한 회계 업무와[7] 안전에 초점을 맞춘 셸의 골 제로에서 확인한 대로,[8] 성장 마인드셋은 이런 산업에서 혁신을 이루고 성공하기 위해 여전히 중요하다.

사실 나는 고정 마인드셋이 좋을 때도 있냐는 것이 올바른 질문이 아니라고 생각한다. 어쩌면 대부분의 시간에 고정 마인드셋 쪽으로 치우치는 것이 이득이 되느냐가 올바른 질문일지도 모른다. 그에 대한 답은 '그렇지 않다'이다. 고정 마인드셋은 우리가 믿는 자신의 정체성과 능력을 불필요하게 제한하기 때문이다. 이보다 적절한 질문은, 고정 마인드셋을 체현하는 것이 기능적일 때가 있느냐는 것이다. 나는 이 질문에 대해서는 '물론'이라고 답할 것이다.

놀랄지 모르겠지만 내가 좋아하고 협력하는 많은 사람의 기본적인 신념 체계는 고정 마인드셋이다. 가령 노력을 요구하는 일이 생기면 그들은 즉각적으로 그것을 기회가 아니라 난관으로 본다. 이런 즉각적인 내면의 반응이 그 자체로 나쁠까? 아니다. 기능적일까? 어쩌면. 그것은 고정 마인드셋을 활용하는 방식에 좌우된다. 가령 고정 마인드셋을 취하는 경우에 나오는 즉각적인 반응은 난관을 헤쳐나갈 때 생길 수 있는 문제를 예측하거나, 통하지 '않을' 방법을 파악하기 위한 것일 수도 있다. 이런 반응은 잠재적 해결책의 매개변수를 확정하는 데 도움을 줄 수 있다.

고정 마인드셋에 따른 반응이 발목을 잡는 때는 계속 영향을 미치면서 통하지 '않는' 것에만 초점을 맞출 때다. 현재, 크게 성공한 나의 친구와 동료들은 자신이 고정 마인드셋을 따르는 때를 인식하는 법을 배웠다. 그들은 고정 마인드셋의 렌즈로 상황을 바라본 다음, "이 접근법이 통하지 않으면 어떻게 할까?" 같은 질문을 통해 성장 마인드셋 쪽으로 자신을 유도한다.

이 각각의 개념은 주어진 상황에서 개인적 마인드셋을 형성하는 4가지 트리거에 대한 대처 사례를 탐구하면 좀 더 쉽게 파악할 수 있다. 첫 번째로 살필 트리거는 평가받는 상황이다.

9장 평가받는 상황

 이 책에 나오는 내용으로 시험을 볼 테니 반드시 꼼꼼하게 읽고 이해하기 바란다. 앞서 읽은 내용을 얼마나 잘 떠올리고 이해하는가는 당신이 얼마나 똑똑하고 유능한지 그리고 앞으로 얼마나 성공할지에 대해 많은 것을 말해준다.
 잠시 멈춰서 당신의 생각과 감정을 살펴보라. 불안하고 걱정되는가 아니면 흥분되어서 빨리 시작하고 싶은가? 몸이 긴장되고 위축되는가 아니면 활력이 생기는가?
 물론 실제로 시험을 치는 건 아니다. 하지만 시험을 치른다는 생각에 대한 당신이 중요하다. 이 반응은 당신이 4가지 마인드셋 트리거 중 첫 번째 트리거인, 평가받는 상황에 어떻게 대응할지에 대한 단서를 제공한다.
 평가받는 상황은 다른 사람들의 평가나 판단을 받을 것이라 예상되는 상황을 말한다. 가령 정기 회의에서 당신이 속한 팀의 업무 현황을 설명해야 하는 상황이다. 연례 실적 평가를 받는 상황도 그렇다. 어떤 상황이든 당신은 다른 사람들이 당신의 일에 대해 반응을 보이며, 그에 따라 당신을 평가할 것임을 안다.

이런 사례들을 읽기만 해도 당신의 몸은 또 다른 단서를 제공했을지 모른다. 당신이 불안을 느꼈다면 또는 근육이 긴장되고 심장이 두근거렸다면 평가받는 상황이 (최소한 현재 환경에서) 고정 마인드셋을 촉발할 가능성이 높다. 반대로 불안이 아니라 흥분을 느낀다면 평가받는 상황은 성장 마인드셋을 촉발할 가능성이 높다. 당신이 경험한 비슷한 상황을 떠올려보라. 준비하는 동안 어떤 기분을 느꼈는지 기억하는가? 그 상황에서 불안과 흥분 중 무엇을 느꼈는가? 증명하고 성과를 내야 하는 의무처럼 느꼈는가 아니면 학습의 기회라고 느꼈는가? 평가받는 상황은 여건과 무관하게 개인이 고정 마인드셋 또는 성장 마인드셋으로 기울도록(또는 전력 질주하도록) 유도하는 경향이 있다.

나는 이런 다양한 반응을 스탠퍼드 경영대학원의 한 경영자 교육 강의에서 확인했다. 당시 약 15명의 네덜란드 CEO들이 일주일에 걸쳐 집중 교육을 받으러 왔다. 나는 그들에게 고정 마인드셋 또는 성장 마인드셋의 트리거가 되는 상황과 그런 상황에 대한 반응을 파악하는 방법을 가르쳤다. 마인드셋 트리거에 대한 설명을 하고 2인 1조로 실습을 진행했다. 나는 그들에게 "이 4가지 상황에 걸쳐서 과거 또는 현재 당신이 직접 경험한 것들에 대해 이야기를 나누십시오. 삶의 다른 시점에서 다른 반응이 나올 수 있다는 점을 염두에 두십시오"라고 말했다.

나는 그들이 대개 직설적이고 분명한 스타일로 대화해서 좋았다. 노골적이고 퉁명스러우면서도 건강한 논쟁이 상당히 많이 벌어졌다. 나는 그들을 다시 모아서 어떤 사실을 알게 되었는지 말해달라고 요청했다. 하지만 모두가 입을 다물었다. 사실 그런 이야기를 (특히 먼저 나서서) 하는 것은 치부를 드러내는 일과 같다. 어떤 사람들은 그것을 약점으로 보기도 한다. 마침내 한 사람이 주저하며 손을 들었다. 나는 "좋아요, 어떤 생각을 했는지 말해주시죠"라고 권했다.

그는 목소리를 가다듬으며 이렇게 말했다. "회사 내에서 논란이 벌어질 만한 제안을 했을 때 반발에 부딪히는 경우가 너무 많았습니다. 그러다 보니 그런 제안을 준비하는 일을 점점 다른 사람에게 넘겨버리고 싶어졌습니다. 대단히 불안한 마음으로 일에 집중해야 하니까요. 그래서 부하 임원에게 슬라이드나 발표문을 만들도록 했습니다. 저는 그 내용을 약간 다듬기만 했습니다. 그렇게 하면 직원들의 반응으로부터 어느 정도 저를 보호할 수 있으니까요. 직원들이 어떻게 반응할지 예상하고, 거기에 집중력을 빼앗기지 않으려 일을 다른 사람에게 떠넘긴 거죠."

다른 참가자들은 고개를 끄덕이며 "맞아요, 그럴 수 있어요"라고 말했다. 잠시 후 또 한 사람이 손을 들었다.

그는 "제게도 고정 마인드셋을 불러일으키는 상황들이 많습니다. 하지만 평가받는 상황은 사실 성장 마인드셋 트리거가 될 수도 있다고 생각합니다"라고 말했다.

다른 참가자들은 "정말로요?"라고 물었다. 그는 이렇게 말했다.

"그럼요! 저는 직원들에게 물어볼 수 있는 최선의 방법을 고민하는 걸 좋아합니다. 어떻게 피드백 고리를 만들면 회사를 실질적으로 개선하는 데 필요한 정보를 얻을 수 있을지 고민하는 거죠. 그런 마인드셋으로 보면 모든 일이 가능한 것처럼 느껴집니다. 긍정적인 피드백을 많이 얻을 거라고 예상하지는 않습니다. 그저 우리가 소통하는 사람들로부터 가장 유익한 정보를 얻는 방법을 미리 계획하는 일이 좋을 뿐입니다." 그는 실제로 회의 시간에 말하기보다 듣는 데 더 많은 시간을 들인다며 덧붙였다. "가끔 그래서 비판을 들을 때도 있습니다. 하지만 최대한 마음을 열고 들어야 최선의 결정을 내릴 수 있다고 생각합니다."

이처럼 사람들은 평가받는 상황에 대해 상반된 반응을 보인다. 고정 마인드셋이 촉발되는 경우 개인적 성과를 강조하게 된다. 그래서 '어떻게 하면 나를 가장 돋보이게 만들 수 있을까?'라고 고민한다. 가령 보고서나 발표, 연설을 준비할 때 지능과 능력을 보여주는 데 초점을 맞추게 된다. 또한 자신의 명민함을 드러낼 자료를 찾고 제시한다. 이런 과정을 돌아볼 때는 난관과 좌절의 경험을 이야기하기를 피한다. 힘들었다고 말하면 약해 보이거나 평판이 나빠질까 두렵기 때문이다.

고정 마인드셋을 따르면 자신의 가치를 증명한다는 협소한 성과 지향 목표를 추구하게 된다.[1] 업무는 똑똑함을 증명해 합격해야 하는 시험이 된다. 언뜻 보면 문제될 것이 없다. 누구나 높은 성과를 올리고 동기를 가진 직원을 원한다. 그렇지 않은가? 그러나 그런 마인드셋은 성과를 제한한다. 팀이나 조직을 위한 목표(업무 결과물이 조직의 발전에 기여해야 한다)가 아니라 개인을 위한 목표(업무 결과물이 자신의 명민함을 반영해야 한다)를 추구하기 때문이다. 성과를 제한하는 또 다른 이유도 있다. 대개 성과에 과도하게 집중하면 학습에 덜 집중하게 된다. 이는 자신뿐 아니라 업무 결과물과 조직의 성장과 발전을 위한 데이터나 자료를 수집하는 능력을 억누른다.

반면 성장 마인드셋에 따른 관점은 보다 발전적이다. 그래서 "어떻게 하면 이걸 활용해서 아이디어를 개선할 수 있을까?"라는 식으로 학습 지향 목표를 추구하게 된다. 일을 준비할 때는 아이디어를 다듬을 수 있도록 다른 사람들의 피드백을 얻을 방법에 초점을 맞춘다(주위에 성장형 세부 문화를 창출한다). 일한 결과를 제시할 때도 지금까지 이룬 성공을 보여주는 한편, 그동안 직면한 난관과 고난들을 극복하기 위해 활용한 전략을 공유한다. 이는 다른 사람들도 우리의 경험을 통해 배우도록 해주고(이 역시 주위에서 성장형 세부 문화를 육성한다), 현재의 딜레마를 헤쳐나가는 데 도움이 되는 통찰을 제공하도록 유도한다.

평가받는 상황에 대한 마인드셋 연속체

고정 ◄──────────────────► 성장

고정		성장
무조건 똑똑하게 보인다.	**목표**	무조건 배움을 얻는다.
"내가 일을 통해 추구하는 주된 목표는 내가 얼마나 뛰어난지 보여주는 것이다."	**사고방식**	"최고의 평가를 받기보다 일하는 법을 배우는 것이 훨씬 중요하다."
방어적 "사람들이 잘 몰라서 하는 소리야."	**그에 따른 반응**	수용적 "큰 도움이 되었어! 이제 더 잘 이해가 돼."

    테라노스 설립자인 엘리자베스 홈즈는 평가받는 상황에 직면했을 때 고정 마인드셋에 따른 행동이 어떤 문제를 일으키는지 보여준다. 이는 현대의 교훈으로 삼을 만하다. 〈월스트리트저널〉의 존 캐리루가 보도한 바에 따르면 홈즈는 어린 시절부터 특출난 아이로 평가받았다.[2] 그녀는 스탠퍼드대학교 1학년 때 혈구를 측정하는 접착식 패치에 대한 아이디어를 떠올려 의과대학 교수인 필리스 가드너에게 제안했다. 가드너가 다른 인터뷰에서 밝힌 바에 따르면 그는 "홈즈에게 타당성이 없다고 거듭 말했다."[3] 그래도 홈즈는 수긍하지 않았다. 오히려 그녀는 다른 교수의 지지

를 이끌어내는 데 성공했다. 그 교수는 홈즈를 천재라 부르며 베토벤에 비유했다. 그녀는 19세 때인 2003년에 스탠퍼드대학교를 중퇴하고 테라노스를 설립했다. 혈구 측정 패치에 대한 아이디어는 PC 크기의 기기(홈즈는 이를 "에디슨"이라 불렀다)에 대한 계획으로 바뀌었다. 이 기기가 개발되면 손가락 끝을 찔러 얻은 적은 양의 혈액 샘플로 200여 가지 테스트를 할 수 있었다.

홈즈는 금세 기술 부문의 총아가 되었고, 엄청난 숫자가 담긴 평가를 받았다. 그녀는 수억 달러나 되는 벤처투자자금의 값어치를 하고, 90억 달러에 달하는 회사의 가치를 증명해야 했다. 회사를 키우려면 실제로 기능하는 기기를 만들어야 했다. 하지만 그녀는 실패했다. 그들이 만든 소형 기기, 에디슨은 다양한 테스트를 수행해야 하는 과제를 해결하지 못했다. 게다가 사용하기로 한 혈액이 너무나 소량이라, 테스트를 절반만 실행하려 해도 혈액을 과도하게 희석해야 했다. 이 탓에 결과를 신뢰하기 어려웠다.

그럼에도 홈즈는 이를 사실대로 털어놓거나 명망 높은 이사나 멘토 들에게 도움을 청하지 않았다. 그녀는 투자자, 직원, 이사회, 연방 규제 당국을 속였다.[4] 테스트 결과를 조작하거나 혈액 샘플을 일반 혈액 검사 기관으로 보내 분석한 다음 에디슨으로 분석한 것처럼 꾸몄다.[5]

한번은 엔지니어링 책임자에게 에디슨의 문제를 고치기 위해 직원들의 24시간 근무도 불사하라고 말했다. 그는 직원들이 이미 과로에 시달린다며 거절했다. 그러자 그녀는 다른 엔지니어링 팀을 만들어 두 팀을 경쟁시켰다. 승자는 일자리를 지킬 수 있었다.

큰 대가가 걸린 평가에 직면했을 때 홈즈가 성장 마인드셋으로 옮겨갈 수 있었다면 그녀의 여정은 어떤 양상이었을까? 우선, 에디슨이 기능하지 않는 이유과 그들이 직면한 난관에 대한 직원들의 말에 귀를 기울였을 것이다. 또한 폭넓은 인맥의 도움을 받았을 것이다. 기술업계의 뛰어난 두뇌들뿐 아니라 뛰어난 평판을 얻은 당대의 군부 및 정치계 리더가 포진한 이사회가 있었으니까. 홈즈가 배움의 접근법으로 옮겨갔다면 테라노스는 결국 기술 구현에 성공했거나 보다 타당한 기술 기반 해결책으로 돌아섰을 수도 있다. 충분한 데이터를 수집하고 다른 사람들에게 배움을 얻는 일은 성장 마인드셋을 취한 사람들이 새로운 전략으로 돌아서도록 돕는다. 특히 앞으로 나아가기 위해서는 새로운 방향이 필요하다는 사실이 명확해졌을 때 더욱 그렇다. 하지만 테라노스는 2018년에 문을 닫았고, 홈즈는 2022년에 4건의 사기 혐의에 대해 유죄 판결을 받았다.[6] 또한 전 최고운영책임자인 라메시 서니 발와니는 12건의 혐의에 대해 유죄 판결을 받았다.

엘리자베스 홈즈는 평가를 받는 상황에서 고정 마인드셋에 따라 행동한 극단적인 사례이다. 스티치 픽스Stitch Fix의 공동 창립자이자 전 CEO 카트리나 레이크(이 책을 쓰는 당시 임시 CEO로 복귀함)는 상반되는 사례이다. 레이크는 홈즈처럼 스탠퍼드대학교

출신이다.[7] 그녀는 졸업 후 2년 동안 컨설팅 회사에서 일했다. 당시 그녀는 개인화된 쇼핑과 기술을 결합해 유통업계를 혁신한다는 계획을 구상했다. 이 모델에서 구매자는 창고형 매장에 들어가 여러 선택지를 살펴보며 마음에 드는 옷들을 표시한다. 그다음 피팅 룸에서 원하는 사이즈와 색상의 옷들을 입어본다. 이때 매장의 구매 보조 직원이 골라준 옷들도 같이 제공된다. 동료들은 레이크의 아이디어가 지닌 중대한 문제들을 지적했다. 결국 그녀는 얼마간 고민한 끝에 계획을 포기했다. 하지만 벤처 투자사에서 일한 후로 사업을 해보고 싶다는 충동이 끊이지 않았다.

레이크는 창업 자금을 요청하러 벤처 투자사를 찾아가기 전에 사업을 보류하기로 결정했다. 잠재적 투자자들이 최대한 확신을 가질 수 있도록 수많은 데이터를 지닌 강력한 모델을 개발하고 싶었기 때문이다. 그녀는 사업과 벤처투자에 대해 더 많은 것을 배울 수 있을 뿐 아니라 자신의 아이디어를 검증할 시간을 벌 수 있겠다는 생각으로 하버드 경영대학원에 들어갔다. 거기서 대중에게 개인화된 쇼핑을 제공하는 구독형 서비스, 스티치 픽스에 대한 아이디어가 만들어졌다. 레이크는 (나중에 회사를 떠난 공동 창립자, 에린 모리슨 플린과 함께) 철저하게 자신의 아이디어를 검증하는 한편, 데이터를 기록하고 확인했다. 그리고 마침내 자료를 들고 자금을 모으는 일에 나섰지만, 거절당했다.

홈즈는 비슷한 상황에서 증명하고 성과를 내는 전술에 더욱 매달렸다. 반면 레이크는 아이디어를 계속 다듬었다. 자신의 아이디어에 퇴짜를 놓은 50여 개의 벤처 투자사들로부터 받은 타당한 피드백도 반영했다. 또한 스티치 픽스의 성장 궤도를 이어가기 위해 자신보다 "훨씬 똑똑하고 재능 있는" 사람들을 채용했다. 월마트의 전 최고운영책임자와 넷플릭스의 전 알고리즘 책임자 등이었다. 스티치 픽스는 계속 성장했고, 소수의 추가 투자자들을 끌어들였다.

레이크와 그녀의 팀은 최대의 평가인 상장을 준비하는 과정에서 재정 지원을 받지 못해 다시 어려움을 겪었다. 상장 이틀 전, 레이크의 자문이 18개월 동안 기다렸다가 재도전하는 선택지를 제시했다.[8] 이번에 레이크는 그 제안을 거절했다. 설령 투자자들이 주저한다 해도 상관없었다. 그때까지 그녀의 팀은 많은 것을 배우고 만들어냈다. 그녀는 궁극적인 평가자들인 소비자들이 보일 반응을 확신했다. 그녀는 "오늘 주가가 낮게 나와도 우리의 가치를 증명할 겁니다. 우리는 이전에도 과소평가를 당했어요"라고 말했다. 2017년에 레이크는 회사를 상장시킨 최연소 여성이 되었다. 현재 그녀는 실리콘밸리에서 가장 성공한 창립자 겸 CEO 중 하나다.[9]

앞서 증명과 성과에 집착하는 마인드셋이 지닌 잠재적 위험을 확인했다. 그러면 당신(그리고 당신과 교류하는 사람들)이 평가받는 상황에 직면했을 때 성장 마인드셋으로의 전환을 이끄는 방법을 살펴보자.

당신이 할 수 있음을 증명하라

다음은 평가받는 상황에서 사용할 수 있는 마인드셋 촉진법이다. 총 5개로, 성장 마인드셋에 따른 행동을 유도할 가능성이 높다. 이 접근법들은 조사 및 사례연구에 기반한 것이다.

여건을 조성하라

리더는 평가받는 상황을 인식했을 때 협력적, 학습 지향적 마인드셋을 촉진하는 여건을 조성할 수 있다. 우리는 리더들이 상황이나 과제를 제시할 때 경쟁적 긴장을 완화하고 협력과 창의성을 촉진하는 언어를 쓰도록 도와준다. 이때 그들은 진실되게 이야기해야 한다. 또한 대가를 투명하게 제시해야 한다. 그러면 직원들은 자신이 어떻게 평가받을지 알 수 있다. 이는 상황을 능력을 증명해야 하는 시험이 아니라 배움을 얻을 기회로 바라보는 데 도움을 줄 수 있다.

저술가이자 동기부여 강연자 사이먼 사이넥은 창업자이자 저술가 데이브 애스프리와 인터뷰를 했다.[10] 그는 이 인터뷰에서 코로나 팬데믹 초기에 팀과 가졌던 회의에 관해 들려주었다. 코로나 팬데믹은 주로 대면 방식으로 프레젠테이션과 워크숍을 진행하는 그의 사업 모델에 엄청난 영향을 주었다. 그는 직원들에게 사업을 지속할 수 있도록 사업 모델을 전환할 15개의 아이디어를 48시간 동안 구상하도록 요청했다. 물론 15개의 아이디어를 제시하기란 어렵겠지만 그래도 직원들이 창의성을 발휘하기를 바랐으며, 그 점을 설명했다.

사이넥은 팀이 아이디어를 발표하기 전에 증명 및 성과를 중시하는 세부 문화에서 공유 및 지원을 중시하는 세부 문화로 여건을 바꾸려 했다. 그는 이렇게 말했다. "핵심은 경쟁이 아니라 기여입니다. 분명 놀라운 아이디어를 6개나 제시하는 사람도 있고, 하나도 제시하지 못하는 사람도 있을 겁니다. 그래도 괜찮습니다. (…) 아이디어를 떠올린 사람이 실행도 가장 잘하는 건 아니니까요. (…) 무엇보다 중요한 것은 이 자리를 통해 우리의 강점이 어디에 있는지 또한 어떻게 우리가 협력할 것인지 알아내는 것입니다."

사이넥은 이런 방식으로 회의의 성격을 규정하고 평가에 따라붙는 고정 마인드셋을 완화했다. 그는 팀원들의 다양한 의견이 지니는 가치를 인식했으며, "뛰어난" 아이디어를 떠올리는 것은 성공에 필요한 요소 중 하나에 불과하다고 밝혔다. 그의 팀은 회의 시간에 최고의 아이디어들을 논의하고 함께 다듬어갈 수 있었다. 덕분에 나중에는 소수가 아니라 전체 팀이 아이디어를 공유하게 되었다. 자신의 아이디어가 채택되는 "트로피"를 모두가 받지는 못했다. 그러나 회의 과정에서 모두가 성장 마인드셋으로 옮겨갔으며, 팀 전체의 성공에 기여할 수 있는 자신만의 기회를 얻었다.

일을 규정하는 방식은 중요하다. 그다음에는 그 일을 가장 효과적인 방식으로 실행할 수 있도록 만드는 것이 마찬가지로 중요하다.

의욕 과잉: 일부 기업은 의욕이 과잉된 분위기를 조성한다. 이런 분위기에서 직원들은 과도한 평가에 시달린다. 이는 자율성과 전문성을 저해한다. 어떤 조직이나 관리자는 (거의 끊임없는 중간 점검이나 쓸데없는 결과물 생산 같은) 성과의 증거를 계속 요구한다. 이런 요구는 직원의 능력을 확신하지 못하고 있다는 것을 시사한다. 이처럼 계속되는 평가는 직원들에게 현미경으로 관찰당하는 듯한 느낌을 주며, 고정 마인드셋을 촉발할 가능성이 높다. 문화 저술가 앤 헬렌 피터슨이 《요즘 애들Can't Even》에서 쓴 대로, 이런 분위기는 직원들, 특히 원격근무를 하는 직원들이 실시간 역할극을 하듯 일하도록 요구한다.[11] 어떤 경우에 그들은 실제로 의미 있는 일을 하기보다 관리자와 동료에게 자신이 일하고 있음을 알리는 데 더 많은 시간을 들인다. 그에 따른 추가적인 노력과 짜증은 직무 관련 탈진을 초래할 수 있다. 그렇다면 무엇이 의욕 과잉의 분위기를 만들까?

2020년에 나는 톰 커틀, 엘로라 사카르 그리고 그들의 키스톤 팀과 작은 프로젝트를 진행했다.[12] 여러 기업의 데이터 관련 문화에 존재하는 고정 마인드셋 행동과 성장 마인드셋 행동을 분석하는 프로젝트였다. 우리는 데이터 및 활용과 관련해, 고정 마인드셋 또는 성장 마인드셋에 따라 접근법을 취하는 것이 혁신이나 적응력 같은 다른 조직적 성과에 영향을 미치는지 알고 싶었다.

우리가 분명하게 확인한 사실은 데이터와 관련된 천재 문화(누가 데이터를 수집할 수 있는지, 데이터를 어디에 활용할지, 누가 데이터에 접근할 수 있는지가 제한된 문화)가 강한 기업들은 의욕 과잉 문제를 안고 있다는 것이었다. 기업이 명확한 비전이나 목표를 갖고 있지 않고, 직원들이 창의성과 혁신 능력을 발휘할 여지를 제공하지 못할 때 흔히 의욕 과잉이 나타난다.

회사의 비전이 흐릿하면 직원들은 회사가 어디로 향하는지, 자신이 지금 맡은 일을 하는 이유가 무엇인지 설명하는 데 어려움을 겪는다. 비전이 명확하지 않을 때 관리자들은 오히려 직원들을 더 면밀하게 감시하고 업무에서 더 많은 제약을 가하는 경향이 있다. 직원들은 평가를 받는 모든 상황에서 능력을 증명해야 하는 지속적인 압박감을 느낀다. 실제로 과도한 통제를 받고 있기 때문이다. 공정하게 관리자들의 입장을 말하자면, 그들은 혼란한 환경에서 질서를 만들기 위해 최선을 다하고 있다. 분명한 비전이 없는 경우 직원들이 여러 방향으로 나아갈 수 있다. 노력과 참여를 한데 모으는 방향이 없기 때문이다. 그래서 관리자들이 직원들을 과도하게 평가한다.

"나도 알아!"라는 아이 또는 어른: 이 통찰은 협력자인 스테파니 프라이버그에게서 얻었다.[13] 그녀는 교수 일을 하는 동안 틈틈이 시간을 내 지역사회에 봉사한다. 구체적으로는 자신의 가족이 속한 원주민 공동체의 학구를 포용적인 성장 문화로 바꾸는 일을 한다.

당신은 "나도 알아!"라고 말하는 아이를 알 것이다. 당신의 아이가 그럴 수도 있고, 가족이나 동료 집단에서 그런 행동을 접했을 수도 있다. 그들은 조언이나 지도를 받으면 귀를 기울이는 대신 "나도 알아!"라고 반발한다. 물론 일부는 심하게 간섭하거나 명령하는 부모에게 맞서는 것일 수도 있다(의욕 과잉이 초래할 수 있는 반응). 그러나 대다수 경우에는 평가받는 상황에 노출되어 고정 마인드셋이 나타난 것이다. "나도 알아, 안다고! 나를 도우려고 하지 마!"라는 말은 사실 "나를 바보로 보지 마!"라거나 "내가 못할 거라고 생각하지 마"라는 말인 경우가 많다. 그들은 평가받는 상황을 예상하고, 자신의 노력이나 그 결과가 부진해 보일까 두려워한다.

많은 사람들은 그런 아이를 동정한다. 특히 자신의 아이일 때는 더욱 그렇다. 하지만 어른인 경우 동정심을 덜 가진다. 그러나 아이든 어른이든 마인드셋에 작용하는 상황적 신호는 같다. 그들은 모두 능력이나 역량 또는 지식이 부족해 보이는 것을 걱정한다. "나도 알아!"라는 어른들이 상투적으로 하는 말도 비슷하다. 그들은 "나한테 어떻게 해야 한다고 말하지 말아요. 나도 알아요. 언제까지 해야 한다는 말도 할 필요 없어요. 알고 있으니까요"라고 말한다.

아이든 어른이든 성장 마인드셋을 유도하려면 여건을 조성해야 한다. 즉, 자신의 능력을 어떻게 인식할지에 대한 이면의 우려에 대응해야 한다. 그들이 능력과 역량을 가졌음을 믿는다고 말하라. "이 일을 했으면 좋겠고, 이렇게 해야 합니다"라고 말하지 마라. 대신 "이 일을 했으면 좋겠습니다. 아마 해본 적이 없어서 힘들 겁니다. 그래서 몇 가지 아이디어를 제안하고 싶습니다"라고 말하라. 또는 "저번에 일을 아주 잘했습니다"라며 기술과 능력을 인정한 다음, "이제 이런 방식으로 기술을 확대하거나, 더 빨리 또는 효율적으로 했으면 좋겠습니다"라고 덧붙여라.

또 다른 접근법은 "이건 종종 어려운 일이지만 아주 좋은 배움의 기회입니다"라는 말로 고전하는 모습에 대한 낙인을 지우는 것이다. 그들이 발전하기를 바라는 마음을 강조하는 것도 도움이 된다. 가령 이렇게 말할 수 있다. "이미 일을 잘하고 있습니다. 다만 여러 프로젝트를 시도하면서 경험을 쌓게 하고 싶습니다. 힘든 과정을 거쳐야 발전하고 성장할 수 있으니까요. 그래서 그런 과정에서 도움이 될 몇 가지 아이디어를 제시하고 싶습니다." 이런 말은 실적을 평가받는 일에 대한 모든 불안이나 두려움을 완화한다.

성장에 초점을 맞춰라

평가받는 상황에서 성장 마인드셋을 촉진하는 또 다른 방법이 있다. 바로 성장과 학습을 위한 행동을 해당 활동에 포함시키는 것이다. 일부 조직은 회의에 소위 "가시와 장미" 요소를 넣어서 참가자들을 성장 마인드셋으로 이끈다. 예를 들자면 주간 회의를 시작할 때 그 주에 가장 흥분되었던 일 또는 큰 성공으로 여기는 일을 이야기하도록 권장하는 식이다. 이는 장미에 해당한다. 거기에 더하여 참가자들이 대처하고 있는 까다로운 문제나 예상되는 장애물을 돌아보도록 한다(이 대목에서 잠재적 학습이 이루어진다). 그다음 진행자는 어려운 문제를 헤쳐나가는 방법과 관련한 아이디어나 전략을 요청한다. 이 경우에도 고전하는 모습과 도움을 요청하는 것에 대한 낙인이 지워지며, 오히려 회의의 정규적 기준을 이루는 중심 요소가 된다.

홀푸드마켓의 공동 창립자이자 전 CEO 존 매키는 팀의 최선을 이끌어내기 위한 "도전과 지원" 접근법을 이야기한다. 그는 《돈, 착하게 벌 수는 없는가Conscious Leadership》에서 이렇게 쓴다. "'도전' 측면은 주로 팀원을 밀어붙이고 압박하는 일을 수반한다. (…) 그 목적은 조직의 더 높은 목적을 달성하는 데 필요한 추가적 노력을 기울이게 만드는 것이다. (…) 반면 '지원' 측면은 인내심을 바탕으로 한 전략을 제공하고, 팀원과 그들의 필요를 돌보는 것이다."[14] 이런 분위기에서 직원들은 평가받는 상황을 개발과 학습의 기회로 보게 된다. 또한 그들은 그 상황에 필요한 자원과 지침을 얻는다.

지원을 얻어라

당신 혼자뿐이라면 어떻게 해야 할까? 당신은 성장을 지향하지만 고정 마인드셋이 강한 조직이나 관리자 아래에서 일한다면 어떻게 해야 할까? 이런 경우 코로나 팬데믹으로부터 교훈을 얻을 수 있다. 당시 많은 사람들이 사회적 거리두기 때문에 외로움과 고립감에 시달렸다. 그래서 가족이나 친구를 모아 팬데믹 소모임을 만들었다. 어떤 사람들은 이런 소모임을 토대로 자녀를 위한 홈 스쿨까지 만들었다.

또는 보조마 세인트 존과 그녀의 모임을 참고할 수도 있다.[15] 세인트 존은 이사 레이, 러비 아자이, 신시아 에리보와 함께 활기찬 전문직 여성들의 모임을 만들었다. 웨스트 아프리칸 볼트론 West African Voltron이라는 별칭으로 불린 이 모임은 서로를 사적으로나 직업적으로 지원했다. 또한 격려하고 함께 웃었다. 보다 큰 천재 문화 안에서 이런 성장 지향 세부 문화를 창출하는 것은, 조직 내외부에서 우리가 할 수 있는 일이다.

발표를 준비할 때처럼 평가를 앞둔 상황에서 자신만의 작은 팀을 만들어라. 이를 통해 성장 지향 학습 목표를 달성하는 데(그리고 물론 더 나은 결과물을 만드는 데) 도움이 되는 다양한 통찰과 피드백을 얻어라. 조직에서 비슷한 성장 마인드셋을 가진 다른 사람을 알지 못한다면 사람들의 마인드셋을 관찰할 수 있는 회의나 다른 상황에 주의를 기울여라. 누가 통찰력 있는 질문을 하는지, 건설적이고 의미 있는 피드백을 제공하는지 확인하라.

그래도 같이 소모임을 만들 만한 사람이 여전히 부족할 수 있다. 이 경우 조직 바깥을 살펴라. 많은 CEO들은 회사 바깥에서 의견을 교환할 동류 집단을 만드는 것을 좋아한다. 위에서 내려다보는 시각은 회사 전체의 다른 곳에서 바라보는 시각과 다를 수 있기 때문이다. 여러 직급에서 낸 피드백을 받아들이는 것은 효과적인 리더가 되는 데 중요하다. 그러나 일부 사안에는 대표로 일한다는 것의 의미를 아는 사람의 관점이 필요하다.

유도하고 방목하라

리더들은 의욕 과잉을 방지하기 위해 회사의 사명이 무엇인지, 그리고 어떤 일이 거기에 부합하는지 명확하게 알려야 한다. 물론 그러기 위해서는 먼저 조직이 분명한 비전을 가져야 한다.

직원들은 회사의 비전과 자신의 역할을 이해하는 수준을 넘어서야 한다. 즉, 그들이 회사의 비전을 실현할 수 있도록 능력과 권한을 부여해야 한다. 이는 사려 깊은 훈련과 대화를 필요로 한다. 이를 통해 직원들은 직무를 수행하는 데 도움이 되는 전략을 이해하게 된다. 또한 그들은 그 과정에서 어떤 자원으로 자신들을 지원하는지 인식하고 접근할 수 있어야 한다. 그다음에는 어떻게 해야 할까? 그들이 알아서 실행하도록 놔두어야 한다.

직원에게 직원 설문조사를 맡기는 경우를 예로 들어보자. 어떤 방식으로 접근할지 이야기를 나누고, 설문 내용을 설계하는 데 도움이 되는 사람과 자원을 알려준 다음에는 스스로 하도록 놔

두라. 계속 감시하거나 진행 상황을 보고하라고 요구하지 마라. 이는 해당 직원과 그의 능력을 신뢰하지 않는다는 표시다.

물론 완전히 손을 떼라는 말은 아니다. 성장을 추구하는 방향으로 환경을 바꾸고 직원들을 훈련해야 한다. 그러면 그들이 독립적으로 잘 일할 수 있으며, 난관에 부딪히거나 성공을 이루었을 때 필요에 따라 보고할 것이라고 믿을 수 있다. (그런 일이 일어나지 않는다면 직원들이 성공하도록 하기 위해 무엇이 필요한지 파악해야 한다. 가령 훈련이 더 필요할 수도 있고, 성공의 정의나 다른 것들을 이해하는 데 필요한 요소를 보다 명확하게 설명해야 할 수도 있다.)

유도와 방목 방식은 또 다른 혜택을 지닌다. 학습 지향적 성장 문화를 제대로 육성하고 알아서 일하도록 믿고 맡기면, 직원들은 새롭고 혁신적인 방식으로 기여할 길을 찾는다. 그들은 일하는 방식을 개선할 뿐 아니라 조직이 목표에 더 가까이 다가가도록 도울 잠재적 변화를 추구한다.

성장 마인드셋의 모범을 보여라

리더는 평가받는 상황에서 성장 마인드셋의 모범을 보일 기회를 갖는다. 이는 네덜란드 경영자들의 사례처럼, 리더 스스로가 배우고 성장할 계기일 뿐만 아니라 조직 전반에서 촉진하고자 하는 행동의 가시적 사례가 된다.

마크 저커버그와 셰릴 샌드버그는 페이스북(현 메타) 초기부터 금요일 "전원" 모임을 통해 이 전략을 썼다.[16] 모임에서 두 사람은 따로 또 같이 대규모 질의응답 시간을 가졌다. 이때 처음 몇 분 동안에는 회사에서 추진하는 최신 프로젝트를 직원들에게 설명했다. 그다음 무엇이든 질문하거나 제안할 수 있는 마당을 열었다.

고정 마인드셋을 따르는 경우라면 정반대로 진행된다. 즉, 발표자가 자신의 말로 시간 대부분을 채우고 마지막에 시간을 거의 또는 전혀 남기지 않는다. 그래서 부정적인 피드백이나 도전적인 주제가 제시될 여지가 없다.

조직의 모든 직위에서 모범을 보이는 전략을 활용하는 방법을 배워야 한다. 그러면 평가받는 상황은 더 이상 두려움과 방어적 증명, 성과 멘털리티를 불러일으키지 않는다. 오히려 능력과 역량을 함께 키우는 기회가 된다.

성찰을 위한 질문들

* 당신의 내면에서 "나도 알아!"라는 반발심이 고개를 든 때를 상기해보라. 어떤 인식이 두려워 그런 반응이 나왔을까? 향후 그런 순간이 찾아오면 증명과 방어의 마인드셋에서 학습과 개발의 마인드셋으로 옮겨가기 위해 어떤 일을 할 수 있을까? 어떻게 하면 불안을 억누르고 용기를 북돋을 수 있을까?
* 당신이 리더라면 평가받는 상황을 어떻게 설정해야 직원들을 성

장 마인드셋으로 유도할 수 있을까? 어떤 언어와 관행을 활용해야 그런 상황을 통해 직원들을 개발할 수 있을까?

* 평가받는 상황을 마주할 때 어떻게 해야 고정 마인드셋의 징표인 육체적 긴장과 방어적 태도를 인식하고, 인정하며, 성장 마인드셋으로 옮겨갈 수 있을까? 인식은 전환의 첫걸음일 뿐임을 명심하라. 어떻게 해야 "이 일을 통해 최대한 많은 걸 배우겠어"라는 마인드셋으로 평가받는 상황에 접근할 수 있을까? 그런 마인드셋은 어떤 느낌이고, 어떤 모습으로 드러날까?

10장 역경이 닥친 상황

백지. 텅 빈 채 내용이 채워지기를 기다리는 종이나 스크린보다 더 영감이나 초조함을 불러일으키는 것은 없다. 대다수 작가는 새로운novel 것(실제 소설novel 포함)을 창작하려면 노력과 장시간의 집중, 거듭 시도하려는 의지가 필요하다는 데 동의한다. 텅 빈 캔버스(그리고 그 프로젝트가 요구할 엄청난 일의 양)에 대한 생각은 불안과 흥분 중 무엇을 느끼게 하는가? 두 번째 마인드셋 트리거는 역경이 닥쳤을 때 어떻게 대응할지 알려준다.

역경은 과거보다 더 많은 노력이나 시간 또는 정신적 자원 및 주의를 쏟는 데 성공이 좌우되는 상황이다.[1] 때로는 새로운 맥락에 처하는 일도 있다. 새로운 직장이나 학교에 가는 것, 새로운 기술을 익히거나 새로운 방식으로 기술을 활용해야 하는 새로운 팀으로 옮기는 경우 등이다. 더 이상 과거의 지식에 의존할 수 없거나 과거에 통하던 접근법을 활용할 수 없을 때 역경이 찾아온다.

어떤 사람들은 (본질적으로 어느 정도 실패하기 마련인) 이런 상황을 피한다. 그러나 라모나 후드처럼 적극적으로 추구하는 사람들도 있다. 후드는 페덱스 커스텀 크리티컬FedEx Custom Critical의 의장 겸 CEO이며, 페덱스의 자회사를 이끈 최초의 흑인 여성이다.[2]

라모나는 19세에 접수원으로 경력을 시작했다. 혼자 아이를 키우던 그녀는 배달 일을 그만두고 보다 안정된 일과가 주어지는 일을 찾고 있었다. 일과 양육, 학업의 균형을 맞추기 위해서였다. 그녀는 곧 안전 및 하청업체 관리 부서에 일자리를 얻었다. 몇 년 후 운영 부서에서 일할 기회가 생겼다. 그녀는 관리 부서에서 편안하게 지내며 일을 잘하고 있었지만 다양한 경험을 쌓고 싶었다. 그래서 운영 부서로 옮겨갔다. 이후 영업 및 마케팅을 거쳐 페덱스가 얼마 전에 인수한 회사의 사업부를 이끌게 되었고, 나중에는 페덱스 커스텀 크리티컬로 돌아와 새로운 운영 업무를 맡았다. 2020년 1월, 그녀는 CEO 자리를 물려받았다.

라모나는 경력을 쌓는 내내 거듭 난관에 맞섰을 뿐 아니라 도전에 나서기도 했다. 그녀는 2020년에 〈더스킴theSkimm〉 인터뷰에서 이렇게 말했다. "리더의 자리에 올라간 후에 운영 부문을 결코 떠나지 않는 편이 일하기에 수월했을 겁니다. 일을 잘해냈고, 결과로 보여주는 뛰어난 기술과 역량을 갖추고 있었어요. 하지만 새로운 일을 배우는 불편함에 익숙해지는 게 중요하다고 생각했습니다. 위험을 감수하고 약간의 실패를 겪어야 성장할 수 있습니다."

이처럼 역경은 성장 마인드셋을 촉발할 수 있다. 다만 후드의 태도가 보여주듯, 상황을 개선해 성공에 이르려면 자신이 도전하고 목표를 추구하는 데 도움이 되는 전략을 찾아야 한다는 믿음을 가져야 한다. 이 경우에는 기술을 개발할 기회를 추구하게 되며, 흔히 사람들은 쉽고 수월한 일(또는 적어도 그런 일이 너무 많은 것)에 불만이나 권태를 느낀다. 힘들지 않으면 학습과 성장도 없다는 것을 알기 때문이다.

반대로 역경이 닥친 상황에서 고정 마인드셋이 촉발될 수도 있다. 이는 노력과 능력이 반비례 관계라는 편견 때문인 경우가 많다. 필요한 능력을 갖추지 못했기 때문에 프로젝트를 어렵다고 느끼고, 힘겹게 매달린다는 생각이다. 역경은 우리를 취약하게 만든다. 새로운 영역으로 들어가야 하기 때문이다. 이 경우 실력이 "들통나서" 자질 부족이라는 평가를 받을까 두려워하게 된다. 그러면 익숙한 자리에 머무는 것으로 대응할 수 있다. 내가 자문한 어느 창업자는 문제를 해결하기 위한 처음 한두 번의 시도가 통하지 않으면 심한 짜증이 난다고 털어놓았다. 그는 다른 사람들에게 부정적인 피드백을 받을까 우려했다. 그러고는 이미 상당한 자책을 한 터라 고정 마인드셋 쪽으로 옮겨가 일을 떠넘기거나 포기해버렸다.

정상급 운동선수나 전문가가 역경이 닥친다고 해서 고정 마인드셋으로 이끌리는 두드러진 사례는 찾기 어렵다. 그런 기질의 사람들은 정상의 자리에 오르기 위해 노력이 필요한 상황에 직면하면 노력 대신 포기해버리는 경우가 많기 때문이다. 또는 운동선수나 예술가 또는 관리자인 사람이 일부러 해당 분야의 중간자 역할에 머물기도 한다. 타고난 능력의 한계에 부딪혔을 때 고정 마인드셋이 그것을 넘어서지 못하게 만들기 때문이다.

대부분의 사람들은 고등학교 시절의 운동부 스타나 전교 수석을 기억한다. 그들은 너무나 쉽게 성공해서 세상을 주름잡을 것처럼 보였지만 다른 스타들과 함께 있으면 빛을 잃어버린다. 노력을 기울이고, 도움을 구하며, 계속 발전하기 위한 새로운 전략을 찾으려는 의지가 없기 때문이다.

다시 백지로 돌아가자. 당신도 알고 있을 한 작가의 이야기가 있다. 그는 굉장한 노력이 필요한 프로젝트를 거의 포기할 뻔했다. 하지만 성장 마인드셋으로 옮겨가는 방법을 배운 후 전설적인 결과를 얻었다. 바로 스티븐 킹이다. 킹은 오랫동안 글을 썼고, 단편을 남성잡지에 팔아서 소박한 성공을 경험했다.[3] 그러다가 생활비를 벌기 위해 고등학교 국어 교사가 되었다. 그때《캐리Carrie》를 쓰기 시작했다. 그러나 도중에 원고를 쓰레기통에 던져버렸다. 너무나 쓰기 어려운 이야기였기 때문이다. 장편으로 써야 하는 이야기였는데, 킹은 장편을 쓴 적이 없었다. 게다가 아내 타비샤가 왜 원고를 쓰레기통에 버렸냐고 따졌을 때 대답한 대로, 그는 10대 소녀였던 적도 없었다. 그런데 어떻게 10대 소녀가 주인공인 장편소설을 쓸 수 있을까? 종일 학생들을 가르치느라 대부분의 정신력을 소모한 터였다. 그에게는 장편소설을 집필할 여력이 거의 남아 있지 않았다. 타비샤는 자신이 10대 소녀와 관련된 부분을 도와주겠다며, 가능성 있는 이야기이니 계속 쓰라고 말했다. 그래서 그는 다시 집필에 매달렸고, 《캐리》는 스티븐 킹을 유명인사로 만든 소설이 되었다.

킹은 《캐리》를 통해 "정신적으로 힘들거나 상상력이 부족하다는 이유로 작업을 포기하는 것은 나쁜 생각"이라는 교훈을 얻었다. 킹은 60여 권의 책을 썼으며, 전설적인 직업윤리로 유명세를 얻었다.[4] 그는 공휴일을 가리지 않고 매일 2,000단어씩 글을 쓴다.[5] 꾸준히 하다 보면 쉬워질 것이라는 생각은 오해다. 그는 그저 힘든 과정을 견디도록 자신을 프로그래밍했다. 그의 책, 《유혹하는 글쓰기On Writing》에는 이런 내용이 나온다. "글쓰기라는 행위에는 불안이나 흥분 또는 희망으로 접근할 수 있다. 심지어 머리와 가슴에 있는 것을 페이지로 결코 완전히 옮기지 못하리라는 절망을 품은 채 접근할 수도 있다. 또는 주먹을 꽉 쥐고 눈을 가늘게 뜬 채, 상대를 쓰러트릴 각오로 임할 수도 있다. (…) 안일한 자세만 아니면 어떤 식이든 괜찮다."

그러면 역경에 직면했을 때 킹이나 후드처럼 성장 마인드셋으로 옮겨가는 방법은 무엇일까? 먼저 노력과 능력의 상관관계에 관한 믿음부터 바로잡아야 한다. 연구 결과에 따르면 고정 마인드셋으로 기우는 사람들은 이 둘이 반비례 관계라고 보는 경향이 있다. 즉, 어떤 일에 열심히 노력을 기울여야 하는 이유는 재능이 부족하기 때문이다. 가령 직장에서 일할 때 이렇게 생각할 수 있다. '이 일은 너무 어려워. 어쩌면 나한테 맞는 일이 아닐지 몰라.'

또는 직원에서 관리자로 승진한 후 처음 새로운 일에 도전할 때도 그런 생각이 들 수 있다. 가령 이전에는 동급자로 보던 사람들과 새로운 관계를 형성하거나, 부하 직원들의 업무 결과물과 필요를 계속 확인하는 일 등이 그렇다. 그럴 때 '어쩌면 난 리더의 자질이 없는 건지도 몰라'라고 생각할 수 있다. 학생들도 '수학은 너무 어려워. 나는 수학에 소질이 없는 게 분명해'라고 생각할 수 있다.

노력과 능력이 '비례 관계'를 이룬다고 믿으면 올바른 도구로 문제를 해결할 수 있다고 볼 확률이 높다. 바로, 꾸준한 노력을 성장하기 위해 지불할 가치가 있는 대가로 보게 된다. 연구 결과로 드러났듯이 이는 심리적 차원만이 아니라 세포 차원에서도 사실이다.

역경은 뇌를 성장시킨다

우리의 뇌는 근육처럼 노력을 통해 더 강해진다. 솔깃한 말이기는 한데 사실일까? 결론적으로 우리의 뇌는 근육이 아니며, 근육보다 훨씬 더 복잡하다. 일군의 연구자들은 이 질문에 답하기 위해 참가자들을 동적 MRI 기계에 넣고 2가지 음을 들려준 다음 뇌 활동을 관찰했다.[6] 참가자들은 두 번째 음이 첫 번째 음보다 길거나 짧다고 생각하는 경우 버튼을 눌러야 했다. "쉬운" 부분에서는 두 음이 보다 확연하게 차이가 났다. 반면 "어려운" 부분에서는 두 번째 음이 첫 번째 음과 비슷했다.

난도를 높일수록 참가자들의 뇌 활동이 활발해지기 시작했다. 어려운 일일수록 더 많은 노력이 필요했고, 더 많은 뇌의 영역을 사용했다. 어려운 과제를 수행할 때 뇌의 다양한 부위에서 더 많은 활동과 연결이 이루어졌다. 이때 활성화되는 부위 중 하나가 배외측 전전두 피질dorsolateral prefrontal cortex이다. 이 부위는 작업 기억, 복수 개념 사이의 전환, 추상적 추론 같은 고차원적 실행 기능과 연관된다. 과제가 어려울수록 뇌의 더 많은 부위가 사용되며, 그에 따라 목표를 달성하는 전반적인 능력이 향상된다.

또한 연구 결과는 모든 노력이 새로운 신경 세포와 경로를 성장시키는 것은 아님을 보여준다.[7] 오직 학습 과정에 기울인 노력, 소위 '효과적인 노력'만이 그런 기능을 한다. 과학자들은 두 집단의 "헬스 쥐들"에게 다른 방식의 운동을 시켰다. 그다음 우리에 갇혀 아무것도 하지 않는 "게으름쟁이" 통제집단의 뇌와, 힘은 많이 쓰지 않고 주로 머리를 써서 장애물 코스를 통과하는 방법을 배운 "아크로바트" 집단의 뇌와 비교했다. 두 집단의 헬스 쥐들의 경우 게으름쟁이 쥐들보다 뇌 혈관의 밀도가 높았다. 반면 아크로바트 쥐들의 경우 다른 세 집단보다 신경세포당 시냅스가 더 많이 생겼다. 이처럼 열심히 노력하는 '동시에' 새로운 것을 배울 때 뇌의 다양한 부위 사이에 더 많은 연결이 이루어진다. 이는 나중에 좀 더 빠르고 쉽게 과제를 완수하는 데 도움을 준다.

활용하지 않는 신경 경로는 시간이 지나면 쇠퇴한다. 뇌가 신경 경로를 유지하도록(그리고 더 많이 만들도록) 하려면 이미 배운 일을 그냥 반복하는 게 아니라 계속 어려운 일에 도전해야 한다. 근육이나 심혈관계 운동과 마찬가지로, 어떤 일을 너무나 쉽게 하게 되어 별로 노력할 필요가 없어지면, 자만심은 커질지 모르지만 성과가 개선되지는 않는다. 계속 난도를 올려야 한다. 숫자 퍼즐이나 〈뉴욕타임스〉의 낱말 퍼즐을 풀면 뇌를 계속 활성화할 수 있다고 조언하는 사람들이 있다. 이런 활동은 어느 정도 도움이 되기는 하지만 풀기가 여전히 어려울 때만 그렇다. 오후 내내 루빅큐브를 맞추는 일은 나의 뇌를 성장시킬 것이다(또한 많은 짜증도 안길 것이다). 그러나 수학자이자 데이터 과학자로서 14세 때부터 루빅큐브를 맞춘 케이시 오닐에게는 그렇지 않을 것이다.[8] 신경과학자인 데이비드 이글먼은 뇌를 건강하게 유지하기 위해 어려운 활동에 계속 투자한다고 말한다.[9] 새로운 소프트웨어를 익히거나 중국어와 씨름하는 일 등이다.

이처럼 여러 과학적 탐구 영역에서는 어려운 과제를 수행해야만 개발과 성장이 이루어진다고 말한다. 그런데 왜 더 많은 노력을 기울이는 것은 능력 부족을 뜻한다는 믿음이 사라지지 않는 걸까? 왜 그런 믿음이 계속 이어지는 걸까?

능력과 노력은 반비례한다는 믿음

핏빗Fitbit은 세계에서 가장 인기 있는 운동 관련 기업 중 하나다. (2023년 기준으로 전 세계에 걸쳐 3,100만여 명이 적어도 일주일에 한 번 핏빗 제품을 사용한다.)[10] 지금은 착용식 기기를 흔하게 볼 수 있다. 그러나 2007년에 공동 창립자인 제임스 박과 에릭 프리드먼이 하루 종일 착용할 수 있을 만큼 작은 기기에 데이터 수집용 센서를 넣으려 했을 때, 그들은 제대로 작동하는 시제품을 만드는 데 애를 먹었다.[11] 마침내 2015년에 핏빗을 상장했지만 그 직후부터 손실을 내기 시작했다. 2017년에 직원들은 제임스 박을 사실상의 불신임 투표에 부쳤다. 일부 직원은 그를 CEO 자리에서 쫓아내달라고 이사회에 요청하는 편지를 쓰기도 했다.

제임스 박은 참담했다. 그래도 회사를 떠나는 대신 실수를 통해 배우고 더 나아지기로 결심했다. 그는 가이 라즈와의 인터뷰에서 "(직원 설문조사 이후) '어떻게 하면 회사를 정상 궤도로 되돌릴 수 있을까?'가 주된 초점이었다"라고 밝혔다. 그는 경영자로서 자신의 결점을 파고드는 동시에 회사가 어디에서 기회를 놓쳤는지 조사했다. 그는 다양화에 뒤늦게 나서는 바람에 경쟁에서 밀렸다는 사실을 깨달았다. 그는 제품 라인의 폭을 넓히는 동시에 핏빗의 포지셔닝을 운동기기 제조사에서 "건강 데이터 분석 기업"으로 바꾸는 일을 추진했다. 그에 따라 핏빗은 사용자에게 그저 통계치를 알려주는 대신 수치 개선에 도움이 되는 코칭과 다른 지원을 제공하기 시작했다. 제임스 박은 회사가 망할 뻔한 심각한 위기를 어떻게 버텨내고 앞으로 나아갈 수 있었느냐는 질문을 받고 부모님을 떠올렸다.

고국인 한국에서 제임스 박의 아버지는 전기 엔지니어로, 어머니는 간호사로 일했다. 그들은 (제임스 박이 4세 때) 미국으로 이민 온 후 이전과 같은 수준의 일자리를 구하는 데 어려움을 겪었다. 다른 많은 이민자들처럼. 그래서 작은 가게를 운영하기로 결정했다. 그들은 가발 가게, 세탁소, 생선 가게, 아이스크림 가게를 운영했다. 제임스 박의 말에 따르면 "한 업종에서 다른 업종으로 바꾸면서도 한시도 쉬지 않았다." 이런 부모의 강인한 의지와 직업윤리는 제임스 박이 끈기를 잃지 않는 마음을 가지는 데 영향을 미쳤다. 그는 노력이 발전의 대가임을 배웠다. 이민자 가정의 많은 아이들이 자기 분야에서 성공하는 이야기를 들어보면, 고전과 난관은 당연히 거쳐야 하는 과정이다.

물론 이런 태도는 노력의 가치에 대한 태생적인 지식에서만 나오는 것이 아니다. 이민자에 대한 부정적인 고정관념과 싸우기 위해, 실질적으로 자신을 증명해야 하기 때문에 생겨난 태도인 경우도 많다. 그럼에도 제임스 박의 경우처럼 그 지속적인 효과는 고도의 노력이 필요한 상황에서 성장 마인드셋을 강화하도록 해준다. 라파예트 후작과 알렉산더 해밀턴은 뮤지컬 〈해밀턴〉에서 가장 힘 있는 대목 중 하나를 노래한다. "이민자들, (…) 우리는 마음먹은 일을 해내지"라는 가사다.[12] 배경과 무관하게 노력과 능력에 관한 부모의 신념과 행동은 우리에게 깊은 인상을 남기는 경향이 있다.

연구자인 줄리아 레너드와 동료들은 부모의 "대신해주는" 행동이 어려운 과제를 수행하는 자녀의 끈기에 어떤 영향을 미치는지 파악하는 연구를 실시했다.[13] 그 결과에 따르면 자녀들이 어려움을 겪을 때(다른 수단을 써보라고 격려하거나 조언하는 것이 아니라) 그 일을 대신해주는 경향이 있는 부모들은 자녀의 끈기가 부족하다고 말할 가능성이 높았다.

연구자들은 4, 5세 아동을 대상으로 한 후속 연구에서 아이들을 세 집단으로 나누었다. 첫 번째 집단의 경우 아이들이 퍼즐을 풀려고 시도할 때 연구자가 10초 간격으로 끼어들어서 "어렵지? 내가 그냥 대신해줄까?"라고 물었다. 반면 두 번째 집단의 경우 다양한 방법으로 개입하여 아이들의 시도를 지원했고, 세 번째 집단의 경우 아예 개입하지 않았다. 그다음 아이들에게 나무상자 장난감을 주고 열어보라고 말했다. 사실 나무상자는 접착제로 붙여둔 상태라 열 수 없었다. 실험 결과 첫 단계에서 연구자가 퍼즐 풀기를 대신해준 아이들은 다른 두 집단의 아이들보다 더 빨리 포기했다. 연구자들은 "어른이 어려운 문제를 대신 풀어주면 아이들의 끈기가 줄어든다"라고 결론지었다. 그뿐 아니라 집 밖에서 접하는 문화도 끈기에 영향을 미친다.

당신은 유명한 스탠퍼드 오리 증후군 Standford Duck Syndrome을 알 것이다.[14] 나는 이 증후군을 대학원에서 직접 경험했다. 강한 압박이 가해지는 스탠퍼드라는 명문대에서 성공하려면 물 위를 우아하게 미끄러지는 듯한 모습을 보여줘야 한다. 사실 물밑에서는 가라앉지 않으려고 미친 듯이 발길질을 하고 있지만 말이다. 고난과 고전은 그저 오리의 등에 묻은 물방울처럼 그대로 굴러떨어져야 한다. 특히 학부생들은 매일 학생회실 또는 커피숍에서 음악을 듣고 있거나 친구들과 어울리며 세상 아무 근심이 없는 이들처럼 보이기도 한다. 누구도 열심히 노력해야 성공할 수 있는 것처럼 보이지 않는다. 그러나 저녁이 되면 그들은 책을 파고들기 시작한다. 때로는 노력하는 모습을 보이지 않으려고 밤새 방에서 혼자 공부하기도 한다. 이처럼 천재라는 문화적 가치에 자신을 맞추려면 큰 대가를 치러야 한다. 스탠퍼드대학교 학생들은 흔히 탈진과 심리적 스트레스에 시달린다.

나와 동료 연구자들은 코넬대학교에서도 비슷한 양상을 확인했다. 코넬 건강 상담 및 심리 상담 서비스 Cornell Health Counselling and Psychological Services(약어로 캡스 CAPS) 직원들은 학생들이 엄청난 수준의 불안 및 우울과 씨름한다는 사실을 알려주었다. (코넬은 학생들의 높은 자살률 때문에 "자살 학교"로 불렸다. 다만 데이터에 따르면 우울증 및 자살 충동에 시달리는 학생들의 비율은 전국 비율과 비슷하다.)[15] 2016/2017 학기에 재학생 중 21퍼센트가 캡스의 도움을 구했다.[16] 이는 2005/2006 학기보다 13퍼센트나 상승한 수치다. 부분적으로는 학교 측이 심리 상담에 대한 오명을 지우기 위해 집중적으로 노력했기 때문이다. 그러나 캡스 직원들은 불안과 우울을 초래할 수 있는 문화적 영향과 기준도 완화하고 싶어 한다.

캡스 상담사들은 학생들을 대상으로 초점 집단 연구를 실시했다. 그 결과 특이하고도 우려되는 경향을 파악했다. 많은 대학의 경우 기숙사 방에 붙이는 포스터(강아지부터 인기 밴드까지 온갖 이미지를 담은 포스터)를 판매하는 회사들이 캠퍼스에 들어와 영업을 한다. 중간고사나 기말고사 기간처럼 가장 힘든 시기에는 동기부여 목적의 포스터가 많은 인기를 끌었다. 거기에는 '네가 자는 사이에 다른 사람들은 앞서간다' 같은 내용이 적혀 있었다. 이런 포스터가 열심히 공부하려는 의욕을 불러일으킬 뿐이라고 주장할 수도 있다. 그러나 이런 "동기부여"가 노력을 능력이나 재능 부족의 신호로 여기는 문화적 신념 체계와 연계되면 정신 건강 문제를 악화시킬 수 있다.

다시 말하지만 이런 믿음은 어릴 때 생기는 경향이 있다. 우리가 진행하는 여름 연수에는 유치원과 초등학교 교사들이 참여한다. 그들은 노력이 능력 부족 때문이라는 아이들의 인식을 깨는 일이 너무 어렵다고 자주 토로한다. 때로는 교사 자신도 같은 믿음을 품는다. 이를 확인할 수 있는 방법이 있다. 교사들을 대상으로 기준선을 평가하기 위한 설문을 실시하면 '학생들이 힘들어하는 모습을 보는 것이 싫다' '학생들이 힘들어하는 모습을 보는 것이 불편하다' '학생들이 힘들어하는 모습을 보면 즉시 도와주고 싶다' 같은 항목에 긍정적으로 답변한다. 그러나 확인한 대로 힘든 일에 고전하는 것은 학습 과정에서 필수 요소다.

연구자인 엘리자베스 비요크와 로버트 비요크가 확인한 바에 따르면 성과를 빠르게 높일 수 있는(빠르게 "해낼" 수 있는) 학습 여건을 조성하면 장기적 학습이 어려워진다.[17] 반면 학습이 보다 힘들게 느껴지고 느리게 진행되면, 배운 내용을 더 오래 기억하며, 이를 폭넓게 잘 활용할 수 있다. 그렇다고 해서 항상 책상에 머리를 찧어야 한다는 말은 아니다. 다만 제대로 배우고, 배운 것을 오래 유지하고 싶다면 힘든 과정을 거쳐야 한다. 이런 노력이 결국에는 탈진으로 이어지지 않을까? 인지심리학자인 네이트 코넬은 이에 대해 "힘들게 학습하는 일을 쉽게 만들어야 한다"라고 말한다.[18] 실수하고 어려운 일과 마주쳐도, 거기서 끈기와 재미를 얻는 즐거운 방식을 찾는다면 고전하기를 좀 더 오래 이어갈 수 있다.

그러나 미국의 교실에서는 그런 일이 잘 벌어지지 않는다. 교사들은 학생들이 어려움에 처하면 압박에서 벗어나도록 재빨리 도와준다. 이들은 학생들이 제대로 이해했는지 파악하지도 않고 힌트를 주거나 정답을 추측하도록 해준다. 반면 중국과 일본에서는 학생들이 문제와 계속 씨름하도록 권장하는 경우가 많다.[19] 교사들은 학습으로 가는 경로를 그리도록 도와준다. 여러 번 잘못된 방향으로 가고, 막다른 길에 다다라도 마찬가지다. 연구자인

해럴드 스티븐슨과 제임스 스티글러는 중국과 일본의 학부모 및 교사들이 지능지수와 같은 고정적인 평가 지표를 훨씬 덜 중시한다는 사실을 확인했다.[20] 대신 그들은 성취를 이루기 위한 효과적인 노력의 가치를 강조한다. 또한 학생들에게 실수를 공유하도록 권장한다. 그래야 모두가 실수를 분석하고 거기서 교훈을 얻을 수 있기 때문이다. 이렇듯 실패는 학습 과정에서 당연히 직면하는 것으로 간주된다.

코넬과 동료들이 발견한 대로 '오류 없는' 학습이라는 생각, 시험에서 오류가 적을수록 더 잘 배운 것이라는 인식은, 답을 틀리는 것이 학습에 부정적인 영향을 미친다는 가정으로 이어진다.[21] 하지만 사실은 정반대다. 답을 틀린 이후 시간을 들여 씨름하면 다음에는 정답을 맞힐 가능성이 높아진다. 고전하는 과정은 더 잘 배우고 상기하도록 해준다. 어려운 과제에 직면했을 때 성장 마인드셋으로 임하는 사람은 더욱 그렇다. 고정 마인드셋을 취하는 사람들보다 실수에 주의를 기울일 가능성이 더 높기 때문이다.

그렇다 해도 모든 고전을 맹목적으로 권장하지는 말아야 한다. 대신 효과적인 노력을 가능케 하는 전략을 강조해야 한다. 올바른 방향으로 향하는 노력을 칭찬하는 것이 중요하다. 연구 결과는 소위 '노력 칭찬effort praise'의 효과가 노력 및 능력에 관한 신념과 연결되어 있다고 추가로 밝혀준다.[22] 노력은 능력을 키우는 중요한 방식이라고 믿는 학생들의 경우, 노력을 칭찬해주면 자존감 및 내재적 동기부여의 수준이 높아진다. 신념이 강할수록 그 효과는 더욱 커진다.

앞서 살핀 대로 능력과 노력이 반비례 관계라는 믿음은 어릴 때부터 형성된다.[23] 뒤이어 직업을 고민하기 시작할 때 수많은 상담사와 코치는 타고난 능력을 살피라고 권장한다. 그에 따라 태어날 때부터 부여받은 재능과 그렇지 않은 재능이 있다는 생각이 강화된다.

강점에 과집중하면 실패하기 쉽다

한 청년이 신학원에 입학한다.[24] 그는 신학에서 자주 높은 학점을 받았다. 그러나 대중 연설 과목에는 딱히 재능이 없는지 학점이 가장 낮았다. 그 학생은 바로 마틴 루터 킹 주니어다. 그는 역사적으로 가장 재능 있는 대중 연설가다. 그러나 그의 대중 연설 능력은 타고난 강점이 아니라 개발된 것이다.

지금까지 나온 내용을 읽었다면, 당신이 특정한 재능과 강점을 타고났으며 그것을 극대화하는 데 집중해야 한다는 조언에 어떻게 반응할까? 아마 잠시 멈칫할 것이다. 그러나 이는 최근 자기 계발과 성취에 관련된 수많은 조언들의 중심 메시지이다.

강점 극대화에 관해 일반적으로 접근하는 방법은 미끄러운 비탈길 같은 정적 평가로부터 시작된다. 강점을 평가해 거기에 의존한다는 생각은 여러 암묵적 가정을 지닌다. 이런 가정들은 폭넓은 심리학 연구 결과에 비춰보면 문제가 있다. 그중 하나는 테스트를 하는 시점에 일정한 강점과 약점이 존재한다는 것이다. 이는 어느 정도 수준에서는 맞다. 그러나 맥락에 따라 크게 달라지며, 비교 집단 등 여러 요소에 좌우된다. 언제나 기술이나 경험, 강점 측면에서 우월하거나 열등한 수준을 가진 사람들이 있다. 이런 상황에서 어떤 일에 뛰어나다는 것은 상대적인 문제가 되며, 측정하기 어려워진다. 가령 스포츠 분야를 보면, 데이터 포인트가 풍부한 정상급 프로 선수들 사이에서 어느 선수 또는 팀이 역대 최고인지를 두고 여전히 상당한 이견이 존재한다(물론 테니스에서는 세레나 윌리엄스다).

그다음으로, 어릴 때부터 특정한 "재능"을 드러낼 수는 있다. 그런 경우에는 쉽게 얻은 능력의 가치를 과다하게 강조하는 함정에 빠지는 경향이 있다. 즉, 이미 잘하는 일이 무엇인지 단편적으로 알게 되면 거기에 맞춰 삶이나 직업의 경로를 정하는 일에 편의적으로 접근하려 든다. 그래서 일상적 과제부터 경력까지 모든 방면에서 잘하는 일을 더 많이 하는 방향으로 나아간다. 그러면 단기적으로는 또는 노력, 혁신, 새로운 시도를 요구하거나 권장하지 않는 환경에서는 성공할 수 있을지 모른다. 그러나 이는 개인이 계속 성장할 수 있는 방식이 아니다. 또한 지속적 개발과 새로운 접근법을 중시하는 조직에서 성공할 수 있는 방식도 아니다. 특히 현재의 혁신 속도로 볼 때, 대다수 조직은 라모나 후드처럼 학습과 성장의 역사와 욕구를 보여주는 지원자에게 관심이 있다. 단순히 노력하지 않는 고성과자는 원하지 않는다. 대부분의 분야에서 복수의 역량과 그 역량에 관한 성장 마인드셋을 겸비한 고성과자를 원한다.

나는 "강점을 살리는" 모델에 관해 여러 경영자들과 이야기를 나눴다. 그럴 때면 능력과 마인드셋이 서로 다른 속성이며 무관하다는 사실을 설명해야 하는 경우가 많았다. 그러면 나는 마커펜을 꺼내서 화이트보드에 2차원 도표를 그렸다. 마인드셋은 고정형에서 성장형에 이르는 수평축, 능력은 낮은 수준에서 높은 수준에 이르는 수직축으로 나타낸 도표였다(오른쪽 그림 참고).

당신이 기업 경영자라면 높은 수준의 능력을 지닌 사람, 즉 도표에서 수평축 위에 해당하는 사람을 원할 것이다. 문제는 이것이다. 그들이 자신들의 뛰어난 능력과 관련하여 고정 마인드셋에 따라(좌측) 일하기를 원하는가? 아니면 성장 마인드셋에 따라(우측) 일하기를 원하는가? 강점 모델은 좌상 4분면에 전념한다. 그래서 몇몇 강점과 능력을 지녔다면 거기에 초점을 맞춰야 한다고 말한다. 그것들은 바꿀 수 없기 때문이다. 따라서 강점을 살릴 수 있는 상황을 찾는 것이 최선이다.

한 기업에 이런 사람들이 너무 많으면 어떻게 될까? 곧 자신을 더 많이 증명하고 성과를 내기 위해 개인적 경쟁에 몰두하면서 뒤통수를 치는 천재 문화에 휩싸이게 될 것이다. 반면 성공할 가능성이 더 높은(그리고 그들 사이에서 성장 문화가 번성할 가능성이 더 높은) 사람들은 자신들의 능력에 대해 성장 마인드셋을 취한다. 능력과 마인드셋은 서로 무관하다. 그뿐 아니라 장기적으로는 마

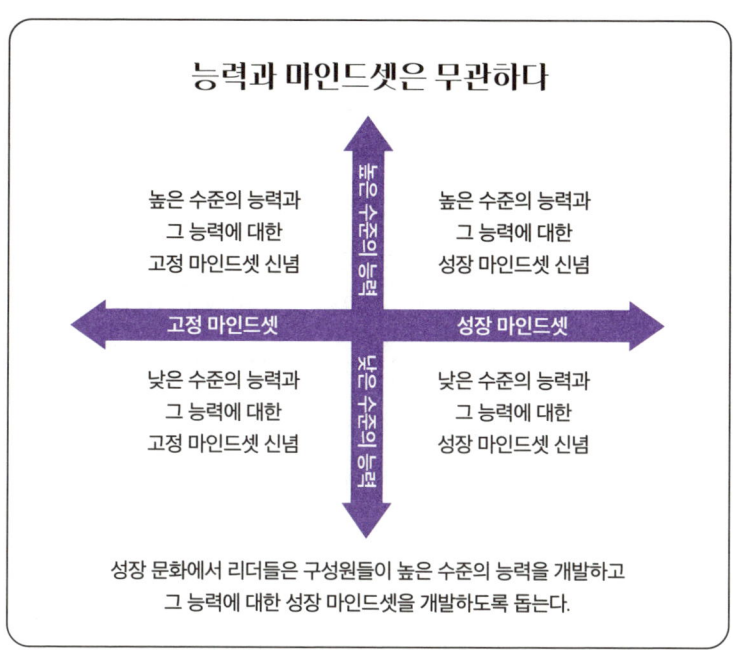

인드셋이 능력을 능가한다. 마인드셋은 능력을 키우는 데 필요한 행동을 하도록 도와주기 때문이다.

강점을 살려야 한다는 말은 열정과 관련한 문제를 초래하는 또 다른 이야기로 이어진다. 밈에 따르면 우리는 각자 어떤 일에 대한 열정을 갖고 태어나며, 그 대상을 발견하는 것이 성공의 열쇠다. 여기서 열정은 강점 및 재능과 마찬가지로, 고정된 것으로 보인다. 예일대학교 사회심리학자인 폴 오키프는 캐롤 드웩과 그녀의 동료 스탠퍼드대학교 교수인 그렉 월튼과 함께 5회에 걸쳐 관련 연구를 진행했다.[25] 그들은 이 연구들을 통해 열정과 관련해 고정 마인드셋 또는 성장 마인드셋이 미치는 영향, 구체적으로는 관심사가 선천적으로 정해진 것이라 생각하는지 아니면 스스로 선택할 수 있다고 생각하는지에 따른 영향을 분석했다.

연구 결과, 고정형 신념을 가진 사람들은 열정의 대상을 발견하기만 하면 그것을 추구할 끝없는 동기를 얻을 것이며, 난관에 부딪힐 일은 거의 없으리라고 생각했다. 이런 신념은 불가피하게 난관에 부딪히는 경우 더 빨리 포기를 선택하게 했다. 다시 말해 "열정의 대상을 찾으라고 촉구하는 것은 한 바구니에 모든 달걀을 넣어 들고 다니다가, 너무 무거우면 바구니를 떨어뜨리게 만들 수 있다." 반면 열정에 관한 성장 마인드셋은 "좌절이나 난관에 직면했을 때도 관심을 유지하는 데 도움을 준다."

워싱턴대학교 교수 사프나 체르얀은 컴퓨터공학을 비롯한 이공계의 젠더 간극을 연구한다.[26] 사프나는 대개 어린 여성들이 컴퓨터나 코딩에 대해 열정을 느끼도록 '사회화'되지 않으며, 따라서 그런 경험을 탐구할 가능성이 적다고 말한다. 미디어에서 그려지는 이미지만 해도 그렇다. 〈레버리지Leverage〉에 나오는 해커 캐릭터 알렉 하디슨과 〈새터데이 나이트 라이브〉에서 지미 팰런이 연기하는 짜증스러운 IT 담당자부터 기술 분야의 아이콘인 스티브 잡스, 빌 게이츠, 마크 저커버그 같은 실제 인물까지 우리가 접하는 컴퓨터 천재들은 거의 남성이다. 컴퓨터공학 분야에 들어선 여성들은 흔히 우연한 계기로 여정을 시작한다. 가령 게임에 빠졌다가 코딩으로 성가신 문제를 해결할 수 있다는 사실을 알게 된다거나, 필수 과목이어서 컴퓨터공학 강의를 들었다가 관심이 생기는 식이다.

열정은 개발하는 것이 아니라 발견하는 것이라는 포괄적 내러티브가 컴퓨터공학의 젠더 간극에 영향을 미칠 수 있다.[27] 고정 마인드셋에 따른 시각을 받아들인 여학생들은 자신에게 잘 맞는 분야에 대해 자연스럽게 관심이나 열정을 느끼게 되리라고 생각한다. 앞서 살핀 대로 사회적 분위기는 그들에게 불리하다. 이런 현실을 오키프의 연구 결과와 결합해보라. 여성들이 마침내 컴퓨터공학과 관련된 일을 시도하더라도 성공하기 위해 열심히 노력해야 한다면, 노력과 능력에 관한 부정적인 신념 때문에 중도 탈락할 수 있다.

반면 열정은 선택할 수 있는 것이라고 그들이 믿는다면(그리고 미디어, 리더, 부모, 교사가 말해준다면), '또한' 사회 전체가 여성들에게 컴퓨터공학을 시도할 기회를 주기 위해 더 많이 노력한다면 젠더 간극이 메워질 가능성이 크다. 고정 마인드셋에 따라 강점, 재능, 열정 등을 바라보는 시각은 여성들에게 차별적인 영향을 미친다. (미리 정해진 사회적 규범이나 문화적 고정관념 때문에) 부모, 동료, 사회로부터 일찍이 강점과 열정을 발견하도록 격려받지 못하기 때문이다.

고정관념과 재능 및 노력에 관한 무익한 신념이 뒤섞인 양상을 흔히 볼 수 있는 또 다른 분야는 창업의 세계다.

창업은 혼자 하는 것이 아니다

스티브 잡스나[28] 엠마 맥길로이의[29] 이야기를 살펴보면 그들이 혼자 창업했다고 생각하기 쉽다. 우리는 앞서서, 갑자기 혼자 힘으로 혁신적 발견을 해낸 외로운 천재 과학자에 관한 속설을 다뤘다. 나는 카우프만 재단과 함께 창업자의 고정 마인드셋 및 성장 마인드셋 트리거를 연구하는 과정에서 비슷한 설화를 접했다. 후디를 걸친 개척자(대개 백인 청년)가 디지털의 오지를 개척하며 열심히 노력한 끝에 회사를 매각하거나 상장시킨다는 내용이었다. 하지만 이건 성장 마인드셋을 실천하는 것이 아닐까? 역경에서 끈기와 담력을 드러내는 모습 말이다. 문제는 창업을 위한 이 모든 고생이 항상 효과적인 노력에 해당하지는 않는다는 것이다. "그저 끈기를 발휘하는" 것으로는 부족하다. 실제로 목표에 가까이 다가갈 수 있는 의미 있는 방식을 취해야 한다. 성장 마인드셋의 핵심은 무작정 노력만 하는 게 아니다. 그보다 훨씬 분별력을 갖춰야 하며, 동시에 훨씬 폭넓은 시야를 가져야 한다. 성장 마인드셋을 취하면 난관에 기꺼이 임하며 그에 따른 고전을 즐길 수 있는 방법을 찾는다. 또한 가능성에 초점을 맞추고, 새로운 전략을 시도하며, 실험에 나서게 된다. 그리고 이 모든 것들을 의식적이고 신중하게 실행하게 된다.

이 모든 일을 홀로 해낸 사람은 거의 없다. 언제나 공동 창립자나 멘토 또는 성공에 크게 기여한 다른 사람들이 있다. 말 그대로

'혼자' 모든 일을 해낸 독자 창업이라는 생각을 퍼트리는 것은 많은 사람들을 낙담시킨다. 그들은 상호의존적이고 공동체적인 가치관을 지니며, 협력과 팀워크를 통해 성공한다. 우리 팀이 수집한 데이터에 따르면 창업자를 끈기 있는 천재가 아니라 세계적이고 중대한 문제를 해결하는 데 헌신하는 공동체로 묘사할 때 더 많은 여성과 유색인종을 끌어들일 수 있었다. 그들은 혁신 공동체의 일원으로서 성장 문화를 더 편안하게 느낀다.

여성과 유색인종의 창업을 막는 또 다른 장벽은 편견에 대한 그들의 인식이다.[30] 대부분 백인 남성인 벤처 투자자들이 여성이나 유색인종(또는 트랜스젠더 아니면 근본적으로 "성공"의 틀에 맞지 않는 모든 사람)을 타고난 재능을 갖춘 창업자로 보지 않는다는 편견 말이다. 그들은 구조적 불이익에 시달리는 집단이 성공하기 위해 훨씬 열심히 노력해야 한다고 생각한다. 아이러니하게도 현실에서도 그런 경우가 많다. 다만 그 이유는 타고난 능력이 부족해서가 아니라 구조적 불이익과 자금에 대한 접근을 막는 공공연한 젠더 및 인종적 편견 때문이다. 이 대목에서 노력과 능력에 대한 신념이 치명적으로 작용한다. 해당 집단에 속한 사람들이 성공하기 위해 더 열심히 노력해야 한다면, 이는 그들이 중산층 이상의 백인 남성보다 창업(또는 다른 직업)에 "태생적으로 덜 적합하다"라는 생각을 확증한다. 〈테크크런치TechCrunch〉가 2022년에 발표한 바에 따르면 여성 창업자에게 주어진 창업 자금의 비중은 1.9퍼센트에 불과하다.[31] 하지만 〈피치북PitchBook〉은 이렇게 밝힌다. "여성 창립자가 창업한 기업은 남성들이 창업한 기업과 비교할 때 연간 중위 자금 소진율이 더 낮다. 또한 초반에는 기업가치 증가율이 더 높은 반면 후반에는 기업가치 감소율이 더 낮다."[32] 게다가 같은 해에 흑인 창업자에게 주어진 창업 자금의 비중은 1퍼센트에 불과했다.[33]

나의 연구 결과는 여성 및 유색인종 창업자 중 상당수가 고정관념 위협을 겪었음을 보여준다.[34] 벤처 투자자들은 그들 집단의 능력이 부족하다는 부정적인 고정관념을 갖고 있었다. 그들은 그 때문에 폄하당하는 것을 걱정했다. 이런 모든 여건은 창업을 시도하거나, 지원을 받으려는 여성 및 유색인종 창업자들에게 불리하게 작용한다. 특히나 창업처럼 노력이 필요한 상황에서 성장 마인드셋을 따르는 것은 도움이 되며 반드시 필요하다. 카트리나 레이크와[35] 캘린들리Calendly의 창립자인 토프 아워토나는[36] 창업 자금을 모으느라 애를 먹었다. 유색인종이 흔히 배제되는 와인 산업에서 혁신을 일으키려는 로빈 맥브라이드와 안드레아 맥브라이드 존도 마찬가지였다.

맥브라이드 자매는 뉴질랜드산 고급 와인을 미국에 수입하며 창업의 여정을 시작했다.[37] 그들은 좋은 와인을 모든 사람이 즐기도록 하고 싶었다. 처음에 그들은 대형 식료품점 체인을 통해 제품을 유통하려 했다. 그 과정에서 크로거Kroger의 한 매입 담당자가 "왜 직접 와인을 만들지 않아요?"라고 물었다.

그 질문이 결정적인 전환점이 됐다. 그는 3월 판매분으로 대량 주문을 할 준비가 되어 있었다. 문제는 그때가 9월이어서 시간은 4개월뿐이었다. 2만 5,000상자의 와인을 만들어 겨울 입고 물량으로 크로거 물류센터까지 보내기에는 시간이 부족했다. 팟캐스트 〈어떻게 성공했나〉에서 맥브라이드 자매를 인터뷰한 가이 라즈는 엄청나게 두려웠을 것 같다고 언급했다. 그러자 로빈은 그렇지 않았다며 "흥분되고 짜릿했어요!"라고 말했다. 역경에 거듭 처했을 때 성장 마인드셋을 취한 것이 크로거의 납품 기한을 맞추는 데 많은 도움을 주었다. 덕분에 맥브라이드 시스터스 콜렉션은 미국 최대의 흑인 소유 와인 회사가 되었다.[38]

잠시 뒤로가기를 눌러서 맥브라이드 자매가 크로거의 매입 담당자를 만나게 된 경위부터 살펴보자.[39] 그들은 다른 식료품점 체인의 공급업체 다양화 책임자에게 그를 소개받았다. 그는 두 자매의 의욕적인 모습에 감동해 대형 체인에서 성공하는 데 도움이 될 여러 제안을 해주었다. 심지어 다른 회사의 매입 담당자를 소개해주기도 했다. 당시에는 투자자도 없었고 현금도 거의 떨어진 상태였다. 맥브라이드 자매는 그런 상황에서 크로거의 첫 주문 물량을 납품하고 4종의 와인을 처음부터 만들어야 했다. 로빈은 가이 라즈에게 이렇게 말했다. "흑인 여성은 창업자들 중에서 가장 자금 지원을 적게 받아요. 위험하다는 인식이 여전히 존재하는 거죠."[40]

그들은 와인에 대한 지식과 인맥을 활용하는 전략을 썼다. 그들은 뉴질랜드와 캘리포니아의 포도 생산자들에게 자신들을 믿어달라고 부탁했다. 그들의 포용적인 접근법은 와인 제조 과정을 둘러싼 공동체를 형성했다. 이는 다양한 배경을 지닌 창립자들이 만든 조직에서 흔히 보게 되는 양상이다.

어떻게 하면 맥브라이드 자매가 역경에 직면했을 때 보인 것과 같은 능동적인 성장 마인드셋을 육성할 수 있을까? 거기에는 여러 전략이 존재한다. 그중 하나는 부모와 교사들에게 해당된다.

더 어려운 문제를 제시하라

슈퍼스타 등반가인 알렉스 메고스는 여러 어려운 등반 코스를 최초로 등반해 유명해졌다.[41] 그러나 어떤 경로도 자신을 한계까지 밀어붙이지 못했다고 털어놓았다. 그는 어려운 경로를 빠르게 등반하는 스타일로 유명했다. 촬영팀에게 말한 바에 따르면 "10일 이상 걸리는 경로를 시도한 적은 한 번도 없었다." 메고스는 천재 등반가로 칭송받았으며, (어쩌면 그런 이유로) 새로운 수준의 노력이 필요한 경로에 도전하기를 두려워했다. 그는 "한계까지 밀어붙이는 등반을 하고 싶은 마음이 들기까지 시간이 걸릴 것임을 깨달았다." 2020년 메고스는 최대의 성과를 이루어냈다. 3년에 걸쳐 시도한 경로를 처음 프리 클라이밍으로 도전해 약 60일 동안 등반하는 데 성공한 것이다. 그는 해낼 수 있을지 알 수 없는 일을 해내는 것은 완전히 다른 경험이라고 말했다. 그는 성장 마인드셋을 통해 역경을 바라보도록 자신을 훈련했다. 리더들은 다른 사람들이 그렇게 하도록 해야 한다.

우리는 여름 연수에 참가한 교사들을 대상으로, 노력이 필요한 상황에서 성장 마인드셋에 따른 신념과 행동을 촉진하는 방법을 가르친다. 가장 강력한 방법 중 하나는 학생의 개별 행동에만 초점을 맞추는 대신 교사가 조성하는 마인드셋 문화에 주의를 기울이도록 만드는 것이다. 해당 연령 집단(유치원부터 초등학교 6학년까지)의 교사들은 학기 첫날 또는 초기에 대개 '학급 규칙'을 정한다. 이때 교사는 학생들과 같이 앉아서 규칙을 구상한다. 규칙 내용은 한 해 동안 학급의 문화를 형성하는 원칙이 된다. 우리는 연수에서 성장 문화를 구축하는 데 도움이 되는 몇 가지 내용을 알려주었다. "하루에 8시간 동안 우리의 두뇌를 개발하기 위해 노력한다" "열심히 공부한다" "실수를 두려워하지 않고, 바로잡을 수 있도록 서로 돕는다" "누구도 학습에서 뒤처지지 않도록 돕는다" 등이다.

이런 규칙을 일상에서 실행하는 일은 여러 양상을 지닐 수 있다. 연습이나 문제가 너무 쉬울 때 교사가 학생들에게 사과하는 것도 그중 하나다. 가령 "너희에게는 이게 어려울 거라고 생각했어. 문제가 너무 쉬우면 두뇌를 개발하지 못해. 그러니까 더 어려운 문제를 찾아보자. 그래야 실제로 학습에 도움이 될 거야"라고 말하는 식이다. 이는 각 학생에게 충분히 어려운 문제를 제시하는 것이 교사의 책임임을 알려준다. 또한 "두뇌를 개발하려면" 어려운 문제와 씨름해야 한다는 생각을 지속시키고 일반화한다.

사실 학생 수가 많고 학업 능력의 격차가 큰 교실에서는 이런 접근법이 요구하는 대로 개별 학생에게 주의를 기울이기가 어렵다. 이 경우 소위 '뒷주머니 문제'를 활용하는 것이 도움이 된다. 그 방법은 이렇다. 학생들이 수학 방정식이나 과학 문제를 푸는 동안 교사는 교실을 돌아다닌다. 이때 좀 더 어려운 문제들을 갖고 다니다가 쉽게 답을 찾은 학생들에게 내주면 된다. 그러면 학생의 학습 능력이 어느 수준이든 간에 그 능력을 계속 활용할 수 있는 기회가 주어진다.

많은 교사들은 진정한 성장 마인드셋을 발휘한다. 그들은 교실에서 성장 문화를 창출하는 나름의 통찰력 있는 방법을 고안한다. 우리는 연수를 받은 일부 교사들의 현황을 점검하면서 놀라움과 기쁨을 느꼈다. 한 교사는 교실 벽에 학생들의 수학 문제 풀이 능력을 1주차부터 3개월 후까지 비교하는 표를 만들어 붙였다. 이는 학생들이 진전을 확인하는 데 도움을 주었으며, 발전을 학급의 핵심 가치로 부각시켰다. 이러한 노력은, 노력과 능력에 관해 가진 부정적인 믿음을 뿌리부터 뒤흔들어 긍정적 믿음으로 변화시킨다.

우리는 학생들이 고전하는 모습을 지켜봐야 하는 교사들의 일반적인 어려움도 해결하려 했다. 그 일환으로 먼저 고전한 덕분에(고전했음에도 불구하고가 아니라) 해결책을 찾은 사람에 대한 이야기를 들려주었다. 또한 그와 비슷한 자신의 이야기를 돌아보고 공유하도록 권장했다. 이후 교사들은 이처럼 이야기를 공유하는 접근법을 학생들에게 활용할 수 있었다. 알렉스 메고스의 이야기는 뛰어난 사례다. 해낼 수 있을지 확신할 수 없는 일을 처음에는 주저하다가 과감하게 도전하여 성공한 과정을 보여주기 때문이다.

이제 굉장한 노력이 필요한 새로운 문제에 도전하거나, 해결하지 못한 문제에 다시 뛰어들 마음이 생겼는가? 그렇다면 이 스토리텔링 전략이 모두에게 효과적이라는 단서를 이미 얻은 셈이다.

역경을 이겨내는 5가지 방법

다음은 노력과 능력에 관한 부정적인 신념을 재설정하고, 고도의 노력이 필요한 상황에 성장 마인드셋으로 대처할 수 있도록 돕는 5가지 방법이다.

감당할 수 있는 작은 부분들로 나눠라

작가 앤 라모트는 베스트셀러인 《쓰기의 감각 Bird by Bird》에서 동생이 방대한 숙제를 기한까지 미룬 이야기를 들려준다.[42] 새를 일일이 분류하는 과제였는데, 너무 양이 많아서 어찌할 바를 모르고 있었다. 그때 그녀의 아버지는 한 마리씩 해나가라고 조언했다. 이 방법은 우리도 배울 수 있다.

암벽등반가와 발명가 들은 모두 "문제 해결"과 관련된 언어를 쓰며, 노력에 대해 비슷한 접근법을 취한다. 이들은 대규모 난관을 작은 부분들로 나눈 다음 한 번에 하나씩 해결한다. 이 조언은 평범하고 뻔하게 들릴지 모른다. 그러나 역경 상황에 고정 마인드셋이 촉발되면, 불안이 커져 자신에게 집중하게 되면서 시야가 좁아진다. 이는 한 번에 한 걸음씩 나아간다는 기본적인 전술을 잊게 만든다.

메고스와 맥브라이드 자매의 이야기는 우리를 성장 마인드셋으로 옮겨가게 만드는 데 효과적이다. 그 이유 중 하나는, 그들이 중대한 성취를 감당할 수 있는 부분들로 나누는 모습을 보게 되기 때문이다. 많은 사람들은 2만 5,000상자의 와인을 몇 달 만에 생산하고 배송하는 일을 시작도 하기 전에 포기했을 것이다.[43] 그러나 맥브라이드 자매는 해냈다. 처음부터 2만 5,000상자를 생산하고 배송하려 들지 않았기 때문이다. 대신 그들은 다음에 해야 할 일, 즉 포도를 고르고 품종을 만드는 일이나 신청서를 내는 일 또는 라벨을 인쇄하는 일에 집중했다. 이 각각의 과제는 실행 가능했다. 다음에 해야 할 1, 2개의 단계를 파악하고 거기서 시작하는 능력은 누구나 계발할 수 있다. 그렇게 하는 데 어려움이 있다면 동료나 상사 또는 멘토 등 믿을 만한 사람에게 조언을 구할 수도 있다.

굉장한 노력이 필요한 업무를 부여하는 관리자들에게도 같은 조언이 적용된다. 처음부터 과중한 업무를 맡기지 마라. 성장 마인드셋을 촉진하려면 업무의 난도를 점진적으로 높여라. 뛰어난 테니스 코치는 그냥 라켓을 주면서 "잘해 봐!"라고 말하지 않는다. 라켓 쥐는 법에 이어 포핸드를 치는 법을 보여준다. 그게 어느 정도 되면 백핸드를 치는 법으로 넘어간다. 직원에게 너무 많은 업무를 너무 빨리 맡겨버리면, 일을 잘하기 위해 필요한 전략이나 자원이 없다는 인식이 생긴다. 그래서 아예 엄두를 못 낼 가능성이 높다. 반대로 점차 업무의 난이도를 높이면 조금씩 발전하는 데 필요한 능력을 쌓는 데 도움이 된다.

자기 가치를 확인하라

우리가 개인적으로 활용할 수 있는 또 다른 전술이 있다. 이 전술은 클로드 스틸과 그의 제자인 제프 코헨이 말하는 자기 가치 확인Self-Affirmation을 기반으로 한다.[44] 이 개념의 핵심은 대부분의 사람들은 자신이 어떤 일에 뛰어나다고, 즉 유능하고 도덕적이고 쓸모 있다고 생각하기를 원한다는 것이다. 역경을 직면했을 때 아주 열심히 해야 이에 대처할 수 있다면 능력이 없는 것이라고 믿는 사람들이 있다. 이런 이면의 신념은 노력은 자신을 긍정적으로 바라보는 능력을 저해한다. 역경은 우리가 어떤 사람인지 재단하고, 우리 자신에 대한 핵심적인 신념을 뒤흔든다. 직장에서 이러한 상황에 처할 경우 위협은 더 크게 다가온다. 아주 많은 사람들이 일과 정체성을 결부시킨다(갤럽 조사에 따르면 미국인 중 55퍼센트는 일에서 정체성을 찾으며, 대졸자의 경우 그 비율이 70퍼센트에 이른다.)[45] 그래서 일을 잘하는 능력에 의심이 들면 정체성도 흔들리게 된다.

자기 가치 확인 과정은 자신에 대한 인식의 폭을 넓힌다.[46] 그래서 역경이 초래하는 불안과 의구심에 덜 영향받게 된다. 그 첫 단계로 스스로 중요하게 여기는 모든 정체성과 소속 집단 및 역할을 나열해보자. (말로만 또는 머릿속으로만 나열하지 말고 실제로 적어야 한다.) 가령 '나는 언니, 엄마, 텍사스주 사람, 친구, 개를 사랑하는 사람이다'라고 나열하라. 목록을 작성한 후 중요도에 따라 순위를 매겨라. 그다음 '회사원'처럼 현재 위협받는 항목에 줄을 그어라. 그리고 15분에서 20분 동안 자신의 성향 및 성격 중에서 가장 뛰어난(또는 방금 줄을 그은 항목이 최상위 3개에 속한다면 그다음으로 뛰어난) 3가지 요소에 대해 써라. 이때 그 역할이 자신과 다른 사람에게 갖는 중요도, 자신의 삶이나 다른 사람의 삶에 미치는 긍정적인 영향력에 초점을 맞춰라.

스틸과 그의 초기 연구를 확장한 여러 연구자들에 따르면 이런 작업은 자신을 좀 더 폭넓게 바라보는 데 도움을 준다. 역경 속에서 자신이 성과를 낼 수 있을지를 확신하지 못하는 경우가 있다. 그래서 정체성의 한 측면이 흔들릴 수 있다. 이런 경우에도 하나의 역할을 넘어선 폭넓은 정체성을 인식하면 위협감이 줄어든다. 또한 자기 가치 확인을 실행하면 보다 적극적으로 일하게 되며, 그에 따라 역경을 맞닥트려도 성공을 거둘 가능성이 높다.

핵심 신념을 재설정하라

성장 마인드셋으로 옮겨가는 강력한 방법 중 하나는 노력과 능력의 관계에 관한 신념을 재설정하는 것이다. 이번에도 스토리텔링이 효과적인 수단이 된다.[47] 래퍼이자 사업가인 숀 카터(제이 지Jay-Z로 더 잘 알려짐)의 사례가 있다. 그는 신인 시절에 모든 음반사로부터 음반 녹음을 거부당한 후, 결국 스스로 프로듀서가 되어 라커펠라 레코드Roc-A-Fella Records를 설립했다. 이밖에도 비슷한 사례들이 많다(이는 학급에서 성장 마인드셋 문화를 조성하는 데 도움이 되는 좋은 탐구 주제가 될 것이다). 당신이 거기에 해당될 수도 있다. 당신이 힘들게 난관을 극복한 이야기는 다른 사람들에게 강력한 교훈이 된다. 또한 당신 자신의 경험을 하나의 이야기로 보는 데 도움이 된다.

스탠퍼드 오리 증후군을 기억하는가? 나의 박사과정 동문은 그런 문화에 맞서기 위해 호수를 벗어나기로 결정했다. 우리는 일주일에 한 번씩 교감의 시간을 가졌다. 우리는 그저 재미를 찾는 것 이상으로, 어떤 어려움에 처해 있고 어느 정도나 노력하고 있는지 이야기했다. 또한 동료로서 서로를 돕고 지원하기로 마음을 모았다. 우리는 경쟁하는 대신 팀이 되어 같이 필요한 노력을 기울이기로 했다. 일은 여전히 어려웠고, 많은 노력이 필요했다. 그래도 우리는 많은 부분을 즐길 수 있게 되었다. 난관에 직면해서도 배움을 얻고 성공할 수 있다는 생각이 들었다. 더욱 좋은 점은 우리 모두 같이 그렇게 할 수 있다는 것이었다. 코넬대학교의 캡스 직원들도 학생들이 겪는 불안과 우울을 줄이려고 노력했다. 그러기 위해 어려움을 겪는 과정이 정상적이라는 인식을 퍼트리기 시작했다.

당신은 리더로서 비슷한 방식으로 스토리텔링을 실행하고 장려할 수 있다. 당신이 직원들과 나눌 수 있는 가장 파급력 있는 이야기 중 하나는 당신 자신의 이야기다. 당신의 고생담을 들려주어라. 당신이 의미 있고 지속적인 노력을 통해 더 나아졌다는 것을 직원들에게 알려라. 그러면 능력이 부족하다고 재단당하는 일에 관련된 압박감과 불안을(또는 자신을 재단하려는 경향을) 일부 완화할 수 있다. 또한 직원들이 적절한 수준의 도전에 나서기를 '원한다는' 것을 알려라. 그래야 그들이 계속 성장하면서 일에 대한 흥미와 의욕을 유지할 수 있다. 물론 그들이 성공하는 데 필요한 자원과 지원을 제공하리라는 사실도 알려야 한다.

공동체의 힘을 빌려라

역경이 대단히 벅차게 느껴지는 이유에는 그 상황을 혼자 감당해야 한다고 생각하기 때문이다. 나의 박사과정 동문은 서로에게 의지했다. 덕분에 집단적 역량과 개인적 역량을 동시에 높일 수 있었다. 우리는 개인으로서 배우고 성장하기를 원했다. 그렇다고 그 일을 혼자 할 필요는 없었다. 이 문제와 관련된 하나의 단순하면서도 강력한 질문이 중요한 역할을 할 수 있다. 바로 "내가 가진 자원은 무엇인가?"이다. 자신에게 이 질문을 던져라

(또는 직원들이 자문하도록 가르쳐라). 그러면 우리에게 도움이 될 사람들을 파악할 수 있다.

성공하기 위해서는 다른 사람들이 가진 기술을 파악하고, 활용하고, 배워야 한다. 조직의 경우도 마찬가지다. 바깥으로 눈을 돌리고, 어떤 난관에 처했는지 개방적이고 솔직한 태도로 알리고, 도움이 될 외부 사람들을 적극적으로 활용해야 한다. 그러면 굉장한 노력이 필요한 과제도 달성할 수 있는 가능성이 높아진다. 성장을 지향하는 세부 문화를 창출하는 팀은 강한 힘을 지닌다.

성장을 뒷받침하는 환경을 조성하라

리더들은 학급 규칙과 비슷하게 팀 및 조직 합의를 만들 수 있다. 그 목적은 성장을 뒷받침하는 환경을 조성하는 것이다. 앞서 언급한 대로 구글 같은 일부 조직은 자주 팀을 개편한다.[48] 그에 따라 직원들은 역경에 거듭 처한다. 이런 경우 경쟁보다 협력에 초점을 맞추는 성장 문화로 직원들을 둘러싸는 것이 반드시 필요하다. 그래야 실수를 해도 안전하다고 느끼면서 장기적으로 서로가 발전하도록 돕게 된다. 직원들은 부서를 옮겨가며 다른 사람들과 같이 일하는 과정을 통해 지속적으로 배울 기회를 얻는다. 또한 정체된 전형적 조직구조에서 발휘할 수 있는 수준을 넘어 지식과 아이디어를 나누게 된다. 이런 이상적 구도는 조직문화가 뒷받침할 때만 실현된다.

일을 하면서 도전한다는 느낌을 받지 못할 때 직원이나 당신 자신에게 어떻게 '뒷주머니 문제'를 제시할지 고민하라. 갤럽이 발표한 2002년 데이터에 따르면 회사원 중 21퍼센트만 일에 의욕을 느낀다.[49] 인사 책임자라면 누구나 말하듯이 의욕 상실은 직원들을 유지하는 데 가장 큰 난관이다.[50] 직원들이 계속 성장 궤도를 달리면 그들의 경력뿐 아니라 회사의 실적에도 도움이 된다. 개인이라면 어려운 업무를 맡을 수 있도록 상사의 눈에 띄거나 단도직입적으로 새로운 업무를 요구하는 것이 뒷주머니 문제에 해당한다. 상사는 자신에게 너무나 익숙해진 업무를 기꺼이 당신에게 넘겨줄지도 모른다. 이는 당신에게는 성장의 기회를, 상사에게는 새로운 기회를 추구할 여지를 안겨준다.

성찰을 위한 질문들

* 과거 역경에 처해 고정 마인드셋으로 떠밀리던 때를 생각해보라. 그 계기는 일이나 가족 또는 다른 문제가 될 수 있다. 그때 어떤 감정을 느꼈는가? 자신에게 어떤 말을 했는가? 어떤 행동을 했는가? 과거의 자신에게 도움이 되도록 어떤 말을 해주고 싶은가? 어떻게 자신을 성장 마인드셋으로 이끌 것인가?
* 역경이 닥칠 때 성장 마인드셋을 따른 당신의 이야기는 무엇인가? 언제 성장 마인드셋에 따라 대처했는가? 자신에게 어떤 말을 했는가? 어떤 행동을 했는가? 결과는 어떠했는가? 그 이야기를

동료나 부하 직원들에게 들려주고 그들의 이야기도 들려달라고 권할 수 있는가?

* 성장 마인드셋의 렌즈를 통해 당신의 강점을 생각할 때 평생에 걸쳐 (많은 노력이 필요하다 해도) 개발하고 싶은 강점이 있는가? 평생에 걸쳐 새로운 강점을 개발하는 데 더 가까이 다가가기 위해 지금 할 수 있는 일은 무엇인가?

* 현재 삶의 어떤 측면에서 노력이 필요한가? 노력은 (능력이 부족하다는 징표가 아니라) 능력을 키우는 데 필요한 조건임을 자신에게 상기시키기 위해 할 수 있는 일은 무엇인가? 나는 펠로톤Peloton을 샀을 때 일주일에 4~5번씩 탄다는 목표를 세웠다. 하지만 쉬운 일이 아니었다! (이전에는 자전거를 탄 적이 없었고, 안장도 아팠다. 그것도 많이!) 그래서 스크린에 "하루에 20분만"이라고 적은 포스트잇을 붙였다. 능력을 키우는 데 필요한 것은 그게 전부였기 때문이다. 어떻게 하면 노력과 능력이 비례한다는 사실을 자신에게 상기시킬 수 있을까?

* 끝으로 당신의 노력이 효과적이라는것을 어떻게 알 수 있을까? 점진적이라도 목표를 향해 나아가고 있음을 알려주는 작고 측정 가능한 신호는 무엇인가? (점진적인 발전이 장기적으로 유익하고, 지속 가능하며, 더 낫다는 사실을 명심하라.)

11장 비판받는 상황

 당신은 방금 상사가 보낸 이메일을 받았다. 거기에는 "이번 주에 중간 점검을 하도록 하지. 몇 가지 피드백하고 싶은 게 있어"라고 적혀 있다. 또는 오늘 아침 출근하려는 차에 배우자가 "이번 주에 우리 관계에 대해 이야기할 시간을 가졌으면 좋겠어"라고 말한다. 이처럼 피드백을 앞둔 상황이 되면 어떤 기분이 드는가? 두려워서 움츠러드는가? 아니면 흥분되고 오히려 무슨 말을 할지 기대되는가? 비판적 피드백은 불안을 자극할 때도 있고, 기회를 알려줄 때도 있으며, 둘 다에 해당할 때도 있다. 비판적 피드백이 우리의 세 번째 마인드셋 트리거인 이유다.

 흔히 아리스토텔레스의 말로 알려진 것 중에 "아무것도 하지 않고, 말하지 않으며, 되지 않으면 비판을 쉽게 피할 수 있다"라는 말이 있다.[1] 인사고과든, 시험 성적이든, 옐프Yelp 리뷰든 간에 우리는 비판적 피드백을 받게 되어 있다. (아리스토텔레스를 비판하려는 건 아니지만 아무것도 말하지 않고 행동하지 않아도 비판을 부른다.) 이 경우는 (미리 대비 자세를 취하고 긍정적이거나 부정적인 평가를 받을 것이라 '예상'하는) 평가받는 상황과 다르다. 비판적 피드백을 받을 때 사람들은 실제로 평가를 받는다. 그 결과 고정 마인드셋 상태가 되어 방어적으로 대응하는 경향이 생겨난다. 그래서 평가 자체 또는 평가자의 지식이나 기술을 폄하하거나 아예 비판에 대한 인식과 성찰을 회피해버린다.

고정 마인드셋의 렌즈로 보면 비판적 피드백은 우리가 일 또는 특정한 기술이나 과제를 잘하거나 못한다는 선언이다.[2] 극단적인 경우에는 우리가 좋은 사람인지 아니면 나쁜 사람인지에 대한 선언이기도 하다. 그래서 시야가 좁아지고, 자신에게 골몰하게 된다. 일이나 행동이 아닌 자기 자신이 비판의 대상이라 믿기 때문이다. 자신에게 과도한 초점을 맞추면 비판적 피드백이 제공하는 기회를 놓치는 경우가 많다. 즉, 가능성이 아니라 선언만 본다. 고정 마인드셋은 재능은 타고나는 것이라 본다. 소위 비판적 피드백이 특히 위협적으로 다가오는 이유가 거기에 있다. 그러면 비판적 피드백을 들었을 때 '난 재능이 없나 봐'라고 생각하며, 개선의 여지가 없다고 믿게 된다.

다른 한편, 비판적 피드백은 성장 마인드셋을 촉발할 수도 있다. 성장 마인드셋의 렌즈로 보면 비판적 피드백은 통찰을 얻는 기회가 된다. 그래서 우리의 일이나 접근법에 개선할 점이 있는지 알게 된다. 이는 업무를 개선하거나 능력을 강화하는 데 반드시 필요한 정보다. 실행 가능한 비판은 우리의 현재 위치를 파악하는 데 도움을 줄 수 있다. 현재 위치를 알아야 가고 싶은 위치까지 경로를 그릴 수 있다. 또한 비판적 피드백은 학습과 성장의 기회를 제공한다. 그래서 다른 사람들이 비판적 피드백을 꺼리거나, 주어진 피드백의 내용이 모호하거나 유용하지 않으면 오히려 짜증과 분노를 느낀다.

처음 비판적 피드백을 접하면 흔히 내면의 목소리가 "아야!"라고 소리치곤 한다.[3] 바레3의 CEO 세이디 링컨의 사례를 떠올려 보라. 세이디는 직원들을 대상으로 익명의 설문조사를 진행했고 신랄한 피드백을 받았다. 그때 바로 성장 마인드셋으로 그 상황을 보기는 어려웠다. 설문조사 결과는 회사가 겪는 어려움의 근원으로 그녀를 지목했다. 그녀는 "세상이 뒤흔들리는 듯한" 느낌을 받았다. 그녀는 즉각적으로 방어 태세를 취했다. 그녀와 소수의 측근들은 비판이 부당하다고 폄하했고, 비판자들을 비판했으며, 심지어 회사를 매각하는 방안까지 고려했다.

그러나 일시적인 고통이 잦아들자 링컨은 회사 창립자인 동료들에게 자문을 구했다. 그들은 감자튀김으로 그녀를 달랜 후 성장 마인드셋으로 옮겨가도록 도와주었다. 구체적인 내용을 살펴보기 전에 먼저 링컨이 거친 단순하면서도 결정적인 단계에 초점을 맞춰보자. 이 단계는 그녀가 초기의 아픔을 딛고 가치 있는 피드백에 귀를 기울이며 수용할 의지를 갖게 도왔다. 바로 잠시 멈춰 감정을 누그러트리는 것이었다. 고전적 이론에 따르면 (외계인이 아닌 이상) 우리는 감정을 다스릴 수 없다. 어떤 일을 겪으면 감정이 생기고, 뒤이어 그 감정이 신체적 반응을 자극한다. 그에 따라 우리는 껑충껑충 뛰며 환호하거나, 울거나, 친구에게 전화를 걸어 동정을 구한다.

그러나 신경과학자 리사 펠드먼 배럿의 말에 따르면 데이터는 다른 이야기를 들려준다.[4] 우리는 감정에 반응하는 것이 아니라 감정을 만들어낸다. 우리의 뇌는 감각 정보를 받으면 "이 새로운 감각 정보는 무엇과 가장 유사한가?"라는 질문에 답하기 위해 시뮬레이션을 실행한다. 펠드먼 배럿의 '구성된 감정 이론theory of constructed emotion'에 따르면 뇌는 과거의 경험, 성장 과정, 문화를 토대로 소위 '감정 개념emotion concept'을 활용한다. 이를 통해 우리의 행동을 유도하며, 감각에 의미를 부여한다. 근본적으로 뇌는 역사적 데이터베이스를 검색하다가 현재 경험하는 감각과 짝이 맞는 감정 개념이 있으면 해당 감정을 구성한다. 이 과정은 너무나 빨리 진행되기에 마치 자동으로 이루어지는 것처럼 보인다. 그러나 사실은 우리의 뇌가 이 짝 맞추기 및 예측 시스템을 아주 빠르게, 잘 활용하는 것일 뿐이다.

문제는 때로 이 시스템에서 맞춘 짝이 우리의 경험을 정확하게 묘사하지 않는다는 것이다. 가령 심장이 빨리 뛰고 손바닥에 땀이 나면 뇌는 서둘러 공포 반응을 불러일으킨다. 하지만 우리가 실제로 공포에 사로잡힌 것은 아니다. 단지 동료들에게 할 중요한 발표를 앞두고 있어서 흥분했을 뿐이다. 다행히 어느 정도 인식이 있으면 이런 오류를 바로잡을 수 있다. 다시 말해서 우리는 어떤 감정을 느끼는지와 관련하여 생각보다 많은 선택지를 갖고 있다. 또한 자극과 반응 사이의 간극에 성장 마인드셋을 의식적으로 활용할 기회가 있다.

링컨의 변화를 위해 방어적인 태도를 버렸다.[5] 그래서 논리적인 태도를 보일 수 있었다. (연구 결과가 보여주듯 자기방어적 반응을 보일 때 우리의 뇌는 부정적 피드백을 듣는 데 어려움을 겪는다.)[6] 나중에 안 일이지만 그녀의 동료 중에는 전문 연구자도 있었다. 그녀는 링컨에게 피드백을 멀리하지 말고 더 깊이 파고들라고 촉구했다. 링컨은 "덕분에 데이터의 관점에서 문제를 분석하고, 감정을 배제할 수 있었습니다"라고 말했다.[7] 두 사람은 한 걸음 물러서서 피드백을 분석했다. 그들은 "생산적이지 않은" 피드백은 대상에서 제외했다. 주로 링컨에 대한 개인적인 논평으로, 행동에 반영할 수 없는 종류였다. 뒤이어 그들은 링컨이 갖기 어려웠던 전문적 통찰을 얻어냈다. 마지막에는 다른 동료가 견디기 힘든 비판적 피드백을 수용하여 배우고 성장한 자신의 경험을 링컨에게 들려주었다. 링컨은 "이 2가지 요소가 결합하여 저를 변화시켰습니다"라고 말했다.

예상과 어긋난 비판적 피드백을 받으면 처음에는 꽤 고통스럽다. 마인드셋 설정 지점과 무관하게 대부분의 사람은 이런 불편한 감정을 겪는다. 고정 마인드셋에 매몰된 채 자신이 좋고 유능한 사람이라는 정체성에 위협을 느끼면 고통은 더욱 커질 뿐이다. 링컨은 직원 설문조사를 실시하기 전까지만 해도 "성공을 통해 가치를 증명하며, 구성원에게 사랑받는 리더라는 정체성"을 갖고 있었다. 그런데 설문에서 나온 비판적 피드백은 이런 자기 평가와 어긋난 것이어서 고통과 분노를 동시에 초래했다.

고정 마인드셋을 취할 때 우리는 (개발과 학습을 통해서가 아니라) 최고가 되는 데서 자존감을 얻는다. 최고가 아니라는 피드백을 받으면 마치 위신이 떨어지는 것처럼 혼란스럽게 느낄 수 있다. 그에 따른 반응으로 우리는 드라마 〈사인펠드Seinfeld〉에 나오는 "심약한 프랭키 머먼"처럼 된다.[8] 그는 비판적 피드백을 접하면 숲으로 달려가 도랑에 주저앉는다. 또는 영화 〈어 퓨 굿 맨A Few Good Men〉에서 잭 니콜슨이 연기한 네이선 제섭 대령처럼 되기도 한다.[9] 그는 누군가 자신의 전술에 의문을 제기하면 분통을 터트린다. 일의 세계에서 이는 비판적 피드백(또는 그것을 제공하는 사람)을 그냥 무시해버리거나, 심지어 피드백을 주고받는 관행을 완전히 막아버리는 양상으로 드러난다. 또는 어렵거나 눈에 띄는 업무에서 발을 빼버리는 양상으로 드러나기도 한다. 그런 업무가 조금 더 위험하기는 하지만 성장의 기회를 제공하는데도 말이다.

고정 마인드셋에 빠지면 도전에 나섰을 때 받을 수 있는 부정적 피드백을 피하기 위해 숨거나 안전한 길을 택하게 된다. 그러지 말고 세이디 링컨처럼 대응해야 한다. 즉, 처음에 생기는 불편한 감정에서 벗어나 성장을 지향하는 공간으로 나아가야 한다.

성적표를 숨기는 아이와 어른

앞서 "나도 알아!"라고 말하는 아이에 대해 설명했다. 그들은 능력과 역량이 부족하다고 여겨질까 두려워 조언이나 지도를 받지 않으려 한다. 비판적 피드백의 측면에서 그들과 비슷한 부류는 백팩에 숨기는 아이다.

우리는 여름 교사 연수에서 고정 마인드셋을 따르면 비판적 피드백에 어떤 반응을 보이는지 설명한다. 이때 그들도 알 만한 아주 일반적인 사례를 제시한다. 바로 학생이 과제물에 매겨진 점수를 슬쩍 본 다음 백팩 밑바닥에 쑤셔 넣는 것이다. 그들은 지난 시험 문제를 다시 풀어보면서 어떤 전략을 쓸 수 있었는지 검토하는 시간이 되면 흔히 관심을 꺼버린다. (물론 이런 행동이 순전히 마인드셋에 따른 것은 아니다. 가령 낮은 점수를 받은 학생은 집에서 야단맞을 것을 알기에 그렇게 행동할 수 있다. 다만 여기서 개인적 마인드셋 신호를 논의할 때는 성과에 대한 개인의 행동과 신념만을 다룬다.)

직장에서도 이와 비슷한 반응을 볼 수 있다. 가령 연례 360도 다면평가나 분기 평가에서 상사로부터 피드백을 받은 직원은 맨 아래의 점수(그리고 아마도 연봉 인상 여부)를 훑어보고는 문서를 닫아버리거나 서랍에 넣어버린다. 그들은 피드백의 내용을 제대로 읽고 성찰하지 않는다. 이런 일은 점수가 높아도 일어날 수 있다. 고정 마인드셋에 빠지면 오직 "내가 기대에 부합했을까?"라는 질문만 던진다. 그래서 (상사가 성장 마인드셋을 따른다면 예상할 수 있는 대로) 피드백에서 개선점이 조금이라도 제시되면 방어 자세를 취하게 된다. 이 경우 기준 이하의 성과를 낸 다른 동료들과 뭉치거나, 상사를 폄하하거나("내가 실제로 어떻게 일하는지 몰라!") 다른 핑계를 댄다("팀이 부실해서 그래!"). 어느 쪽이든 배움의 기회는 사라진다.

지금부터 다른 사람의 평가에 직면했을 때 성장 마인드셋으로 옮겨가는(또는 직원들이 그렇게 하도록 장려하는) 방법을 살필 것이다. 그전에 먼저 마인드셋이 비판적 피드백을 수용하고, 해석하고, 활용하려는 의지와 능력에 어떤 영향을 미치는지 보여주는 연구 결과부터 확인해보자.

비판을 수용하는/팅겨내는 마인드셋

<mark>실력이 더 나아지기를 원하는가? 아니면 기분이 더 나아지기를 원하는가?</mark> 이는 비판적 피드백을 접할 때 우리가 직면하는 질문이다. 이 문제의 핵심에는 자존감이 있다.

피드백이 우리가 자신을 보는 시각을 어긋나면 어떻게 될까? 이때 직접적인 행동을 통해 정면으로 대응할지 아니면 방어적인

태도를 취할지 여부를 결정하는 것은 무엇일까? 캐롤 드웩과 데이비드 누스바움은 이 질문에 답하기 위해 연구를 실시했다.[10] 각 연구에서 그들은 학부생들을 두 집단으로 나눈 다음, 짧은 과학 논문을 읽게 하여 고정 마인드셋 또는 성장 마인드셋으로 유도했다. 한 논문은 "최근 연구 결과를 보면 지능은 대부분 태어날 때부터 고정되어 있거나 아주 어린 나이에 결정된다"라고 주장했다. 이는 고정 마인드셋 시각이다. 반면 다른 논문은 "최근 연구 결과를 보면 지능을 크게 개발하는 일이 가능하다"라고 밝혔다. 이는 성장 마인드셋에 따른 시각이다. 연구자들은 그다음으로 참가자들의 자존감을 위협하는 과제를 제시했다. 그 방법은 프로이트의 《꿈의 해석The Interpretation of Dreams》에서 발췌한 난해하고, 길고, 아주 혼란스러운 부분을 4분 만에 읽는 것이었다. 뒤이어 참가자들은 8개의 이해력 문제를 풀어야 했다.

연구자들은 채점하는 시늉을 한 후 참가자들에게 점수가 상위 63퍼센트에 속한다고 발표했다. 참가자들에게 충격과 실망을 안길 만한 점수였다. 이 시점에서 결정적인 단계가 진행되었다. 연구자들은 속독 시험을 준비하는 참가자들에게 8명의 다른 참가자들이 기록한 속독 시험 점수를 보여주었다. 점수는 상위 86퍼센트부터 2퍼센트에 걸쳐 분포되어 있었다. 연구자들은 참가자들에게 원하는 대로 다른 참가자들의 이름을 클릭하여 어떤 전략으로 과제를 수행했는지 파악할 수 있다고 말했다. 그 결과 고정 마인드셋이 유도된 참가자들은 방어적인 태도를 취했다.

즉, 자신보다 성적이 '낮은' 참가자들의 전략을 보는 쪽을 선택했다. 이는 잠시나마 그들의 자존감을 높여주었다(이 사람은 이걸 틀렸네!). 그러나 다음 시험에서 성적을 높이기 위한 통찰은 얻지 못했다. 반면 성장 마인드셋이 유도된 참가자들은 달랐다. 그들은 주로 자신보다 성적이 '높은' 참가자들의 전략을 보는 쪽을 선택했다. 그래서 다음 시험에 사용할 새롭거나 더 나은 전략을 배울 수 있었다.

누스바움과 드웩의 연구는 부정적 피드백이 명확하게 주어지는 상황에서 드러나는 의식적 행동을 다루었다. 그러나 신경과학 분야의 연구에 따르면 고정 마인드셋에 빠질 경우 비판적 피드백을 아예 인식하지 못할 수도 있다.[11] 연구자들은 뇌파도 기술(EEG 스캔)을 활용하여 여러 질문을 받는 학생들의 두뇌 활동을 분석했다. 한 연구에서는 일반 상식과 관련된 질문(가령 "호주의 수도는 어디입니까?" 같은 질문)을 제시했다. 각각의 질문을 제시한 후에는 먼저 정답인지 오답인지 여부를 알려주었다. 오답인 경우 정답이 무엇인지 보여주었다. 이렇게 피드백을 2가지 부분으로 나눈 결과, 연구자들은 전반적인 성과를 알려줄 때와 학습 및 교정의 기회가 주어질 때 두뇌에 어떤 일이 일어나는지 관찰할 수 있었다.

스캔 결과를 보면 마인드셋 설정 지점과 무관하게 처음에 성과에 대한 피드백을 제시할 때는 모든 참가자의 두뇌 활동이 비슷했다. 즉, 답을 틀린 경우 모두 기분이 상했다. 반면 교정적 피드백이 주어질 때는 달랐다. 성장 마인드셋이 강한 참가자들의 경우 오류 수정과 관련된 두뇌 영역이 훨씬 활발해졌다. 이것이 '전의식적precounscious' 신경 활동이라는 사실이 아주 중요하다. 즉, 해당 참가자들은 생각할 필요가 없었다. 두뇌가 말 그대로 성장 지향형으로 설정되어 있었기 때문이다. 그들은 뒤이어 사전 예고 없이 치러진 재시험에서 더 나은 성적을 기록했다.

추가적인 연구들도 같은 이론을 뒷받침한다. 즉, 성장 마인드셋이 강하면 두뇌가 '자동적으로' 실수에 주의를 기울이며, 그것을 바로잡을 방법을 찾는다. 그래서 나중에 더 잘 대응할 수 있게 된다. 이는 지능의 고정성 또는 유연성에 대한 신념이, 자기 충족성을 지니는 방향으로 실제로 두뇌를 바꿀 수 있다는 사실을 시사한다. 또한 연구 결과는 마인드셋이 특히 실패에 직면했을 때 자기평가의 정확성에 상당한 영향을 미친다는 것을 보여준다.

브레네 브라운은 2020년 〈리더의 용기Dare to Lead〉 팟캐스트에서 하버드대학교 교수이자 저술가 사라 루이스를 인터뷰했다.[12] 이 인터뷰에서 루이스는 소위 '공백blankness' 상태를 설명한다. 이는 "피드백 때문에 가능성의 영역을 깨끗하게 지우고 자신을 새롭게 상상해야 할 때" 받는 느낌을 말한다. 브라운은 이 설명을 듣고 "저도 실패를 겪을 때 내면의 일부에서는 공백 상태에서 다시 시작하는 것에 흥분과 열정을 느낍니다"라고 대답한다. 뒤이어 그녀는 수치심이 공백의 적이라며 "실패했다고 자신을 폄하하면 공백의 기회를 잡지 못합니다"라고 말한다.

루이스는 나처럼 이 말에 공감한다. 연구 결과도 브라운의 생각을 뒷받침한다. 비판적 피드백 때문에 수치심을 느낄 때 우리는 흔히 그 피드백을 감정적으로 받아들인다.[13] 즉, 그 피드백이 자신을 평가한다고 생각한다. 이는 고정 마인드셋이 강해졌음을 나타낸다. 앞서 살핀 대로 고정 마인드셋은 신경 차원에서도 "공백의 기회를 잡지" 못하게 만든다. 타고난 능력이나 가치의 부족(또는 피드백에 대한 반박이나 폄하)에 초점을 맞추면 자신을 새롭게 상상하거나 자기평가를 새롭게 조정하기가 어렵다.

　개인 간 또는 사회적 상황에서도 이런 반응이 나올 수 있다. 가령 인종차별적 발언이나 행동을 했다는 고발에 직면하면 고정 마인드셋이 쉽게 두드러진다. 이때 즉각 방어적인 반응을 보이는 경우가 많다. 가령 행동에 대한 핑계를 대는 식이다("그런 의도가 아니었습니다!" 또는 "그런 뜻은 없었습니다!"). 이런 고발 역시 일종의 비판적 피드백이다. 누군가가 문제의 소지가 있거나 명백히 받아들일 수 없는 행동을 지적하면, 고정 마인드셋이 강한 사람은 자신이 나쁜 사람이 된 것 같은 느낌을 받는다. 연구 결과에 따르면 이런 때에 우리는 상대에게 비난을 가하는 경향이 있다. 우리의 행동을 지적한 사람이 너무 민감하다거나 불평꾼이라는 딱지를 붙이는 식이다. 그 사람은 정작 우리를 도우려고 했을지도 모르는데 말이다. 안타깝게도 고정 마인드셋 관점은 피드백을 통해 교훈을 얻으려 하기보다 폄하하려는 경향이 있다.

　나는 이와 관련해 아니타 라탄, 케이티 크로퍼, 레이첼 아넷,

산니 브라운과 몇 가지 연구를 실시했다.[14] 그 결과 성장 마인드셋을 따르면 비판적 피드백에 덜 방어적으로 대응하게 된다는 사실을 알게 되었다. 더욱 중요한 사실은 인종차별 및 성차별에 맞서는 일이, 타인도 더 나아질 수 있도록 돕는 방법임을 기꺼이 믿게 된다는 것이다.

브라운처럼 비판적 피드백을 접했을 때, 성장 마인드셋으로 나아가면 어떤 부분이 부족하고 어떻게 하면 더 나아질 수 있는지에 대한 정보가 더욱 잘 보인다.[15] 이런 양상은 피드백의 질을 판단하는 데 도움이 된다는 관련 연구 결과가 있다. 이는 성장에 도움이 되는 피드백은 무엇이고 무시해도 되는 피드백은 무엇인지 판단할 수 있게 해준다. 이는 세이디 링컨이 동료들과 함께 직원들의 피드백을 분석할 때 거쳤던 과정과 비슷하다.

성장 마인드셋이 강한 사람에게는 학습과 개발이 우선순위가 된다.[16] 그들은 자신이 지금 어느 위치에 있는지 끊임없이 주의를 기울이면서 인식과 기대를 재조정한다. 그에 따라 해당 분야에 대한 자기 인식이 세밀해진다. 또한 비판적 피드백에 직면했을 때 고정 마인드셋을 취하는 경우보다 더 뛰어난 분별력을 발휘하게 된다. 즉, 자신의 위치에 대한 믿음과 맞지 않는 피드백을 받았을 때 그 유용성을 더 잘 평가할 수 있다.

더닝 크루거 효과Dunning-Kruger effect는 일종의 인지적 편향으로, 특정 분야에서 자신의 지식이나 능력을 과대평가하는 경향을 말한다.[17] 이 개념은 사회심리학자인 데이비드 더닝과 저스틴 크루거가 실시한 연구에서 기인한다. 두 사람은 논리와 유머 감각을 비롯해, 다양한 요소에 걸쳐서 참가자들을 테스트했다. 그러자 최저 점수를 기록한 참가자 중 다수는 자신의 실력을 평균 이상으로 평가했다는 결과가 나왔다. 두 사람은 이런 자기 인식의 간극이 '이중고'의 결과라고 결론짓는다. 능력 부족이 그 사실에 대한 인식까지 막는다는 것이다. 따라서 그 사람은 자신이 무엇을 모르는지 알기 어렵게 된다.

조이스 엘링거, 에인슬리 미첨, 캐롤 드웩은 함께 후속 연구를 실시했다.[18] 그들은 이 연구에서 마인드셋이 더닝 크루거 효과에 미치는 영향을 살폈다. 구체적으로는 자신이 평균보다 낫다고 여기는 편향에 빠지는 경향이 마인드셋에 따라 어떻게 달라지는지 살폈다. 연구 결과에 따르면 성장 마인드셋이 강한 사람들은 자신을 보다 적절하고 정확하게 평가했다. 이 경우 역시 더 나아지려는 동기가 그 이유였다. 더 나아지려면 먼저 자신이 지금 어디에 서 있는지 알아야 한다. 그래서 성장 마인드셋이 강한 사람들은 자기평가를 더 많이(더 적게가 아니라) 하는 경향이 있다. 자신이 어디에 있는지, 앞으로 나아가기 위해 무엇을 해야 하는지 파악해야 하기 때문이다. 반면 고정 마인드셋이 강한 사람들은 자신의 실수와 잘못을 온전하고 정확하게 인식하지 못한다. 그래서 자기 인식을 잘 조절하지 못해 결국에는 부정확한 수준에 머물게 된다. 가령 쉬운 일을 잘해내고 자신의 능력을 과대평가하게 된다. 그러다가 역경이 닥치거나 비판적 피드백을 받는 상황이 오면, 또는 그 모든 상황이 이유가 되어 고정 마인드셋이 촉발된다.

어떤 사람들은 성장을 지향하는 강한 기질을 갖고 있어서 학습하려는 자세로 빠르게 옮겨간다. 브레네 브라운은 자신이 실패로 공백 상태가 생기면 흥분하는 경향이 있다고 말하며 이 점을 언급했다.[19] 그러나 대다수의 경우에는 부정적인 평가를 마주할 때 적어도 초기에는 상실감에 빠진다. 이런 반응은 물론 피드백에 담긴 말투나 전달 방식 때문에 더 악화될 수 있다. 나중에 성장 마인드셋을 촉발하는 유용한 피드백을 제공하는 전략들을 소개할 것이다. 그전에 먼저 피드백을 받을 때 성장 마인드셋으로 나아가는 방법과 학습 및 개발 효과를 극대화하도록 피드백을 걸러내는 방법을 살펴보도록 하자.

필요한 비판만 수용하라

미스티 코플랜드는 아메리칸 발레 시어터American Ballet Theatre의 75년 역사에서 흑인 발레리나 최초로 수석 무용수가 되었다. 그래서 이런저런 비판을 받는 데 익숙하다.[20] 그중에는 생산적이고 도움이 되는 비판도 있고, 전혀 그렇지 않은 비판도 있다. 무용수가 자신이 맡은 부분을 준비하는 동안, 비판적 피드백은 지속적으로 세세하게 주어진다. 그런 피드백은 더 나은 공연을 하는 데 반드시 필요하다. 그러나 모든 무용수는 저마다 다른 몸과 감성을 갖고 있다. 어떤 피드백이 무용수로서 성장하는 데 도움이 되는지 아니면 경력을 끝내는 부상으로 이어질지 분별하는 일은 어느 정도 그들에게 달려 있다. 문제는 그 구분이 어려운 경우가 많다는 데 있다.

코플랜드는 〈더스킴〉과의 인터뷰에서 자신이 성공하기 위해서는 그러한 비판적 피드백을 걸러내는 법을 배워야 했다고 말했다. 그녀의 말을 들어보자. "저의 몸은 머리보다 앞서서 자기에게 맞는 방식으로 반응했습니다. 몸이 하는 말에 귀기울이는 법을 배운 덕분에 존중하는 마음으로 피드백을 걸러낼 수 있었습니다." 이는 높은 수준의 신체적, 정신적 자기 인식을 말해준다.

코플랜드는 다른 피드백도 받았다. 바로 체형과 피부색에 초점을 맞춘 비판이었다. 그녀의 말에 따르면 무용에 맞는 "몸이 아니"라거나 "근육이 너무 크다"라는 논평은 "흑인 무용수들이 오래전부터 듣던 일종의 음어code word"다. 이는 "발레를 하기에 적절한 피부색이 아니야"라는 말을 수용 가능한 방식으로 돌려 말하는 표현이다.[21] 한동안 이런 피드백이 그녀를 계속 따라다녔다. 결국 코플랜드는 몸에 해로운 식습관을 가지게 됐고, 최고의 무용수가 된다는 목표를 달성하는 데 자신이 정말로 필요한 자질을 갖추었는지 의심했다. (문화역사학자이자 저술가 브렌다 딕슨 고트실드가 지적한 바에 따르면 발레는 동화同化와 일관성에 초점을 맞추며, 이는 흑인 발레리나에게 불리하게 작용한다.[22] 이후 더 설명하겠지만, 정체성에 기반한 비판 또는 그에 대한 인식은 강력한 마인드셋 트리거로 작용할 수 있다.)

코플랜드는 다른 사람들이 하는 말에 귀기울이는 것만큼이나 "그런 말들 속에서 길을 잃지 않는 것"도 중요하다고 깨달았다.[23] 어떤 경우에는 인종에 기반한 비판에 반박하기도 한다. 가령 인터뷰에서 목소리를 내거나 일부 비판을 자신의 소셜미디어에 재게시한다. 그중 〈백조의 호수〉에서 그녀가 선보인 춤을 폄하한 글도 있었다.[24] 그녀는 그 글에 담긴 인종적 요소를 지적하며, 춤과 관련한 (주관적이라도) 유효한 비판을 신중하게 인정했다. 그래서 "이 글을 공유하게 되어서 기쁩니다. 항상 더 잘하기 위해 노력할 것이고, 결코 배움을 멈추지 않을 거니까요"라고 썼다.

수상 경력을 지닌 디자이너이자 저술가 제시카 히시가 디자인 학교에서 받았던 비판을 되돌아보자. "거기서는 20명이 하루 종일 당신의 작품을 즐겁게 짓밟습니다. 그런데 그게 사실은 도움이 돼요. 지금은 그런 비판을 들을 곳이 없습니다."[25] 그녀는 비판을 들어도 마음이 상하지 않았던 이유를 설명했다. 그 이유는 늘 "비판 자체만이 아니라 비판을 하는 사람까지 한 묶음으로 보면서 받아들"였기 때문이다. 작품을 평가한 학생이 정작 자신의 작품에서 본인이 내세운 접근법이나 기법을 시도하지 않으면, 히시는 그 학생의 피드백에 비중을 적게 두었다. 대신 높은 기준을 적용하지만, 자신의 경력을 통해 실력을 증명한 교수들의 피드백은 중요하게 여겼다. 피드백의 내용과 더불어 피드백을 주는 사람도 같이 고려한 것이다.

그러면 우리가 비판적 평가와 칭찬을 생각하는 양상부터 살펴보자. 성장 마인드셋을 취하면, 피드백을 "좋음/나쁨" 또는 "긍정적/부정적"의 기준으로 보지 않는다. 그보다는 개선이나 발전에 도움이 되는 정도를 따진다. 반대로 고정 마인드셋에서는 "이 보고서는 형편없어"라는 말은 부정적으로, "이 보고서는 훌륭해"라는 말은 긍정적으로 분류한다. 성장 마인드셋의 관점에서 이처럼 단순화된 평가는 모두에게 만족스럽지 않다. 학습과 개발이 주목표라면 우리가 받는 피드백의 가치는 어떻게 활용할 수 있느냐에 더 많이 좌우된다. 공허한 칭찬보다는 비판적 피드백이 더 유용한 경우가 많다.

성장과 개발에 기여하는 비판과 칭찬은 구체적인 동시에 실행 가능해야 한다. 그렇지 않으면 앞으로 나아가지 못한다. 위의 사례에 나오는 피드백은 (보고서가 표적을 빗나갔는지 맞혔는지에 대한) 정보를 포함하고 있다. 그러나 두 경우 모두 실행 가능한 정보가 아니다. "이 보고서는 형편없어"라는 말에는 업무의 질을 높이는 데 필요한 세부사항이 담겨 있지 않다. "이 보고서는 훌륭해"라는 말 역시 앞으로도 성공을 재현하거나 확대하는 방법에 대해 아무것도 알려주지 않는다.

비판적 피드백 때문에 고정 마인드셋으로 옮겨가면 자신에게 과도한 초점을 맞추게 된다.[26] 그래서 일에 대한 평가를 자신이 어떤 사람인가에 대한 판정으로 받아들이기 쉽다. 반면 성장을 지향하면 자신에게 매몰되지 않는다. 대신 보다 큰 목표와 거기에 이르는 길에 주의를 기울인다. '표적을 맞히지 못했어. 난 실패자야'라고 생각하는 게 아니라 '표적을 맞히지 못했어. 다음에 표적을 맞히려면 어떤 변화가 필요하지?'라고 생각한다.

홀푸드마켓의 전 CEO 존 매키는《돈, 착하게 벌 수는 없는가》에서 홀푸드는 "팀을 지속적으로 발전시키는" 일에 매진한다고 밝혔다.[27] 그는 내부 승진 정책이 성공에 중요한 역할을 했다고 생각한다. 홀푸드는 지속적 개발을 이끄는 노력의 일환으로 "재기용再起用" 프로그램을 실시한다. 이는 역량에 비해 너무 일찍 승진한 리더를 해고하는 대신, 과거에 성공적으로 일하던 자리로 돌려보내는 것이다. 그리고 다음에 더 잘할 수 있도록 세심한 코칭과 지원을 제공한다. 직원 마크 딕슨이 그 예다.

그는 1988년에 댈러스 지점장으로 승진했다. 매키의 말에 따르면 댈러스 지점은 영업하기 어려운 지점이었다. 매장이 천연식품이나 유기농식품에 대한 인식이 거의 없는 지역에 있었기 때문이다. 딕슨은 처음부터 고전했다. 2년 후에도 매출은 적었고, 매장 직원들의 사기는 낮았다. 매키와 경영진은 새 팀장을 임명하기로 결정했다. 그래도 딕슨을 해고하지 않고 이전 직위로 되돌린 후 지원을 제공했다. 추가적인 리더십 훈련도 포함했다. 지원과 훈련을 통해 딕슨이 자신의 부족한 부분을 성장시킬 수 있도록 도왔다. 딕슨은 나중에 3개의 다른 지점을 성공적으로 이끌었다. 덕분에 지역 부사장을 거쳐 10년 넘게 남서부 전체를 총괄

했다. 그는 2020년에 은퇴하면서 명예의 전당에 헌액되었다.

물론 비판적 피드백은 우리를 취약하게 만든다. 딕슨이 직급 강등 소식에 환호했을 가능성은 낮다. 그래도 홀푸드의 리더들은 그를 도와서 앞으로 나아갈 길을 찾았다. 덕분에 그는 성장 마인드셋 관점으로 도전에 나설 수 있었다. 나중에 피드백이 제공하는 기회를 열린 자세로 받아들이기 위한 구체적인 전술들을 살필 것이다. 그전에, 피드백을 주는 사람들이 빠질 수 있는 함정과 그를 피하는 방법을 살펴보자.

유용한 피드백을 주는 방법

피드백을 제시하는 방식은 고정 마인드셋이나 성장 마인드셋을 촉발할지에 영향을 미친다. 직원을 성장 마인드셋으로 유도하는 일은 평가 과정을 시작하기 '전에' 자신부터 성장 마인드셋을 받아들이는 데서 시작된다. 자신이 피드백 때문에 고정 마인드셋에 빠지는 경향이 있다면, 다른 사람에게 성장 마인드셋에 따른 피드백을 주기 어려울 가능성이 높다. 마인드셋 전환은 피드백의 목표를 생각하는 방식에서 시작된다. 피드백의 목적이 비판인가 기회 부여인가? 부하 직원에게 피드백을 주고 업무를 평가하는 일을 관리직의 단점으로 보는가, 아니면 부하 직원의 개발을 촉진하기 위한 필수 요소로 보는가? 비판적 피드백과 관련된 자신의 마인드셋을 돌아보면 성장 마인드셋 관점의 피드백을 줄 가능성이 커진다.

모호한 피드백은 도움이 되지 않는다. 타고난 재능에 초점을 맞춘 피드백("자네는 천재야!")도 마찬가지다. 대다수 사람은 칭찬을 즐긴다. 그러나 때로 실제 일이나 행동과 무관한 공허한 칭찬은 고정 마인드셋을 촉발할 수 있다. 이 경우, 후에 보다 보수적인 태도로 위험을 회피하게 만들 확률이 있다.

이런 경우를 상상해보라. 당신은 몇 주 동안 준비한 발표를 한다. 그것을 본 상사는 "아주 잘했어!"라고 말하고는 다음 회의를 하러 간다. 처음에는 아마 기분이 좋을 것이다. 그러나 들뜬 마음이 가라앉고 나면 이런 생각이 든다. '어떤 부분을 잘했다는 걸까? 어떻게 하면 앞으로도 발표를 잘할 수 있을까?' 분명 잘한 부분은 있다. 하지만 다음 발표를 준비할 때 어디에 주안점을 두어야 할지 확실하게 알 길이 없다. 그래서 맹목적으로 지난 성공의 방식을 반복할 가능성이 크다. "발표를 잘하는 직원"이라는 위상을 잃을까 두렵기 때문이다. 문제는 성공의 방식을 제대로 모른다는 것이다. 그 결과 성공적인 요소를 확장하거나(그게 무엇인지 모르는데 어떻게 할 수 있을까?) 추가로 혁신하려고 노력할 가능성이 낮아진다.

그러면 다른 경우를 상상해보자. 이번에는 상사가 이렇게 말한다. "좋은 발표였습니다! 간결한 데다가 현장의 이야기를 전해준 건 효과가 있었어요. 인용한 데이터도 명확해서 자네의 통찰을 강력하게 뒷받침했어요. 다만 다음번에는 몇몇 잠재적 해법을 제시해줬으면 좋겠어요. 설령 가능성이 별로 보이지 않아도 말이에요. 그리고 질의응답 시간을 조금 더 주면 다양한 논의를 할 수 있을 겁니다."

이 경우 당신은 발표의 어떤 부분이 좋았는지 알 수 있고, 상사의 칭찬에 기쁨을 만끽할 수 있다. 그뿐 아니라 다음번에 발표를 더 잘할 수 있도록 통찰까지 얻었다. 또한 상사가 당신의 발전에 관심이 있다는 사실도 분명하게 알 수 있다. 그는 당신의 아이디어를 환영한다. 이는 회사에서 당신의 미래가 유망하다는 것을 암묵적으로 말해준다. 이런 모든 것들은 심리적 안정감을 준다.

비판적 피드백은 인사 규정에 따른 연례 평가로 한정하기보다 지속해서 제공하는 것이 이상적이다. 즉, 관리자의 피드백을 정기화하고 상호작용의 일환으로 삼아야 한다. 그러면 상사가 따로 부를 때마다 폭탄이 떨어질까 두려워할 일이 없다. 직원들은 성장을 이끌 통찰을 계속 얻는 데 익숙해진다. 위 사례의 상사는 과감한 해법도 제시해보라는 격려와 지침을 제공했다. 이는 심리적 안정감을 더욱 높인다. 과감하게 위험을 감수하는 일을 지지한다는 말이기 때문이다.

성장 마인드셋을 토대로 행동을 교정하기 위해 비판적 피드백(소위 "부정적" 피드백)을 해야 하는 때도 있다. 이 경우 개선해야 할 점을 정확하게 지적해야 한다. 난관을 예상하고 극복하며, 목표 달성 방법에 대한 실질적인 정보와 전략을 제시해야 한다. 또한 직원이 통제할 수 있는 행동, 선택, 과정에 초점을 맞춰야 한다. 반면 고정 마인드셋 방식의 피드백은 대개 타고난 재능이나 기술("괜찮아. 이건 그냥 자네의 강점이 아니라서 그런지도 몰라") 또는 통제할 수 없는 외부적 요소(가령 다른 사업부가 제공한 데이터에 대한 비판)에 초점을 맞춘다. 이는 피드백을 받는 사람에게 무력감을 안긴다.

성장 마인드셋을 촉진하는 칭찬(또는 "긍정적 피드백")을 할 때는 효과적인 노력, 과정, 끈기를 부각하라. 직원이 얼마나 똑똑하거나 재능 있는지, 얼마나 수월하게 일을 해냈는지 말하지 마라. 이런 말들은 고정 마인드셋을 촉발한다. 성장 마인드셋 관점의 칭찬은 구체적으로 어떤 부분을 잘했는지 알려준다. 그래서 다시 재현하기 힘든, 마술적이고 신비로운 과정을 통해 성공한 것 같다는 느낌을 주지 않는다.

마인드셋 연속체에 걸친 비판적 피드백의 차이

고정 ◄─────────────► 성장

모호함	구체적인 지향점이 있음
타고난 재능이나 기술 통제할 수 없는 외부적 요소에 초점을 맞춤	통제할 수 있는 행동, 선택, 과정에 초점을 맞춤
지능과 완벽성을 칭찬함	효과적인 노력, 과정, 끈기를 칭찬함

이처럼 성장 마인드셋 관점의 피드백 요소들은 대체로 직설적이다. 이는 약간의 사례와 훈련을 통해 쉽게 이해할 수 있다. 그러나 피드백에는 이보다 훨씬 까다로운 또 다른 요소가 있다. 바로 편향이다. 편향은 성차별이나 고정관념 위협을 초래할 수 있다. 대부분 의도치 않게 표출되기 때문에 신경 쓰지 않으면 포착하기도 대단히 어렵다.

나는 페이스북(현 메타) 직원들과의 만남에서 의도치 않은 편향이 수반된 피드백의 사례를 접했다. (물론 메타를 괴롭히려는 것은 아니다. 편향은 모든 곳에서 은근하게 작용한다. 메타 직원들은 이런 피드백이 흔해진다면 문제라는 사실을 인식해서 해결해야겠다고 마음먹었다.) 사전 설명을 했으니 다음 피드백에서 무의식적 편향을 포착할 수 있는지 보라. "내가 보니 자네는 회의에 제대로 참여하지 않고 있어. 적극적으로 의견을 내주었으면 해."

나쁘지 않은 피드백처럼 들린다. 그렇지 않은가? 이 상사는 직원이 적극적으로 발언하기를 원한다. 직원의 의견을 중시하는 것이 분명하다. 하지만 이런 피드백을 자주 받는 사람들의 성별을 추측해보라고 말하면 당신은 어떻게 대답할 것인가? "적극적으로 의견을 내라"는 주문을 특정 성별과 더 연관 지을 것인가?

현실적으로 회의에서 발언하지 않는 데는 많은 이유가 있다. 가령 다른 사람들의 말을 들으면서 정보를 모으는 데 초점을 맞추었을 수도 있다. 그러면 나중에 통찰을 제공할 수 있을지도 모른다. 또는 발언할 여지가 없을 수도 있고, 다른 사람의 말을 끊거나 더 큰 목소리를 내고 싶지 않을 수도 있다.

일부 집단이 직장에서 겪는 '이중 속박double-bind'도 있다. 너무 과묵하거나 다른 사람을 배려하면 충분히 적극적이지 않다는 (리더 재목이 아니라는) 말을 듣고, 적극적으로 나서면 다른 사람들과 잘 어울리지 못한다는 말을 듣는 것이다. 발언할 자신감이 부족하기 때문에 회의 시간에 조용하다는 가정은 대개 여성에게 적용된다. 위 사례도 그런 경우다. 여성에게 "적극적으로 의견을 내라"라고 격려하는 것은 여성의 행위주체성과 적극성에 대한 고정관념을 불러일으킨다. (물론 어떤 성별이든 발언할 자신감이 부족할 수 있다. 나중에 설명하겠지만 구조적 요소와 기준을 살피는 '피드백 대화'를 통해 그 이유를 명확하게 밝힐 수 있다.)

관리자가 직원에 대한 평가와 관련하여 고정 마인드셋을 따르는 것은 피드백을 제시하는 방식뿐 아니라, 피드백을 제시할지를 결정하는 데에도 영향을 미친다. 가령 스타 직원에게만 피드백을 제공하고 나머지 직원은 무시할 수 있다. 또는 생산적인 피드백을 제공하는 방법을 몰라서 배우려 하기보다 회피해버릴 수도 있다. 앞서 언급한 대로 이는 성장 마인드셋이 강한 직원들에게 특히 좌절감을 안긴다. 그들은 피드백이 학습과 개발에 필수적이라고 생각한다. 피드백을 제공하지 않는 것은 실제로 부작용을 초래한다. 이는 위기감을 조성하고 무시당하는 듯한 느낌을 준다. 자신의 발전 능력을 상사가 믿지 않는다고 생각할 수 있기 때문이다.

이런 상황에서 최선의 경우 성장 마인드셋이 강한 직원은 피드백을 요구하거나, 다른 관리자나 동료에게서 얻거나, 팀을 바꿔달라고 요청할 것이다. 최악의 경우에는 일할 의욕을 잃거나 회사를 그만둘 것이다.

일부 간부들은 편향적이거나 편견을 지닌 사람으로 인식될까 두려워 피드백을 주저한다. 클로드 스틸은 교훈적인 사례를 제시했다.[28] 한 초등학교 교사가 분기별 학부모 상담을 했다. 2명의 학부모가 찾아왔다. 그들은 미소를 지으며 아들의 학교생활에 대한 이야기를 들을 준비를 했다. 교사 윌리엄스는 그들의 아들이 잘하는 분야를 세세하게 열거하며 칭찬했다. 학급 활동에 적극적으로 참여하고, 급우들과 원만하게 지내며, 인기가 많다는 식이었다. 하지만 부진한 학업성적에 대한 우려는 털어놓지 않았다. 이 사례에 나오는 학생은 흑인이고 교사는 백인이다. 교사는 흑인의 지능에 관해 미국 사회에 만연한 부정적인 문화적 고정관념을 잘 알고 있었다. 그래서 해당 학생이 공부에 어려움을 겪는다는 걱정을 하면 그런 고정관념을 강화하는 것처럼 보일까 우려했다. 다시 말해서 학부모들이 자신을 인종차별주의자로 볼까 걱정했다. 하지만 성적에 대한 피드백을 부모나 당사자인 학생에게 주지 않는 것은 오히려 잘할 기회를 빼앗는 셈이 된다.

직장의 경우 여성이나 유색인종, 특히 유색인종 여성이 특정한 피드백 편향을 겪을 확률이 높다. 그 이유는 상사가 인종차별주의자나 성차별주의자 또는 둘 다로 보일까 두려워하기 때문이다.

여성 리더는 "사납고" 못되게 보일까 두려워서 교정을 위한 피드백을 꺼린다. 그러면 오히려 여성 리더에 관한 부정적 고정관념이 강화된다.

피드백은 올바른 자기 인식을 하고 목표를 향해 얼마나 나아갔는지 정확하게 파악하는 데 필수적이다. 앞서 정확한 자기 인식에 관한 조이스 엘링거의 연구를 소개했다.[29] 그 연구는 기술에 관한 부정확한 평가가 실제로 집단마다 다르게 나타날 수 있음을 보였다. 그 이유 역시 리더가 비판적 피드백을 집단별로 다르게 제공하기 때문이다. 상사가 인종차별주의자나 성차별주의자로 재단당하지 않으려고 직원에게 "잘했어" 같은 피상적인 말만 하면 어떨까? 아마 직원은 자신에게 개선할 점이 없다고 믿게 될 것이다. 결국 과소 대표 집단에 속한 사람들의 자기 인식은 더 부정확해진다. 그들의 상사가 문화적 고정관념의 렌즈로 직원들을 바라본다는 비판을 걱정하기 때문이다.

클로드 스틸과 제프 코헨, 리 로스는 '멘토의 딜레마'라는 표현을 제시한다.[30] 이는 다수 집단(대개 백인 남성)에 속한 고위 인사가 멘토나 감독의 역할을 할 때 다음과 같은 질문에 직면하는 상황을 표현한다. "성장과 개발에 도움이 되는 비판적 피드백을 제공하다가 인종차별주의자나 성차별주의자로 비치면 어떡하지? 아니면 그런 위험을 감수하지 않기 위해, 직원들이 성공할 가능성이 줄어들더라도 피드백을 자제할까?" 다행히 그들의 연구는 이 딜레마를 해결하는 놀랍도록 간단하고도 효과적인 방법을 제시한다.

'현명한 피드백'은 사람들이 자신을 인식하고 세상을 이해하는 방식에 맞춘 전략적 피드백을 말한다.[31] 구체적으로 말하자면, 현명한 개입은 3가지 필요에 대응한다. 그것은 어떻게 행동할지 적절한 결정을 내릴 수 있도록 사회를 이해해야 할 필요, 자기 충실성self-integrity("선함", 유능함, 적응력의 조합)을 지녔다고 인식해야 할 필요, 소속감을 느껴야 할 필요다. 비판적 피드백은 자기 인식의 측면에서 이 모두를 위협할 수 있다. 현명한 개입은 이 세 가지 필요에 잠재적으로 위협을 끼치는 것을 완화하려고 노력한다. 그중 한 방법은 단순하지만 상당히 놀라운 효과를 발휘한다.

우리는 이전 연구를 통해 흑인 학생들이 다른 학생들보다 성적이 낮은 요인을 파악했다. 그것은 학교 시스템에 대한 불신이나 고정관념을 배경으로 한 교사의 재단이다. 데이비드 예거와 동료들은 이런 인식을 극복하고 흑인 학생들이 성공할 수 있게 도울 방법을 찾으려 했다. 그들은 B학점과 C학점을 받는 중학교 1학년 흑인과 백인 학생들을 모아서 자신의 영웅에 대한 에세이를 써달라고 요청했다. 그들은 두 집단으로 나뉘어 피드백을 받았다. '표준 조건' 집단이 돌려받은 에세이에는 "피드백을 주기 위해 이 논평을 씁니다"라고 적힌 쪽지가 붙어 있었다. 다시 말해서 사실상 아무런 내용이 없는 논평이었다. 반면 '현명한 비판 조건' 집단은 "학생에게 거는 기대가 크며, 학생이 그 기대를 충족할 수 있다는 것을 알기에 이 논평을 씁니다"라고 적힌 쪽지를 받았다.

표준 조건 피드백 집단에 속한 흑인 학생의 경우, 27퍼센트가 에세이를 수정하는 쪽을 선택했다. 현명한 비판 조건 집단에 속한 흑인 학생의 경우에는 2배 이상의 학생이 다시 시도하는 쪽을 선택했다. 반면 백인 학생들의 경우 두 집단의 퇴고 선택 비율에 큰 차이가 없었다. 이들에게는 피드백의 내용이 거의 영향을 미치지 못했다. 왜 그럴까?

연구자들의 주장은 이렇다. 흑인 학생들은 자신들의 지적 능력에 관한 부정적 피드백에 회의적이다. 그들의 능력에 의문을 제기하는 사회적 고정관념 때문이다. 백인 교사가 부정적 피드백을 할 때 더욱 그렇다. 이는 상당히 타당한 주장이다. 최소한 교사가 비판적 피드백을 주는 이유가 모호하다. 정말로 학생이 작문 실력을 키워야 하기 때문일 수도 있지만, 흑인 학생들은 열등한 능력을 지녔다고 생각하기 때문일 수도 있다. 현명한 비판이 강력한 힘을 발휘하는 이유가 거기에 있다. 피드백 자체가 흑인 학생들에게 확신을 준다. 그들이 높은 기준을 충족하는 능력을 지녔음을 교사가 믿고 있다는 확신 말이다. 반면 백인 학생들은 그런 걱정을 하지 않는다. 그들의 지적 능력에 의문을 제기하는 인종적 고정관념은 없다. 따라서 흑인 학생들처럼 모호성과 씨름할 필요가 없다.[32] 그들은 비판적 피드백을 그냥 실력을 키워야 한다는 신호로 받아들인다.

상사의 평가를 받아들이는 방식과 그에 따라 생겨나는 마인드셋도 마찬가지다. 즉, 상사가 우리의 능력을 어떻게 생각할 것인지에 대한 인식이 마인드셋에 영향을 미친다. 다시 말해, '상사'가 우리나 (또는 고정관념의 경우) 우리와 같은 정체성을 지닌 집단에 속한 사람들을 어떻게 판단할 것인지에 대한 생각이 마인드셋에 영향을 미친다.

저널리스트인 카라 스위셔는 오랫동안 자기 검열을 했다.[33] 그녀는 자신이 레즈비언이라는 사실을 알면 상사와 동료들이 편견을 가질까 봐 걱정했다. 그래서 발표 내용을 세심하게 살폈다. (덧붙여, 그녀는 요즘 명시적 편향을 더 많이 접한다고 말한다. 이는 그녀가 논쟁에서 이기는 이유가 상대방이 사실과 무관한 말을 하기 때문인 것에서 드러난다. 그녀는 "상대방이 제게 위압적이라거나 함부로 말한다며 입을 막으려 들면 더 세게 나갑니다"라고 말했다.)

상사가 우리의 능력을 고정 마인드셋에 따라 바라볼 것인지, 성장 마인드셋에 따라 바라볼 것인지, 우리가 높은 수준에서 일할 수 있다고 평가할 것인지에 관한 생각은 중요하다. 상사가 (편향 또는 다른 이유로) 우리의 능력을 낮게 평가한다고 생각하면, 상사의 피드백을 성장 마인드셋 관점으로 받아들일 확률이 낮다. 그보다는 피드백을 무시하거나 폄하할 가능성이 높다. 반면 상사가 우리의 관점을 취하면 반응이 달라진다. 또한 상사가 비판적 피드백을 주기에 앞서 자신이 높은 기준을 갖고 있으며, 우리가 그것을 충족할 수 있다고 믿는다는 확신을 안겨주면 도전을 시도할 확률이 높아진다.

피드백을 주는 대상은 피드백을 받는 대상과 진실한 관계를 맺어야 한다. 그러면 피드백이 더 많은 의미를 얻는다. 특히 자신과 젠더·인종·문화가 다른 직원에게 피드백을 제공할 때는 더욱 그렇다. 직원을 진정으로 알지 못하는 상태에서 하는 비판은, 신뢰와 심리적 안정감을 주는 관계를 맺은 상태에서 하는 비판과 같은 의미일 수 없다. 후자의 경우에 직원이 피드백을 진정으로 받아들이고 실천에 옮길 가능성이 훨씬 크다.

앞서 피드백을 제공하며 빠질 수 있는 여러 함정과 더불어 성장 마인드셋에 따른 피드백을 제공하는 방법을 살폈다. 다음은 피드백을 보다 효과적으로 주고받는 데 도움이 되는 확실한 전략들이다.

비판받을 때 성장 마인드셋을 촉진하라

지금까지 나온 내용에는 숨은 보석, 즉 피드백과 관련하여 성장 마인드셋을 촉진할 수 있는 추가적인 방법에 대한 힌트들이 있다. 그러면 지금부터 다른 몇 가지를 더해 그것들을 캐내보도록 하자.

피드백을 일반화하라

비판적 피드백 때문에 고정 마인드셋을 따르는 것을 방지하려면, 이를 일반화하는 방법도 효과적이다. 2부에서 논의한 대로 강한 성장 문화를 지닌 조직은 피드백을 제공할 여러 영역과 기회를 갖고 있다. 픽사 애니메이터들은 일일 피드백 회의에 익숙하다.[34] 이 자리에서 각 애니메이터는 자신이 작업하는 장면을 보여주고 동료들의 세세한 비평을 받는다. 피드백은 세심하고 건설적이며 정기적으로 주어진다. 그래서 해당 작품을 맡은 아티스트와 다른 인원들은 피드백을 감정적으로 받아들일 필요가 없다는 (그저 픽사의 방식일 뿐이라는) 생각을 품게 된다.

피드백이 기업이나 팀에서 정기적으로 실행되면 자기 발전에 도움이 되도록 피드백을 받아들이기가 쉬워진다. 물론 여전히 구체적이고 실행 가능한 것이여야 하지만 항상 공식적일 필요는 없다. 당연히 연례 평가를 기다릴 필요도 없다. (직원에게 회의 후에 잠시만 남아달라고 요청하는 방식으로) 피드백을 시의적절하게 주는 것이 중요하다. 그러면 그들이 잘못된 경로로 가지 않게 하거나, 긍정적인 행동을 더 자주, 안정적으로 반복하게 하는 데 도움이 된다. 학습과 성장의 기회는 1년에 한 번이 아니라 명확하고 일관되게 주어져야 한다. 심리적으로 안전한 직장과 교실은 모든 측면에서 피드백을 장려한다. 성장 마인드셋을 따르는 팀과 조직에서는 피드백을 어디서 받든 환영한다. 더불어 모든 직위에서 각자 무엇이 통하고 통하지 않는지를 파악할 때 필수적인 수단이 된다.

스토리텔링은 피드백을 일반화하는 데 도움이 되는 또 다른 도구다. 거센 비판을 이겨내는 다른 사람들을 보고 그 전략을 배우는 일은 학습을 지향하는 태도를 유지하는 데 도움을 준다. 가령 세이디 링컨이 동료들에게 조언을 구하자 누군가 감당하기 어려운 피드백을 받았던 자신의 이야기를 들려주었다.[35] 우리도 그렇게 할 수 있다. 또한 감당하기 어려운 피드백을 받는다고 해서 모든 길이 막히는 것이 아니다. 새롭고 보다 효과적인 길이 열릴 수도 있음을 확인하는 수단으로 다른 사람의 이야기를 들을 수도 있다.

리더들은 또한 피드백을 받아들이는 방식으로 모범을 보일 수 있다. 핏빗의 제임스 박은 직원 설문조사에서 형편없는 평가를 받았다.[36] 그렇다고 평가를 무시하거나 분노에 찬 반격을 하지 않았다. 그는 설문 내용을 세심하게 살폈다. 그리고 타당하다고 여겨지는(그리고 데이터로 증명되는) 지적을 인정하는 행동 계획을 세운 다음 팀원들과 공유했다. 같은 맥락에서 미스티 코플랜드는 편견에 사로잡힌 피드백을 대중과 공유하며 문제를 제기했다.[37]

피드백 대화를 나눠라

이 장의 첫머리에서 설명한 대로 좋은 피드백이 반드시 긍정적인 내용일 필요는 없다. 다만 명확하고, 구체적이고, 실행 가능해야 한다. 그렇지 않으면 직원들이 앞으로 나아갈 수 없다. 또한 억지스럽지 않고 진실해야 한다. 가령 현명한 피드백을 줄 때 서두에 매번 같은 말을 쓰지 말아야 한다. 그러면 진정성이 바로 의심받는다. 마찬가지로 '피드백 샌드위치'를 조심해야 한다. 앞뒤로 빵 역할을 하는 긍정적인 말 사이에 비판을 끼우는 것 말이다.

대부분은 이 전술을 잘 안다. 그래서 서두의 긍정적인 말은 '진짜 피드백', 즉 나쁜 내용을 제시하기에 앞서 자신을 무장해제하려는 사전 조치로 여긴다.

피드백을 제공할 때 진정성을 보이는 효과적인 접근법이 있다. 바로 발표가 아닌 대화의 형태로 하는 피드백이다. 가령 관리자들은 직원에게 목표가 무엇인지 물을 수 있다. 또한 성공하거나 역경을 겪은 이유에 중점을 두면서 이 경험으로 얼마나 발전했다고 생각하는지 물을 수 있다. 이때 일부 직원에게 부당한 불이익을 안길 수 있는 제도적 구조나 정책 같은 장애물에 대한 논의도 포함하라. 이런 대화는 관리자가 인식하지 못한 통찰과 맥락을 제공한다. 또한 직원들의 목표가 직무나 조직의 목표와 얼마나 잘 맞는지 파악하는 데 도움을 준다.

관리자는 이를 토대로 시스템 내의 장애물을 제거하고, 앞으로 어떻게 진행하면 좋을지 구체적으로 조언할 수 있다. 한편으로 직원들에게 통할 것 같은 아이디어도 얻을 수 있다. 이는 이미 성장 마인드셋을 따르는 직원들뿐 아니라, 다른 경우에는 '백팩에 숨기는 어른'이 되었을 직원들에게도 활기와 의욕을 불어넣는다. 비판적 피드백이 일반화되고 명령이 아닌 대화의 일부가 된다면 어떨까? 이는 주기적으로 내려지는 판결이 아니라, 지속적인 개발을 위한 도구로 여겨질 가능성이 높다.

> ### 유용한 피드백의 특징
>
> - 구체적인 표적이 있는 사안을 파악한다.
> - 통제할 수 없는 타고난 재능이나 문제가 아니라 통제할 수 있는 행동, 선택, 절차에 초점을 맞춘다.
> - 직원의 노력을 인정한다.
> - 진전과 개발에 초점을 맞추고 직원이 발전 과정을 그려나가도록 돕는다.
> - 더욱 멀리 나아갈 수 있도록 여러 전략과 접근법을 논의한다.

성장 마인드셋에 따른 피드백을 추구하라

우리 팀은 2020년 연구를 진행하며 60명의 이공계 교수들이 한 학기 동안 강의하는 모습을 촬영했다.[38] 또한 우리가 개발한 앱을 활용해 주기적인 설문조사를 실시했다. 교수의 강의 내용과 그 교수의 마인드셋 신념이 무엇이라고 생각하는지에 대한 질문이었다. (뒤이어 우리는 설문 결과를 해당 교수가 스스로 밝힌 실제 신념과 비교했다.) 이 연구를 통해 중요한 사실을 알 수 있었다. 교수가 학생들에게 성장 마인드셋을 드러낼 수 있는 일들이 있었다. 그중 하나는 자신에 대한 비판적 피드백을 받는 것이었다. 교수가 강의 평가 등의 피드백 기회에 대처하는 모습은 그의 마인드셋을 나타내는 분명한 지표다.

고정 마인드셋이 강한 교수는 피드백의 필요성은 알고 있으면서도 이것을 대개 무의미한 관료주의적 절차이며 귀찮은 일로 여겼다. 반면 성장 마인드셋이 강한 교수는 피드백을 보다 진지하게 받아들였다. 그래서 강의 시간을 별도로 할애해 피드백을 받았다. 또한 그들은 평점을 필수적으로 매기게 했고 주관식 질문도 넣었다. 가령 "강의에서 어떤 부분이 어려웠으며, 어떻게 하면 교수가 효과적으로 학습을 도울 수 있을까요?" "교수가 어떤 점을 개선하기를 바라나요?" "다음 학기 때 교수가 어떤 부분에 도움을 주면 유용할까요?" 같은 질문들이었다.

우리는 비판적 피드백의 혜택을 극대화하기를 원한다. 그렇다면 굳이 학기 말까지 기다릴 필요가 있을까? 나는 패컬티 석세스 프로그램Faculty Success Program(유색인종 교수를 위한 전국적 제도)에 참여했다.[39] 당시 참여자들은 학생들에게 중간평가 기회를 제공하라는 조언을 받았다. 중간평가 질문은 "강의에서 어떤 부분이 어려우며, 교수가 무엇을 바꾸면 도움이 될까요?"처럼 단순한 내용이었다. 대개 학기 중반이 되면 학생들은 학업이 버겁다고 토로했다. 이를 통해 교수는 과제를 줄이거나 하는 방식으로 학생들이 받는 부담을 줄일 수 있었다. 꼭 큰 변화를 일으킬 필요는 없었다. 작은 제스처도 교수가 자신들의 말을 들어주고 도와주려 한다는 느낌을 주었다. 더불어 학생들의 피드백에 관심이 있다는 사실도 알려주었다.

직장에서도 같은 일을 할 수 있다. 직원들에게 피드백을 요청하거나, 중간 점검 회의를 여는 일 등이다. 이 회의에서는 피드백을 요청하는 한편, 각자 목표를 향해 어느 정도나 진전을 이루었는지 그리고 어떻게 서로를 도울지 논의할 수 있다(예상보다 빠르게 진전했다면 분명하게 성과를 칭찬하고 추가 목표로 뒷주머니 과제를 제시할 수 있다).

비판적 피드백을 받은 관리자가 고정 마인드셋에서 비롯된 행동을 취하면 어떻게 될까? 직원들은 비판적 피드백을 주저할 것이다. 피드백이 없거나, 피드백의 내용이 모호하고 솔직하지 않은 것 같으면 어떻게 해야 할까? 이 경우 직접적인 피드백을 요청하면 필요한 정보를 얻을 가능성이 높아진다. 이때 앞서 제시한 유용한 피드백에 대한 지침을 활용할 수 있다. 즉, 업무가 진전되는 정도에 대한 구체적인 피드백과 더불어 추가로 개선하기 위한 전략과 통찰을 요구할 수 있다. 아직 관련 연구를 하지는 못했지만 상사에게 현명한 피드백과 비슷한 것을 시도해볼 수도 있다. 가령 "저는 성과 기준을 높게 잡습니다. 그래서 계속 발전하고 성장하는 것이 중요합니다. 거기에 도움이 되도록 통찰과 지침을 제공해주셨으면 합니다"라고 말할 수 있다. (효과가 어떤지 내게 알려주기 바란다!)

다음으로 마지막 마인드셋 트리거인 다른 사람이 성공하는 상황을 살펴볼 것이다. 그전에 앞서 말한 내용을 되짚어보자.

성찰을 위한 질문들

* 최근 비판적 피드백을 받았을 때 성장 마인드셋을 취하여 개선할

수 있었던 때를 떠올려보라. 그 피드백을 준 사람은 어떤 내용을, 어떤 방식으로 말했는가? 그 사람에게 연락하여 고맙다고 말하라. 비판적 피드백이 자칫 반발을 부를 수 있는데도 의도한 대로 받아들일 수 있도록 도와주어서 너무나 감사하다고 말하라.

* 다음에 다른 사람에게 비판적 피드백을 줄 때 바뀔 수 있을 것이라 믿는다고 분명하게 밝혀라. 그 사람을 믿고, 그 사람이 변화하거나 개선할 수 있다고 믿기 때문에 피드백을 준다는 것을 이보다 명확하게 알릴 방법이 있을까?

* 비판적 피드백이 고정 마인드셋을 촉발할 때 이 점을 기억하라. 비판적 피드백은 흔히 내면에 집중하게 한다. 이처럼 내면에 초점을 맞추는 일은 외로움과 고립감을 초래한다. 함께 성장 문화를 도모하는 믿을 만한 파트너나 동료가 있다면 역할극을 통해 피드백을 주고받아라. 주는 입장이나 받는 입장에서 성장을 지향하게 만드는 데 가장 효과적인 전략은 무엇인가?

* 다른 사람에게 그다지 비판적 피드백을 받지 않고 있는가? 왜 그런지 자문하라. 이전에 비판적 피드백을 받을 때 다시 할 마음이 생기지 않게 만들었는가? 다음 주에 어떻게 하면 비판적 피드백을 요청할 수 있을지 몇 가지 방법을 기록하라. "제 발표가 어땠나요?" 같은 광범위한 질문 대신 답변을 끌어낼 수 있는 질문을 하라. 가령 "제 발표를 듣고 흥미나 호기심이 생겼습니까? 관련된 내용을 더 많이 알고 싶어졌습니까? 어떻게 하면 다음에 고객의 주의를 더 많이 끌 수 있을까요?"라고 물어라.

12장 다른 사람이 성공하는 상황

당신은 동창회 소식지를 열어보고 같은 분야에서 일하는 동창이 얼마 전에 승진했다는 사실을 알게 된다. 다른 한편, 당신이 다니는 회사는 몇 달 동안 어떤 문제를 해결하는 데 매달렸다. 당신은 곧 해결책을 찾아낼 수 있을 것이라 확신했지만 동료가 먼저 성공했다. 이런 경우 고무되는가 아니면 낙담하는가? 하이파이브를 청하는가 아니면 그들의 사진에 다트를 던지는가? 더 열심히 노력하는가 아니면 포기해버리는가? 이런 질문에 대한 답은 당신이 네 번째 마인드셋 트리거에 어떻게 반응하는지 말해준다. 그 트리거는 바로 다른 사람의 성공이다.

다른 사람을 척도로 삼는 것은 좋지도 나쁘지도 않다. 누군가의 성취로 인해 자신의 성과에서 부족한 부분이나 비슷한 성취를 이룰 때 필요한 단계를 파악할 의욕이 생길 수 있다. 이 경우 다른 사람의 성공은 성장 마인드셋을 촉진한다. 반면 그 사람은 프레너미frenemy[친구friend이자 적enemy인 관계]나 숙적이 되고, 그들의 성공 때문에 노력을 포기할 수도 있다. 또는 그들을 무너트리고 싶을 수도 있다. 이 사무실은 두 사람이 같이 있을 만큼 크지 않다는 생각에 고정 마인드셋 쪽으로 향하게 되기 때문이다.

고정 마인드셋을 통해 다른 사람의 성과를 바라보면 제로섬zero-sum 영역에 빠지게 된다.[1] 이제 자신에게 돌아올 기회가 줄었다는 인식 때문이다. 이는 극단적인 자기 집중의 또 다른 형태다. 우리는 누군가가 성공하는 모습을 보면 '저 사람은 일을 너무 잘해. 나는 절대 그 정도 수준에 올라가지 못할 텐데 애쓸 필요가 있을까?'라거나 '저 사람은 내가 갖지 못한 특별한 재능을 가졌어'라고 생각한다.

이런 고정 마인드셋이 초래하는 문제 중 하나는 문제를 해결할 전략과 성공을 향하는 경로를 파악할 기회를 앗아간다는 것이다. (동료를 인정하고 진솔하게 소통할 기회도 앗아간다.) 이 경우 우리는 시간을 들여 더 깊이 파고들 생각을 하지 않는다. 어떻게 그 사람이 성공했는지 자세히 알아보는 일이 자신에게 대단히 위협적이기 때문이다. 또한 그들의 성공이 자신은 갖지 못한 천부적 재능 때문이라고 생각하는 경우 고정 마인드셋이 강화된다. 즉, 성공은 자신의 통제를 벗어난 문제이므로 성공하는 방법을 알아보려고 시도하지 않는다.

반면 같은 상황에서 성장 마인드셋의 관점으로 나아갈 수도 있다. 이 경우 다른 사람의 성공을 보고 무엇을 배울 수 있을지 호기심을 가지게 된다. 우리가 나아갈 길은 그들이 나아간 길과 똑같지는 않다. 또한 우리는 그들과 같은 특권이나 자원을 갖지 못했을 수도 있다. 그래도 성공의 핵심 요소를 파악하면 성장하는 데 도움을 얻을 수 있다. 가령 어떤 사람은 부모가 업계의 주요 인사를 알고 있어 출발이 유리했을 수 있다. 우리에게는 그런 특별 입장권이 없다. 그래도 그와 비슷한 기회를 얻으려면 인맥을 쌓아야 한다는 사실을 깨달을 수 있다. 또한 목표에 이르기 위해 창의적이고 성실한 접근법을 시도할 수 있다. 거기에는 앞서 그렇게 한 다른 사람의 사례를 살펴보고, 동료들에게 통찰과 지원을 구하는 일이 포함된다.

엘런 대니얼은 《격주 목요일: 성공한 여성들의 이야기와 전략 Every Other Thursday》에서 여성 이공계 교수들로 구성된 지인들의 이야기를 들려준다.[2] 그들 중 다수가 같은 분야에 속한 다른 사람들이 자신의 성과를 대신 내세우거나 그 공을 가로챈 적이 있다고 털어놓았다. 그들은 처음에는 그 사실을 잘못되었거나, 수치스럽거나, 불쾌한 일로 받아들였다. 그러나 성장 마인드셋으로 옮겨간 후에는 생각이 바뀌었다. 사회가 그들에게 여성으로서 이룬 성과를 경시하도록 만든것이다. 그들은 그 관점을 토대로 서로 협력했다. 그래서 당당하면서도 겸손하게 칭찬을 받아들이고, 자신이 이룬 직업적 성과에 주인의식을 갖는 습관을 들였다.

이 마인드셋 트리거에 대처하는 데 가장 큰 난관 중 하나는 그 사실을 인정하는 것이다. 나는 워크숍을 진행하며 그 점을 확인했다. 참가자들에게 다른 사람의 성공을 고정 마인드셋 트리거 중 하나로 보느냐고 물어보면 흔히 침묵이 뒤따른다. 하지만 이후에 대부분 개인적으로 그 문제를 논의하고 싶어 한다. 이는 충분히 이해할 만하다. 고정 마인드셋을 취하게 만드는 상황을 털어놓으려면 어느 정도는 약한 모습을 보여야 한다. 아마 그중에서도 다른 사람의 성공을 보는 상황이 가장 정도가 심할 것이다. 그래서 남들 앞에서 털어놓기가 주저스럽다. 우리가 누구와 자신을 비교하는지(또는 그런 비교를 한다는 사실을) 밝히면 어떤 의미에서 그 사람을 우월하게 만들기 때문이다.

회계팀의 앤서니를 예로 들어보자. 그는 자신이 바라던 자리를 동료인 재키가 차지했을 때 고정 마인드셋에 사로잡혔다. 이 사실을 인정하면 재키는 앤서니가 적어도 어느 정도는 자신을 성공의 척도로 삼는다는 사실을 알게 된다. 또한 우리는 남들에게 이기적이거나 속마음을 숨기는 것처럼 보이고 싶어 하지 않는다. 설령 마음속으로는 그렇게 느낀다고 해도 말이다.

하지만 의욕을 얻기 위해 "선의의 경쟁"을 벌이는 것이 잘못된 일은 아니다. 그렇지 않은가? 앞서 살핀 대로 개인 간 경쟁은 우리의 내면에서 (그때의 마인드셋에 따라) 최선 또는 최악을 끌어낼 수 있는 아주 미세한 선을 만든다. 이 선은 너무나 미세해서 어쩌면 위험을 감수할 가치가 없을지도 모른다. 기업의 리더들은 스포츠에 대한 비유를 좋아한다. 그러나 직원들이 유한한 자원을 두고 서로 경쟁하도록 만들지 않고도 최선을 이끌어내는 다른 방법들이 있다. 심지어 경쟁이 성공의 필수 요소처럼 보이는 스포츠계에서도 선수들이 다른 선수의 성공을 보고 성장 마인드셋을 강화한 수많은 사례가 있다.

라이벌 관계는 스포츠에서 가장 인상적인 순간들을 만든다. 프레이저와 알리, 파머와 니클라우스, 존슨과 버드 등 유명한 라이벌들이 있다. 그러나 테니스계의 전설인 크리스 에버트와 마르티나 나브라틸로바의 15년에 걸친 라이벌 관계가 가장 인상적이고 길었다.[3] 두 사람은 10년 넘게 테니스계를 완전히 지배했다. 둘 중 하나는 항상 그해의 최고 랭크에 올랐다. 비교해보자면 조 프레이저와 무하마드 알리는 3번 맞붙었다.[4] 반면 에버트와 나브라틸로바는 80번 이상 맞붙었다.[5] 에버트는 클레이코트에서 토너먼트 125연승을 기록했다. 나브라틸로바는 단식, 복식, 혼합 복식 경기에 걸쳐 무려 354개의 타이틀을 땄다.

두 사람은 라이벌 관계를 이어가는 동안 상대에게 미움이 아니라 깊은 존경심, 심지어 우정까지 느꼈다. 또한 그들의 경력에서 상대의 존재가 실력을 키우는 데 도움이 되었다. 나브라틸로바는 에버트와의 경기를 "뚫을 수 없는 벽"과 맞서는 것에 비유했다. 에버트의 강인한 정신력 덕분에 자신도 더 강해졌다고도 말했다. 에버트는 코트에서 한 치의 흔들림도 없는 모습을 보여서 "얼음 여제"라는 별명을 얻었다.[6] 하지만 정작 그녀는 감정을 발산할 줄 아는 나브라틸로바가 부러웠다고 털어놓았다. 에버트의 정신적 강인함에 맞선 것은 나브라틸로바의 신체적 강인함이었다.[7] 그래서 에버트는 열심히 운동할 수밖에 없었다. 그녀는 "마르티나의 모범을 따르려고 노력했어요"라고 회고했다.

이는 두 사람의 성공을 이끈 자질이 그들 모두를 성장 마인드셋으로 이끌었다는 핵심적인 증거다. 그들은 승리하고 패배하는 동안 상대를 보고 어떻게 실력을 키울 수 있는지 배웠다. 에버트는 나브라틸로바에게 당한 패배가 "더 열심히 노력하고 더 굳게 결심하도록 만들었다"라고 말했다. 두 사람이 친구가 될 수 있었던 이유다. 그들은 서로에게서 영감과 정보를 얻었다. 결코 상대를 이기는 것을 경기의 전부로 만들지 않았다.

심지어 두 사람은 가끔 서로의 연습 상대가 되어주었고, 맞붙기 전에 함께 워밍업을 했다. 이는 나와 동료들이 연구를 통해 확인한 사실을 예시한다.[8] 다른 사람을 능가하는 것이 아니라 자신이 얼마나 발전했는지를 성공의 기준으로 삼으면 다른 사람을 도와줄 가능성이 높아진다. 또한 다른 사람을 가르치는 과정에서 자신이 노력하는 일에도 통달하게 된다. 두 사람이 상대를 성공의 위협 요소로 보았다면 어떻게 되었을까? 아마 결코 친구가 되지 못했을 것이고, 경력에서도 전설이 되지 못했을 것이다.

육상계에서도 경쟁적 협력 사례를 확인할 수 있다. 데즈 린든이 2018년 보스턴 마라톤에 출전했을 때 날씨는 형편없었다.[9] 게다가 출발 전부터 이미 몸이 좋지 않았다. 그녀는 차가운 비와 강풍을 맞으며 몇 킬로미터를 달린 후 오늘은 안 될 것 같다고 판단했다. 머릿속으로는 이미 기운을 아끼는 쪽을 선택했기 때문에 경기를 포기한 거나 마찬가지였다. 하지만 옆으로 물러서는 대신 동료 선수이자 마라톤계의 전설인 셜레인 플래너건에게 유례없는 제안을 했다. 그녀는 "혹시 도중에 도움이 필요하면 내가 앞에서 바람막이 역할을 해줄게요"라고 말했다.

플래너건은 그녀의 경쟁자였다. 그러나 그녀는 플래너건이 우승할지도 모른다는 생각 때문에 고정 마인드셋에 빠지지 않았다. 오히려 팀플레이 자세로 같은 나라 선수를 위해 희생하는 쪽을 선택했다. 플래너건도 관대하다는 평판을 얻은 사람이었다. 그녀는 어린 선수들을 지원하고 가르쳤다. 이는 경쟁이 극심한 마라톤계에서는 대단히 드문 일이었다. 하지만 결과적으로 그날은 플래너건을 위한 날도 아니었다. 그녀는 뒤로 처지고 말았다.[10] 이후 린든은 다른 선수인 몰리 허들이 결승선까지 도달할 수 있도록 페이스를 조절해주었다. 그러나 허들마저 선두 그룹에서 떨어져나가버렸다. 그때 린든은 자신에게 아직 달릴 기운이 남아 있음을 깨달았다. 그녀는 "1마일만 더 가자"라고 거듭 자신을 채찍질했고, 그렇게 우승까지 내달렸다.[11]

스포츠에서는 성장 마인드셋을 그저 계속 더 열심히 밀어붙이고 더 많이 경쟁하는 것으로 혼동하기 쉽다. 그러나 앞서 검토한 연구 결과들이 보여주듯이 개인 간 경쟁은 실제로 전략 선택지를 줄어들게 만들어서 창의성을 제한한다. 데즈 린든은 자신의 능력을 증명해야 한다는 부담에서 벗어났다. 덕분에 시간이 흘러

가는 동안에도 유연하게 대처하면서 열린 자세를 유지할 수 있었다. 또한 어떤 방향으로 노력을 기울이는 것이 최선인지 계속 판단할 수 있었다.

린든은 처음에는 자신을 위해, 그다음에는 다른 미국 선수들을 위해, 그리고 다시 자신을 위해 노력했다. 그녀가 초반에 같은 미국 선수인 라이벌이 우승할지 모른다는 생각에 거부감을 느꼈다면 어떻게 되었을까? 아마 그냥 경기를 끝내버리고 다른 미국 선수들이 알아서 하도록 내버려두었을 것이다. 대신 그녀는 다른 미국 선수가 잘 달릴 수 있도록 도우려 했고, 결국 처음으로 보스턴 마라톤에서 우승했다. 그녀는 다른 선수를 돕는 것이 자신도 돕는 길임을 모르지 않았다.[12]

육상계에서는 이를 셜레인 효과라 부른다. 이 효과는 주위 사람들이 경력을 쌓도록 도와주는 과정에서 그 탄력을 이용해 자신도 앞으로 나아가는 것을 말한다. 이런 태도는 고정 마인드셋에서 발생하는 제로섬 영역과 달리, 같이 성공하는 길을 추구한다.

토머스 에디슨은 셜레인 효과를 비웃었을 것이다.[13] 그는 수많은 발명품으로 세계적인 명성을 얻은 발명가이다. 21세 때 처음 특허를 신청한 그는 경력을 마무리할 때까지 1,093건의 특허를 따냈다. 정확하게 말하자면 발명을 한 것은 그의 팀이었다. 에디슨은 분명 엄청난 지적 능력을 갖고 있었다.[14] 다만 자만심도 그만큼 강했다. 그래서 대단히 의욕적인 연구실 엔지니어들이 발명에 상당히 기여했지만 에디슨은 그 사실을 줄곧 폄하하거나 숨겼다. 그는 여전히 존경할 만한 선지자로 인정받는다. 그러나 다른 사람의 성공에 직면했을 때 그가 보인 확연한 고정 마인드셋 방식의 행동(그와 더불어 다른 사람의 공을 노골적으로 가로챘다는 사실)은 별로 언급되지 않는다.

에디슨은 "다른 사람의 천재성을 알아보는 천재성"을 지녔다고 칭송받는다.[15] 그러나 한 직원(니콜라 테슬라라는 세르비아 출신 청년)의 천재성을 알아보는 일에서는 곧장 고정 마인드셋으로 옮겨가 파국적인 결말을 불렀다.[16] 당시 에디슨은 자신의 회사가 직류 시스템을 통해 곧 전국의 가정과 기업에 전기를 공급할 것이라고 선언했다. 실제로 그와 그의 팀은 발전기와 발전소를 만드는 데 성공했다. 그러나 직류 전기를 발전소에서 1.6킬로미터 이상 떨어진 곳으로 보내기가 어려웠다. 이 난제에 흥미를 느낀 테슬라는 교류를 활용하는 발전기를 설계했다. 에디슨은 그의 설계가 비실용적이고 위험하다며 폄하했다. 세상에 이미 직류가 미래라고 발표한 터였기 때문이다. 이에 좌절한 테슬라는 회사를 떠났다. 결국 그는 전력 사업에서 에디슨의 핵심 라이벌인 조지 웨스팅하우스에게 자신의 구상을 소개했다.

토머스 에디슨 페이퍼스 프로젝트Thomas A. Edison Papers Project 대표 겸 편집장인 폴 이스라엘은 이렇게 말한다. "에디슨의 가장 큰 약점은 산업의 변화에 맞춰 마인드셋을 바꾸지 못했다는 겁니다. 그는 자금뿐 아니라 개인의 평판까지 투자했어요."[17]

에디슨은 가장 어두웠던 시기에 부도덕한 제자와 손잡았다. 그는 교류 전기가 위험하다는 사실을 증명하려고 떠돌이 개와 말 그리고 다른 동물들에게 고통을 가하는 실험을 승인했다. 또한 교류 전기를 폄하하는 비방전에도 나섰다. 그는 전기의자로 첫 사형을 진행할 때 교류 전기를 쓰도록 관료들에게 로비했다. 그러면 교류 전기가 "죽음의 전류"로 인식될 것이기 때문이었다.

한번은 웨스팅하우스가 에디슨에게 전류 전쟁을 끝내고 교류 전기의 보급 속도를 높이자고 제안했다.[18] 그러나 에디슨은 거절했다. 결국 에디슨은 이사회의 신뢰를 잃고 말았다. 이사회는 회사를 합병하고 그에게 10퍼센트의 지분만 남겨주었다.

우리 자신을 다른 사람과 비교하는 것은 자연스럽다. 같은 분야에 속한 사람이 더 크게 인정받으면 모두의 목표가 상향된다. 우리는 이런 성공에 주의를 기울인다. 우리가 속한 분야에서, 사회적 및 직업적 위계에서, 일에서 우리의 입지를 신경 쓰기 때문이다. 다른 사람들이 성공을 이루면 자신도 모르게 고정 마인드셋에 빠질 수 있다. 그래도 배움의 자세로 옮겨가는 방법을 배울 수 있다. 역사학자들은 에디슨이 언제든 교류 전기를 받아들였다면 방대한 사업 규모를 이용해 웨스팅하우스를 앞지를 수 있었으리라 추정한다. 그러나 그에게 이는 평판이 걸린 문제이자 감정적인 문제였다.

다른 한편, 우리의 고정 마인드셋은 때로 우리를 둘러싼 구조적, 제도적 요소에 좌우되기도 한다. 구성원들이 서로 경쟁하면 협력하는 능력과 혁신에 관계된 창의성까지 모든 것이 저해된다. 소수만 인정받고 자원을 얻도록 설계된 시스템이 이런 상황을 초래한다. 안타깝게도 수많은 조직이 경쟁을 제도화하는 경우가 많다.

동료와 싸워 이기라는 조직

제로섬에 대한 신념이 조직의 정책과 절차에 들어오면 모든 구성원을 고정 마인드셋으로 이끌 수 있다. 이 경우 위에서부터 천재 문화의 영향이 미치게 된다.

스택 랭킹은 제로섬 관점을 잘 드러낼뿐더러, 타인의 성공을 보며 고정 마인드셋에 빠지도록 만드는 관행이다.[19] 앞서 설명한 대로 스택 랭킹은 직원들을 정기적으로 평가한 다음 여러 등급으로 나눈다. 최고 등급에 속한 직원들은 보상을 얻고, 최하 등급에 속한 직원들은 교체된다. 시쳇말로 '랭크 앤드 앵크rank and yank'[등수를 매겨서 내쫓는다는 의미]로 불리는 이 관행은 1980년대 초반에 제너럴 일렉트릭의 당시 CEO 잭 웰치가 유행시켰다.

제너럴 일렉트릭은 3개의 등급을 만들었다. 각 등급의 비중은 최고 등급 20퍼센트, 중간 등급 70퍼센트, 최하 등급 10퍼센트였다. 최하 등급은 해고될 가능성이 높았다. 웰치는 2018년에 발표한 글에서 여전히 이 시스템을 변호했다.[20] 그의 말에 따르면 핵심은 숙청이 아니라 일관성, 투명성, 정직성을 보여서 "모든 직원이 자신의 위치를 알게 만드는 것"이었다. 또한 그는 최하 등급에 속한 직원들이 업무를 개선하거나 알아서 회사를 그만두도록 집중적인 조언과 지도를 해야 한다고 주장했다. 그의 말을 들어보자.

"어떤 사람들은 종형 곡선을 이루는 차별화가 '잔인하다'라고 생각하는 것을 안다. 내게는 그 점이 항상 이상했다. 우리는 흔히 9세나 10세 때부터 학교에서 아이들의 등급을 매긴다. 그래도 그게 잔인하다고 말하는 사람은 없다. 그런데 어떤 이유로든 어른들이 그걸 감당하지 못한다고? 왜 그런지 내게 설명해보라."

공교롭게도 강제적 등급 매기기는 교실에서도 그다지 잘 통하지 않는다. (모든 종류의 등급 매기기에 의문을 제기하는 데는 이유가 있다. 비즈니스 저널리스트인 아르와 마다위가 지적한 대로 〈포브스〉의 "30세 미만 30인" 및 비슷한 다른 명단에 오른 사람 중 상당수는 이후 범죄 혐의에 연루되었다.[21] 스타를 골라내는 일은 증명과 성과에 대한 압박을 크게 높인다.)

스택 랭킹 비판자들은 직원들을 서로 경쟁시키면 팀워크가 깨진다는 점을 강조한다.[22] 웰치는 이에 대해 조직이 팀워크를 중시하고 싶다면 그 사실을 알리고 "그에 따라 평가하고 보상하면 된다"라고 반박한다. 하지만 이런 상반된 메시지는 직원들의 우선순위를 혼란스럽게 뒤섞는다. 직원들은 팀으로서 협동해야 할지 아니면 서로 경쟁해야 할지 알 수 없게 된다. (참고로 다른 사람의 불운을 보고 기뻐하는 것을 뜻하는 '샤덴프로이데schdenfreude'의 반대말은 다른 사람의 성과를 기뻐하고 축하하는 것을 뜻하는 '프로이덴프로이데freudenfreude'다.)[23] 기업이 '랭크 앤드 앵크' 시스템을 따르는 환경에 팀워크의 가치를 강제로 주입하려 하면 어떻게 될까? 직원들은 가치와 실행 사이의 거대한 간극을 인식하게 될 것이다. 회사는 팀워크를 중시한다고 말하지만, 가치 평가는 결국 경쟁하는 구성원들에 의해 좌우되기 때문이다. 이는 서로에 대한, 나아가 회사에 대한 냉소와 불신을 갖게 한다.

"최하 등급에 속하지 않은 90퍼센트는 하나도 걱정할 것이 없다"라고 말하는 사람도 있다. 전혀 그렇지 않다. 순위에 기반한 보상 및 처벌 시스템의 구조는 고정 마인드셋으로 구성원들을 몰아붙인다. 결국 그들은 지위를 잃을까 두려워하게 된다. 뭔가를 시도하다가 기준선 아래로 떨어질까 두려워하게 된다. 다른 한편, 최고 등급에 속한 사람들은 항상 자신의 자리를 방어할 수밖에 없다. 그러면 이들이 자원을 공유하고 동료들을 도울 가능성이 줄어든다. 순위가 따라잡힐까 두렵기 때문이다. 또한 그들은 어떤 부분에서 어떻게 계속 성장할지에 초점을 맞추지 않는다. 대신 경쟁 상황을 주시하기 위해 다른 사람들을 지켜보는 데 더 많은 기운을 쏟는다.

경쟁을 구성원들이 노력하거나 떠나도록 촉구하는 수단으로 옹호하는 사람들이 있다. 다시 말하지만 경쟁이 어려운 점은 그 구분 선이 미세하기 때문이다. 본질적으로 경쟁 자체는 좋지도 나쁘지도 않을 수 있다(실제로 축구계의 전설, 애비 웜바크는 경쟁이 재미있는 이유는 결과가 불확실하기 때문이라고 말한다).[24] 그러나 우리의 뇌는 생존 확률에 부정적인 영향을 미치는 모든 것을 경계한다. 그래서 고정 마인드셋을 따를 때 경쟁은 위협으로 인식된다. 스택 랭킹 시스템은 위협을 현실로 만드는 심각한 결과를 초래한다. 이는 성과를 저해하며, 최악의 경우 비도덕적 행동을 유발한다.

지금은 유명해진 웰스파고 스캔들이 그런 사례다.[25] 웰스파고의 일선 직원들은 할당량을 채우고 일자리를 지키려면 가짜 계좌라도 만들어야 한다는 압박감을 느꼈다. 또한 과거 〈뉴스 오브 더 월드News of the World〉를 비롯해 루퍼드 머독 휘하의 다른 여러 신문에서 일한 직원들은 한정된 일자리를 두고 격렬한 경쟁을 벌였다.[26] 그들은 휴대전화를 해킹하고 경찰에게 뇌물을 주는 것부터 노골적으로 기사를 조작하는 것까지 온갖 불법 행위를 저질렀다고 털어놓았다. 다른 사례로, 골드만삭스의 상무이사였던 제이미 피오르 히긴스에 따르면, 가차 없는 경쟁과 잦은 해고 때문에 직원들이 자리를 보전하려고 서로의 성과를 깎아내리는 경우가 많았다.[27] 한때 천재 문화를 따랐던 마이크로소프트는 개인 간 경쟁이 사업 성과에 부정적인 영향을 끼칠 수 있다는 사실을 직접적으로 깨달았다.

"숱한 실수를 저지르고, 기회를 놓치고, 업계의 혁신자 자리를 넘겨준 10년."[28] 이는 커트 아이켄월드가 2012년 〈배너티 페어〉 기사에서 마이크로소프트의 지난 10년을 표현한 내용이다. 그는 10여 명의 전현직 임원을 인터뷰한 후 이렇게 썼다. "내가 인터뷰를 한 모든 전현직 직원들은 스택 랭킹을 이루 말할 수 없이 많은 직원들을 내쫓은, 마이크로소프트 내부의 가장 파괴적인 요소로 꼽았다." 한 소프트웨어 개발자는 이렇게 털어놓았다. "10명으로 구성된 팀에 들어간 경우, 첫날부터 알게 되는 사실이 있습니다. 모두가 아무리 일을 잘해도 2명은 아주 좋은 평가를 받고, 7명은 중간 수준의 평가를 받고, 1명은 형편없는 평가를 받는다는 거죠. 그래서 다른 기업과 경쟁하는 것이 아니라 다른 팀원들과 경쟁하는 데 몰두하게 됩니다." 사티아 나델라는 CEO가 되었을 당시 마이크로소프트의 상황을 설명하기 위해 유명한 만화를 예로 들었다.[29] 모든 방향으로 총구가 향하는 가짜 조직표가 그려진 만화였다.

아이켄월드는 이렇게 쓴다. "마이크로소프트가 기술업계의 최고 인재들을 한 사업부에 모으는 데 성공했다고 가정하자. 가령 애플의 스티브 잡스, 페이스북의 마크 저커버그, 구글의 래리 페이지, 오라클의 래리 엘리슨, 아마존의 제프 베조스가 다른 곳에서 이름을 알리기 전에 거기에 모였다고 가정하자. 그래도 스택 랭킹 시스템에서는 성과에 관계 없이 2명이 재난에 해당하는 평균 이하 등급을 받아야 했을 것이다."[30] 공교롭게도 웰치의 랭크 앤드 앵크 시스템에 희생된 사람 중 하나는 나중에 하니웰Honeywell CEO가 된 데이비드 코트였다.[31] (아이러니하게도 코트는 하니

웰의 수장이 되어 제일 먼저 제너럴 일렉트릭과의 합병 결렬에 따른 후유증을 수습해야 했다.)

천재 문화에 사로잡힌 마이크로소프트에서는 목표를 달성한다고 해서 안전이 보장되지 않았다. 항상 동료가 더 나은 성과를 낼 수 있기 때문이었다. 결국 직원들은 혁신을 이루기보다 동료를 견제하는 데 더 몰두하게 되었다. 한 엔지니어는 아이켄월드에게 "거기서 배운 가장 쓸모 있는 것 중 하나는 동료들에게 정중하게 보이면서도 그들이 나보다 높은 등급을 받지 못하도록 정보를 숨기는 법이었습니다"라고 털어놓았다. 직원들의 등급을 평가할 때, 최대 30명의 간부가 비공개회의를 열었다. 그들은 누구를 어느 등급에 넣을지를 두고 입씨름을 벌이는 한편, 자신의 이익을 철저하게 따졌다.

마거릿 헤퍼넌이 테드 강연에서 강조한 대로 대다수 조직은 지난 50여 년 동안 위계질서를 고수해왔다.[32] 그녀의 말을 들어보자. 이 위계질서에서 "성공은 슈퍼스타, 즉 가장 똑똑한 남성, 때로는 여성을 골라서 모든 자원과 권력을 몰아주는 방식으로 이루어졌습니다. 그 결과는 (…) 공격성, 역기능, 낭비였습니다. 가장 생산성 있는 사람이 성공하는 유일한 방법이 나머지 사람들의 생산성을 억누르는 것이라면, 더 나은 일의 방식과 풍요로운 삶의 방식을 시급하게 찾아야 합니다."

다양성과 혁신 억누르기

극도로uber(또는 우버Uber) 경쟁적이고 똑똑한 밉상들이 설치는 천재 문화의 분위기는 승자보다 패자를 더 많이 만들어낸다. 주목받지 못하거나, 극심한 개인주의적 분위기에 매료되지 않은 직원들이 떠나갈 때 회사는 패자가 된다. 여성과 유색인종에게 이런 일이 일어날 가능성이 더 높다는 연구 결과도 있다. 평균적으로 그들은 살벌한 개인 간 경쟁보다 공동의 목표에서 더 많은 동기를 얻는다.

오래전, 마이크로소프트는 초경쟁적 문화 때문에 떠오르는 스타였던 멜린다 프렌치를 거의 잃을 뻔했다.[33] 그녀는 회사를 그만두지 않고 자신의 조건대로 회사에 한 번 더 기회를 주기로 했다. 그때까지 그녀는 남성 동료들을 흉내 내려고 최선을 다했었다. 또한 자신을 둘러싼 남성 문화를 구성하는 무언의 규칙들을 따랐다. 그녀는 퇴사하기보다 커다란 위험을 감수하기로 결심했다. 바로 자신의 참된 모습을 보이는 것이었다. 그녀는 팀워크와 포용성에 중점을 두어 자신이 원하는 방식으로 팀을 이끌었다. (하버드 경영대학원 교수 프랜시스 프라이는 테드 강연에서 신뢰를 조성하는 데 필요한 요소로 진실성을 꼽았다.)[34] 그녀는 마이크로소프트의 임원을 지내고 이후 멜린다 프렌치 게이츠가 되었다.

오래지 않아 다른 팀 리더들은 그녀가 어떻게 최고 인재들을 팀에 많이 영입할 수 있었는지 궁금해했다.[35] 사실 그 직원들은 여전히 고성과를 추구하는 문화의 일원이 되기를 원했다. 그러나 그중 다수는 함께 목표를 달성하는 데 더 관심이 있었다. 프렌치 게이츠는 이런 방식으로 악명 높은 천재 문화를 헤쳐나가는 데 성공했다. 바로 독자적인 성장 문화를 조성한 것이다. 덕분에 회사의 최고 인재들을 끌어들일 수 있었다.

조직의 구성원들(대개 경영진)이 흔히 오해하는 사실이 있다. 그들은 개인이 경쟁하는 과정에서 발생하는 천재 문화가 조직에 이롭다고 생각한다. 구성원들이 천재라는 위신을 얻기 위해 계속 경각심을 갖고, 혁신을 이루고, 최선을 다하게 된다는 것이다. 이는 전혀 사실이 아니다. 우리는 10여 건의 연구에서 성장 문화 조직과 천재 문화 조직 중에서 하나를 선택하게 하면, 모든 사람, 특히 고성과자들이 성장 문화를 선호한다는 사실을 확인했다.[36] 천재 문화는 자신의 위치와 위상을 계속 신경 쓰게 만든다. 이는 일에 방해가 될 뿐 아니라 정서적으로나 정신적으로 사람을 힘들게 한다.

나는 혁신이 대단히 중요한 여러 조직을 도왔다. 이 조직들의 경우를 보면, 성장 문화를 강조하는 연구개발팀에 속한 사람들은 천재 문화를 강조하는 연구개발팀에 속한 사람들보다 더 많은 창의성을 발휘했고, 꾸준히 높은 성과를 냈다. 나는 그들에게 (두 팀이 아주 비슷한 프로젝트를 실행했는데도) 성과에 왜 이런 차이가 생겼다고 생각하는지 물었다. 그들은 팀이 조성한 문화 덕분에 같이 위험을 감수하고 발전할 수 있었기 때문이라고 말했다. 금전적 인센티브나 연봉 인상도 그들을 성장 문화에서 천재 문화로 옮겨가게 만들지 못했다.

함께 노력하면 문제 해결을 더 잘할 수 있다. MIT의 한 연구진은 어떤 팀이 다른 팀보다 난제를 더 잘 해결할 수 있을지 말해주는 요소를 파악하고 싶어했다.[37] 연구 대상은 2명에서 5명으로 구성된 소규모 팀에서 일하는 699명이었다. 연구진은 집단적 성공 그리고 소위 높은 '집단 지성'과 믿을 만한 연결점이 있는 3가지 요소를 찾아냈다. 그것은 ①뛰어난 대인 기술을 지닌 팀원들, ② 소수의 주도가 아니라 모든 팀원이 의견과 아이디어를 제시하는 대화, ③팀 내 여성의 존재였다.

연구자들이 찾아내지 '못한' 흥미로운 점이 있다. 그것은 집단 지성이 구성원의 평균적 지능이나 가장 명민한 구성원의 지능과 상관 없다는 사실이었다. 모든 구성원의 의견을 요청하고 중시하는 집단은 혁신을 할 때 필요한 심리적 안정감을 형성한다. 픽사 같은 성장 문화 조직에서 갈등은 경쟁에서 나오지 않는다.[38] 그들은 갈등을 서로를 존중하는 가운데 아이디어를 개선하기 위해 적극적으로 임하는 데서 생기는 자연스러운 마찰로 본다. 반면 스택 랭킹은 자기 보호와 불신을 촉진한다. 연구 결과가 말해주듯이 이런 시스템에서 (생산적인 팀의 핵심 요소인) 여성은 고위직을 차지할 확률이 낮다.

젠더와 리더십을 연구하는 린다 칼리와 앨리스 이글리가 지적한 대로, 직장에서 남성들은 대개 부정적인 주장을 제시한다.[39] "이는 위협, 공격성, 적대성, 타인에 대한 통제를 수반한다." 반면 여성들은 긍정적인 주장을 제시하는 경향이 있다. "이는 자기표현과 다른 사람들의 권리에 대한 존중 사이에 균형을 유지한다." 스택 랭킹은 서로에 대한 지원과 존중보다 경쟁을 더 촉진한다. 그래서 스택 랭킹을 활용하는 조직은 본질적으로 남성 직원을 편애한다. 또한 칼리와 이글리는 여성이 경력을 발전시키기 위해 부정적인 주장을 하면 오히려 승진 가능성이 줄어든다고 밝힌다. 따라서 여성은 "이중 속박"에 빠지게 된다.

행동 및 데이터 과학자 파올라 체키 디메글리오는 스택 랭킹을 위한 실적 평가 자체가 여성에게 부당하게 작용한다고 밝혔다.[40] 그녀는 개인별 실적 평가의 내용을 분석했다. 그 결과를 보면 "여성이 (긍정적인 피드백이나 비판적이며 객관적인 피드백이 아닌) 비판적이며 주관적인 피드백을 받을 확률이 1.4배나 더 높았다." 체키 디메글리오는 평가의 주관성이 "젠더 편향 및 확증편향을 초래할 뿐 아니라 이중 잣대로 이어져서 젠더에 따라 긍정적 평가와 부정적 왜곡이 생긴다"라고 쓴다.

그녀는 한 관리자의 평가에 드러난 이중 잣대를 예로 든다. "그 내용을 보면 '하이디는 다른 사람들, 특히 고객에게 둘러싸이면 위축되는 경향이 있으므로 자신감을 키워야 한다'라고 되어 있다. 하지만 남성 직원이 고객 앞에서 자신감 없는 태도를 보이는 비슷한 경우에는 긍정적 왜곡이 들어간다. 즉, '젊은 사람을 상대하는 타고난 능력을 더욱 개발해야 한다'라고 말한다. 다른 사례에서도 평가자는 여성 동료에 대해서는 '분석에 매달려 결정을 내리지 못한다'라고 지적하는 반면, 남성 동료의 같은 행동에 대해서는 '신중을 기한다'라고 평가한다."

이런 시스템 내에서 여성과 유색인종이 고위직으로 승진하는 일은 드물다. 이는 리더 직위에 다양성이 부족해진다는 것을 뜻한다. 그러면 여성과 유색인종은 애초에 조직의 일원이 되기를 원하는 마음이 생기지 않는다. 보조마 세인트 존은 우버의 내부 문화에 문제가 있다는 것이 밝혀진 후 회사를 구하기 위해 영입된 인사이다.[41] 그녀는 펩시코의 브랜드 매니저로 일하며 높은 평가를 받았으며, 애플 뮤직의 소비자 마케팅 책임자로 일했다. 하지만 1년 만에 우버의 최고브랜드관리자 자리에서 물러났다. 그녀는 그 이유에 대해 이렇게 말했다. "우버에 들어갈 때만 해도 특히 여성과 유색인종이 일하기 어려운 환경을 근본적으로 바꾸겠다는 의지가 있었습니다. 하지만 어느 시점에 이르러서는 감당할 수 없는 지경이 되었습니다." 7장에서 살핀 대로 경쟁이 제도화되면 집단에 동화되지 못한 소수 집단에 과도한 영향을 미친다. 이는 DEI를 위한 노력을 어렵게 만들고, 직원들은 이를 위선으로 오해할 수 있다.

스택 랭킹이 천재 문화 조직에서 여성과 유색인종의 진전을 가로막는 유일한 구조적 요소는 아니다. 소수의 슈퍼스타에게 소수의 특권적 자리가 주어지는 시스템에서는 다른 사람들의 성공에 고정 마인드셋에 따른 반응을 보이기 쉽다. 실제로 구성원들은 기회를 어느 정도 잃는다. 이러한 사실을 감안하면 여성과 유색인종에게 주어지는 자리가 적다는 인식은 천재 문화에서 마인드셋 트리거로 작용하게 된다. 이 경우 자리가 적다는 문제의식이 내부의 시스템과 연결되어 구성원들의 마음속에 내면화된다. 그래서 여성이 다른 여성을 음해하는 등의 불행한 일들이 일어난다. 여성 간부가 자신의 자리를 위협하는 여성 부하 직원의 성공을 방해하는 일 등이다. 경영진이 (개인적 말이나 행동 또는 공식적 정책을 통해) 구성원들 사이의 경쟁을 부추기면 이러한 행동이 더 일어난다. 최악의 경우, 고정 마인드셋에 따른 접근법은 엄청난 윤리적 부정을 초래할 수도 있다.

캐롤 드웩과 함께 실시한 연구에서 드러났듯이 어떤 분야의 신참자는 주요 인사의 마인드셋을 살핀다.[42] 그래서 해당 분야에서 어떤 특성이 중시되는지 판단한다. 뒤이어 우리 연구팀은 대학생 대상으로 관련 연구를 실시했다.[43] 결과에 따르면 그들은 이공계 교수들이 고정 마인드셋 신념을 지지한다는 사실을 인식하는 경우, 이공계에 큰 관심을 보이지 않는다. 반면 이공계 교수들이 성장 마인드셋 신념을 지지한다고 인식하는 경우에는 이공계를 선택해 개인적 목표뿐 아니라 사회적 목표를 이룰 수 있다고 생각할 가능성이 높아졌다.

성장 문화 조직은 정책이나 관행 등으로 직원들에게 훨씬 폭넓은 목표를 이룰 수 있음을 알린다.[44] 거기에는 (서로 돕는 친사회적이고 관계성 강한) 공동체적 목표부터 독립적이고 행위주체성 강한 목표까지, 다양한 목표가 포함된다. 유대감과 소속감은 모두가 공유하는 원동력이다. 반면 천재 문화 조직의 리더는 대개 고정 마인드셋에 따라 조직을 이끈다. 그래서 이 조직은 여성과 유색인종뿐 아니라 공동체적 목표를 지닌 지원자에게는 덜 매력적으로 느껴진다.

경쟁은 동기, 성장, 성취를 촉발하는 유일한 수단이 아니다. 다른 사람의 성공을 접하는 경우에도 자신과 주위 사람들을 성장 마인드셋으로 이끌 수 있다. 그 방법은 개인의 성공을 모두의 성공으로 또는 모두의 성공을 개인의 성공으로 만드는 것이다.

피에르 존슨, 맥스 매디어, 조셉 세미언은 약 20년 전에 뉴올리언스에 있는 자비어대학교에 입학했다.[45] 그들은 서로 모르는 사이였지만 2가지 공통점이 있었다. 바로 의사가 되려 한다는 목표와 흑인이라는 인종이었다. 그들은 어떤 측면에서 후자 때문에 전자의 목표를 달성하기가 더 어려워질 거라 생각했다. 앞서 살핀 대로 의대는 악명 높은 천재 문화 조직이다. 그래서 교수들이 그들을 우수한 학생의 재목으로 볼 가능성이 낮았다. 실제로도 그랬다. 미국의과대학협회Association of American Medical Colleges에 따르면 2018년 기준으로 흑인 의사의 비율은 5퍼센트에 불과했다.[46]

그들은 의대 문화에 내재된 편향에 맞서야 했다. 그뿐 아니라 당장은 과거의 트라우마와 씨름해야 했다. 존슨은 "서로 알게 되었을 때 우리는 모두 우울증을 앓고 있었다"라고 말했다.[47] 그들은 처음에는 농구 이야기를 나누다가 곧 서로의 공통점을 발견했다.

존슨의 말을 들어보자. "우리는 서로에게서 결의에 찬 표정을 보았습니다. (…) 당시 우리는 성적이 좋지 않았습니다. 하지만 모두 의욕이 있다는 걸 알았습니다. (…) 우리는 큰일을 이루겠다는 꿈과 비전을 가진 청년들이었습니다." 이후 그들은 "앞으로 어떤 일이 생길지 모르지만 함께 헤쳐나가기로" 약속했다. 그들은 서로를 격려하고 조언했다. 덕분에 학부 과정을 마치고 다른 의학전문대학원에 들어가 의사가 될 수 있었다.

이 강력한 이야기는 서로를 성장 마인드셋으로 이끌 수 있는 사람들을 찾으면, 그들의 성공에 개의치 않을 뿐 아니라 오히려 그들이 성공하기를 원하게 된다는 것을 추가로 보여준다. 이는 일종의 셜레인 효과에 해당한다. 현재 그들은 의사로 성공했으며, 월급 일부를 떼어 장학금을 조성해 후배 의사들을 키우는 일에 투자하고 있다. 세미언은 어느 날 진료실에서 모든 학위가 붙어 있는 벽을 보던 때를 회고했다. 그는 많은 성취를 이루었는데도 기대한 만큼 행복하지 않은 이유가 궁금했다. 그는 이렇게 말했다. "그 이유는 내가 얻은 것을 다른 사람들과 나누지 않았기 때문이었습니다. 그들이 나보다 더 나은 목표를 달성하고, 내가 이룬 성과를 넘어설 수 있도록 밀어주지 않았기 때문이었습니다."

그들의 이야기는 집단과 개인의 목표가 모두 긍정적으로 작용한 멋진 사례다. 이 사례는 성장 문화를 따르는 소모임을 만드는 것이 편향된 시스템에서 발생한 고정 마인드셋의 메시지를 밀어내는 데 도움이 된다는 것을 보여준다(시스템이 변화에 대한 책임도 져야 하기는 하지만 말이다). 또한 동료 집단이 성장형 세부 문화를 창출해 강력한 심리적 안정감을 제공하는 양상을 보여주는 사례이기도 하다. 경쟁은 심리적 안정감을 떨어뜨린다.[48] 특히 학교처럼 심리적 안정감이 가장 필요한 곳에서 더욱 그렇다.

교실에서 벌어지는 경쟁

교실에서 천재 문화를 표방하는 일과 관련하여 학생들을 지능지수 순으로 앉히는 것보다 효과적인 방법은 거의 없다. 캐롤 드웩이 초등학교에 다닐 때는 그랬다. 일종의 스택 랭킹이었다. 그래서 학생들은 첫날부터 고정 마인드셋으로 즉시 옮겨갔다. 누구도 교실 뒤편으로 강등되는 수치를 겪고 싶지 않았기 때문이다.

이는 극단적인 사례다. 그러나 우리는 대단히 가시적인 다양한 랭킹 시스템에 줄곧 학생들을 노출시킨다. 반 내 등수와 내신 성적을 공개적으로 이야기하는 것부터 성적을 기준으로 반을 나누는 것까지 다양한 시스템을 사용한다. 학생들은 유치원 때부터 영재 코스를 위한 압박을 받는다.[49] 그에 따라 아이들이 신호등 게임(초록불에 움직이고 빨간불일 때 멈추는 게임)을 풀 수 있도록 전문적으로 가르치는 학원의 수가 크게 늘었다. 돈 많은 특권층 부모들은 초조한 마음에 자녀가 최대한 빨리 명문대 코스를 밟을 수 있도록 엄청난 정력과 돈을 투자한다.

결국 아이들은 빠르게는 초등학교 때부터 제로섬 정신을 경험한다. 그러니 수많은 코넬대학교 학생이 침대 위에 "다른 사람들이 앞서가는 동안" 잠이나 잔다고 자신을 꾸짖는 포스터를 붙일 만도 하다. 대학생이 될 무렵이면 사회적 비교가 너무나 깊이 뇌리에 남아 있다.[50] 그래서 다른 방식으로 세상을 보기가 어렵다. 이런 포스터와 경쟁적 태도를 건강한 동기부여의 형태로 보는 사람도 있다. 그러나 성취가 제로섬 게임에 좌우된다는 신념 체계가 촉발되면, 불행한 수준에서 비극적인 수준에 이르는(지식과 자원의 독점에서 자살에 이르는) 결과가 생길 수 있다.

코넬대학교는 캡스와 세계적으로 유명한 건강홍보부 그리고 교수 및 학생이 참여하는 대규모 캠페인을 벌였다.[51] 이 캠페인은 학생들이 경쟁과 성취에 대한 마인드셋을 재설정하도록 도우려는 목적으로 실행했다. 캠페인은 충분한 수면의 필요성과 그에 따른 장점, 정신 건강을 돌보는 일의 중요성에 대해 교육했다. 또한 도움을 청하는 일에 대한 낙인을 지우는 작업도 진행했다. 코넬대학교는 사회적 비교보다 사회적 유대를 촉진하는 공동체 지향적 캠페인을 학교 전반에서 성공적으로 전개했다. 이 프로그램은 학생들을 성장 마인드셋으로 유도했다. 덕분에 그들은 우수한 학생을 더 넓은 관점으로 정의할 수 있었다.

물론 정신 건강 문제가 코넬대학교에만 국한된 것은 아니다.

전미정신질환연합National Alliance on Mental Illness이 제시한 데이터에 따르면 학생들 중 80퍼센트는 학업에 압도당하는 느낌을 받고, 50퍼센트는 자신의 정신 건강 상태를 부실하거나 평균 이하로 보며, 40퍼센트는 그런데도 도움을 구하지 않는다.[52] 또한 로이터는 2013년부터 2018년까지 심한 우울증에 시달리는 대학생의 수가 9.4퍼센트에서 21.1퍼센트로 늘었다고 밝혔다.[53] 이런 수치의 이면에는 수많은 요소가 있다. 그러나 천재 문화와 성공에 대한 경쟁적인 관점과 그에 따른 자기 집중이 중대한 역할을 한 것은 분명하다. 특히 청년층의 사회적 비교에 대해 이야기할 때, 캠퍼스 바깥에서 미치는 영향을 무시하는 것은 안일한 반응이다.

아마도 소셜미디어만큼 사회적 비교를 자극하는 요소는 없을 것이다. 그러나 전 세계의 모든 캠퍼스와 거의 모든 교실과 기숙사에서 소셜미디어를 접할 수 있다. 세계 인구의 절반 이상이 소셜미디어를 쓴다.[54] 2023년 기준으로 평균 사용 시간은 하루 2시간 22분에 달했다. 다큐멘터리 〈소셜 딜레마The Social Dilemma〉가 알려준 놀라운 사실에 따르면, 비교에 대한 충동은 중독을 초래한다.[55] 이 경우 다른 사람과 비교하지 않으면 더 이상 명확한 자신의 정체성을 깨닫기 어려워진다.

아이러니한 점은 우리가 비교하는 대상이 실제 현실이 아니라 세심하게 꾸며낸 이미지라는 것이다. 즉, 우리는 다른 사람들이 우리에게 내보이는 가상의 이미지를 기준으로 자신의 성공과 가치를 가늠하고 있다. 이는 보여주기식으로 이미지를 유지하다 방향을 상실하고 결국 탕진한다는 측면에서 스탠퍼드 오리 증후군과 비슷하다. 학자들은 이론적 측면에서 사회적 비교가 (자신이 더 낫다고 인식하는 한) 자존감을 개선할 수 있다고 믿었다. 그러나 연구 결과에 따르면 잦은 비교는 오히려 질투심, 죄책감, 후회, 방어적 태도를 초래할 뿐 아니라 거짓말과 남 탓을 더 많이 하게 만든다.[56]

우리 팀의 연구 결과가 말해주듯이 교사들은 학생의 마인드셋과 성과에 엄청난 영향을 미칠 수 있다.[57] 그들이 교실에서 문화를 창출하는 사람들이기 때문이다. 캠퍼스 전반에 걸친 캠페인은 학교의 마인드셋 문화를 설정하고 전파한다는 점에서 좋은 생각이다. 다만 교사들도 교실에서 기업의 관리자들과 같은 일을 할 수 있다. 즉, 개인 관계에서는 더 직접적이고, 일부 경우에는 더 효력 있는 개입을 할 수 있다. 이전에 말한 문화 주기를 떠올려보라. 사회, 기관, 개인 간, 개인 수준에 걸친 모든 차원의 변화는 다른 사람들에게 영향을 미친다. 그에 따라 훨씬 효과적인 마인드셋 문화를 창출할 수 있다.

클래식 음악계는 경쟁이 심하기로 악명 높다. 그러나 역대 최고의 바이올린 연주자는 자신이 가르치는 학생들 사이에서 지배적인 마인드셋 문화에 맞서려 한다. 이츠하크 펄먼은 전기 영화, 〈이차크의 행복한 바이올린〉에서 이와 관련된 이야기를 들려준다.[58] 그는 아내인 토비와 같이 펄먼 음악 프로그램Perlman Music Program을 운영한다. 두 부부는 언론으로부터 "최고의 학생들"을 가르치는 모습을 참관하게 해달라는 요청을 자주 받는다. 이츠하크는 "우리는 그런 수업을 하지 않습니다. 최고의 학생 같은 건 없다고 생각하니까요"라고 말한다. 토비는 이렇게 덧붙인다. "모든 아이는 자신의 속도대로 발전합니다. 우리에게 오는 아이들은 과거에 심한 경쟁에 시달렸습니다. 하지만 우리는 정반대로 가르칩니다." 펄먼 음악 프로그램을 만든 사람은 토비다.[59] 이츠하크는 수석 교수이며, 그는 "탁월한 어린 예술가들이 실력을 쌓는 과정에서 흔히 씨름하는 경쟁적이고 고립적인 환경"의 대안을 창출하고자 한다. 펄먼 음악 프로그램은 "경쟁보다 유대를 강조하는" 환경에서 학생들을 육성하고자 노력한다.

이츠하크는 자신이 음악을 배우던 어린 시절을 "지옥의 삼각형"으로 묘사한다. 교사는 자신의 부모를 압박하고, 부모와 교사는 같이 자신을 압박했기 때문이다. 부모는 그를 다른 어린 음악가들과 비교하면서 열의가 부족하다고 말했다.[60] 또한 교사는 "무조건 내가 하라는 대로만 하면 연주를 잘할 수 있어"라고 말했다. 그래서 그는 줄리아드학교에 입학했을 때 충격을 받았다. 교수인 도로시 딜레이가 자신의 연주를 어떻게 생각하느냐고 물었기 때문이다. 그녀는 개방적이고 자기 성찰적인 학습 과정을 장려했다. 처음에 이런 교육 스타일은 이츠하크를 불편하게 만들었다. 그는 그저 어떻게 하라고 말해주기를 원했다.

하지만 이제 그는 딜레이의 스타일을 활용해 수업한다. 가령 마스터 클래스 시간에 시범을 거의 보이지 않는다. 학생들의 음악을 듣는 귀가 너무 좋아서 그냥 자신을 모방하려 들 것임을 알기 때문이다. 그는 "학생들이 스스로 알아내서 독자적인 시도를 했으면 좋겠다"라고 말한다. 협주곡을 연주하는 방식이 맞거나 틀릴 수 있다고 생각하기 쉽다. 그러나 2명의 바이올린 연주자가 같은 곡을 아주 다르게 해석할 수 있다. 또한 운지법과 활 쓰는 방식도 달라질 수 있다. 여기에는 창의성을 발휘할 여지가 많다. 펄먼 부부는 바로 그 점을 발전시키려고 한다. 다른 사람을 보고 배우는 동시에 자신만의 방식으로 향상하고 발전하는 것 말이다.

자신의 목표에 대한 초점을 잃어버리고 다른 사람의 성공 때문에 고정 마인드셋에 빠지면 어떻게 될까? 이 상황에서는 다른 사람이 이룬 성과로 인해 우리가 성공할 가능성이 줄어든다는 생각에 골몰하게 된다. 판돈은 더욱 커지고, 통제할 수 없는 지경에 이른 것처럼 느껴진다. 이는 정신적 측면에서만 일어나는 일이 아니다. 연구 결과에 따르면 우리의 몸도 이런 상태를 반영하고 확장한다.

도전하거나 위협받거나

사회정신생리학자인 짐 블라스코비치와 웬디 베리 멘데스는 우리가 주위 환경에서 받는 스트레스 요인의 양상을 연구했다.[61] 그들의 설명에 따르면 도전 및 위협을 느끼는 상태는 인지적, 감정적 과정뿐 아니라 생리적 과정 사이의 복잡한 상호작용이다. 도전과 위협은 정신적 또는 감정적 상태일 뿐 아니라 신체적 상태이기도 하다.

도전과 위협을 느끼는 상태는 성과를 내고 평가(자기평가 포함)를 받아야 하는 상황과, 성과가 목표와 관련된 상황에서 일정한 역할을 한다. 다시 말해서 성과가 중요하며, 거기에 따라 평가받으리라 믿을 때다. 이런 상황에서 우리는 인지하거나 인지하지 못하는 방식으로 자신과 상황을 평가한다. 또한 평가 과정에서 상황에 따른 요구가 무엇인지, 그 요구에 대응하는 데 필요한 자원은 무엇인지 파악한다. 다시 말해서 위험이나 불확실성 또는 필요한 노력에 견주어 우리가 보유한 자원, 지식, 기술을 가늠한다.

근본적으로 이는 2단계 평가다. 우리는 무엇을 요구하는지 먼저 파악한 다음 그 요구에 효과적으로 대응하는 데 필요한 자원을 보유했는지 파악한다. 이때 (약간 노력해야 한다고 해도) 요구에 대응하고 좋은 성과를 내는 데 필요한 자원을 갖추었다는 판단이 들면, '도전 상태'에 들어선다. 반면 요구가 우리의 능력을 넘어서는 것처럼 보이면 '위협 상태'에 들어선다. 고정 마인드셋에서는 위협 상태에 들어설 가능성이 훨씬 높다.

다른 사람의 성공을 접할 때 도전 또는 위협 반응이 나올 수 있다. 자신도 비슷한 성과를 낼 수 있고 다른 사람의 성공에서 배울 수 있다고 믿으면, 도전 상태에 이른다. 이 경우 노력이 필요하다

해도 요구에 대응할 수 있다고 믿는다. 반면 고정 마인드셋에서는 다른 사람의 성공 때문에 자신이 성공하기가 더 어려워지거나 불가능해진다고 생각한다. 또는 성공한 사람은 타고난 재능을 가졌지만 자신은 그렇지 않으며, 개발의 여지가 없다고 믿는다. 이 경우 위협 상태에 이르게 된다. 다행인 점은 도전에 나서도록 도와주는 몇 가지 수단이 있다는 것이다.

다른 사람이 성공할 때 자신의 의욕을 자극하는 방법

프레너미가 상을 받았을 때 최초의 반응은 주먹을 불끈 쥔 채 이를 악물고 "잘했네"라고 말하는 것일 수 있다. 좋은 소식은 그런 상태에 계속 머물 필요는 없다는 것이다. 약간의 훈련을 거치면 보다 안정적으로 성장 마인드셋을 향해 나아갈 수 있다. 그리고 거기서 다음 단계를 신중하게 고려할 수 있다.

원대한 자신을 떠올려라

당신은 다른 사람의 성공에 옹졸한 반응을 보이기에는 통이 큰 사람이다. 그 사실을 상기하면 성장 마인드셋으로 옮겨가는 데 도움이 된다. 앞서 자기 가치 확인이라는 훈련법을 설명했다. 이 훈련은 위협 상태에서 도전 상태로 전환하는 데 도움을 준다.

자신이 호방하고 다면적이며, 대인관계에 활용할 수많은 자원을 가졌음을 상기시키기 때문이다. 나는 단지 과학자이거나, 아내이거나, 개 엄마이거나, 재미있는 고모이거나, 멕시코식 텍사스 음식 애호가이기만이 아니다. 나는 이 모든 것이다. 당신도 엄청나게 다면적인 존재다. 자신이 얼마나 폭넓은 존재인지, 소중한 정체성을 얼마나 많이 가졌는지 돌아보는 일은 다른 사람이 성공했을 때 위협감에 짓눌릴 가능성을 줄여준다.

내가 학자의 역할에서만 정체성을 찾는다고 가정해보자. 이 경우 연구 지원금을 신청했다가 반려당하면 내 존재의 90퍼센트가 위협받는다고 느낄 것이다. 반면 시야를 넓혀 다양한 역할을 모두 받아들이면 그 비중이 크게 줄어든다. 그래서 여지를 가지고 상황을 재검토할 수 있다. 또한 그러한 생각을 하는 동안에 편안한 수준을 넘어선 노력이 지적 능력을 키운다는 사실도 기억해낼 수 있다.

과거에 고정 마인드셋의 위협을 받았을 때 유용하게 동원했던 자원을 인식하는 일도 추진력을 더해줄 수 있다. 소모임이 도움을 줄 수도 있다. 연구자인 엘런 대니얼은 종신 교수 자격을 얻지 못했을 때(사실상의 퇴직 권고) 크게 좌절했다.[62] 다행스럽게도 그녀의 소모임에는 6명의 다른 여성 과학자들이 있었다. 그들은 그녀가 자기 가치 확인 과정을 거치도록 도와주었다. 그녀는 그 과정에서 자신이 맡은 다른 역할들을 받아들였다. 더불어 현재 상황에 대처하기 위해 그 역할들에서 얻을 수 있는 능력과 교훈을 살폈다. 모임 이후 그녀의 기분이 마법처럼 좋아진 것은 아니었다. 그러나 자신에게 자원이 있음을 깨달았고 덕분에 위협 상태에서 도전 상태로 옮겨갈 수 있었다.[63]

자기 가치 확인은 또한 유익한 형태의 압박으로 이루어질 수도 있다. 보조마 세인트 존은 펩시에서 일할 때 파란을 일으켰다. 바로 비욘세라는 떠오르는 신인 가수를 브랜드 홍보대사로 임명하도록 회사를 설득한 일이었다.[64] 뒤이어 그녀는 비욘세와 함께 "문화를 바꾼" 2013년 슈퍼볼 하프타임 쇼를 기획했다. 그렇지만 그해 연말 실적 평가에서 상사로부터 "홈런을 충분히 치지 못했다"라는 평가를 받았다. (당신은 어떨지 모르겠다. 하지만 이 두 가지 일이 홈런 감이 아니라면 무엇이 그 상사에게 좋은 평가를 받을지 모르겠다.) 이는 대부분의 사람에게는 희망을 무너트리는 일이었을 것이다. 그러나 세인트 존은 밖에 나가 야구방망이를 샀다. 상사의 차 유리를 깨려는 것이 아니라 자기 가치 확인을 위해서였다. 그녀는 이렇게 말한다. "루이빌 슬러거Louisville Slugger를 샀습니다. 그걸 사무실에 두고 내가 홈런을 칠 수 있다는 걸 상기하려고 했죠. (그러면서) 나 자신을 응원하려고요." 이처럼 우리의 성과가 다른 사람의 성과와 부당하게 비교당할 때 분명한 목소리로 또는 상징적인 방식으로 자신을 지지할 수 있다.

행위자-관찰자 효과를 인식하라

다른 사람들이 어떤 일을 성취하는 모습을 보면 마치 그들은 무대에 있고 우리는 관중석에 있는 듯한 기분이 든다. 이때 고정 마인드셋을 취하는 경우 그들이 특별한 기술을 타고난 것이 분명하며, 그들의 성공에 마법과 수수께끼의 요소가 있다고 생각한다. 사회심리학에서는 이를 '행위자-관찰자 비대칭성actor-observer asymmetry'이라는 귀인 편향attributional bias[어떤 사건의 원인을 파악하는 과정에서 작용하는 인지적 편향]이라 말한다.[65] 우리가 행위자일 때, 즉 우리가 성공한 사람일 때는 거기에 이르기 위해 걸어간 길을 잘 안다. 또한 우리에게 영향을 준 많은 사람과 환경, 우리에게 도움을 준 사람, 우리가 내린 결정과 극복한 난관, 우리가 기울인 노력도 안다. 하지만 관찰자 대부분은 그런 여정을 모르며 최종 결과만 본다. 결국 관찰자의 입장에서 행위자의 성공은 마법 같은 일이거나, 자신에게는 일어날 수 없는 일처럼 보인다.

이를 바꾸기 위해서는 결과에 초점을 맞추기보다 행위자가 성공하기 위해 걸어간 길에 주목해야 한다. 특히 그들이 극복한 난관에 주목해야 한다. 거기서 통찰을 얻을 가능성이 가장 높기 때문이다. 이 대목에서는 연극적 또는 신화적 기원담이라는 개념이 도움을 준다. "그녀는 조상에게 신비한 힘을 물려받았어. 특별한 존재로 태어난 거야"라고 생각하는 것과 그녀의 여정을 보는 것은 다른 이야기다.

후자는 이렇게 생각한다. '그녀는 평생 그 역할을 위해 훈련했어. 그리고 수많은 자리에서 자신이 배운 것을 증명해야 했고, 심지어 자리를 지키기 위해 싸우기도 했어. 그녀는 싸움에서 졌지만 다시 이겨냈어! 어떻게 그토록 꿋꿋할 수 있을까? 어떤 도구를 활용했을까?' 모든 성공한 사람은 자신만의 기원담을 갖고 있다. 그중 다수는 우리도 성공하는 데 필요한 교훈을 준다. 특히 난관과 고전을 수반하는 이야기는 더욱 그렇다.

직원들이 이런 이야기를 적극적으로 발굴하는 것은 좋다. 그러나 직원들에게만 맡겨두어서는 안 된다. 직장 문화에 이런 관점을 구축하면 많은 도움이 된다. 가령 런치 앤드 런Lunch and Learn[오찬하며 학습하는 자리]에 외부 인사를 초대할 수 있다. 이 자리에서 그들은 자신이 걸어온 길에 대한 이야기를 들려주고 질문에 답변할 수 있다. 아틀라시안은 자체 팟캐스트 〈티미스트리Teamistry〉에서 기업 대상 스토리텔링을 활용한다.[66] 여기서 그들은 뛰어난 팀들이 성공을 이룬 사례를 들려준다. 그들이 성공에 이르는 과정에서 겪은 난관과 잘하지 못했던 일들도 이야기한다.

이츠하크 펄먼은 정기적으로 학생들에게 어려운 점을 묻는다.[67] 이때 그는 어려운 점이 있는지를 묻는 것이 아니라 무엇이 어려운지 묻는다. 그렇게 고전을 당연하게 만든다. 뒤이어 그는 자신이 고전한 이야기를 들려준다. 가령 어떻게 난관을 해결했는지(그리고 여전히 어려운 일은 무엇인지) 이야기한다. 그리고 학생들이 스스로 해결책을 찾도록 조언한다. 이 모두는 중요한 사실을 부각한다. 다른 사람의 성공이 우리에게도 가치를 지닌다는 사실 말이다.

기업들이 여정 이야기를 나누는 것을 자연스럽게 만드는 또 다른 방법이 있다. 바로 멘토링을 하거나, 해법 공유를 목적으로 사람들을 세심하게 모으면 된다. 앞서 우리 팀이 셸을 도와주었던 일을 언급했다. 우리는 데이터분석을 통해 믿을 수 없는 수준의 성장 문화를 창출한 팀의 존재를 발견했다. 알고 보니 그들은 놀랍게도 각자 다른 팀에 소속된 프로젝트 책임자들로만 구성된 팀이었다. 이 팀은 직무 외에는 중대하게 겹치는 부분이 없었다. 그래서 아무런 경쟁이 벌어지지 않았다. 덕분에 구성원들은 자신이 겪는 난관과 더불어 과거에 통했던 해결책까지 자유롭게 이야기할 수 있었다.

다른 사람의 성공이 지닌 가치를 인식하라

사이먼 사이넥이 정의한 바에 따르면 가치 있는 라이벌은 더욱 열심히 해야겠다는 의욕을 불러일으킬 뿐 아니라 그렇게 하는 데 도움이 되는 사람이다(어떤 대가를 치르더라도 무너트리고 싶은 사람이 아니다).[68] 그 이유는 당신의 실력이 부족한 분야에서 당신보다 더 강하기 때문이다. 에버트와 나브라틸로바가 서로에게 그랬듯이 가치 있는 라이벌은 당신이 개선할 수 있는 영역과 개선하는 방법을 파악하는 데 도움을 준다. 가치 있는 라이벌이라는 표현은 경쟁의 분위기를 자아낸다. 그러나 다시 한번 말하지만 그 핵심은 상대를 능가하는 것이 아니라 스스로 더 잘하는 데 있다.

나도 일에서 가치 있는 라이벌을 나름 많이 만났다. 그들 중 다수는 가까운 친구였다. 앞서 말한 대로 이 둘은 상호 배타적이지 않다. 그러나 대학원 시절에는 이 문제와 약간 씨름했다. 아마 학계의 다수(아마도 대다수)가 그럴 것이다. 당신이 자신의 연구 분야에서 두각을 드러내며 학자 경력을 발전시켰다고 가정하자. 이때 학계의 일자리는 한정되어 있다는 인식이 인간관계에 그림자를 드리운다. 나는 지금 같이 일하는 대학원생들에게서 그런 모습을 본다. 우리 연구팀은 통상 한 번에 2, 3명의 박사후연구원을 받는다. 그래야 서로 협력할 수 있는 작은 집단이 형성되기 때문이다. 그들 중 다수는 자연스럽게 가까운 친구가 된다. 그러나 시장에 나갈 때가 되면 고정 마인드셋이 머릿속을 잠식하기 시작한다. 때로 같은 자리를 지원하기 위해 추천서가 필요한 경우에는 긴장이 조성된다.

다행히 나는 그런 사실을 알고, 지금까지 오래 이 일을 해왔다. 그래서 그들이 성장 마인드셋으로 나아갈 수 있도록 유도하는 관점을 제시한다. 가령 서로 어색한 부분을 터놓고 이야기하도록 장려한다. 그래서 그런 감정을 자연스럽게 만들고, 시야를 넓힌다. 우리는 같은 분야에 종사하는 친구와 동료로부터 얻을 수 있는 장기적 혜택을 이야기한다. 혼자만 어떤 주제를 연구해서는 학계에서 성공적인 경력을 제대로 쌓을 수 없다. 분야가 너무나 협소하기에 다른 누구의 연구와도 접점이 없으면 곤란해진다. 다른 사람이 당신의 아이디어를 받아주어야 한다. 그래야 사회를 개선할 수 있는 더 큰 파급력이 생긴다. 더불어 당신이 상상하지 못한 방향으로 당신의 아이디어가 확충되고 확장될 수 있다.

초기에 위협감을 느껴 관계를 망치면, 나중에 생산적이고 협력적인 관계를 맺을 수 없다. 그러면 성공하기 어려워질 뿐 아니라 삶의 질 또한 낮아진다. 이 점에 관해 다른 사람을 설득할 때 데즈 린든과 셜레인 효과에 관해 추가적인 사례를 들려줄 수도 있다. 그런 이야기는 모두가 같이 성공할 수 있으며, 성장 마인드셋에 따라 행동할 때 성공 가능성이 커진다는 것을 말해준다.

당신의 성공이 타인의 고정 마인드셋을 촉발하는 때를 인식하라

당신은 이런 경험이 해봤는가? 당신이 승진한 후 친구나 동료가 이상하게 거리를 두는 경험 말이다. 때로 우리의 성공이 다른 사람에게 트리거로 작용하기도 한다. 최고의 팀과 가장 효과적인 성과를 구축하려면 협력이 필요하다는 사실을 명심하라. 협력은 관계를 기반으로 삼는다. 그렇다면 우리의 성공이 다른 사람을 고정 마인드셋에 빠트리는 촉매가 될 때는 어떻게 해야 할까? 당신의 성과가 대수롭지 않은 것처럼 말해서는 안 된다. 특히 여성들이 그렇게 해야 한다는 사회적 압박을 많이 받는다.[69] 이는 승진에 부정적인 영향을 미친다.

다른 사람들이 우리를 시기할 때 행위자-관찰자 효과를 고려해야 한다. 다른 사람들은 우리가 지나온 여정을 보지 못했다. 그래서 우리가 목표에 이르기 위해 희생한 것들을 잘못 알고 있을 가능성이 높다. 우리가 겪은 일들을 공식적으로 또는 비공식적으로 들려주면 이 문제를 바로잡을 수 있다. 조언이나 지도 또는 상담을 해주겠다고 제안할 수도 있다. 유명세가 있는 경우 인터뷰에서 우리의 여정을 이야기할 수도 있다. 보다 편한 자리에서는 우리가 어디서 흔들렸는지 말해줄 수도 있다.

예를 들어보자. "내가 종신 교수 자리를 놓쳤던 때를 기억해요? 그때 다른 사람들이 나를 도와줘서 너무 기뻤습니다. 그들은 내가 가진 자원이 무엇인지, 어떻게 하면 재정비해서 전략적으로 나아갈 수 있는지 파악하도록 도와줬습니다. 그렇게 하지 않았다면 기업계로 옮길 생각을 하지 못했을 것이고, 부사장도 되지 못했을 겁니다." 이런 말은 촉발의 강도를 완화할 뿐 아니라 다른 사람들을 띄워주는 데도 도움이 된다. 앞서 언급한 3명의 의사가 서로의 도움으로 성공에 이르는 길을 찾았듯이 말이다.

성찰을 위한 질문들

* 당신의 가치 있는 라이벌이 칭찬받을 때 몸이 경직되고 제로섬 및 희소성 마인드셋에 빠져드는 경우가 있을 것이다. 그러면 지금의 당신이 되기까지 라이벌 또는 그런 사람들이 크고 작은 도움을 준 일들을 모두 떠올려라. 긴장이 완화되고 고마운 마음이 커질 것이

다. 유대감이 되살아났을 때 그 사람들에게 그들 덕분에 의욕을 얻었다고 말할 수 있는가? 그들을 보다 잘 알기 위해 시간을 들일 수 있는가? 그렇게 하면 고정 마인드셋이 초래한 단절을 되돌릴 수 있다.

* 당신 자신과 팀의 칭찬 관행에 초점을 맞춘 신호 검증을 하라. 의도치 않게 고정 마인드셋을 초래하고 있지 않은가? 구성원들을 성장 마인드셋으로 유도하기 위해 할 수 있는 일은 무엇인가? 어떻게 하면 성공으로 이어진 학습과 전략을 부각하여 모두에게 힘을 줄 수 있을까?

* 성장 문화를 지닌 소모임을 위해 당신이 할 수 있는 또 다른 일은 성공을 통해 당신에게 영감을 준 사람들의 이야기를 수집하고 들려주는 것이다. 한 사람을 골라서 함께 사례를 연구하라(맛있는 간식을 나눠 먹으며 하면 더 좋다). 그들이 어떻게 성공에 이르렀는지 같이 토론하라. 당신의 목표를 추구하기 위해 활용할 수 있는 전략이 있는가?

결론

 우리가 해냈다! 이 책의 표현을 따르자면 우리의 여정은 끝났다. 하지만 마인드셋 문화를 바꾸는 일은 이제 막 시작되었다. 다행히 지금까지 내가 이해시키려 애쓴 대로 이 일은 혼자 할 필요가 없다. 또한 혼자 할 수도 없다. 우리가 함께 살아가고 일하는 방식을 바꾸는 마인드셋의 잠재력을 진정으로 실현하려면 공동의 노력이 필요하다. 그래도 당신이 먼저 시작하여 팀과 조직으로 확대해나갈 수 있다. 직장, 학교, 스포츠팀, 영적 공동체, 가족 등 당신이 속한 모든 곳에서 그렇게 할 수 있다.
 당신은 "에이, 실제로 그런 일이 일어날 가능성이 얼마나 되겠습니까?"라고 물을지 모른다.
 사례를 하나 살펴보자. 1950년대에 원숭이들의 문화 집단 내에서 학습된 행동이 어떻게 전파되고 일반화되는지 관찰하고자

하는 과학자들이 있었다.¹ 그들은 아열대 지역에 속하는 일본의 한 무인도에 주목했다. 이 섬의 원숭이들은 수 세대에 걸쳐 인간과 거의 접촉하지 않으며 살았다. 과학자들은 해변에 감자(새로운 간식!)를 놓아두었다. 하지만 원숭이들은 해변에서 그다지 많은 시간을 보내지 않았고 그 옆에 있는 정글을 더 선호했다. 그러다가 원숭이들이 마침내 해변으로 내려와 감자를 발견했다. 그들은 감자가 모래에 덮여 있어서 먹지 못하는 것이라 여겼다.

어느 날, 연구자들이 나중에 이모(일본어로 '감자'를 뜻함)라고 이름 붙인 한 원숭이가 해결책을 발견했다. 이모는 감자를 주워서 바닷물에 담근 후 손으로 문질렀다. 그래서 모래가 없어지면 기쁘게 먹어치웠다. 어린 원숭이들은 이모의 모습을 호기심 어린 눈으로 지켜보았다(아마 이모가 맛있게 먹는 모습에 적지 않은 질투심을 느꼈을 것이다). 그들은 한동안 관찰하다가 이모의 행동을 흉내 내기 시작했다. 즉, 자신들도 감자를 씻어서 먹었다. 마침내 나이가 많고 더 오래 주저하던 원숭이들도 유행을 따랐다. 몇 달 만에 해당 집단의 원숭이들은 모두 감자를 씻어 먹는 법을 배웠다. 이 행동은 근처에 살던 다른 원숭이 서식지로도 확장되었다. 이는 틱톡에서 특정 댄스가 유행하는 양상과 비슷했다.

성장 문화에서는 혁신이 이런 방식으로 전파된다. 물론 원숭이들이 반드시 성장 마인드셋의 가치를 믿는다는 말은 아니다. 적어도 인간과 같은 방식은 아닐 것이다. 다른 한편으로 그들이 고정 마인드셋에 따른 제한적 믿음에 구속되는 것도 아니다. 성장 문화는 자연스럽게 학습과 기능적 적응의 기회를 담아낸다. 또한 변화에 대해 개방적인 관점으로 여러 전략이 문화를 통해 전파되고 전체 구성원을 발전시키도록 만든다. 그렇다고 해서 성장 문화에서는 변화가 쉽게 일어난다는 말은 아니다. 그렇지 않다. 단지 변화에 대한 접근성이 더 높을 뿐이다. 애초에 학습과 성장이 가능하다는 근본적 믿음, 역량을 개발하고 확장하는 능력을 모두가 갖고 있다는 근본적 믿음이 있으면 다른 존재 방식을 고려하기가 더 쉽다.

이모의 후일담을 들려주겠다. 이모는 평생 같은 무리를 위해 발견과 혁신에 앞장섰다. 가령 감자와 마찬가지로 밀도 물에 넣으면 모래 없이 떠오른다는 사실을 발견했다. 이 시스템은 섬에 있는 다른 원숭이 서식지에서도 받아들였다. 이처럼 고정 마인드셋에 속박되지 않으면 혁신의 주기가 계속된다.

조직적 마인드셋은 강한 힘을 지닌다. 우리가 세상을 해석하고 이해하는 방식을 좌우하기 때문이다. 또한 우리의 목표, 신념, 행동을 정렬하는 힘도 갖고 있다. 마인드셋이 대단히 폭넓은 "조직"에서 아주 많은 행동과 결과에 걸쳐 너무나 방대하고 일관된 효과를 발휘하는 이유가 거기에 있다.

다시 말하지만 2명 이상의 사람이 집단을 형성하는 곳에서는 어디든 마인드셋 문화가 작동한다. 따라서 문화를 바꾸려면 뿌리를 조사해야 한다. 마인드셋 문화의 렌즈를 통해 정책과 관행, 리더들이 제시하는 메시지 등을 살펴야 한다. 이전보다 단결된 조직으로, 성공적이고 혁신적이고 다양한 조직으로 바꾸려면, 그리고 폭넓고 지속적인 파급효과를 일으키려면 문화적 변화에 중점을 두어야 한다.

다시 말하지만 이는 쉽지 않다. 성장 마인드셋의 개념은 비교적 쉽다. 그러나 실천에 옮기고 조직 전반에 불어넣기는 어렵다. 그러려면 문화 변화 전문가와 협력해야 할 수도 있다. 당신이 천재 문화에 속해 있다는 사실을 알게 되어도 패배감을 느끼지 마라. 마인드셋 문화를 바꾸는 일은 가능하다. 앞서 제시한 전략들을 출발점으로 삼아라. 당신이 강한 성장 문화에 속해 있다면(축하한다!) 문화를 지속시키고 돌보는 일은 최종 목적지가 아니라 계속되는 여정임을 명심하라.

실제로 이 책 전체에 걸쳐 제시한 조직의 사례들은 현재 시점에서 본 단편적 모습일 뿐이다. 즉, 성장 문화(또는 천재 문화)의 사례가 계속 그 상태로 유지되지는 않는다. 강력한 성장 문화를 구축하고 유지하려면 주의, 자원, 오랜 노력이 필요하다. 그리고 성장 문화가 진화하는 동안에도 지속해서 관심을 기울여야 한다.

이 일은 어떤 관점에서 봐도, 특히 가치를 생산할 뿐 아니라 보다, 삶에서 의미와 목적을 구하는 인간적 잠재력을 극대화한다는 측면에서 엄청난 가치를 지닌다.

==우리는 모두 문화 창조자다.== 당신은 자신의 마인드셋을 좌우하며 다른 사람들도 그렇게 하도록 도울 힘을 갖고 있다. 당신은 자신 그리고 당신과 교류하는 사람들을 고정 또는 성장 마인드셋

으로 이끄는 요인을 파악할 수 있다. 또한 성장 마인드셋을 더 자주 취하게 만드는 전략을 활용할 수 있다. 그렇게 해서 당신은 다른 사람들에게 어떻게 하면 되는지 방법을 보여주는 현대적인, 인간 버전의 이모가 된다. 즉, 당신은 우리 모두가 빛나는 존재가 될 수 있도록 해준다. 다만 당신에게는 정반대의 파급력도 있음을 명심하라. (이 말은 특히 리더들을 위한 것이다.) 다른 사람들과 교류할 때 고정 마인드셋을 드러내면 그런 사고방식과 행동방식을 장려하게 된다. 우리 각자는 분위기를 만드는 힘을 갖고 있다. 어떤 분위기를 만드는지 주의를 기울이는 일은 우리의 책임이다.

다른 사람들을 참여시키고 성장을 이룰 기회를 더 많이 만들면 그런 분위기가 강화된다. 그러니 소모임을 만들 사람들을 찾고, 팀으로 일하고, 성장을 추구하는 당신만의 세부 문화를 창출하라. 그다음 모범을 보여서 사람들을 이끌고, 문화가 전파되는 모습을 지켜보라. 하나의 작은 행동, 하나의 혁신이 성장 문화로 나아가는 강력한 추진력을 만들 수 있다는 사실을 명심하라.

이 책이 당신에게 여정에 참여할 의욕을 불어넣었기를 바란다. 더불어 여정을 이어가는 동안 이 책에 담긴 이야기, 도구, 자원 들을 다시 참고하면서 힘을 얻기를 바란다. 나를 당신과 같은 소모임의 일원이라 생각하고 여정이 어떻게 진행되고 있는지 알려주었으면 좋겠다. 나는 성장 마인드셋에 따른 당신의 피드백이 나의 생각과 우리 팀의 일을 더욱 발전시켜줄 것을 기대한다.

포용적인 성장 문화를 창출하는 이 가치 있는 여정에 동참하

라. 그러면 우리는 형평성, 소속감, 발전 그리고 모두의 성공에 필요한 여건을 함께 조성할 수 있다.

감사의 말

이 책을 쓰는 일은 나의 팬데믹 프로젝트였다. 그전에는 책을 쓴 적이 없었다. 내가 할 수 있을까? 어디서 시작해야 할까? 이런 고민은 실로 잠재적 고정 마인드셋 트리거였다! 그래도 나는 나 자신의 조언을 받아들여서 성장 문화 소모임을 만들었다. 다행스럽게도 소모임의 구성원들은 함께 여정을 떠나는 데 의욕을 보였다. 과학은 허공에서 발전하지 않는다. 알고 보면 과학에 기반한 책을 쓰는 일도 마찬가지다. 거기에는 수많은 사람의 도움이 필요하다. 나를 도와준 사람들이 너무나 고맙다.

먼저 집필 기간 내내 뛰어난 재능을 발휘하고 열정적으로 헌신한 파트너, 켈리 마드론의 도움이 없었다면 이 책이 세상에 나오지 못했을 것이다. 내가 출판 계약서에 서명할 때 출판 에이전트인 짐 르바인이 우리를 연결해주었다(짐, 고마워요!). 그 이후는 굳이 말할 필요가 없다. 켈리의 지혜, 깊은 지식, 굳건한 의지는 책을 끝까지 완성하는 데 필요한 자신감을 주었다. 그녀는 사실상 이 책의 산파였다. 그녀는 나의 손을 잡고 집필과 인터뷰를 완수하도록 이끌어주었다. 또한 내가 계속 심호흡을 하며 기운을 내도록 만들었다. 이 책에 담긴 이야기와 사례가 좋았다면 아마 켈리에게 감사해야 한다. 그녀는 현상을 이해했을 뿐 아니라 실제 사례와 관련 연구를 모든 면에서 깊이 파고들었다. 이 책의 가치를 믿어줘서 고마워요, 켈리. 수많은 시간 동안 조사와 편집에 공을 들여줘서 고마워요. 그리고 무엇보다, 나의 목소리를 찾도록 도와줘서 고마워요. 정말 감사하게 생각해요.

그다음으로, 짐 르바인이 없었다면 이 책이 세상에 나오지 못했을 것이다. 나는 친구들이 소개한 많은 에이전트를 만났다. 그중에서도 짐은 특별했다. 그는 이 책의 요지를 즉시 파악했다. 그래서 계약하기도 전에 다양한 사례들을 내게 보내주었다. 그는 이 책의 내용이 세상에 기여하고, 사람들에게 도움을 줄 것임을 내다보았다. 또한 설득력 있는 출판 제안서를 만들도록 도와주었고, 나와 켈리 사이에 다리를 놓아주었으며, 책이 출간되기까지 줄곧 나를 강하게 지지해주었다. 그는 이 책의 가치를 진정으로 믿었고, 그의 자신감은 나의 자신감을 북돋아주었다. 또한 그는 궁금한 점이 있을 때마다 좋은 답을 알려주었다. 그와 같이 일하게 되어서 너무나 운이 좋았다. 짐, 깊이 감사드려요.

그다음으로 스테파니 프레리크가 있다. 나는 사이먼 앤드 슈스터 출판사에서 그녀, 그리고 존 카프와 이야기를 나누면서 즉각 통하는 느낌을 받았다. 그녀는 나의 생각을 바로 이해했고, 아주 좋은 질문들을 던졌다. 내용을 많이 모르는 상태에서 이런 질문을 할 수 있다면 깊이 파고들었을 때는 어떨지 상상하기 어려울 정도였다! 그녀의 조언과 지혜는 당신이 지금 읽고 있는 이 책에 필수적인 도움을 주었다. 그녀는 어디서 내용을 덜어내거나 보태야 할지, 언제 "관행, 정책, 기준, 상호작용"이라는 말을 다시 하지 말아야 할지 알았다! 스테파니, 편집자 일은 쉽지 않아요. 노련함과 균형감각이 필요하죠. 당신은 이 프로젝트를 진행하면서 그 둘을 넘치도록 보여줬어요. 성장 팀Team Growth의 일원이 되어주어서 고마워요!

물론 나의 멘토, 협력자, 학생 들이 없었다면 이 책에서 소개한 연구를 하지 못했을 것이다. 나는 단독 논문을 발표한 적이 없다. 과학은 그런 식으로 이루어지지 않기 때문이다. 우리는 팀으로서 과학을 한다. 클로드 스틸은 대학원에 들어간 첫날부터 내게 영감을 주었다. 또한 그 후로도 오랫동안 세상을 보다 평등한 곳으로 만드는 방법에 관한 원대한 질문을 하도록 가르쳤다. 그의 지침과 조언은 한 번도 나를 잘못된 방향으로 이끈 적이 없었다. 그는 내가 한 팀의 일원임을 느끼고 믿도록 해주었다. 그의 가르침과 우정에 한없이 감사하다. 나는 대학원 마지막 해에 막 스탠퍼드대학교에 부임한 캐롤 드웩과 운명적으로 만났다. 우리가 서로를 놓치지 않았다는 것은 상서로운 일처럼 느껴진다. 그 만남이 수십 년 동안 이어질 아름다운 협력과 우정의 시작일 줄은 전혀 몰랐다. 캐롤이 마인드셋 문화에 대한 나의 생각을 성장 마인드셋으로 받아주고, 이후로 그것을 세상에 소개하기 위해 같이 노력해준 데 깊이 감사하다. 또한 노스웨스턴대학교에서 박사후 연구원으로 일하던 시절에 나를 도와준 제니퍼 리처슨의 지도와 우정에 감사하다. 그녀는 내가 지금과 같은 학자가 되도록 도와주었다.

나는 대학원 친구들과 같이 박사과정을 마치고 그 이후까지 서로를 도와주기 위해 우리만의 성장 문화를 조성했다. 바로 발레리 존스 테일러, 사프나 체르얀, 닉 앤더슨, 줄리 하이저, 나탈리아 미스라프스키 킬코, 닉 다비덴코, 데이비드 누스바움, 폴 해밀턴, 크리스 브라이언, 켈리 윌슨, 제니퍼 와그너, 할 허시필드, 발레리 퍼디 그리너웨이, 필 솔로몬, 폴 데이비스, 조이스 엘링거, 칼리 트레즈니에스키이다. 우리가 함께 나눈 웃음에 깊이 감사하다.

나의 협력자와 공저자 들은 나와 함께 실행한 연구와 실험의 일선에 있었다. 그들은 또한 많은 저널로부터 논문 게재를 거절당하고 지원금을 거부당하는 아픔과 함께 수락의 달콤한 승리감을 같이 나누었다. 너무 많아서 일일이 열거할 수 없지만 특별히 사브리나 지르켈, 줄리 가르시아, 대릴 와우트, 스테파니 프라이버그, 로라 브래디, 메건 방, 아만다 디크먼, 그렉 월튼, 데이비드 예거, 닉 바우먼, 켄 후지타, 로라 월레스, 아니타 라탄, 조시 클락슨, 벤 타우버, 크리스 삼사에게 감사하다. 나의 업무 동반자인 크리스틴 로겔에게 더욱 특별히 감사하다. 그녀는 이 작업을 도와주고, 연구소를 같이 운영했다. 또한 내가 쉬고, 먹고, 스파에 갈 수 있도록 해주었다. 티파니 한에게도 감사하다. 그녀는 지난 5년 동안 나를 이끌고 지원해주었다. 2015/2016년 졸업반인 마거릿 레비와 스탠퍼드대학교 행동과학고등연구소 직원들에게 감사하다. 나는 거기서 따뜻한 동료애 속에 믿기 힘든 1년을 보냈다. 덕분에 이 책에 담긴 내용을 생각하고 글로 옮기며 이 책을 시작할 수 있었다.

나의 학생들, 박사후연구원들, 연구소 관리자들은 나름의 감사 인사를 받을 자격이 있다. 그들의 명민함과 헌신은 이 책에 담긴 생각들을 풍부하게 만들어주었다. 이 책에서 소개한 많은 연구는 이 헌신적인 과학자들과의 협력을 통해 이루어졌다. 바로 실비아 페리, 케이시 에머슨, 이블린 카터, 케이티 크로퍼, 엘리스 오지어, 하이디 윌리엄스, 케이틀린 존스, 케이티 바우처, 엘리자베스 캐닝, 케이티 맹크스, 도레인 그린, 제니퍼 라코스, 스테파니 리브스, 웬 부, 아샤 가네산, 네딤 옐, 샤하나 안사라, 줄리언 러커, 트리샤 드론, 티파니 에스템, 벤 오스타드이다. 지난 16년에 걸쳐 나와 같이 일해주어서 고마워요. 여러분들이 세상을 바꿔가는 것이 자랑스러워요.

과거와 현재의 에쿼티 액셀러레이터 팀에게도 감사드리고 싶다. 그들은 전 세계의 학교와 기업에 있는 수천 명에게 성장 문화를 전파했다. 바로 스티브 베르나디니, 젠 코클리, 케이시 에머슨, 캐시 하트조그, 소피 쿠친카, 케이티 마티아스, 크리스티 라이언 스테파니 샤흐트, 서맨사 스티븐스, 크리스 스미스, 차기그 워커, 사라 우드러프이다. 보다 평등한 학습 환경과 근무 환경을 만들기 위한 혁신과 헌신에 감사해요. 또한 우리 조직에서 성장 문화를 함께 창출하고 유지해줘서 고마워요.

일리노이대학교 시카고 캠퍼스와 인디애나대학교의 동료들에게 감사하다. 그들은 오랫동안 이 책에 대한 피드백을 제공하고, 지원금 신청서를 읽고, 나와 학생들을 지원해주었다. 일리노이대학교 시카고 캠퍼스의 코트니 보냄, 베티 바텀스, 댄 셔본, 짐 라슨, 린다 스키트카, 사빈 프렌치 롤닉과 인디애나대학교의 아만다 디크먼, 도레인 그린, 에드 허트, 커트 후겐버그, 앤 크렌들, 비제이 라이델, 짐 셔먼, 리치 시프린, 엘리엇 스미스에게 인사를 보낸다. 우리의 연구를 더 낫게 만들어주어 고마워요.

전미과학재단, 레이커스 재단, 캐릭터 랩, 빌 앤드 멜린다 게이츠 재단, 스펜서 재단, 러셀 세이지 재단, 알프레드 슬론 재단, 컨 가족 재단, 유윙 매리언 카우프먼 재단, 학생 경험 연구 네트워크Student Experience Research Network를 비롯하여 오랫동안 이 작업을 지원해준 기금 단체에 감사하다. 오랫동안 지침과 지원을 준 리사 키, 디나 블럼, 조 스템 칼데론에게 특별히 감사하다.

인터뷰에 응하여 자신의 이야기를 들려준 아래의 모든 분에게 감사하다. 앨리슨 무디트, 아만다 아링턴, 에이미 보슬리, 베키 콘

바르가스, 벤 타우버, 빌 스트릭랜드, 브루스 프레더릭, 캔디 던컨, 캐롤 드웩, 캐시 로마, 클로드 스틸, 디나 블럼, 재클린 노보그라츠, 제니퍼 다넥, 요릿 반 데르 토흐트, 캐런 그로스, 캐슬린 보일 데일런, 웬디 토런스, 키니 젤리슨, 로라 브레이든, 루 울, 샌디 슈가르트, 수전 맥키, 톰 커들, 번 하니시. 안타깝게도 공간의 제약 때문에 모든 분의 인터뷰를 쓰지 못했지만 그래도 고마운 마음은 여전하다.

애덤 그랜트, 앤절라 더크워스, 데이비드 누스바움, 돌리 추그, 일라이 핑켈, 에밀리 발세티스, 엘리자베스 던, 제니퍼 에버하트, 캐서린 하우, 케이티 밀크먼, 케리 앤 로크모어, 미셸 겔펀드, 팀 윌슨에게 감사하다. 그들은 책을 집필하는 과정에 대한 조언을 해주었고, 도움이 될 다른 사람들을 소개해주었다.

끝으로 나의 가족, 특히 엄마(베티), 아빠(리처드), 아빠(톰), 패트릭, 모린, 옌 그리고 에스퀴벨 부족 전체에게 너무나 감사하다. 그들은 언제나 나를 지탱해주었고, 내가 지금의 삶과 경력을 누릴 수 있도록 해주었다. 친구의 결혼식에서 처음 만났을 때 같이 춤추자고 계속 권하고, 그 이후로도 우리가 그 춤을 멈추지 않도록 한 빅터 퀸타닐라에게 특히 감사하다. 빅터, 나와 함께 삶을 살아가줘서 고마워. 당신이 모든 방면에서 나의 동반자였기에 삶은 더욱 많은 의미와 재미와 즐거움을 얻었어.

참고문헌

서문

1 Ashley Stewart and Shana Lebowitz, "Satya Nadella Employed a 'Growth Mindset' to Overhaul Microsoft's Cutthroat Culture and Turn it Into a Trillion-Dollar Company-Here's How He Did It," *Business Insider*, 2020. 3. 7, https://www.businessinsider.com/microsoft-ceo-satya-nadella-company-culture-change-growth-mindset.

2 Eric Jackson, "Steve Ballmer Deserves His Due as a Great CEO," CNBC, 2018. 1. 17, https://www.cnbc.com/2018/01/17/steve-ballmer-deserves-his-due-as-a-great-ceo.htm.

3 "Microsoft Corp," Barchart, 2023년 5월 5일 접속, https://www.barchart.com/stocks/quotes/MSFT/performance.

4 Will Feuer, "Microsoft Becomes Second US Company to Reach $2 Trillion Valuation," *New York Post*, 2021. 6. 23, https://nypost.com/2021/06/23/microsoft-second-us-company-to-reach-2-trillion-valuation/.

5 Amy Kraft, "Microsoft Shuts Down AI Chatbot After It Turned into a

Nazi," CBS News, 2016. 3. 25, https://www.cbsnews.com/news/microsoft-shuts-down-ai-chatbot-after-it-turned-into-racist-nazi/.

6 Kif Leswing, "Microsoft's Bing A.I. Made Several Factual Errors in Last Week's Launch Demo," CNBC, 2023. 2. 14, https://www.cnbc.com/2023/02/14/microsoft-bing-ai-made-several-errors-in-launch-demo-last-week-.html.

7 Anthony Colannino, "Celtics' Brad Stevens Discusses a Growth Mindset," *Mindset Works*, 2016. 8. 10, https://blog.mindsetworks.com/entry/celtics-brad-stevens-discusses-a-growth-mindset-1; Kevin Ding, "This LeBron Season Exemplifies His Lifelong Mindset," *The Point*, 2020. 3. 30, https://www.nba.com/lakers/the-point-lebron-season-exemplifies-his-lifelong-mindset; Lee Jenkins, "From 'The Dungeon' to the Top: Erik Spoelstra's Rise with the Heat," https://www.si.com/nba/2014/09/24/erik-spoelstra-miami-heat.

8 Avery Hartmans, Sarah Jackson, and Azmi Haroun, "The Rise and Fall of Elizabeth Holmes, the Former Theranos CEO Found Guilty of Wire Fraud and Conspiracy—Who Just Managed to Delay Her Prison Reporting Date," *Business Insider*, 2023. 4. 26, https://www.businessinsider.com/theranos-founder-ceo-elizabeth-holmes-life-story-bio-2018-4.

9 David Smith, "A Financial Fairytale: How One Man Fooled the Global Elite," *Guardian*, 2021. 7. 14, https://www.theguardian.com/books/2021/jul/14/the-key-man-simon-clark-will-louch-private-equity.

10 Arwa Mahdawi, "30 Under 30-Year Sentences: Why So Many of Forbes' Young Heroes Face Jail," *Guardian*, 2023. 4. 7, https://www.theguardian.com/business/2023/apr/06/forbes-30-under-30-tech-finance-prison.

11 Mary C. Murphy and Carol S. Dweck, "A Culture of Genius: How an Organization's Lay Theory Shapes People's Cognition, Affect, and Behavior," *Personality and Social Psychology Bulletin* 36, no. 3 (2009. 10): 283–96, https://doi.org/10.1177/0146167209347380.

1장

1. Mary C. Murphy and Stephanie L. Reeves, "Personal and Organizational Mindsets at Work," *Research in Organizational Behavior* 39 (2019), https://doi.org/10.1016/j.riob.2020.100121.
2. Carol S. Dweck and Ellen L. Leggett, "A Social-Cognitive Approach to Motivation and Personality," *Psychological Review* 95, no. 2 (1988): 256–73, https://doi.org/10.1037/0033-295X.95.2.256; Carol S. Dweck, *Self-Theories: Their Role in Motivation, Personality, and Development* (Psychology Press, 2000); Carol Dweck, *Mindset: The New Psychology of Success* (Ballantine Books, 2007).
3. Murphy and Reeves, "Personal and Organizational Mindsets at Work"; 그래픽: Reid Wilson, Wayfaring Path, www.wayfaringpath.com.
4. Carol Dweck, "What Having a 'Growth Mindset' Actually Means," *Harvard Business Review*, 2016. 1. 13, https://hbr.org/2016/01/what-having-a-growth-mindset-actually-means; Carol Dweck, "Carol Dweck Revisits the 'Growth Mindset'," *Education Week*, 2015. 9. 22, https://www.edweek.org/leadership/opinion-carol-dweck-revisits-the-growth-mindset/2015/09?print=1; Carol Dweck, "Recognizing and Overcoming False Growth Mindset," *Edutopia*, 2016. 1. 11, https://www.edutopia.org/blog/recognizing-overcoming-false-growth-mindset-carol-dweck; Christine Gross-Loh, "How Praise Became a Consolation Prize," *Atlantic*, 2016. 12. 16, https://www.the*atlantic*.com/education/archive/2016/12/how-praise-became-a-consolation-prize/510845/.
5. Mary Murphy, Stephanie Fryberg, Laura Brady, Elizabeth Canning, and Cameron Hecht, "Global Mindset Initiative Paper 1: Growth Mindset Cultures and Teacher Practices," *Growth Mindset Cultures and Practices* (2021. 8. 27), http://dx.doi.org/10.2139/ssrn.3911594; K. Morman, L. Brady, C. Wang, M. C. Murphy, M. Bang, and S. Fryberg, "Creating Identity Safe Classrooms: A Cultural Educational Psychology Approach to Teacher In-

terventions," paper presented at the American Educational Research Association Annual Meeting, Chicago, IL (2023. 4).

6   Aneeta Rattan, Catherine Good, and Carol Dweck, "'It's Ok—Not Everyone Can Be Good at Math': Instructors with an Entity Theory Comfort (and Demotivate) Students," *Journal of Experimental Social Psychology* 48, no. 3 (2012. 5): 731−37, https://doi.org/10.1016/j.jesp.2011.12.012.

7   Murphy and Reeves, "Personal and Organizational Mindsets at Work"; Dweck, "What Having a 'Growth Mindset' Actually Means."

8   Dweck, *Mindset*; Peter A. Heslin, Lauren A. Keating, and Susan J. Ashford, "How Being in Learning Mode May Enable a Sustainable Career Across the Lifespan," *Journal of Vocational Behavior* 117 (2020. 3), https://doi.org/10.1016/j.jvb.2019.103324.

9   Murphy and Reeves, "Personal and Organizational Mindsets at Work"; L. S. Blackwell, K. H. Trzesniewski, and C. S. Dweck, "Implicit Theories of Intelligence Predict Achievement Across an Adolescent Transition: A Longitudinal Study and an Intervention," *Child Development* 78, no. 1 (2007): 246−63, http://dx.doi.org/10.1111/j.1467-8624.2007.00995.x; Y. Hong, C. Chiu, C. S. Dweck, D. M.-S. Lin, and W. Wan, "Implicit Theories, Attributions, and Coping: A Meaning System Approach," *Journal of Personality and Social Psychology* 77 (1999): 588−99, https://doi.org/10.1037/0022-3514.77.3.588; A. David Nussbaum and Carol S. Dweck, "Defensiveness Versus Remediation: Self-Theories and Modes of Self-Esteem Maintenance," *Personality and Social Psychology Bulletin* 34, no. 5 (2008. 3. 5): 599−612, https://doi.org/10.1177/0146167207312960; Dweck and Leggett, "A Social-Cognitive Approach to Motivation and Personality"; Heslin, Keating, and Ashford, "How Being in Learning Mode May Enable a Sustainable Career Across the Lifespan."

10 Murphy and Reeves, "Personal and Organizational Mindsets at Work"; Mary C. Murphy and Carol S. Dweck, "A Culture of Genius: How an Organization's Lay Theory Shapes People's Cognition, Affect, and Behavior,"

Personality and Social Psychology Bulletin 36, no. 3 (2009. 10): 283–96, https://doi.org/10.1177/0146167209347380; Murphy et al., "Global Mindset Initiative Paper 1"; Katherine T. U. Emerson and Mary C. Murphy, "Identity Threat at Work: How Social Identity Threat and Situational Cues Contribute to Racial and Ethnic Disparities in the Workplace," *Cultural Diversity and Ethnic Minority Psychology* 20, no. 4 (2014. 10): 508–20, https://doi.org/10.1037/a0035403; Elizabeth A. Canning, Mary C. Murphy, Katherine T. U. Emerson, Jennifer A. Chatman, Carol S. Dweck, and Laura J. Kray, "Cultures of Genius at Work: Organizational Mindsets Predict Cultural Norms, Trust, and Commitment," *Personality and Social Psychology Bulletin* 46, no. 4 (2020): 626–42.

11 Murphy and Reeves, "Personal and Organizational Mindsets at Work"; Murphy and Dweck, "A Culture of Genius"; Elizabeth A. Canning, Katherine Muenks, Dorainne J. Green, and Mary C. Murphy, "STEM Faculty Who Believe Ability Is Fixed Have Larger Racial Achievement Gaps and Inspire Less Student Motivation in Their Classes," *Science Advances* 5, no. 2 (2019. 2. 15), https://doi.org/10.1126/sciadv.aau4734; Mary C. Murphy and Carol S. Dweck, "Mindsets Shape Consumer Behavior," *Journal of Consumer Psychology* 26, no. 1 (2016): 127–36, http://dx.doi.org/10.1016/j.jcps.2015.06.005; K. Muenks, E. A. Canning, J. LaCosse, D. J. Green, S. Zirkel, and J. A. Garcia, "Does My Professor Think My Ability Can Change? Students' Perceptions of Their STEM Professors' Mindset Beliefs Predict Their Psychological Vulnerability, Engagement, and Performance in Class," *Journal of Experimental Psychology: General* 149, no. 11 (2020): 2119–44, https://doi.org/10.1037/xge0000763; Canning et al., "Cultures of Genius at Work"; David S. Yeager, Jamie M. Carroll, Jenny Buontempo, Andrei Cimpian, Spencer Woody, Robert Crosnoe, Chandra Muller, Jared Murray, Pratik Mhatre, Nicole Kersting, Christopher Hulleman, Molly Kudym, Mary Murphy, Angela Lee Duckworth, Gregory M. Walton, and Carol S. Dweck, "Teacher Mindsets Help Explain Where a Growth-Mind-

set Intervention Does and Doesn't Work," *Psychological Science* 33, no. 1 (2022): 18-32, https://doi.org/10.1177/09567976211028984; Elizabeth A. Canning, Elise Ozier, Heidi E. Williams, Rashed AlRasheed, and Mary C. Murphy, "Professors Who Signal a Fixed Mindset about Ability Undermine Women's Performance in STEM," *Social Psychological and Personality Science* 13, no. 5 (2022): 927-37, https://doi.org/10.1177/19485506211030398; Cameron A. Hecht, David S. Yeager, Carol S. Dweck, and Mary C. Murphy, "Beliefs, Affordances, and Adolescent Development: Lessons from a Decade of Growth Mindset Interventions," *Advances in Child Development and Behavior* 61 (2021): 169-197, https://doi.org/10.1016/bs.acdb.2021.04.004; Cameron A. Hecht, Carol S. Dweck, Mary C. Murphy, Kathryn M. Kroeper, and David S. Yeager, "Efficiently Exploring the Causal Role of Contextual Moderators in Behavioral Science," *Proceedings of the National Academy of Sciences* 120, no. 1 (2023): https://doi.org/10.1073/pnas.2216315120.

12 Megan DiTrolio, "Being a Female CEO Is Not My Identity," *Marie Claire*, 2019. 7. 3, https://www.marieclaire.com/career-advice/a28243947/sadie-lincoln-barre-3/; "Sadie Lincoln Is Rewriting the Fitness Story: Thoughts on Movement, Community, Risk & Vulnerability, Episode 501," 인터뷰어: Rich Roll, Rich Roll Podcast, 2020. 2. 24, https://www.richroll.com/podcast/sadie-lincoln-501/.

13 DiTrolio, "Being a Female CEO Is Not My Identity."

14 "How I Built Resilience: Live with Sadie Lincoln," 인터뷰어: Guy Raz, How I Built This, 2020. 6. 20, https://www.npr.org/2020/06/18/880460529/how-i-built-resilience-live-with-sadie-lincoln.

15 "How I Built Resilience: Live with Sadie Lincoln."

16 "Diversity, Equity, and Inclusion Update at Barre3: An Update," *Barre3 Magazine*, 2021. 2. 4, https://blog.barre3.com/diversity-equity-inclusion-update/.

17 Murphy and Reeves, "Personal and Organizational Mindsets at Work";

Murphy and Dweck, "A Culture of Genius"; Katherine T. U. Emerson and Mary C. Murphy, "A Company I Can Trust? Organizational Lay Theories Moderate Stereotype Threat for Women," *Personality and Social Psychology Bulletin* 41, no. 2 (2015. 2. 1): 295-307, https://doi.org/10.1177/01461672145649; Canning et al., "Cultures of Genius at Work."
18 앞의 글.
19 앞의 글.
20 앞의 글.
21 Marjorie Garber, "Our Genius Problem: Why This Obsession with the Word, with the Idea, and with the People on Whom We've Bestowed the Designation?" *Atlantic*, 2002. 12, https://www.theatlantic.com/magazine/archive/2002/12/our-genius-problem/308435/.
22 저자와의 인터뷰, 2021. 6. 23.
23 저자와의 인터뷰, 2021. 7. 9.
24 Murphy and Reeves, "Personal and Organizational Mindsets at Work;" Canning et al., "Professors Who Signal a Fixed Mindset"; Murphy et al., "Global Mindset Initiative Paper 1"; Canning et al., "STEM Faculty Who Believe Ability Is Fixed"; L. Bian, S. Leslie, M. C. Murphy, and A. Cimpian, "Messages about Brilliance Undermine Women's Interest in Educational and Professional Opportunities," *Journal of Experimental Social Psychology* 76 (2018. 5): 404-20, https://doi.org/10.1016/j.jesp.2017.11.006; Lile Jia, Chun Hui Lim, Ismaharif Ismail, and Yia Chin Tan, "Stunted Upward Mobility in Learning EnvironmentReduces the Academic Benefits of Growth Mindset," *Proceedings of the National Academy of Sciences* 118, no. 10 (2021. 3. 1): https://doi.org/10.1073/pnas.20118321. See also: D. Storage, T. E. S. Charlesworth, M. R. Banaji, and A. Cimpian, "Adults and Children Implicitly Associate Brilliance with Men More than Women," *Journal of Experimental Social Psychology* 90 (2020), https://doi.org/10.1016/j.jesp.2020.104020; L. Bian, S. J. Leslie, and A. Cimpian, "Ev-

idence of Bias Against Girls and Women in Contexts that Emphasize Intellectual Ability," *American Psychologist* 73, no. 9 (2018): 1139-53, https://doi.org/10.1037/amp0000427; E. K. Chestnut, R. F. Lei, S. J. Leslie, and A. Cimpian, "The Myth that Only Brilliant People are Good at Math and Its Implications for Diversity," *Education Sciences* 8, no. 2 (2018): 65, https://doi.org/10.3390/educsci8020065; Andrei Cimpian and Sarah-Jane Leslie, "The Brilliance Paradox: What Really Keeps Women and Minorities from Excelling in Academia," *Scientific American*, 2017. 9. 1, https://www.scientificamerican.com/article/the-brilliance-paradox-what-really-keeps-women-and-minorities-from-excelling-in-academia/; D. Storage, Z. Horne, A. Cimpian, and S. J. Leslie, "The Frequency of 'Brilliant' and 'Genius' in Teaching Evaluations Predicts the Representation of Women and African Americans Across Fields," *PLOS ONE* 11, no. 3, (2016. 3. 3), https://doi.org/10.1371/journal.pone.0150194; and S. J. Leslie, A. Cimpian, M. Meyer, and E. Freeland, "Expectations of Brilliance Underlie Gender Distributions Across Academic Disciplines," *Science* 347, no. 6219, (2015): 262-65, https://doi.org/10.1126/science.1261375.

25 Canning et al., "STEM Faculty Who Believe Ability Is Fixed"; Yeager et al., "Teacher Mindsets"; K. M. Kroeper, A. Fried, and M. C. Murphy, "Toward Fostering Growth Mindset Classrooms: Identifying Teaching Behaviors that Signal Instructors' Fixed and Growth Mindset Beliefs to Students," *Social Psychology of Education* 25 (2022): 371-98, https://doi.org/10.1007/s11218-022-09689-4; K. M. Kroeper, K. Muenks, E. A. Canning, and M. C. Murphy, "An Exploratory Study of the Behaviors that Communicate Perceived Instructor Mindset Beliefs in College STEM Classrooms," *Teaching and Teacher Education* 114 (2022), https://doi.org/10.1016/j.tate.2022.103717; Muenks et al., "Does My Professor Think My Ability Can Change?"; J. LaCosse, M. C. Murphy, J. A. Garcia, and S. Zirkel, "The Role of STEM Professors' Mindset Beliefs on Students' Anticipated Psychological Experiences and Course Interest," *Journal of Educational Psy-*

chology 113 (2021): 949-71, https://doi.org/10.1037/edu0000620; K. L. Boucher, M. A. Fuesting, A. Diekman, and M. C. Murphy, "Can I Work With and Help Others in the Field? How Communal Goals Influence Interest and Participation in STEM Fields," *Frontiers in Psychology* 8 (2017), https://doi.org/10.3389/fpsyg.2017.00901; Melissa A. Fuesting, Amanda B. Diekman, Kathryn L. Boucher, Mary C. Murphy, Dana L. Manson, and Brianne L. Safer, "Growing STEM: Perceived Faculty Mindset as an Indicator of Communal Affordances in STEM," *Journal of Personality and Social Psychology* 117, no. 2 (2019): 260-81, https://doi.org/10.1037/pspa0000154; K. Boucher, M. C. Murphy, D. Bartel, J. Smail, C. Logel, and J. Danek, "Centering the Student Experience: What Faculty and Institutions Can Do to Advance Equity," *Change: The Magazine of Higher Learning* 53 (2021): 42-50, https://doi.org/10.1080/00091383.2021.1987804.

26 Murphy and Reeves, "Personal and Organizational Mindsets at Work"; Murphy and Dweck, "A Culture of Genius"; Emerson and Murphy, "A Company I Can Trust?"; Canning et al., "Cultures of Genius at Work."
27 앞의 글.
28 앞의 글.
29 Murphy and Reeves, "Personal and Organizational Mindsets at Work."

2장

1 William James, *The Principles of Psychology* (Henry Holt, 1890), 294.
2 Carol Dweck, *Mindset: The New Psychology of Success* (Ballantine Books, 2007); H. Grant and C. S. Dweck, "Clarifying Achievement Goals and their Impact," *Journal of Personality and Social Psychology* 85 (2003): 541-53, https://doi.org/10.1037/0022-3514.85.3.541; Y. Hong, C. Chiu, C. S. Dweck, D. M.-S. Lin, and W. Wan, "Implicit Theories, Attributions, and Coping: A Meaning System Approach," *Journal of Personality*

and Social Psychology 77 (1999): 588-99, https://doi.org/10.1037/0022-3514.77.3.588; D. C. Molden and C. S. Dweck, "Finding 'Meaning' in Psychology: A Lay Theories Approach to SelfRegulation, Social Perception, and Social Development," *American Psychologist*, 61 (2006): 192-203, https://doi.org/10.1037/0003-066X.61.3.192; Dweck and Leggett, "A Social-Cognitive Approach to Motivation and Personality"; David Nussbaum and Carol S. Dweck, "Defensiveness Versus Remediation: Self-Theories and Modes of Self-Esteem Maintenance," *Personality and Social Psychology Bulletin* 34, no. 5 (2008. 3. 5): 599-612, https://doi.org/10.1177/0146167207312960; J. S. Moser, H. S. Schroder, C. Heeter, T. P. Moran, and Y.-H. Lee, "Mind Your Errors: Evidence for a Neural Mechanism Linking Growth Mind-Set to Adaptive Posterror Adjustments," *Psychological Science* 22 (2011): 1484-89, https://doi.org/10.1177/0956797611419520; J. A. Mangels, B. Butterfield, J. Lamb, C. Good, and C. S. Dweck, "Why Do Beliefs about Intelligence Influence Learning Success? A Social Cognitive Neuroscience Model," *Social Cognitive and Affective Neuroscience* 1 (2006): 75-86; https://doi.org/10.1093/scan/nsl013; L. S. Blackwell, K. H. Trzesniewski, and C. S. Dweck, "Implicit Theories of Intelligence Predict Achievement Across an Adolescent Transition: A Longitudinal Study and an Intervention," *Child Development* 78, no. 1 (2007): 246-63, http://dx.doi.org/10.1111/j.1467-8624.2007.00995.x; C. S. Dweck, C. Chiu, and Y. Hong, "Implicit Theories and Their Role in Judgments and Reactions: A World from Two Perspectives," *Psychological Inquiry* 6, (1995): 267-85, https://doi.org/10.1207/s15327965pli0604_1; S. R. Levy, J. E. Plaks, Y. Hong, C. Chiu, and C. S. Dweck, "Static Versus Dynamic Theories and the Perception of Groups: Different Routes to Different Destinations," *Personality and Social Psychology Review* 5 (2001): 156-68, https://doi.org/10.1207/S15327957P-SPR0502_6; C. Chiu, Y. Hong, and C. S. Dweck, "Lay Dispositionism and Implicit Theories of Personality," *Journal of Personality and Social Psychology*

73 (1997): 19–30, https://doi.org/10.1037/0022-3514.73.1.19; C. A. Erdley and C. S. Dweck, "Children's Implicit Personality Theories as Predictors of their Social Judgments," *Child Development* 64 (1993): 863–78, https://doi.org/10.2307/1131223; S. R. Levy, S. J. Stroessner, and C. S. Dweck, "Stereotype Formation and Endorsement: The Role of Implicit Theories," *Journal of Personality and Social Psychology* 74 (1998): 1421–36, https://doi.org/10.1037/0022-3514.74.6.1421; J. E. Plaks, S. J. Stroessner, C. S. Dweck, and J. W. Sherman, "Person Theories and Attention Allocation: Preferences for Stereotypic Versus Counterstereotypic Information," *Journal of Personality and Social Psychology* 80 (2001): 876–93, https://doi.org/10.1037/0022-3514.80.6.876; J. E. Plaks, "Implicit Theories: Assumptions that Shape Social and Moral Cognition," *Advances in Experimental Social Psychology* 56, ed. J. M. Olson (Academic Press, 2017), 259–310.

3   Mary C. Murphy and Stephanie L. Reeves, "Personal and Organizational Mindsets at Work," *Research in Organizational Behavior* 39 (2019), https://doi.org/10.1016/j.riob.2020.100121; Mary C. Murphy and Carol S. Dweck, "A Culture of Genius: How an Organization's Lay Theory Shapes People's Cognition, Affect, and Behavior," *Personality and Social Psychology Bulletin* 36, no. 3 (2009, 10): 283–96, https://doi.org/10.1177/0146167209347380; Katherine T. U. Emerson and Mary C. Murphy, "A Company I Can Trust? Organizational Lay Theories Moderate Stereotype Threat for Women," *Personality and Social Psychology Bulletin* 41, no. 2 (2015. 2. 1): 295–307, https://doi.org/10.1177/01461672145649; Elizabeth A. Canning, Mary C. Murphy, Katherine T. U. Emerson, Jennifer A. Chatman, Carol S. Dweck, and Laura J. Kray, "Cultures of Genius at Work: Organizational Mindsets Predict Cultural Norms, Trust, and Commitment," *Personality and Social Psychology Bulletin* 46, no. 4 (2020): 626–42.

4   Murphy and Reeves, "Personal and Organizational Mindsets at Work"; Canning et al., "Cultures of Genius at Work."

5   Murphy and Reeves, "Personal and Organizational Mindsets at Work"; Emerson and Murphy, "A Company I Can Trust?"; Canning et al., "Cultures of Genius at Work."

6   Benjamin Frimodig, "Heuristics: Definition, Examples, and How They Work," Simply Psychology, 2023. 2. 14, https://www.simplypsychology.org/what-is-a-heuristic.html; L. Bian, S. J. Leslie, and A. Cimpian, "Gender Stereotypes About Intellectual Ability Emerge Early and Influence Children's Interests," *Science* 355 (2017): 389–91, https://doi.org/10.1126/science.aah6524; M. Bennett, "Men's and Women's Self-Estimates of Intelligence," *Journal of Social Psychology* 136 (1996): 411–12, https://doi.org/10.1080/00224545.1996.9714021; M. Bennett, "Self-Estimates of Ability in Men and Women," *Journal of Social Psychology* 137 (1997): 540–41, https://doi.org/10.1080/00224549709595475; K. C. Elmore and M. Luna-Lucero, "Light Bulbs or Seeds? How Metaphors for Ideas Influence Judgments about Genius," *Social Psychological and Personality Science* 8 (2017): 200–8, https://doi.org/10.1177/1948550616667611; B. Kirkcaldy, P. Noack, A. Furnham, and G. Siefen, "Parental Estimates of Their Own and Their Children's Intelligence," *European Psychologist* 12 (2007): 173–80, https://doi.org/10.1027/1016-9040.12.3.173; A. Lecklider, *Inventing the Egghead: The Battle over Brainpower in American Culture* (University of Pennsylvania Press, 2013); Seth Stephens-Davidowitz, "Google, Tell Me. Is My Son a Genius?" *New York Times*, 2014. 1. 18, http://www.nytimes.com/2014/01/19/opinion/sunday/google-tell-me-is-my-son-a-genius.html; J. Tiedemann, "Gender-Related Beliefs of Teachers in Elementary School Mathematics," *Educational Studies in Mathematics* 41 (2000): 191–207, https://doi.org/10.1023/A:1003953801526; Sandra Upson and Lauren F. Friedman, "Where are all the Female Geniuses?" *Scientific American Mind*, 2012. 11. 1, https://www.scientificamerican.com/article/where-are-all-the-female-geniuses/.

7   2023년 5월 6일 검색. https://www.google.com/search?q=what+does+a+ge-

nius+look+like&tbm=isch&ved=2ahUKEwj9h5Obi-H-AhUTLN4AHX-
hZAQIQ2-cCegQIABAA&oq=what+does+a+genius+look+like&gs
_lcp=CgNpbWcQAzIECCMQJzIGCAAQBx AeMgYIA BAIEB5Q9g-
JYoAlgpQpoAXAAeACAAZMBiAHx AZIBAzEuMZgBAKABAaoBC2d-
3cy13aXotaW1nwAEB&sclient=img&ei=53xWZL34I5PY-LYP-LKFEA.

8   L. Bian, S. Leslie, M. C. Murphy, and A. Cimpian, "Messages about Brilliance Undermine Women's Interest in Educational and Professional Opportunities," *Journal of Experimental Social Psychology* 76 (2018. 5): 404-20; https://doi.org/10.1016/j.jesp.2017.11.006.
9   Canning et al., "Cultures of Genius at Work."
10 Edgar H. Schein, *Organizational Culture and Leadership*, 4th ed. (Jossey-Bass, 2010)
11 Murphy and Reeves, "Personal and Organizational Mindsets at Work"; Canning et al., "Cultures of Genius at Work."
12 Murphy and Reeves, "Personal and Organizational Mindsets at Work."
13 Murphy and Reeves, "Personal and Organizational Mindsets at Work"; Murphy and Dweck, "A Culture of Genius."
14 Murphy and Reeves, "Personal and Organizational Mindsets at Work"; Murphy and Dweck, "A Culture of Genius"; Emerson and Murphy, "A Company I Can Trust?"; Canning et al., "Cultures of Genius at Work."
15 Murphy and Reeves, "Personal and Organizational Mindsets at Work"; Murphy and Dweck, "A Culture of Genius"; Emerson and Murphy, "A Company I Can Trust?"; Canning et al., "Cultures of Genius at Work."
16 Canning et al., "Cultures of Genius at Work."
17 Emerson and Murphy, "A Company I Can Trust?"; Canning et al., "Cultures of Genius at Work."
18 Canning et al., "Cultures of Genius at Work." 추가 참고자료: P. A. Heslin, "'Potential' in the Eye of the Beholder: The Role of Managers Who Spot Rising Stars," *Industrial and Organizational Psychology: Perspectives on Science and Practice* 2, no. 4 (2009): 420-24, https://doi.org/10.1111/

j.1754-9434.2009.01166.x.

19 Mary C. Murphy, "Mindsets in Entrepreneurship: Measurement and Validation Results," report to the G2 Advisory Group and the Kauffman Foundation (2020. 4).

3장

1 Mary C. Murphy and Stephanie L. Reeves, "Personal and Organizational Mindsets at Work," *Research in Organizational Behavior* 39 (2019), https://doi.org/10.1016/j.riob.2020.100121; Mary C. Murphy and Carol S. Dweck, "A Culture of Genius: How an Organization's Lay Theory Shapes People's Cognition, Affect, and Behavior," *Personality and Social Psychology Bulletin* 36, no. 3 (2009. 10): 283-96, https://doi.org/10.1177/0146167209347380; Elizabeth A. Canning, Mary C. Murphy, Katherine T. U. Emerson, Jennifer A. Chatman, Carol S. Dweck, and Laura J. Kray, "Cultures of Genius at Work: Organizational Mindsets Predict Cultural Norms, Trust, and Commitment," *Personality and Social Psychology Bulletin* 46, no. 4 (2020): 626-42; M. C. Murphy, B. Tauber, C. Samsa, and C. S. Dweck, "Founders' Mindsets Predict Company Culture and Organizational Success in Early Stage Startups" (working paper); Mary C. Murphy, "Mindsets in Entrepreneurship: Measurement and Validation Results," report to the G2 Advisory Group and the Kauffman Foundation (2020. 4). 카우프만 재단과의 연구는 웬디 토런스, 캐슬린 보일 데일런과 협력하여 수행했다.

2 WeWork: Or the Making and Breaking of a $47 Billion Unicorn, directed by Jed Rothstein, Campfire/Forbes Entertainment/Olive Hill Media, 2021.

3 Steve Bates, "Forced Ranking," *HR Magazine*, 2003. 6. 1, https://www.shrm.org/hr-today/news/hr-magazine/pages/0603bates.aspx.

4 Reeves Wiedeman, *Billion Dollar Loser: The Epic Rise and Fall of WeWork*

(London: Hodder & Stoughton, 2020).

5 "There Are Significant Business Costs to Replacing Employees," Center for American Progress, 2012. 11. 16, https://www.americanprogress.org/article/there-are-significant-business-costs-to-replacing-employees/.

6 Amy Adkins, "Millennials: The Job-Hopping Generation," Gallup, 2023년 5월 6일 접속, https://www.gallup.com/workplace/231587/millennials-job-hopping-generation.aspx.

7 Lauren Vesty, "Millennials Want Purpose Over Paychecks. So Why Can't We Find It at Work?" *Guardian*, 2016. 9. 14, https://www.theguardian.com/sustainable-business/2016/sep/14/millennials-work-purpose-linkedin-survey.

8 Canning et al., "Cultures of Genius at Work."

9 "Quits: Total Nonfarm," Federal Reserve Bank of St. Louis, 2023년 5월 6일 접속, https://fred.stlouisfed.org/series/JTSQUL?utm_source=npr_newsletter&utm_medium=email&utm_content=20220122&utm_term=6236291&utm_campaign=money&utm_id=1253516&orgid=278&utm_att1=nprnews.

10 Donald Sull, Charles Sull, and Ben Zweig, "Toxic Culture Is Driving the Great Resignation," *MIT Sloan Management Review*, 2022. 1. 11, https://sloanreview.mit.edu/article/toxic-culture-is-driving-the-great-resignation/.

11 Murphy and Reeves, "Personal and Organizational Mindsets at Work"; Katherine T. U. Emerson and Mary C. Murphy, "A Company I Can Trust? Organizational Lay Theories Moderate Stereotype Threat for Women," *Personality and Social Psychology Bulletin* 41, no. 2 (2015. 2. 1): 295–307, https://doi.org/10.1177/01461672145649; Canning et al., "Cultures of Genius at Work"; P. A. Heslin, "'Potential' in the Eye of the Beholder: The Role of Managers Who Spot Rising Stars," *Industrial and Organizational Psychology: Perspectiveson Science and Practice* 2, no. 4 (2009): 420–24, https://doi.org/10.1111/j.1754-9434.2009.01166.x; Heslin, Keating, and

Ashford, "How Being in Learning Mode May Enable a Sustainable Career Across the Lifespan."
12 WeWork: Or the Making and Breaking of a $47 Billion Unicorn.
13 Murphy and Reeves, "Personal and Organizational Mindsets at Work"; Emerson and Murphy, "A Company I Can Trust?"; Canning et al., "Cultures of Genius at Work."
14 WeWork: Or the Making and Breaking of a $47 Billion Unicorn.
15 Samantha Subin, "Outsted WeWork CEO Says $47 Billion Valuation Went to His Head Before Botched IPO," CNBC, 2021. 11. 9, https://www.cnbc.com/2021/11/09/ousted-wework-ceo-adam-neumann-47-billion-valuation-went-to-his-head.html; Wiedeman, *Billion Dollar Loser*.
16 Wiedeman, *Billion Dollar Loser*.
17 John Carreyrou, *Bad Blood: Secrets and Lies in a Silicon Valley Startup* (New York: Knopf, 2018); The Inventor: Out for Blood in Silicon Valley, directed by Alex Gibney, HBO Documentary Films/Jigsaw Productions, 2019.
18 Chris Prentice and Pete Schroeder, "Former Wells Fargo Exec Faces Prison, Will Pay $17 Million Fine Over Fake Accounts Scandal," Reuters, 2023. 3. 15, https://www.reuters.com/legal/former-wells-fargo-executive-pleads-guilty-obstructing-bank-examination-fined-17-2023-03-15/.
19 Bethany McLean and Peter Elkind, *Smartest Guys in the Room: The Amazing Rise and Scandalous Fall of Enron* (New York: Portfolio, 2003).
20 A. J. Hess, "Ranking Workers Can Hurt Morale and Productivity. Tech Companies Are Doing It Anyway," *Fast Company*, 2023. 2. 16, https://www.fastcompany.com/90850190/stack-ranking-workers-hurt-morale-productivity-tech-companies?utm_source=newsletters&utm_medium=email&utm_campaign=FC%20-%20Compass%20Newsletter.Newsletter%20-%20FC%20-%20Compass%202-17-23&leadId=7181911.
21 Murphy and Reeves, "Personal and Organizational Mindsets at Work"; Emerson and Murphy, "A Company I Can Trust?"; Canning et al., "Cultures

of Genius at Work."

22 Canning et al., "Cultures of Genius at Work."

23 Margaret Heffernan, *A Bigger Prize: How We Can Do Better than the Competition* (Philadelphia: PublicAffairs, 2014).

24 Omri Gillath, Christian S. Crandall, Daniel L. Wann, and Mark H. White II, "Buying and Building Success: Perceptions of Organizational Strategies for Improvement," *Journal of Applied Psychology* 51, no. 5 (2021. 5): 534 – 46, https://doi.org/10.1111/jasp.12755.

25 "How to Nail Your Design Interview: What to Expect and What We Look For," Atlassian, 2023년 5월 6일 접속, https://www.atlassian.com/company/careers/resources/interviewing/how-to-nail-your-design-interview.

26 "Breaking the Glass Ceiling in Tech: Advice from Three Atlassian Engineering Managers," Atlassian, 2023년 5월 6일 접속, https://www.atlassian.com/company/careers/resources/career-growth/breaking-the-glass-ceiling-in-tech.

27 "Common Challenges of Interns and Grads and the Solutions to Them," Atlassian, 2023년 5월 6일 접속, https://www.atlassian.com/company/careers/resources/career-growth/common-challenges-of-interns-and-grads.

28 "Employee Development Templates," Atlassian, 2023년 5월 6일 접속, https://www.atlassian.com/software/confluence/templates/collections/employee-development.

29 "From New Grads to Engineering Managers: Three Atlassian[s] on their Journeys, Constant Learning, and Support Along the Way," Atlassian, 2023년 5월 6일 접속, https://www.atlassian.com/company/careers/resources/career-growth/from-new-grads-to-engineering-managers.

30 Sarah Larson, "The Employee Attrition Spike is Here: How to Hang on to Your Best People," Atlassian, 2021. 6. 22, https://www.atlassian.com/blog/leadership/attrition-spike.

31 "Atlassian," Glassdoor, 2023년 5월 6일 접속, https://www.glassdoor.com/Reviews/Atlassian-Reviews-E115699.htm.

32 "Atlassian," MarketCap, 2023년 5월 6일 접속, https://companie-smarketcap.com/atlassian/marketcap/.
33 Ronald A. Cohen, "Yerkes-Dodson Law," Encyclopedia of Clinical Neuropsychology, 2023년 5월 6일 접속, https://link.springer.com/referenceworkentry/10.1007/978-0-387-79948-3_1340.
34 Canning et al., "Cultures of Genius at Work"; Murphy and Reeves, "Personal and Organizational Mindsets at Work"; Emerson and Murphy, "A Company I Can Trust?"
35 Jennifer Doudna, *Gene Editing, and the Future of the Human Race* (New York, Simon & Schuster, 2021).
36 Walter Isaacson, "CRISPR Rivals Put Patents Aside to Help in Fight Against Covid-19," STAT, 2021. 3. 3, https://www.statnews.com/2021/03/03/crispr-rivals-put-patents-aside-fight-against-covid-19/.
37 "STATus List 2022: Jennifer Doudna," STAT, 2023년 5월 6일 접속, https://www.statnews.com/status-list/2022/jennifer-doudna/.
38 Walter Isaacson, *The Code Breaker*.
39 Yvon Chouinard, *Let My People Go Surfing: The Education of a Reluctant Businessman—Including 10 More Years of Business Unusual* (New York: Penguin, 2016).
40 "Overview," Lenox Hill Hospital, 2023년 5월 6일 접속, https://lenoxhill.northwell.edu/about.
41 "If you don't have collaboration,": Lenox Hill, season 1, episode 1, "Growth Hurts." Netflix, 2020.
42 "Steve Magness: How to Do Hard Things and the Surprising Science of Resilience, Episode 686," 인터뷰: Rich Roll, Rich Roll Podcast, 2022. 6. 13, https://www.richroll.com/podcast/steve-magness-686/.
43 Friends: Friends, season 5, episode 5.13, "The One with Joey's Bag," NBC, 1999. 2. 4.
44 Lisa Bodell, "Reward Programs that Actually Boost Collaboration," *Forbes*, 2019. 11. 30, https://www.forbes.com/sites/lisa bodell/2019/11/30/re-

ward-programs-that-actually-boost-collaboration/?sh=706c797871ee.
45 Stephen Miller, "'Stack Ranking' Ends at Microsoft, Generating Heated Debate," SHRM, 2013. 11. 20, https://www.shrm.org/resourcesandtools/hr-topics/compensation/pages/stack-ranking-microsoft.aspx.
46 "Can Patagonia Change the World? With CHRO Dean Carter and Dr. David Rock," 인터뷰어: Chris Weller, *Your Brain at Work*, 2019. 8. 5, https://neuroleadership.com/podcast/planting-seeds-at-patagonia-with-dean-carter.
47 "Talent Assessment Program," GitLab, 2023년 5월 6일 접속, https://about.gitlab.com/handbook/people-group/talent-assessment/#measuring-growth-potential.

4장

1 Jorrit van der Togt, 인터뷰어: Mary Murphy, 2021. 7. 8.
2 "Safety: Our Approach," Shell, 2023년 5월 6일 접속, https://www.shell.com/sustainability/safety/our-approach.html.
3 Candace Duncan, 인터뷰어: Kelly Madrone, 2020. 12. 2.
4 Crystal L. Hoyt, Jeni L. Burnette, and Audrey N. Innella, "I Can Do That: The Impact of Implicit Theories on Leadership Role Model Effectiveness," *Personality and Social Psychology Bulletin* 38, no. 2 (2011. 12. 5) https://doi.org/10.1177/0146167211427922.
5 Mike Isaac, *Super Pumped: The Battle for Uber* (New York: W. W. Norton & Company, 2019).
6 Candace Duncan, 인터뷰어: Kelly Madrone, 2020. 12. 2.
7 Mike Isaac, *Super Pumped*.
8 Frances Frei, "How to Build (and Rebuild) Trust," TED2018, 2018. 4, https://www.ted.com/talks/frances_frei_how_to_build_and_rebuild_trust#t-848544.

9   Kara Swisher, "Here's One of Uber CEO Dara Khosrowshahi's New Rules of the Road: 'We Do the Right Thing. Period.,'" Vox, 2017. 11. 7, https://www.vox.com/2017/11/7/16617340/read-uber-dara-khosrowshahi-new-rule-values-meeting.

10 Marie Crouzevialle and Fabrizio Butera, "Performance-Approach Goals Deplete Working Memory and Impair Cognitive Performance," *Journal of Experimental Psychology* 142, no. 3 (2013. 8): 666–78, https://doi.org/10.1037/a0029632.

11 Nujaree Intasao and Ning Hao, "Beliefs about Creativity Influence Creative Performance: The Mediation Effects of Flexibility and Positive Affect," *Frontiers in Psychology* 9 (2018. 9. 24), https://doi.org/10.3389/fpsyg.2018.01810.

12 Alexander J. O'Connor, Charlan J. Nemeth, and Satoshi Akutsu, "Consequences of Beliefs about the Malleability of Creativity," *Creativity Research Journal* 25, no. 2 (2013. 5. 17): 155–62, https://doi.org/10.1080/10400419.2013.783739.

13 앞의 글.

14 "It Is Not the Strongest of the Species that Survives but the Most Adaptable," Quote Investigator, 2023년 5월 8일 접속, https://quoteinvestigator.com/2014/05/04/adapt/.

15 Charles A. O'Reilly and Michael L. Tushman, *Lead and Disrupt: How to Solve the Innovator's Dilemma* (Redwood City, CA: Stanford Business Books, 2016).

16 Elizabeth A. Canning, Mary C. Murphy, Katherine T. U. Emerson, Jennifer A. Chatman, Carol S. Dweck, and Laura J. Kray, "Cultures of Genius at Work: Organizational Mindsets Predict Cultural Norms, Trust, and Commitment," *Personality and Social Psychology Bulletin* 46, no. 4 (2020): 626–42; Don Vandenwalle, "A Growth and Fixed Mindset Exposition of the Value of Conceptual Clarity," *Industrial and Organizational Psychology* 5, no. 3 (2015. 1. 7): 301–05, https://doi.org/10.1111/j/1754-

9434.2012.01450.x.

17 Jacqueline Novogratz, *The Blue Sweater: Bridging the Gap Between Rich and Poor in an Interconnected World* (New York: Rodale, 2009); Jacqueline Novogratz, *Manifesto for a Moral Revolution: Practices to Build a Better World* (New York: Henry Holt, 2020); Jacqueline Novogratz, 인터뷰어: Mary Murphy, 2023. 3. 16.

18 "1,400,000 Lives. Transformed." d.light, 2023년 5월 8일 접속, https://www.dlight.com/.

19 Jacqueline Novogratz, *Manifesto for a Moral Revolution*.

20 Jacqueline Novogratz, 인터뷰어: Mary Murphy, 2023. 3. 16.

21 Mary C. Murphy and Carol S. Dweck, "Mindsets Shape Consumer Behavior," *Journal of Consumer Psychology* 26, no. 1 (2016): 127–36, http://dx.doi.org/10.1016/j.jcps.2015.06.005.

22 Cammy Crolic, Joshua J. Clarkson, Ashley S. Otto, and Mary C. Murphy, "Motivated Knowledge Acquisition: Implicit Self-Theories and the Preference for Knowledge Breadth or Depth," *Personality and Social Psychology Bulletin* (forthcoming, 2024).

23 Carol S. Dweck and Ellen L. Leggett, "A SocialCognitive Approach to Motivation and Personality," *Psychological Review* 95, no. 2 (1988): 256–73, https://doi.org/10.1037/0033-295X.95.2.256.

24 Murphy and Dweck, "Mindsets Shape Consumer Behavior"; Mary C. Murphy and Carol S. Dweck, "Mindsets and Consumer Psychology: A Response," *Journal of Consumer Psychology* 26 (2015): 165–66, https://doi.org/10.1016/j.jcps.2015.06.006.

25 Murphy and Dweck, "Mindsets Shape Consumer Behavior"; J. K. Park, and D. R. John, "Got to Get You Into My Life: Do Brand Personalities Rub Off on Consumers?," *Journal of Consumer Research* 37 (2010): 655–669, https://doi.org/10.1086/655807; J. K. Park and D. R. John, "Capitalizing on Brand Personalities in Advertising: The Influence of Implicit Self-Theories on Ad Appeal Effectiveness," *Journal of Consumer Psychology* 22 (2012):

424-32, https://doi.org/10.1016/j.jcps.2011.05.004.

26 Murphy and Dweck, "Mindsets Shape Consumer Behavior"; Emerson and Murphy, "A Company I Can Trust?"; Mary C. Murphy and Carol S. Dweck, "A Culture of Genius: How an Organization's Lay Theory Shapes People's Cognition, Affect, and Behavior," *Personality and Social Psychology Bulletin* 36, no. 3 (2009. 10): 283-96, https://doi.org/10.1177/0146167209347380.

27 Seth Stevenson, "We're No. 2! We're No. 2! How a Mad Men-Era Ad Firm Discovered the Perks of Being an Underdog," Slate, 2013. 8. 12, https://slate.com/business/2013/08/hertz-vs-avis-advertising-wars-how-an-ad-firm-made-a-virtue-out-of-second-place.html; Murphy and Dweck, "Mindsets Shape Consumer Behavior."

28 "Millennials + Money: The Unfiltered Journey," Meta, 2016. 9. 25, https://www.facebook.com/business/news/insights/millennials-money-the-unfiltered-journey.

29 Christopher Klein, "Why Coca-Cola's 'New Coke' Flopped," History, 2020. 3. 13, https://www.history.com/news/why-coca-cola-new-coke-flopped; Murphy and Dweck, "Mindsets Shape Consumer Behavior."

30 Sandie Glass, "What Were They Thinking? The Day Ketchup Crossed the Line from Perfect to Purple," *Fast Company*, 2011. 9. 14, https://www.fastcompany.com/1779591/what-were-they-thinking-day-ketchup-crossed-line-perfect-purple.

31 Murphy and Dweck, "Mindsets Shape Consumer Behavior"; E. A. Yorkston, J. C. Nunes, and S. Matta, "The Malleable Brand: The Role of Implicit Theories in Evaluating Brand Extensions," *Journal of Marketing* 74 (2010): 80-93, https://doi.org/10.1509/jmkg.74.1.80; P. Mathur, S. P. Jain, and D. Maheswaran, "Consumers' Implicit Theories about Personality Influence Their Brand Personality Judgments," *Journal of Consumer Psychology* 22 (2012): 545-57, https://doi.org/10.1016/j.jcps.2012.01.005.

32 Murphy and Dweck, "Mindsets Shape Consumer Behavior."

33 E. Halperin, A. Russell, K. Trzesniewski, J. J. Gross, and C. S. Dweck, "Promoting the Middle East Peace Process by Changing Beliefs about Group Malleability," *Science* 333, no. 6050 (2011): 1767–69, https://doi.org/10.1126/science.1202925; R. J. Rydell, K. Hugenberg, D. Ray, and D. M. Mackie, "Implicit Theories about Groups and Stereotyping: The Role of Group Entitativity," *Personality and Social Psychology Bulletin* 33 (2007): 549–58, https://doi.org/10.1177/0146167206296956.

34 Mark Stevenson, "Taco Bell's Fare Baffles Mexicans," *Seattle Times*, 2007. 10. 10, https://www.seattletimes.com/business/taco-bells-fare-baffles-mexicans/; Murphy and Dweck, "Mindsets Shape Consumer Behavior."

35 Murphy and Dweck, "Mindsets Shape Consumer Behavior"; D. Daszkowski, "How American Fast Food Franchises Expanded Abroad," About.com, 2023년 5월 15일 접속, http://franchises.about.com.

36 Amy Edmonson, *The Fearless Organization: Creating Psychological Safety in the Workplace for Learning, Innovation, and Growth* (New York: Wiley, 2018).

37 Novogratz, *The Blue Sweater*.

38 Jorrit van der Togt, 인터뷰: Mary Murphy, 2021. 7. 8.

39 Jorrit van der Togt, 인터뷰: Mary Murphy, 2021. 7. 8; "Oil and Gas Extraction," U.S. Bureau of Labor Statistics, 2023년 5월 15일 접속, https://www.bls.gov/iag/tgs/iag211.htm; "Oil Mining and Gas Extraction," U.S. Bureau of Labor Statistics, 2023년 5월 15일 접속, https://data.bls.gov/pdq/SurveyOutputServlet.

40 Chouinard, *Let My People Go Surfing*.

41 Ed Catmull with Amy Wallace, *Creativity, Inc.: Overcoming the Unseen Forces that Stand in the Way of True Inspiration* (New York: Random House, 2014).

42 "The Wildfang Way: Emma McIlroy," 인터뷰: Jonathan Fields, The Good Life Podcast, 2019. 8. 7, https://www.goodlifeproject.com/podcast/

emma-mcilroy-wildfang/.

43 "Dee Hock," Quotes, 2023년 5월 8일 접속, https://www.quotes.net/quote/41629.

44 "ShipIt," Atlassian, 2023년 5월 8일 접속, https://www.atlassian.com/company/shipit.

45 Kaomi Goetz, "How 3M Gave Everyone Days Off and Created an Innovation Dynamo," *Fast Company*, 2011. 2. 1, https://www.fastcompany.com/1663137/how-3m-gave-everyone-days-off-and-created-an-innovation-dynamo.

46 Bill Murphy Jr., "Google Says It Still Uses '20 Percent Rule' and You Should Totally Copy It," Inc., 2020. 11. 11, https://www.inc.com/bill-murphy-jr/google-says-it-still-uses-20-percent-rule-you-should-totally-copy-it.html.

47 Heffernan, *A Bigger Prize*; Jay Rao, "W. L. Gore: Culture of Innovation," Babson College, 2012. 4, http://www.elmayorportaldegerencia.com/Documentos/Innovacion/%5bPD%5d%20Documentos%20-%20Culture%20of%20innovation.pdf.

48 Jorrit van der Togt, 인터뷰어: Mary Murphy, 2021. 7. 8.

49 Novogratz, *The Blue Sweater*.

50 Nikolaus Franke, Marion K. Poetz, and Martin Schreier, "Integrating Problem Solvers from Analogous Markets in New Product Ideation," *Management Science* 60, no. 4 (2013. 11. 16): 805–1081, https://doi.org/10.1287/mnsc.2013.1805.

51 John Mackey, Steve McIntosh, and Carter Phipps, *Conscious Leadership: Elevating Humanity Through Business* (New York: Portfolio, 2020).

52 @kimberlyquinn, "Have you heard of a surprise journal? When people do something that surprised you, write it down. If you analyze it and figure out why it was surprising, you can learn about what your implicit default expectations are—which can suggest interesting hypotheses." 2021. 3. 8, 1:50pm, https://twitter.com/kimberlyquinn/sta-

tus/1369012627217788928.

5장

1   David Smith, "Is Donald Trump's Love-Hate Relationship with Twitter on the Rocks?" *Guardian*, 2020. 3. 31, https://www.theguardian.com/us-news/2020/may/31/donald-trump-twitter-love-hate-relationship.
2   Ben Tauber, 인터뷰어: Mary Murphy, 2021. 6. 30.
3   Reeves Wiedeman, *Billion Dollar Loser: The Epic Rise and Fall of WeWork* (London: Hodder & Stoughton, 2020).
4   Clint Rainey, "Adam Neumann Talked About Flow for a Full Hour and We Still Don't Know What It Is," *Fast Company*, 2023. 2. 8, https://www.fastcompany.com/90847220/adam-neumann-a16z-flow-startup-real-estate-explained.
5   Ben Tauber, 인터뷰어: Mary Murphy, 2021. 6. 30.
6   Rob Asghar, "Why Silicon Valley's 'Fail Fast' Mantra is Just Hype," *Forbes*, 2014. 7. 14, https://www.forbes.com/sites/robasghar/2014/07/14/why-silicon-valleys-fail-fast-mantra-is-just-hype/?sh=3f54c7d724bc.
7   Ben Tauber, 인터뷰어: Mary Murphy, 2021. 6. 30.
8   Herminia Ibarra, Aneeta Rattan, and Anna Johnston, "Satya Nadella at Microsoft: Instilling a Growth Mindset," London Business School, 2018, https://hbsp.harvard.edu/product/LBS128-PDF-ENG.
9   Satya Nadella, *Hit Refresh: The Quest to Rediscover Microsoft's Soul and Imagine a Better Future for Everyone* (New York: Harper Business, 2017).
10 Kinney Zalesne, 인터뷰어: Mary Murphy, 2021. 6. 29.
11 Catherine Poirier, Carina Cheng, Ellora Sarkar, Henry Silva, and Tom Kudrle, "The Culture of Data Leaders," Keystone, 2021. 2. 2, https://www.keystone.ai/news-publications/whitepaper-the-culture-of-data-leaders.
12 Louis Wool, 인터뷰어: Mary Murphy, 2020. 9. 29.

13 David A. Singer, "Harrison School's Louis N. Wool Named New York Superintendent of the Year," *HuffPost*, 2009. 12. 11, https://www.huffpost.com/entry/harrison-schools-louis-n_b_389177.

14 Louis Wool, 인터뷰어: Mary Murphy, 2020. 9. 29.

15 Amy Stuart Wells, Lauren Fox, and Diana Cordova-Cobo, "How Racially Diverse Schools and Classrooms Can Benefit All Students," Century Foundation, 2016. 2. 9, https://tcf.org/content/report/how-racially-diverse-schools-and-classrooms-can-benefit-all-students/?agreed=1. See also: Aaliyah Samuel, "Why an Equitable Curriculum Matters," NWEA, 2019. 9. 19, https://www.nwea.org/blog/2019/why-an-equitable-curriculum-matters/.

16 Singer, "Harrison School's Louis N. Wool Named New York Superintendent of the Year."

17 저자와의 인터뷰, 2020. 9. 29. 숙달 지향적mastery-oriented 목표는 학생들을 성장 마인드셋 쪽으로 이끌 뿐 아니라 끈기도 높여준다. 앤절라 더크워스와 그녀의 팀이 실시한 연구 결과가 보여주듯이 "학업을 숙달 목표 지향적 관점으로 인식하는 학생들은 더 많은 끈기를 발휘했으며, 더 높은 성적을 기록했다. 반면 학업을 성과 목표 지향적 관점으로 인식하는 학생들은 더 적은 끈기를 발휘했으며, 더 낮은 성적을 기록했다." Daeun Park, Alisa Yu, Rebecca N. Baelen, Eli Tsukayama, and Angela L. Duckworth, "Fostering Grit: Perceived School Goal-Structure Predicts Growth in Grit and Grades," *Contemporary Educational Psychology* 55 (2018. 10): 120 – 28, https://doi.org/10.1016/j.cedpsych.2018.09.007.

18 Louis Wool, correspondence with Mary Murphy, 2023. 3. 3.

19 "One thing": Louis Wool, 인터뷰어: Mary Murphy, 2020. 9. 29.

20 Chris Weller, "Patagonia and the Regenerative Approach to Performance Management," NeuroLeadership Institute, 2019. 8. 15, https://neuroleadership.com/your-brain-at-work/patagonia-your-brain-at-workpodcast; "Can Patagonia Change the World? With CHRO Dean Carter and Dr. David Rock," 인터뷰어: Chris Weller, *Your Brain at Work*, 2019. 8. 5,

https://neuroleadership.com/podcast/planting-seeds-at-patagonia-with-dean-carter.

21 Ash Jurberg, "Patagonia Has Provided a Business Blueprint in How to Avoid the Great Resignation," Entrepreneur's Handbook, 2021. 11. 26, https://medium.com/entrepreneur-s-handbook/patagonia-has-provided-a-business-blueprint-in-how-to-avoid-the-great-resignation-6dcd6ea6f668.

22 John Corrigan, "Elon Musk Gives Remaining Twitter Employees an Ultimatum," 2022. 11. 16, https://www.hcamag.com/us/specialization/employee-engagement/elon-musk-gives-remaining-twitter-employees-an-ultimatum/427677.

23 "The Wildfang Way: Emma McIlroy," 인터뷰어: Jonathan Fields, The Good Life Podcast, 2019. 8. 7, https://www.goodlifeproject.com/podcast/emma-mcilroy-wildfang/.

24 Robert C. Wilson, Amitai Shenhav, Mark Straccia, and Jonathan D. Cohen, "The Eighty Five Percent Rule for Optimal Learning," *Nature Communications* 10, no. 1 (2019. 11. 5), https://doi.org/10.1038/s41467-019-12552-4.

25 Taylor Soper, "'Failure and Innovation are Inseparable Twins': Amazon Founder Jeff Bezos Offers 7 Leadership Principles," *GeekWire*, 2016. 10. 28, https://www.geekwire.com/2016/amazon-founder-jeff-bezos-offers-6-leadership-principles-change-mind-lot-embrace-failure-ditch-powerpoints/.

6장

1 Mary C. Murphy and Stephanie L. Reeves, "Personal and Organizational Mindsets at Work," *Research in Organizational Behavior* 39 (2019), https://doi.org/10.1016/j.riob.2020.100121; Mary C. Murphy and Carol

S. Dweck, "Mindsets Shape Consumer Behavior," *Journal of Consumer Psychology* 26, no. 1 (2016): 127–36, http://dx.doi.org/10.1016/j.jcps.2015.06.005.

2 Susan Fowler, "Reflecting on One Very, Very Strange Year at Uber," Susan Fowler blog, 2017. 2. 19, https://www.susanjfowler.com/blog/2017/2/19/reflecting-on-one-very-strange-year-at-uber.

3 Mike Isaac, *Super Pumped: The Battle for Uber* (New York: W. W. Norton & Company, 2019).

4 John Carreyrou, *Bad Blood: Secrets and Lies in a Silicon Valley Startup* (New York: Knopf, 2018).

5 Reeves Wiedeman, *Billion Dollar Loser: The Epic Rise and Fall of WeWork* (London: Hodder & Stoughton, 2020).

6 Emily Flitter, Kate Kelly, and David Enrich, "A Top Goldman Banker Raised Ethics Concerns. Then He Was Gone," *New York Times*, 2018. 9. 11, https://www.nytimes.com/2018/09/11/business/goldman-sachs-whistleblower.html.

7 Jamie Fiore Higgins, *Bully Market: My Story of Money and Misogyny at Goldman Sachs* (New York: Simon & Schuster, 2022).

8 Bruce Friedrich, 인터뷰어: Mary Murphy, 2021. 7. 8.

9 Laura Braden, 인터뷰어: Kelly Madrone, 2022. 10. 10.

10 Bruce Friedrich, 인터뷰어: Mary Murphy, 2021. 7. 8.

11 Robert Glazer, "The Biggest Lesson from Volkswagen: Culture Dictates Behavior," *Entrepreneur*, 2016. 1. 8, https://www.entrepreneur.com/leadership/the-biggest-lesson-from-volkswagen-culture-dictates/254178.

12 저자와의 인터뷰, 2021. 7. 13, 저자와 나눈 서신, 2023. 5. 8. 수전은 고객 경험 개선 프로그램을 혁신하는 세 가지 핵심 전략을 언급했다. 그 내용은 다음과 같다. ①고객과의 대화를 과제 중심이 아닌 목표 지향적 성격으로 바꾼다. ②목표 지향성을 지속시키는 성과 관리 및 보상 시스템을 만든다. ③상담원들의 목표 추구 및 목표 지향적 대화를 촉진하도록 성장 마인드셋을 심어준다. 과제 중심에서 목표 중심으로 전환하려면 직원들에게 기본적

업무를 수행하는 데 필요한 기본적 기술을 부여하는 수준을 넘어서야 한다. 즉 생각하고, 참여하고, 문제를 해결하는 능력을 개발해야 한다. 또한 훈련과 학습을 구분해야 한다. 훈련은 직무의 반복적이고 기본적인 요소를 수행하기 위한 것이다. 반면 학습은 구체적으로 정의되지 않은 문제에 대한 해결책을 찾도록 가르친다. 가령 (조직문화가 부추기는) 고정 마인드셋을 따르는 직원은 고객의 전화를 받으면 '이 고객을 잃지 않도록 노력해야 한다는 걸 알아. 하지만 통화를 너무 오래 하면 실적이 나빠질 거야'라고 생각할 수 있다. 반면 (성장 문화가 뒷받침하는) 성장 마인드셋을 따르는 직원은 고객에게 이렇게 말할 것이다. "저희 제품이 고객님의 필요에 맞지 않는다고 하셨죠? 고객님에게 어떤 것이 필요한지 여쭤봐도 될까요? 고객님에게 더 잘 맞는 제품을 찾아보겠습니다." 이런 태도를 개발하려면 당연히 더 많은 노력이 필요하다. 과제 관련 성과척도를 포착 및 측정하고 과제 중심 행동만 가르치는 것이 보다 복잡한 기술을 습득하도록 가르치고 돕는 것보다 쉽다. 그러나 성장 문화는 고객을 지키는 데 따른 장기적 가치와 긍정적인 고객 관계 및 직원들의 자기효능감 제고라는 부수적 편익을 더 중시한다.

13 Verne Harnish, 인터뷰: Mary Murphy, 2021. 7. 14.
14 Simine Vazire, "Do We Want to Be Credible or Incredible?" Association for Psychological Science, 2019. 12. 23, https://www.psychologicalscience.org/observer/do-we-want-to-be-credible-or-incredible.
15 Walter Isaacson, *The Code Breaker*: Jennifer Doudna, *Gene Editing, and the Future of the Human Race* (New York, Simon & Schuster, 2021).
16 Antonio Regalado, "The Creator of the CRISPR Babies has been Released from a Chinese Prison," *MIT Technology Review*, 2022. 4. 4, https://www.technologyreview.com/2022/04/04/1048829/he-jiankui-prison-free-crispr-babies/. 또한 레갈라도가 위의 기사에서 언급한 대로 허젠쿠이는 독자적으로 행동하기는 했지만 동료들의 압박도 있었다. 기사 내용을 보면, "문제의 실험에 대한 책임은 허젠쿠이와 다른 중국인 팀들에게 돌아갔다. 그러나 다른 많은 과학자들도 그 프로젝트에 대해 알고 있었으며, 그들을 독려했다. 그들 중에는 전 라이스대학교 교수로서 실험에 참여한 마이

클 딤, 뉴욕에 있는 대형 체외 수정 클리닉의 원장으로서 관련 기술을 상업화할 계획을 세운 존 장도 있었다." Antonio Regalado, "Disgraced CRISPR Scientist had Plans to Start a Designer-Baby Business," *MIT Technology Review*, 2019. 8. 1, https://www.technologyreview.com/2019/08/01/133932/crispr-baby-maker-explored-starting-a-business-in-designer-baby-tourism/.

17 Alison Mudditt, 인터뷰: Mary Murphy, 2020. 9. 30.
18 Stuart Firestein, *Failure: Why Science Is So Successful* (Oxford: Oxford University Press, 2015).
19 @Stanford, "I understand the gravity of being a woman and now a #Nobel laureate in the sciences. There aren't that many of us—yet." Prof. @CarolynBertozzi on chemistry, mentorship and representation, 2022. 10. 5, 10:45pm, https://twitter.com/Stanford/status/1577882613293146113.
20 Mary C. Murphy, Amanda F. Mejia, Jorge Mejia, Xiaoran Yan, Sapna Cheryan, Nilanjana Dasgupta, Mesmin Destin, Stephanie A. Fryberg, Julie A. Garcia, Elizabeth L. Haines, Judith M. Harackiewicz, Alison Ledgerwood, Corinne A. Moss-Racusin, Lora E. Park, Sylvia P. Perry, Kate A. Ratliff, Aneeta Rattan, Diana T. Sanchez, Krishna Savani, Denise Sekaquaptewa, Jessi L. Smith, Valerie Jones Taylor, Dustin B. Thoman, Daryl A. Wout, Patricia L. Mabry, Susanne Ressl, Amanda B. Diekman, and Franco Pestilli, "Open Science, Communal Culture, and Women's Participation in the Movement to Improve Science," *Proceedings of the National Academy of Sciences* 117, no. 39 (2020. 9. 29): 24154-64, https://doi.org/10.1073/pnas.1921320117.
21 Murphy and Reeves, "Personal and Organizational Mindsets at Work"; Elizabeth A. Canning, Mary C. Murphy, Katherine T. U. Emerson, Jennifer A. Chatman, Carol S. Dweck, and Laura J. Kray, "Cultures of Genius at Work: Organizational Mindsets Predict Cultural Norms, Trust, and Commitment," *Personality and Social Psychology Bulletin* 46, no. 4 (2020): 626-42; M. C. Murphy, B. Tauber, C. Samsa, and C. S. Dweck, "Founders'

Mindsets Predict Company Culture and Organizational Success in Early Stage Startups" (working paper); Mary C. Murphy, "Mindsets in Entrepreneurship: Measurement and Validation Results," report to the G2 Advisory Group and the Kauffman Foundation (2020. 4).

22 앞의 글.
23 Jennifer Danek, 인터뷰어: Mary Murphy, 2021. 7. 2.
24 Amy Edmonson, *The Fearless Organization: Creating Psychological Safety in the Workplace for Learning, Innovation, and Growth* (New York: Wiley, 2018).
25 Jennifer Danek, 인터뷰어: Mary Murphy, 2021. 7. 2.
26 "Seiko's Duelling Factories," Teamistry Podcast, season 2, episode 1, 2020. 9. 20, https://www.atlassian.com/blog/podcast/teamistry/season/season-2/seiko-duelling-factories.
27 "The Wildfang Way: Emma McIlroy," 인터뷰어: Jonathan Fields, The Good Life Podcast, 2019. 8. 7, https://www.goodlifeproject.com/podcast/emma-mcilroy-wildfang/.
28 Murphy and Dweck, "Mindsets Shape Consumer Behavior."
29 Susan Mackie, 인터뷰어: Mary Murphy, 2021. 7. 13.
30 Marianne Jennings, *The Seven Signs of Ethical Collapse: How to Spot Moral Meltdowns in Companies.. Before It's Too Late* (New York: St. Martin's Press, 2006).
31 Jacqueline Novogratz, 인터뷰어: Mary Murphy, 2023. 3. 16.
32 Arwa Mahdawi, "30 Under 30-Year Sentences: Why So Many of Forbes' Young Heroes Face Jail," *Guardian*, 2023. 4. 7, https://www.theguardian.com/business/2023/apr/06/forbes-30-under-30-tech-finance-prison.
33 Jacqueline Novogratz, 인터뷰어: Mary Murphy, 2023. 3. 16.
34 Susan Mackie, 인터뷰어: Mary Murphy, 2021. 7. 13.
35 Jennifer Danek, 인터뷰어: Mary Murphy, 2021. 7. 2.
36 Susan Mackie, 인터뷰어: Mary Murphy, 2021. 7. 13.
37 Jennings, *The Seven Signs of Ethical Collapse*.

7장

1   Mary C. Murphy, Claude M. Steele, and James J. Gross, "Signaling Threat: How Situational Cues Affect Women in Math, Science, and Engineering Settings," *Psychological Science*, 18, no. 10 (2007. 10): 879–85, https://doi.org/10.1111/j.1467-9280.2007.01995.x; Kathryn M. Kroeper, Heidi E. Williams, and Mary C. Murphy, "Counterfeit Diversity: How Strategically Misrepresenting Gender Diversity Dampens Organizations' Perceived Sincerity and Elevates Women's Identity Threat Concerns," *Journal of Personality and Social Psychology* 122, no. 3 (2022): 399–426, https://doi.org/10.1037/pspi0000348; M. C. Murphy and V. J. Taylor, "The Role of Situational Cues in Signalingand Maintaining Stereotype Threat," in *Stereotype Threat: Theory, Process, and Applications*, ed. M. Inzlicht and T. Schmader (Oxford: Oxford University Press, 2012), 17–33; K. L. Boucher and M. C. Murphy, "Why So Few? The Role of Social Identity and Situational Cues in Understanding the Underrepresentation of Women in STEM Fields," in *Self and Social Identity in Educational Contexts*, ed. K. I. Mavor, M. Platow, and B. Bizumic (Philadelphia: Routledge/Taylor & Francis, 2017), 93–111; M. C. Murphy, K. M. Kroeper, and E. Ozier, "Prejudiced Places: How Contexts Shape Inequality and How We Can Change Them," *Policy Insights from the Behavioral and Brain Sciences* 5 (2018): 66–74, https://doi.org/10.1177/2372732217748671; Katherine T. U. Emerson and Mary C. Murphy, "Identity Threat at Work: How Social Identity Threat and Situational Cues Contribute to Racial and Ethnic Disparities in the Workplace," *Cultural Diversity and Ethnic Minority Psychology* 20, no. 4 (2014. 10): 508–20, https://doi.org/10.1037/a0035403; G. M. Walton, M. C. Murphy, and A. M. Ryan, "Stereotype Threat in Organizations: Implications for Equity and Performance," *Annual Review of Organizational Psychology and Organizational Behavior* 2 (2015): 523–50, https://doi.org/10.1146/annurev-orgpsych-032414-111322.

2. Mary C. Murphy and Stephanie L. Reeves, "Personal and Organizational Mindsets at Work," *Research in Organizational Behavior* 39 (2019), https://doi.org/10.1016/j.riob.2020.100121; Mary C. Murphy and Carol S. Dweck, "A Culture of Genius: How an Organization's Lay Theory Shapes People's Cognition, Affect, and Behavior," *Personality and Social Psychology Bulletin* 36, no. 3 (2009. 10): 283–96, https://doi.org/10.1177/0146167209347380; Elizabeth A. Canning, Katherine Muenks, Dorainne J. Green, and Mary C. Murphy, "STEM Faculty Who Believe Ability Is Fixed Have Larger Racial Achievement Gaps and Inspire Less Student Motivation in Their Classes," *Science Advances* 5, no. 2 (2019. 2. 15), https://doi.org/10.1126/sciadv.aau4734; K. Muenks, E. A. Canning, J. LaCosse, D. J. Green, S. Zirkel, and J. A. Garcia, "Does My Professor Think My Ability Can Change? Students' Perceptions of Their STEM Professors' Mindset Beliefs Predict Their Psychological Vulnerability, Engagement, and Performance in Class," *Journal of Experimental Psychology: General* 149, no. 11 (2020): 2119–44, https://doi.org/10.1037/xge0000763; David S. Yeager, Jamie M. Carroll, Jenny Buontempo, Andrei Cimpian, Spencer Woody, Robert Crosnoe, Chandra Muller, Jared Murray, Pratik Mhatre, Nicole Kersting, Christopher Hulleman, Molly Kudym, Mary Murphy, Angela Lee Duckworth, Gregory M. Walton, and Carol S. Dweck, "Teacher Mindsets Help Explain Where a Growth-Mindset Intervention Does and Doesn't Work," *Psychological Science* 33, no. 1 (2022): 18–32, https://doi.org/10.1177/09567976211028984; Elizabeth A. Canning, Elise Ozier, Heidi E. Williams, Rashed AlRasheed, and Mary C. Murphy, "Professors Who Signal a Fixed Mindset about Ability Undermine Women's Performance in STEM," *Social Psychological and Personality Science* 13, no. 5 (2022): 927–37, https://doi.org/10.1177/19485506211030398; M. C. Murphy and G. M. Walton, "From Prejudiced People to Prejudiced Places: A Social-Contextual Approach to Prejudice," in *Frontiers in Social Psychology Series: Stereotyping and Prejudice*, eds. C. Stangor and C. Crandall (New

York: Psychology Press, 2013), 181–203; Emerson and Murphy, "Identity Threat at Work"; Katherine T. U. Emerson and Mary C. Murphy, "A Company I Can Trust? Organizational Lay Theories Moderate Stereotype Threat for Women," *Personality and Social Psychology Bulletin* 41, no. 2 (2015. 2. 1): 295–307, https://doi.org/10.1177/01461672145649; Walton, Murphy, and Ryan, "Stereotype Threat in Organizations"; Boucher and Murphy, "Why So Few?"; L. Bian, S. Leslie, M. C. Murphy, and A. Cimpian, "Messages about Brilliance Undermine Women's Interest in Educational and Professional Opportunities," *Journal of Experimental Social Psychology* 76 (2018. 5): 404–20, https://doi.org/10.1016/j.jesp.2017.11.006; Melissa A. Fuesting, Amanda B. Diekman, Kathryn L. Boucher, Mary C. Murphy, Dana L. Manson, and Brianne L. Safer, "Growing STEM: Perceived Faculty Mindset as an Indicator of Communal Affordances in STEM," *Journal of Personality and Social Psychology* 117, no. 2 (2019): 260–81, https://doi.org/10.1037/pspa0000154; L. A. Murdock-Perriera, K. L. Boucher, E. R. Carter, and M. C. Murphy, "Belonging and Campus Climate: Belonging Interventions and Institutional Synergies to Support Student Success in Higher Education," in *Higher Education Handbook of Theory and Research*, vol. 34, ed. M. Paulsen (New York: Springer, 2019), 291–323; Murphy et al., "Open Science, Communal Culture, and Women's Participation in the Movement to Improve Science," *Proceedings of the National Academy of Sciences*, 117, no. 39 (2020. 9. 29): 24154–64, https://doi.org/10.1073/pnas.1921320117; K. Boucher, M. C. Murphy, D. Bartel, J. Smail, C. Logel, and J. Danek, "Centering the Student Experience: What Faculty and Institutions Can Do to Advance Equity," *Change: The Magazine of Higher Learning* 53 (2021): 42–50, https://doi.org/10.1080/00091383.2021.1987804; Canning et al., "Professors Who Signal a Fixed Mindset"; D. J. Green, D. A. Wout, and M. C. Murphy, "Learning Goals Mitigate Identity Threat for Black Individuals in Threatening Interracial Interactions," *Cultural Diversity and Ethnic Minority Psychology* 27 (2021): 201–13, https://

doi.org/10.1037/cdp0000331; J. LaCosse, M. C. Murphy, J. A. Garcia, and S. Zirkel, "The Role of STEM Professors' Mindset Beliefs on Students' Anticipated Psychological Experiences and Course Interest," *Journal of Educational Psychology* 113 (2021): 949–71, https://doi.org/10.1037/edu0000620; Mary Murphy, Stephanie Fryberg, Laura Brady, Elizabeth Canning, and Cameron Hecht, "Global Mindset Initiative Paper 1: Growth Mindset Cultures and Teacher Practices," *Growth Mindset Cultures and Practices* (2021. 8. 27), http://dx.doi.org/10.2139/ssrn.3911594.

3   Jilana Jaxon, Ryan F. Lei, Reut Shachnai, Eleanor K. Chestnut, and Andrei Cimpian, "The Acquisition of Gender Stereotypes and Intellectual Ability: Intersections with Race," *Journal of Social Issues* 75, no. 4 (2019. 12): 1192–1215, https://doi.org/10.1111/josi.12352.

4   Murphy and Reeves, "Personal and Organizational Mindsets at Work"; Canning et al., "STEM Faculty Who Believe Ability Is Fixed"; Canning et al., "Professors Who Signal a Fixed Mindset"; Murphy and Walton, "From Prejudiced People to Prejudiced Places"; Emerson and Murphy, "A Company I Can Trust?"; Walton, Murphy, and Ryan, "Stereotype Threat in Organizations"; Boucher and Murphy, "Why So Few?"; Bian et al., "Messages about Brilliance"; Canning at al., "Professors Who Signal a Fixed Mindset"; LaCosse et al., "The Role of STEM Professors' Mindset Beliefs"; Murphy et al., "Global Mindset Initiative Paper 1"; M. C. Murphy and S. Zirkel, "Race and Belonging in School: How Anticipated and Experienced Belonging Affect Choice, Persistence, and Performance," *Teacher's College Record* 117 (2015): 1–40, https://doi.org/10.1177/016146811511701204; Murphy and Taylor, "The Role of Situational Cues."

5   Murphy, Steele, and Gross, "Signaling Threat: How Situational Cues Affect Women in Math, Science, and Engineering Settings"; Murphy and Taylor, "The Role of Situational Cues"; Boucher and Murphy, "Why So Few?"; Murphy, Kroeper, and Ozier, "Prejudiced Places: How Contexts Shape Inequality and How We Can Change Them"; Emerson and Murphy, "Iden-

tity Threat at Work"; Walton, Murphy, and Ryan, "Stereotype Threat in Organizations"; Claude M. Steele and Joshua Aronson, "Stereotype Threat and the Intellectual Test Performance of African Americans," *Journal of Personality and Social Psychology* 69, no. 5 (1995): 797-811, https://doi.org/10.1037/0022-3514.69.5.797; Claude M. Steele, Steven J. Spencer, and Joshua Aronson, "Contending with Group Image: The Psychology of Stereotype and Social Identity Threat," in *Advances in Experimental Social Psychology* 34, ed. M. P. Zanna (New York: Academic Press: 2002), https://doi.org/10.1016/S0065-2601(02)80009-0; Claude M. Steele, "A Threat in the Air: How Stereotypes Shape Intellectual Identity and Performance," *American Psychologist* 52, no. 6 (1997): 613-29, https://doi.org/10.1037/0003-066X.52.6.613; Claude Steele, *Whistling Vivaldi: How Stereotypes Affect Us and What We Can Do* (New York: W. W. Norton & Company, 2010); Steven J. Spencer, Christine Logel, and Paul G. Davies, "Stereotype Threat," *Annual Review of Psychology* 67 (2015): 415-37, https://doi.org/10.1146/annurev-psych-0731150103235; Geoffrey L. Cohen and Julio Garcia, "Identity, Belonging, and Achievement: A Model, Interventions, Implications," *Current Directions in Psychological Science* 17, no. 6 (2008): https://doi.org/10.1111/j.1467-8721.2008.00607.x.

6   Murphy, Steele, and Gross, "Signaling Threat: How Situational Cues Affect Women in Math, Science, and Engineering Settings"; Murphy and Taylor, "The Role of Situational Cues"; Boucher and Murphy, "Why So Few?"; Emerson and Murphy, "Identity Threat at Work"; Walton, Murphy, and Ryan, "Stereotype Threat in Organizations"; Steele, Spencer, and Aronson, "Contending with Group Image"; Spencer, Logel, and Davies, "Stereotype Threat"; D. Sekaquaptewa and M. Thompson, "Solo Status, Stereotype Threat, and Performance Expectancies: Their Effects on Women's Performance," *Journal of Experimental Social Psychology* 39, no. 1 (2003): 68-74, https://doi.org/10.1016/S0022-1031(02)00508-5; Nicholas A. Bowman, Christine Logel, Jennifer LaCosse, Lindsay Jarratt, Elizabeth A. Canning,

Katherine T. U. Emerson, and Mary C. Murphy, "Gender Representation and Academic Achievement Among STEM-Interested Students in College STEM Courses," *Journal of Research in Science Teaching* 59, no. 10 (2022): 1876-1900, https://doi.org/10.1002/tea.21778.

7 2021년에 전 세계적으로 고위 임원직의 여성 비율은 31퍼센트였다. 지역별로는 아프리카가 39퍼센트로 가장 높았고, 동남아시아가 그다음인 38퍼센트였다. 북미와 아시아·태평양 지역은 각각 33퍼센트와 28퍼센트로 그 뒤를 이었다. "Women in Management (Quick Take)," Catalyst, 2022. 3. 1, https://www.catalyst.org/research/women-in-management/. 〈포춘〉 500대 기업의 경우 2022년에 여성이 이끄는 기업의 비율은 약 15퍼센트에 불과했다. Katharina Buchholz, "How Has the Number of Female CEOs in Fortune 500 Companies Changed Over the Last 20 Years?" World Economic Forum, 2022. 3. 10, https://www.weforum.org/agenda/2022/03/ceos-fortune-500-companies-female. 그리고 물론 유색인종 여성의 경우 그 비율이 훨씬 적다. 2021년에 〈포춘〉 500대 기업 중에서 흑인 여성이 이끄는 기업은 2개뿐이었다. Beth Kowitt, "Roz Brewer on What It Feels Like to Be 1 of 2 Black Female CEOs in the Fortune 500," *Fortune*, 2021. 10. 4, https://fortune.com/longform/roz-brewer-ceo-walgreens-boots-alliance-interview-fortune-500-black-female-ceos/.

8 M. Johns, M. Inzlicht, and T. Schmader, "Stereotype Threat and Executive Resource Depletion: Examining the Influence of Emotion Regulation," *Journal of Experimental Psychology: General* 137, no. 4 (2008): 691-705, https://doi.org/10.1037/a0013834; W. B. Mendes and J. Jamieson, "Embodied Stereotype Threat: Exploring Brain and Body Mechanisms Underlying Performance Impairment," in *Stereotype Threat: Theory, Process, and Application*, ed. M. Inzlicht and T. Schmader, 51-68; R. J. Rydell and K. L. Boucher, "Stereotype Threat and Learning," in *Advances in Experimental Social Psychology* (New York: Elsevier Academic Press, 2017): 81-129, https://doi.org/10.1016/bs.aesp.2017.02.002; R. J. Rydell, A. R. McConnell, and S. L. Beilock, "Multiple Social Identities and Stereotype Threat:

Imbalance, Accessibility, and Working Memory," *Journal of Personality and Social Psychology* 96, no. 5 (2009): 949–66, https://doi.org/10.1037/a0014846; T. Schmader and S. Beilock, "An Integration of Processes that Underlie Stereotype Threat," in *Stereotype Threat: Theory, Process, and Application*, ed. M. Inzlicht and T. Schmader, 34–50; T. Schmader, C. E. Forbes, S. Zhang, and W. B. Mendes, "A Metacognitive Perspective on the Cognitive Deficits Experienced in Intellectually Threatening Environments," *Personality and Social Psychology Bulletin* 35, no. 5 (2009): 584–96, https://doi.org/10.1177/0146167208330450; T. Schmader and M. Johns, "Converging Evidence that Stereotype Threat Reduces Working Memory Capacity," *Journal of Personality and Social Psychology* 85 no. 3 (2003): 440–52, https://doi.org/10.1037/0022-3514.85.3.440; Spencer, Logel, and Davies, "Stereotype Threat"; Murphy, Steele, and Gross, "Signaling Threat: How Situational Cues Affect Women in Math, Science, and Engineering Settings"; C. Logel, G. M. Walton, S. J. Spencer, E. C. Iserman, W. von Hippel, and A. E. Bell, "Interacting with Sexist Men Triggers Social Identity Threat Among Female Engineers," *Journal of Personality and Social Psychology* 96 no. 6 (2009): 1089–1103, https://doi.org/10.1037/a0015703.

9   Emerson and Murphy, "Identity Threat at Work"; Emerson and Murphy, "A Company I Can Trust?"
10 앞의 글.
11 Murphy, "Mindsets in Entrepreneurship: Measurement and Validation Results."
12 Canning et al., "STEM Faculty Who Believe Ability Is Fixed."
13 Murphy and Reeves, "Personal and Organizational Mindsets at Work"; Murphy and Dweck, "A Culture of Genius"; Canning et al., "STEM Faculty Who Believe Ability Is Fixed"; Muenks et al., "Does My Professor Think My Ability Can Change?"; Elizabeth A. Canning, Mary C. Murphy, Katherine T. U. Emerson, Jennifer A. Chatman, Carol S. Dweck, and Lau-

ra J. Kray, "Cultures of Genius at Work: Organizational Mindsets Predict Cultural Norms, Trust, and Commitment," *Personality and Social Psychology Bulletin* 46, no. 4 (2020): 626 – 42; Canning et al., "Professors Who Signal a Fixed Mindset"; Emerson and Murphy, "Identity Threat at Work"; Emerson and Murphy, "A Company I Can Trust?"; Walton, Murphy, and Ryan, "Stereotype Threat in Organizations"; Green et al., "Learning Goals Mitigate Identity Threat for Black Individuals in Threatening Interracial Interactions"; LaCosse et al., "The Role of STEM Professors' Mindset Beliefs"; Murphy et al., "Global Mindset Initiative Paper 1."

14 Katherine W. Phillips, "How Diversity Makes Us Smarter: Being Around People Who are Different from Us Makes Us More Creative, More Diligent and Harder-Working," *Scientific American*, 2014. 10. 1, https://www.scientificamerican.com/article/how-diversity-makes-us-smarter/. 또한 특기할 점은 전 세계적으로 2,360개 기업을 분석한 결과 이사회에 최소한 한 명의 여성이 있는 기업들이 더 나은 수익률과 성장률을 기록했다는 것이다 ("여성 1인" 현상에 관한 연구 결과는 나중에 설명할 것이다). 또한 미국의 177개 전국 은행에 대한 조사 결과 혁신에 초점을 맞춘 은행에서 인종적 다양성이 더 나은 재정적 성과를 예측해주었다.

15 Dame Vivian Hunt, Dennis Layton, and Sara Prince, "Why Diversity Matters," McKinsey & Company, 2015. 1. 1, https://www.mckinsey.com/capabilities/people-and-organizational-performance/our-insights/why-diversity-matters.

16 J. A. Richeson and J. N. Shelton, "Negotiating Interracial Interactions: Costs, Consequences, and Possibilities," *Current Directions in Psychological Science* 16, no. 6 (2007): 316 – 20, https://doi.org/10.1111/j.1467-8721.2007.00528.x; Sophie Trawalter, Jennifer A. Richeson, and J. Nicole Shelton, "Predicting Behavior During Interracial Interactions: A Stress and Coping Approach," *Personality and Social Psychology Review* 13, no. 4 (2009), https://doi.org/10.1177/1088868309345850; A. D. Galinsky, A. R. Todd, A. C. Homan, K. W. Phillips, E. P. Apfelbaum, S.

J. Sasaki, J. A. Richeson, J. B. Olayon, and W. W. Maddux, "Maximizing the Gains and Minimizing the Pains of Diversity: A Policy Perspective," *Perspectives on Psychological Science* 10 (2015): 742–48, https://doi.org/10.1177/1745691615598513; D. van Knippenberg, C. K. W. De Dreu, and A. C. Homan, "Work Group Diversity and Group Performance: An Integrative Model and Research Agenda," *Journal of Applied Psychology* 89 (2004): 1008–22, https://doi.org/10.1037/0021-9010.89.6.1008; John F. Dovidio, Samuel L. Gaertner, and Kerry Kawakami, "Intergroup Contact: The Past, the Present, and the Future," *Group Processes and Intergroup Relations* 6, no. 1 (2003), https://doi.org/10.1177/1368430203006001009; J. F. Dovidio, S. E. Gaertner, K. Kawakami, and G. Hodson, "Why Can't We Just Get Along? Interpersonal Biases and Interracial Distrust," *Cultural Diversity and Ethnic Minority Psychology* 8, no. 2 (2002): 88–102, https://doi.org/10.1037/1099-9809.8.2.88.

17 Samantha Goddiess, "The 10 Largest Recruiting Firms in the United States," Zippia, 2022. 4. 12, https://www.zippia.com/advice/largest-recruiting-firms/.

18 "Act One Group: Janice Bryant Howroyd (2018)," 인터뷰어: Guy Raz, How I Built This, 2020. 12. 28, https://www.npr.org/2020/12/22/949258732/actone-group-janice-bryant-howroyd-2018; "Janice Bryant Howroyd and Family," *Forbes*, 2023년 5월 11일 접속, https://www.forbes.com/profile/janice-bryant-howroyd/?sh=244962786da8.

19 "Being an Underrepresented Founder with Courtney Blagrove," 인터뷰어: Jenny Stojkovic, VWS Pathfinders Podcast, Spotify, 2021. 5. 3, https://podcasters.spotify.com/pod/pod/show/veganwomensummit/episodes/Being-an-Underrepresented-Founder-with-Courtney-Blagrove--Co-founder-of-Whipped--on-the-VWS-Pathfinders-Podcast-with-Jenny-Stojkovic-e10668i.

20 Ray Douglas, "Lack of Diversity Increases Risk of Tech Product Failures," *Financial Times*, 2018. 11. 13, https://www.ft.com/content/0ef656a8-

cd8a-11e8-8d0b-a6539b949662.

21 Shane Ferro, "Here's Why Facial Recognition Tech Can't Figure Out Black People," *HuffPost*, 2016. 3. 2, https://www.huffpost.com/entry/heres-why-facial-recognition-tech-cant-figure-out-black-people_n_56d5c-2b1e4b0bf0dab3371eb.

22 앞의 글.

23 George Aye, "Surviving IDEO," Medium, 2021. 5. 23, https://medium.com/surviving-ideo/surviving-ideo-4568d51bcfb6. 아이는 뒤이어 법률로 보호받는 육아휴직을 사용했다는 이유로 한 여성이 해고되었다고 썼다. 알려진 바에 따르면 그녀를 해고한 간부는 이전에 그녀에게 다른 직원이 "회사에서 1년 동안 육아휴직 비용을 댔는데 복직하지 않았다"라고 불평했다. 또한 적극적으로 반LGBTQ 운동에 참여하는 패스트푸드 체인을 위해 일하는 것에 반대하느냐는 질문을 받았다고 여러 명이 아이에게 전했다. 이에 반발한 직원들은 나중에 견책을 당했다. 결국 IDEO는 문제의 레스토랑 체인이 의뢰한 작업을 맡았다. 디자인업계에서 천재성으로 칭송받는 아이디오에 대한 다양성 및 포용성 평가를 보면 "남성과 백인 직원들은 소속감을 느끼고, 자신들이 의사결정에 참여하며, 자신들의 목소리를 회사가 들어준다고 느낄 가능성이 높다. 또한 그들은 리더의 자리에서 훨씬 많은 비중을 차지한다."

24 "The STEM Struggle," 인터뷰어: Mark Reggers, 3M Science of Safety, 2018. 11. 12, https://3mscienceofsafety.libsyn.com/episode-18-the-stem-struggle.

25 3M은 데이터 기반 프로그램으로서 포용성 챔피언Inclusion Champion 및 포용성 팀Inclusion Team을 운용한다. 그들은 인적 자원 네트워크와 긴밀하게 협력하여 DEI 품질관리를 한다. 다양한 지역 및 직장 문화에 걸쳐서 직원과 리더 들이 포용적 행동을 실행하고 사업 전반에 걸쳐 다양성을 중시하도록 만들기 위해서이다. 그를 위해 포용성 챔피언, 인적 자원 네트워크 리더, 최고 임원 들은 정기 회의를 개최한다. 3M은 SAP와 마찬가지로 다양한 환경에서 이공계 교육을 지원하는 데 재정적으로 상당히 기여한다. 그것은 유색인종 지역사회에서 더 많은 교육 기회를 창출하기 위한 자금 지원도 포

함한다. 3M의 형평성 및 지역사회 조직은 사업 전반에 걸쳐 형평성과 포용성을 보장하는 것을 비롯한 다양한 역할을 맡는다. 또한 제품 개발, 정책 홍보, 공급업체 다양성 같은 분야에서 사회적 정의를 반영한다. 2020년에 3M은 DEI 프로그램을 반영하기 위해 2개의 리더 직위를 만들었다. 그것은 사회적 정의 전략 및 프로그램 담당 이사와 형평성 및 지역사회 담당 부사장 겸 최고형평성책임자다. 3M은 다양성 관련 데이터를 면밀하게 확인한다. 2020년 보고서에 따르면 3M은 글로벌 비생산직 노동자에 대해 전체적으로 거의 50퍼센트의 다양성을(여성 39.7퍼센트, 인종 및 민족 다양성 8.7퍼센트, 장애 관련 다양성 1.4퍼센트, 성소수자 5퍼센트 포함), 부사장 이상의 직위에 대해서는 거의 70퍼센트의 다양성을 달성했다(여성 34.7퍼센트, 인종 및 민족 다양성 24.8퍼센트 포함). 또한 이사 중 36.4퍼센트는 여성이다. 3M이 조사한 바에 따르면 직원 중 76퍼센트는 회사에서 소속감과 포용성을 느낀다. "Global Diversity, Equity & Inclusion Report," 3M, 2020, https://multimedia.3m.com/mws/media/1955238O/3m-global-diversity-equity-and-inclusion-report-2020.pdf.

26 "The STEM Struggle," 인터뷰어: Mark Reggers.

27 Emerson and Murphy, "Identity Threat at Work"; Emerson and Murphy, "A Company I Can Trust?"

28 Madeline Bennett, "Black History Month: SAP's Diversity Chief Busts the Talent Pipeline Myth," Diginomica, 2021. 2. 2, https://diginomica.com/black-history-month-saps-diversity-chief-busts-talent-pipeline-myth; Emily Chang, *Brotopia: Breaking Up the Boys' Club of Silicon Valley* (New York: Portfolio, 2018).

29 영국의 경우, 기술 부문 노동자의 4퍼센트만이 흑인Black, 아시아계Asian, 소수민족Minority Ethnic(베임BAME)이다. 그러나 컬러인테크Colorintech(기술 산업에서 다양성을 증진하려는 런던의 비영리단체)의 자료에 따르면 2013/2014년 학기 기준으로 이공계 소수민족 학생이 백인 학생보다 많다. 이제 이 소수민족 학생들은 원칙적으로 이공계 직장에서 일할 수 있다. 컬러인테크의 공동 설립자인 디온 맥켄지는 이렇게 말한다. "문제는 파이프라인이 아니에요. 저희가 돕는 기업의 채용 과정을 살펴보면 베임 배경을

지닌 지원자는 적격 심사 단계도 통과하지 못해요. 도대체 왜 그런지 의문이 생길 수밖에 없어요." Douglas, "Lack of Diversity Increases Risk of Tech Product Failures."

30 "Equity Accelerator," https://accelerateequity.org/.

31 "Open Hiring at Greyston Bakery," YouTube, 2020. 7. 30, https://www.youtube.com/watch?v=fiKwkh2teQg; "Homepage," Greyston, 2023년 5월 11일 접속, https://www.greyston.org/.

32 Karen Gross, 인터뷰어: Mary Murphy, 2021. 7. 13; Karen Gross, "A Case for Getting Proximate," University of St. Thomas, 2023년 5월 11일 접속, https://blogs.stthomas.edu/holloran-center/a-case-for-getting-proximate/.

33 Joshua J. Clarkson, Joshua T. Beck, and Mary C. Murphy, "To Repeat or Diversify? The Impact of Implicit Self-Theories and Preferences Forecasting on Anticipated Consumption Variety," (manuscript under review)

34 L. J. Kray and M. P. Haselhuhn, "Implicit Negotiation Beliefs and Performance: Experimental and Longitudinal Evidence," *Journal of Personality and Social Psychology* 93, no. 1 (2007): 49–64, https://doi.org/10.1037/0022-3514.93.1.49. 나아가 그들은 현실 세계로 확장한 추가 연구에서 협상을 대하는 MBA 학생들의 상습적인 마인드셋 신념을 측정하고, 그 신념이 흔히 실패로 끝나는 까다로운 협상 상황을 헤쳐나가는 능력에 어떤 영향을 미치는지 분석했다. 쌍방이 성장 마인드셋 신념을 더 많이 지지할수록 공방이 까다로워질 때 더 많은 끈기를 발휘했으며, 보다 통합적인 해결책을 개발할 수 있었다.

35 Mary C. Murphy, "Cultures of Genius and Cultures of Growth: Effects on Board Gender Diversity in the Fortune 500," unpublished manuscript.

36 Boucher et al., "Centering the StudentExperience"; "Increasing Equity in College Student Experience: Findings from a National Collaborative. A Report of the Student Experience Project," https://studentex-perienceproject.org/wp-content/uploads/Increasing-Equity-in-Student-Experience-Findings-from-a-National-Collaborative.pdf; https://studentexperi-

enceproject.org/.

37 Sanford Shugart, 인터뷰어: Mary Murphy, 2020. 9. 23.
38 Louis Wool, 인터뷰어: Mary Murphy, September 2020. 9. 23.
39 Sanford Shugart, 인터뷰어: Mary Murphy, 2020. 9. 23.
40 Amy Bosley, 인터뷰어: Kelly Madrone, 2020. 10. 22.
41 Sanford Shugart, 인터뷰어: Mary Murphy, 2020. 9. 23.
42 Courtney L. McCluney, Kathrina Robotham, Serenity Lee, Richard Smith, and Myles Durkee, "The Costs of Code-Switching," *Harvard Business Review*, 2019. 11. 15, https://hbr.org/2019/11/the-costs-of-codeswitching.
43 Emerson and Murphy, "A Company I Can Trust?"; Murphy and Reeves, "Personal and Organizational Mindsets at Work"; Emerson and Murphy, "Identity Threat at Work"; Canning et al., "Professors Who Signal a Fixed Mindset"; LaCosse et al., "The Role of STEM Professors' Mindset Beliefs."
44 "Lanaya Irvin: Talking About Race at Work," 인터뷰어: Veronica Dagher, Secrets of Wealthy Women, Wall Street Journal podcast, 2020. 6. 10, https://www.wsj.com/podcasts/secrets-of-wealthy-women/lanaya-irvin-talking-about-race-at-work/918158fb-b9a6-422e-b21d-cd6d4a82ffff.
45 앞의 인터뷰.
46 앞의 인터뷰.
47 앞의 인터뷰.
48 Ellen Pao, *Reset: My Fight for Inclusion and Lasting Change* (New York: Random House, 2017).
49 저자와의 인터뷰, 2021. 7. 13. "Compassion Contract," Citizen Discourse, 2023년 5월 11일 접속. 보다 자세한 내용을 알고 싶다면 시티즌 디스코스의 웹사이트(www.citizendiscourse.org)를 방문하여 공감 계약을 다운로드 하라. https://citizendiscourse.org/compassion-contract/.
50 "Open Hiring at Greyston Bakery," YouTube.
51 Mara Leighton, "MIT Offers Over 2,000 Free Online Courses—Here Are 13 of the Best Ones," *Business Insider*, 2021. 2. 9, https://www.businessinsider.com/guides/learning/free-massachusetts-institute-of-technology-on-

line-courses.

8장

1   Mary C. Murphy and Stephanie L. Reeves, "Personal and Organizational Mindsets at Work," *Research in Organizational Behavior* 39 (2019), https://doi.org/10.1016/j.riob.2020.100121.

2   Mary C. Murphy, Claude M. Steele, and James J. Gross, "Signaling Threat: How Situational Cues Affect Women in Math, Science, and Engineering Settings," *Psychological Science* 18, no. 10 (2007. 10): 879–85, https://doi.org/10.1111/j.1467-9280.2007.01995.x; Katherine T. U. Emerson and Mary C. Murphy, "Identity Threat at Work: How Social Identity Threat and Situational Cues Contribute to Racial and Ethnic Disparities in the Workplace," *Cultural Diversity and Ethnic Minority Psychology* 20, no. 4 (2014. 10): 508–20, https://doi.org/10.1037/a0035403; G. M. Walton, M. C. Murphy, and A. M. Ryan, "Stereotype Threat in Organizations: Implications for Equity and Performance," *Annual Review of Organizational Psychology and Organizational Behavior* 2 (2015): 523–50, https://doi.org/10.1146/annurev-orgpsych-032414-111322; Murphy and Taylor, "The Role of Situational Cues in Signaling and Maintaining Stereotype Threat;" Murphy and Reeves, "Personal and Organizational Mindsets at Work"; Elizabeth A. Canning, Mary C. Murphy, Katherine T. U. Emerson, Jennifer A. Chatman, Carol S. Dweck, and Laura J. Kray, "Cultures of Genius at Work: Organizational Mindsets Predict Cultural Norms, Trust, and Commitment," *Personality and Social Psychology Bulletin* 46, no. 4 (2020): 626–42; Elizabeth A. Canning, Elise Ozier, Heidi E. Williams, Rashed AlRasheed, and Mary C. Murphy, "Professors Who Signal a Fixed Mindset about Ability Undermine Women's Performance in STEM," *Social Psychological and Personality Science* 13, no. 5 (2022): 927–37, https://doi.

org/10.1177/19485506211030398; J. LaCosse, M. C. Murphy, J. A. Garcia, and S. Zirkel, "The Role of STEM Professors' Mindset Beliefs on Students' Anticipated Psychological Experiences and Course Interest," *Journal of Educational Psychology* 113 (2021): 949–71, https://doi.org/10.1037/edu0000620; K. Muenks, E. A. Canning, J. LaCosse, D. J. Green, S. Zirkel, and J. A. Garcia, "Does My Professor Think My Ability Can Change? Students' Perceptions of Their STEM Professors' Mindset Beliefs Predict Their Psychological Vulnerability, Engagement, and Performance in Class," *Journal of Experimental Psychology: General* 149, no. 11 (2020): 2119–44, https://doi.org/10.1037/xge0000763.

3   Murphy and Reeves, "Personal and Organizational Mindsets at Work"; Canning et al., "Cultures of Genius at Work"; Emerson and Murphy, "Identity Threat at Work"; Katherine T. U. Emerson and Mary C. Murphy, "A Company I Can Trust? Organizational Lay Theories Moderate Stereotype Threat for Women," *Personality and Social Psychology Bulletin* 41, no. 2 (2015. 2. 1): 295–307, https://doi.org/10.1177/01461672145649; Canning et al., "Professors Who Signal a Fixed Mindset"; LaCosse et al., "The Role of STEM Professors' Mindset Beliefs."

4   Dan Scofield, "Daniel 'Rudy' Ruettiger, Notre Dame's Famous Walk-On: The True Story," *Bleacher Report*, 2010. 1. 18, https://bleacherreport.com/articles/328263-the-true-story-of-notre-dames-famous-walk-on-daniel-rudy-reutigger.

5   "How to Change Your Brain with Dr. Andrew Huberman, Episode 533," 인터뷰어: Rich Roll, Rich Roll Podcast, 2020. 7. 20, https://www.richroll.com/podcast/andrew-huberman-533/.

6   Mary C. Murphy and Carol S. Dweck, "A Culture of Genius: How an Organization's Lay Theory Shapes People's Cognition, Affect, and Behavior," *Personality and Social Psychology Bulletin* 36, no. 3 (2009. 10): 283–96, https://doi.org/10.1177/0146167209347380; Emerson and Murphy, "A Company I Can Trust?"

7 Candace Duncan, 인터뷰: Kelly Madrone, 2020. 12. 2.
8 Jorrit van der Togt, 인터뷰: Mary Murphy, 2021. 7. 8.

9장

1 L. S. Blackwell, K. H. Trzesniewski, and C. S. Dweck, "Implicit Theories of Intelligence Predict Achievement Across an Adolescent Transition: A Longitudinal Study and an Intervention," *Child Development* 78, no. 1 (2007): 246–63, http://dx.doi.org/10.1111/j.1467-8624.2007.00995.x; Y. Hong, C. Chiu, C. S. Dweck, D. M.-S. Lin, and W. Wan, "Implicit Theories, Attributions, and Coping: A Meaning System Approach," *Journal of Personality and Social Psychology* 77 (1999): 588–99, https://doi.org/10.1037/0022-3514.77.3.588; A. David Nussbaum and Carol S. Dweck, "Defensiveness Versus Remediation: Self-Theories and Modes of Self-Esteem Maintenance," *Personality and Social Psychology Bulletin* 34, no. 5 (2008. 3. 5): 599–612, https://doi.org/10.1177/0146167207312960.
2 John Carreyrou, *Bad Blood: Secrets and Lies in a Silicon Valley Startup* (New York: Knopf, 2018).
3 The Inventor: Out for Blood in Silicon Valley, directed by Alex Gibney, HBO Documentary Films/Jigsaw Productions, 2019.
4 Avery Hartmans, Sarah Jackson, and Azmi Haroun, "The Rise and Fall of Elizabeth Holmes, the Former Theranos CEO Found Guilty of Wire Fraud and Conspiracy—Who Just Managed to Delay Her Prison Reporting Date," *Business Insider*, 2023. 4. 26, https://www.businessinsider.com/theranos-founder-ceo-elizabeth-holmes-life-story-bio-2018-4.
5 Carreyrou, *Bad Blood*.
6 The Inventor, directed by Alex Gibney; Hartmans, Jackson, and Haroun, "The Rise and Fall of Elizabeth Holmes."
7 "Style Startup to IPO with Katrina Lake at the Commonwealth Club," 인

터뷰어: Lauren Schiller, Inflection Point, YouTube, 2018. 6. 20, https://www.youtube.com/watch?v=69MiU-4v3NU; Jessica Pressler, "How Stitch Fix CEO Katrina Lake Built a $2 Billion Company," *Elle*, 2018. 2. 28, https://www.elle.com/fashion/a15895336/katrina-lake-stitch-fix-ceo-interview/.

8 "Katrina Lake," 인터뷰어: Carly Zakin and Danielle Weisberg, *Skimm'd from the Couch*, 2018. 7. 25, https://www.theskimm.com/money/sftc-katrina-lake.

9 팬데믹 이후의 경제 상황에서 스티치 픽스를 비롯한 많은 기술 기반 기업들의 가치가 하락했다. 그럼에도 상장을 통해 평가받는 상황에서, 레이크의 성장 마인드셋에 따른 접근법이 스티치 픽스를 오랫동안 성공으로 이끌었다는 사실은 바뀌지 않는다. 레이크는 2021년에 CEO 자리에서 물러났다가 2023년에 복귀했다. Adriana Lee, "Stitch Fix Plans to Return Focus to What Built the Business," *Yahoo!Money*, 2023, 3. 8, https://money.yahoo.com/stitch-fix-plans-return-focus-222156568.html.

10 "These Are Not Uncertain Times: Ways to Pivot, Lead, and Thrive—Simon Sinek with Dave Asprey, #740," *Human Upgrade*, 2020. 5. 21, https://daveasprey.com/simon-sinek-740/.

11 Anne Helen Petersen, *Can't Even: How Millennials Became the Burnout Generation* (New York: Houghton Mifflin Harcourt, 2020).

12 Catherine Poirier, Carina Cheng, Ellora Sarkar, Henry Silva, and Tom Kudrle, "The Culture of Data Leaders," Keystone, 2021. 2. 2, https://www.keystone.ai/news-publications/whitepaper-the-culture-of-data-leaders/.

13 Mary Murphy, Stephanie Fryberg, Laura Brady, Elizabeth Canning, and Cameron Hecht, "Global Mindset Initiative Paper 1: Growth Mindset Cultures and Teacher Practices," *Growth Mindset Cultures and Practices* (2021. 8. 27), http://dx.doi.org/10.2139/ssrn.3911594; K. Morman, L. Brady, C. Wang, M. C. Murphy, M. Bang, and S. Fryberg, "Creating Identity Safe Classrooms: A Cultural Educational Psychology Approach to Teacher Interventions." Paper presented at the American Educational Research Associ-

ation Annual Meeting, Chicago, IL, 2023. 4.
14 John Mackey, Steve McIntosh, and Carter Phipps, *Conscious Leadership*: *Elevating Humanity Through Business* (New York: Portfolio, 2020).
15 "Badass Bozoma Saint John," 인터뷰어: Charli Penn and Cori Murray, Yes, Girl!, 2020. 10. 26, https://www.essence.com/lifestyle/career-advice-uber-cbo-bozoma-saint-john/.
16 Kurt Wagner, "Mark Zuckerberg Shares Facebook's Secrets with All His Employees, and Almost None of It Leaks," Vox, 2017. 1. 5, https://www.vox.com/2017/1/5/13987714/mark-zuckerberg-facebook-qa-weekly.

10장

1 Mary C. Murphy and Stephanie L. Reeves, "Personal and Organizational Mindsets at Work," *Research in Organizational Behavior* 39 (2019), https://doi.org/10.1016/j.riob.2020.100121.
2 "Ramona Hood," 인터뷰어: Carly Zakin and Danielle Weisberg, *Skimm'd from the Couch*, 2020. 11. 11, https://www.theskimm.com/money/skimmd-from-the-couch-ramona-hood.
3 Stephen King, *On Writing*: *A Memoir of the Craft* (New York: Scribner, 2000).
4 "Stephen King Books in Order: Complete Series List," *Candid Cover*, 2023. 3. 3, https://candidcover.net/stephen-king-books-in-order-list/.
5 King, *On Writing*.
6 Jason R. Tregellas, Deana B. Davalos, and Donald C. Rojas, "Effect of Task Difficulty on the Functional Anatomy of Temporal Processing," *Neuroimage* 32, no. 1 (2006. 4. 19): 307−15, https://doi.org/10.1016/j.neuroimage.2006.02.036.
7 National Research Council, *How People Learn*: *Brain, Mind, Experience, and School*: *Expanded Edition* (Washington, DC: National Academies Press,

2020).

8   Cathy O'Neil, "Weapons of Math Destruction," *Discover*, 2016. 8. 31, https://www.discovermagazine.com/the-sciences/weapons-of-math-destruction.

9   "The Inside Story of the Ever-Changing Brain," 인터뷰어: Brené Brown, Unlocking Us, 2020. 12. 2, https://brenebrown.com/podcast/brene-with-david-eagleman-on-the-inside-story-of-the-ever-changing-brain/.

10   David Curry, "Fitbit Revenue and Usage Statistics (2023)," *Business of Apps*, 2023. 1. 9, https://www.businessofapps.com/data/fitbit-statistics/.

11   "Fitbit: James Park," 인터뷰어: Guy Raz, How I Built This, 2020. 4. 27, https://www.npr.org/2020/04/22/841267648/fitbit-james-park.

12   Lin-Manuel Miranda, Keinan Warsame, Claudia Feliciano, Rizwan Ahmed, René Pérez Joglar, and Jeffrey Penalva, "Immigrants (We Get the Job Done)," The Hamilton Mixtape, Atlantic Records, 2016. 12. 2.

13   Julia A. Leonard, Dominique N. Martinez, Samantha C. Dashineau, Anne T. Park, and Allyson P. Mackey, "Children Persist Less When Adults Take Over," *Child Development* 92, no. 4 (2021 7/8): 1325–36, https://doi.org/10.1111/cdev.13492.

14   "Don't Be a Duck! How to Resist the Stanford Duck Syndrome," Stanford University, 2023년 5월 11일 접속, https://studentaffairs.stanford.edu/focus-dont-be-duck-how-resist-stanford-duck-syndrome.

15   Jennifer Epstein, "A 'Suicide School'?" *Inside Higher Ed*, 2010. 3. 15, https://www.insidehighered.com/news/2010/03/16/suicide-school; Trip Gabriel, "After 3 Suspected Suicides, Cornell Reaches Out," *New York Times*, 2010. 3. 16, https://www.nytimes.com/2010/03/17/education./17cornell.html; Tovia Smith, "Deaths Revive Cornell's Reputation as 'Suicide School,'" *NPR*, 2010. 3. 18, https://www.npr.org/templates/story/story.php?storyId=124807724.

16   Nancy Doolittle, "Cornell Reviews Its Mental Health Approach, Looks Ahead," *Cornell Chronicle*, 2018. 1. 18, https://news.cornell.edu/sto-

ries/2018/01/cornell-reviews-its-mental-health-approach-looks-ahead.

17 Elizabeth Bjork and Robert A. Bjork, "Making Things Hard on Yourself, but in a Good Way: Creating Desirable Difficulties to Enhance Learning," in *Psychology and the Real World*, ed. Morton Ann Gernsbacher, Richard W. Pew, Leaetta M. Hough, and James R. Pomerantz (New York: Worth, 2009), 56–64.

18 David Epstein, *Range: Why Generalists Triumph in a Specialized World* (New York: Macmillan, 2019).

19 Epstein, *Range*; Harold W. Stevenson and James W. Stigler, *The Learning Gap: Why Our Schools Are Failing and What We Can Learn from Japanese and Chinese Education* (New York: Touchstone, 1992).

20 Stevenson and Stigler, *The Learning Gap*.

21 Nate Kornell, Matthew Jensen Hays, and Robert A. Bjork, "Unsuccessful Retrieval Attempts Enhance Subsequent Learning," *Journal of Experimental Psychology* 35, no. 4 (2009): 989–98, https://doi.org/10.1037/a0015729.

22 Shui-Fong Lam, Pui-shan Lim, and Yee-lam Ng, "Is Effort Praise Motivational? The Role of Beliefs in the Effort–Ability Relationship," *Contemporary Educational Psychology* 33, no. 4 (2008. 10): 694–710, https://doi.org/10.1016/j.cedpsych.2008.01.005.

23 Lam, Lim, and Ng, "Is Effort Praise Motivational?"; Michael Chapman and Ellen A. Skinner, "Children's Agency Beliefs, Cognitive Performance, and Conceptions of Effort and Ability: Individual and Developmental Differences," *Child Development* 60, no. 5 (1989): 1229–38, https://doi.org/10.2307/1130796; John G. Nicholls, "The Development of the Concepts of Effort and Ability, Perception of Academic Attainment, and the Understanding that Difficult Tasks Require More Ability," *Child Development* 49, no. 3 (1978): 800–14, https://doi.org/10.2307/1128250.

24 @sarahelizalewis, "Martin Luther King Jr received two Cs in public speaking. Actually went from a C+ to a C the next term. Here's the transcript. Live your dream." 2020. 1. 11, 5:09pm, https://twitter.com/sarahelizalew-

is/status/1216150254120247297?lang=en.

25 Paul A. O'Keefe, Carol S. Dweck, Gregory M. Walton, "Implicit Theories of Interest: Finding Your Passion or Developing It?" *Psychological Science* 29, no. 10 (2018. 9. 6): 1653–64, https://doi.org/10.1177/0956797618780643.

26 "Meet the Speakers: Dr. Sapna Cheryan," 인터뷰어: Andrew Watson, *Learning & the Brain*, 2017. 10. 15, https://www.learningandthebrain.com/blog/meet-the-speakers-dr-sapna-cheryan/.

27 Emily Chang, *Brotopia: Breaking Up the Boys' Club of Silicon Valley* (New York: Portfolio, 2018).

28 Walter Isaacson, *Steve Jobs* (New York: Simon & Schuster, 2011).

29 "The Wildfang Way: Emma McIlroy," 인터뷰어: Jonathan Fields, The Good Life Podcast, 2019. 8. 7, https://www.goodlifeproject.com/podcast/emma-mcilroy-wildfang/.

30 Katherine T. U. Emerson and Mary C. Murphy, "Identity Threat at Work: How Social Identity Threat and Situational Cues Contribute to Racial and Ethnic Disparities in the Workplace," *Cultural Diversity and Ethnic Minority Psychology* 20, no. 4 (2014. 10): 508–20, https://doi.org/10.1037/a0035403; Ashley Bittner and Brigette Lau, "Women-Led Startups Received Just 2.3% of VC Funding in 2020," *Harvard Business Review*, 2021. 2. 25, https://hbr.org/2021/02/women-led-startups-received-just-2-3-of-vc-funding-in-2020; Gabrielle Fonrouge, "Venture Capital for Black Entrepreneurs Plummeted 45% in 2022, Data Shows," CNBC, 2023. 2. 2, https://www.cnbc.com/2023/02/02/venture-capital-black-founders-plummeted.html; Dana Kanze, Mark A. Conley, Tyler G. Okimoto, Damon J. Phillips, and Jennifer Merluzzi, "Evidence that Investors Penalize Female Founders for Lack of Industry Fit," *Science Advances* 6, no. 48 (2020), https://doi.org/10.1126/sciadv.abd7664; Elsa T. Chan, Pok Man Tang, and Shuhui Chen, "The Psychology of Women in Entrepreneurship: An International Perspective," in *The Cambridge Handbook of the Interna-*

tional Psychology of Women, ed. Fanny M. Cheung and Diane F. Halpern (Cambridge: Cambridge University Press, 2020), https://www.cambridge.org/core/books/abs/cambridge-handbook-of-the-international-psychology-of-women/psychology-of-women-in-entrepreneurship/029B74F2B34330350BF6C72FADC8363D; L. Bigelow, L. Lundmark, J. McLean Parks, and R. Wuebker, "Skirting the Issues: Experimental Evidence of Gender Bias in IPO Prospectus Evaluations," *Journal of Management* 40, no. 6 (2012): 1732–59, https://doi.org/10.1177/0149206312441624; E. H. Buttner and B. Rosen, "Bank Loan Officers' Perceptions of the Characteristics of Men, Women, and Successful Entrepreneurs," *Journal of Business Venturing* 3, no. 3 (1988): 249–58, https://doi.org/10.1016/0883-9026(88)90018-3; Mark Geiger, "A Meta-Analysis of the Gender Gap(s) in Venture Funding: Funderand Entrepreneur-Driven Perspectives," *Journal of Business Venturing Insights* 13 (2020), https://doi.org/10.1016/j.jbvi.2020.e00167; Candida Brush, Patricia Greene, Lakshmi Balachandra, and Amy Davis, "The Gender Gap in Venture Capital: Progress, Problems, and Perspectives," *Venture Capital* 20, no. 2 (2018): 115–36, https://doi.org/10.1080/13691066.2017.1349266; Michael S. Barr, "Minority and Women Entrepreneurs: Building Capital, Networks, and Skills," Hamilton Project, discussion paper 2015-03 (2015. 3), https://www.brookings.edu/wp-content/uploads/2016/07/minority_women_entrepreneurs_building_skills_barr.pdf; Rosanna Garcia and Daniel W. Baack, "The Invisible Racialized Minority Entrepreneur: Using White Solipsism to Explain the White Space," *Journal of Business Ethics* (2022), https://doi.org/10.1007/s10551-022-05308-6.

31 Dominic-Madori Davis, "Women-Founded Startups Raised 1.9% of All VC Funds in 2022, a Drop from 2021," *TechCrunch*, 2023. 1. 18, https://techcrunch.com/2023/01/18/women-founded-startups-raised-1-9-of-all-vc-funds-in-2022-a-drop-from-2021/.

32 Silvia Mah, "Why Female Founders Still Aren't Getting the Big Number

Investments— And Why They Should," *Forbes*, 2022. 11. 30, https://www.forbes.com/sites/forbesbusinesscouncil/2022/11/30/why-female-founders-still-arent-getting-the-big-number-investments-and-why-they-should/?sh=58c769902761.

33 "Black Founders Still Raised Just 1% of All VC Funds in 2022," *TechCrunch*, 2023. 1. 6, https://techcrunch.com/2023/01/06/black-founders-still-raised-just-1-of-all-vc-funds-in-2022/. CNBC의 관련 보도는 이렇게 전한다. "컬러웨이브Colorwave의 대표인 존 루셀은 팀의 다양성을 높이기 위한 투자는 흔히 도덕적 의무이자 올바른 일이기 때문에 행한다고 주장한다. 그러나 여러 연구 결과는 그것이 더 높은 투자수익률로 이어진다는 것을 보여준다." Fonrouge, "Venture Capital for Black Entrepreneurs Plummeted 45% in 2022, Data Shows."

34 Mary C. Murphy, "Mindsets in Entrepreneurship: Measurement and Validation Results," report to the G2 Advisory Group and the Kauffman Foundation (2020. 4); M. C. Murphy, B. Tauber, C. Samsa, and C. S. Dweck, "Founders' Mindsets Predict Company Culture and Organizational Success in Early Stage Startups" (working paper).

35 "Style Startup to IPO with Katrina Lake at the Commonwealth Club," 인터뷰어: Lauren Schiller, Inflection Point, YouTube, 2018. 6. 20, https://www.youtube.com/watch?v=69MiU-4v3NU.

36 "Calendly: Tope Awotona," 인터뷰어: Guy Raz, How I Built This, 2020. 9. 14, https://www.npr.org/2020/09/11/911960189/calendl-top-awotona.

37 "McBride Sisters Wine (Part 1 of 2): Robin McBride and Andréa McBride John," 인터뷰어: Guy Raz, How I Built This, 2020. 10. 19, https://www.npr.org/2020/10/15/924227706/mcbride-sister-wine-part-1-of-2-robin-mcbride-and-andr-a-mcbride-john; "McBride Sisters Wine (Part 2 of 2): Robin McBride and Andréa McBride John," 인터뷰어: Guy Raz, How I Built This, 2020. 10. 26, https://www.npr.org/2020/10/23/927158151/mcbride-sisters-wine-part-2-of-2-robin-mcbride-and-andr-a-mcbride-john.

38 "Our Story," McBride Sisters Wine Company, 2023년 5월 11일 접속, https://www.mcbridesister.co/Sister-Story.

39 "McBride Sisters Wine (Part 1 of 2): Robin McBride and Andréa McBride John,"; "McBride Sisters Wine (Part 2 of 2): Robin McBride and Andréa McBride John," 인터뷰어: Guy Raz.

40 "McBride Sisters Wine (Part 2 of 2): Robin McBride and Andréa McBride John," 인터뷰어: Guy Raz.

41 "Rotpunkt: Alex Megos Climbs His Hardest Project Yet," Patagonia, YouTube, 2023년 5월 11일 접속, https://www.youtube.com/watch?v=COuxNFuAS1Q; Michael Levy, "Interview: Alex Megos on 'Bibliographie,' (5.15d)," Rock & Ice, 2020. 8. 11, https://www.rockandice.com/climbing-news/inteview-alex-megos-on-bibliographie-5-15d/.

42 Anne Lamott, *Bird by Bird: Some Instructions on Writing and Life* (New York: Pantheon, 1994).

43 "McBride Sisters Wine (Part 2 of 2): Robin McBride and Andréa McBride John," 인터뷰어: Guy Raz.

44 Claude M. Steele, "The Psychology of Self-Affirmation: Sustaining the Integrity of the Self," *Advances in Experimental Social Psychology* 21 (1988): 261–2, https://doi.org/10.1016/S0065-2601(08)60229-4; David K. Sherman and Geoffrey L. Cohen, "The Psychology of Self-Defense: Self-Affirmation Theory," *Advances in Experimental Social Psychology* 38 (2006): 183–242, https://doi.org/10.1016/S0065-2601(06)38004-5.

45 Rebecca Riffkin, "In U.S., 55% of Workers Get Sense of Identity from Their Job," Gallup, 2014. 8. 22, https://news.gallup.com/poll/175400/workers-sense-identity-job.aspx.

46 Steele, "The Psychology of Self-Affirmation"; Sherman and Cohen, "The Psychology of Self-Defense."

47 "Jay-Z: The Hip-Hop Billionaire Who Couldn't Even Get a Record Deal," Black BOSS Channel, YouTube, 2023년 5월 11일 접속, https://www.youtub.co/watch?v=aVP4NjvuB50.

48 Charles Duhigg, "What Google Learned from Its Quest to Build the Perfect Team," *New York Times Magazine*, 2016. 2. 15, https://www.nytimes.com/2016/02/28/magazine/what-google-learned-from-its-quest-to-buil-th-perfec-team.html.

49 "State of the Global Workplace: 2022 Report," Gallup, 2023년 5월 11일 접속, https://www.gallup.com/workplace/349484/state-of-the-global-workplace-2022-report.aspx#ite-393245.

50 "The Impact of Employee Engagement on Retention," Oak Engagement, 2023. 4. 20, https://www.oak.com/blog/impact-of-employee-engagemen-o-retentio/.

11장

1 위키코트Wikiquote에 따르면 원래 구절은 다음과 같다. "도덕적, 신체적 공격을 피하고 싶다면 아무것도 하지 말고, 말하지 말고, 되지 마라. 눈에 띄지 마라. 안전은 오로지 망각 속에만 존재한다." 출처: Elbert Hubbard, *Little Journeys to the Homes of American Statesman* (1898), https://en.wikiquote.org/wiki/Aristotle#Misattributed.

2 Mary C. Murphy and Stephanie L. Reeves, "Personal and Organizational Mindsets at Work," *Research in Organizational Behavior* 39 (2019), https://doi.org/10.1016/j.riob.2020.100121; J. N. Belding, K. Z. Naufel, and K. Fujita, "Using High-Level Construal and Perceptions of Changeability to Promote Self-Change Over Self-Protection Motives in Response to Negative Feedback," *Personality and Social Psychology Bulletin* 41 no. 6 (2015): 822–38, https://doi.org/10.1177/0146167215580776; David Nussbaum and Carol S. Dweck, "Defensiveness Versus Remediation: Self-Theories and Modes of Sel-Esteem Maintenance," *Personality and Social Psychology Bulletin* 34, no. 5 (2008. 3. 5): 599–612, https://doi.org/10.1177/0146167207312960; Y. Trope and E. Neter, "Reconciling

Competing Motives in Self-Evaluation: The Role of Self-Control in Feedback Seeking," *Journal of Personality and Social Psychology* 66, no. 4 (1994): 646-57, https://doi.org/10.1037/0022-3514.66.4.646.

3   "Sadie Lincoln Is Rewriting the Fitness Story-Thoughts on Movement, Community, Risk & Vulnerability, Episode 501," 인터뷰어: Rich Roll; "How I Built Resilience: Live with Sadie Lincoln," 인터뷰어: Guy Raz, How I Built This, 2020. 6. 20, https://www.npr.org/2020/06/18/880460529/how-i-built-resilience-live-with-sadie-lincoln.

4   Lisa Feldman Barrett, "The Theory of Constructed Emotion: An Active Inference Account of Interoception and Categorization," *Social Cognitive and Affective Neuroscience* 12, no. 1 (2017. 1): 1-23, https://doi.org/10.1093/scan/nsw154; Lisa Feldman Barrett, *How Emotions Are Made: The Secret Life of the Brain* (New York: Mariner Books, 2017).

5   "Sadie Lincoln Is Rewriting the Fitness Story," 인터뷰어: Rich Roll.

6   "All About Amygdala Hijack," PsychCentral, 2023년 5월 11일 접속, https://psychcentral.com/health/amygdala-hijack.

7   "Sadie Lincoln Is Rewriting the Fitness Story," 인터뷰어: Rich Roll.

8   Seinfeld, season 9, episode 5, "The Junk Mail," NBC, 1997. 10. 30.

9   A Few Good Men, directed by Rob Reiner, Columbia Pictures/Castle Rock Entertainment/David Brown Productions, 1992.

10 Nussbaum and Dweck, "Defensiveness Versus Remediation." 두 가지 다른 연구에서도 결과는 유사하게 나타났다.

11 Jennifer A. Mangels, Brady Butterfield, Justin Lamb, Catherine Good, and Carol S. Dweck, "Why Do Beliefs about Intelligence Influence Learning Success? A Social Cognitive Neuroscience Model," *Social Cognitive and Affective Neuroscience* 1, no. 2 (2006. 9. 1): 75-86, https://doi.org/10.1093/scan/nsl013; Hans S. Schroder, Megan E. Fisher, Yanli Lin, Sharon L. Lo, Judith H. Danovitch, and Jason S. Moser, "Neural Evidence for Enhanced Attention to Mistakes among School-Aged Children with a Growth Mindset," *Developmental Cognitive Neuroscience* 24 (2017. 4): 42-50, https://

doi.org/10.1016/j.dcn.2017.01.004.

12 "The Rise, the Creative Process, and the Difference Between Mastery and Success, with Dr. Sarah Lewis," 인터뷰어: Brené Brown, Dare to Lead, 2020. 11. 30, https://brenebrown.com/podcast/brene-with-dr-sarah-lewi-o-th-ris-th-creativ-proces-an-th-differenc-betwee-master-an-succes/.

13 D. S. Yeager, H. Y. Lee, and J. P. Jamieson, "How to Improve Adolescent Stress Responses: Insights from Integrating Implicit Theories of Personality and Biopsychosocial Models," *Psychological Science* 27 (2016): 1078–91, https://doi.org/10.1177/0956797616649604; D. S. Yeager, K. H. Trzesniewski, K. Tirri, P. Nokelainen, and C. S. Dweck, "Adolescents' Implicit Theories Predict Desire for Vengeance After Peer Conflicts: Correlational and Experimental Evidence," *Developmental Psychology* 47 (2011): 1090–7, https://doi.org/10.1037/a0023769; Weidong Tao, Dongchi Zhao, Huilan Yue, Isabel Horton, Xiuju Tian, Zhen Xu, and Hong-Jin Sun, "The Influence of Growth Mindset on the Mental Health and Life Events of College Students," *Frontiers in Psychology* 13 (2022), https://doi.org/10.3389/fpsyg.2022.821206; L. S. Blackwell, K. H. Trzesniewski, and C. S. Dweck, "Implicit Theories of Intelligence Predict Achievement Across an Adolescent Transition: A Longitudinal Study and an Intervention," *Child Development* 78, no. 1 (2007): 246–63, http://dx.doi.org/10.1111/j.1467-8624.2007.00995.x; R. W. Robins and J. L. Pals, "Implicit Self-Theories in the Academic Domain: Implications for Goal Orientation, Attributions, Affect, and Self-Esteem Change," *Self and Identity* 1, no. 4 (2002): 313–36, https://doi.org/10.1080/15298860290106805; R. B. King, D. M. McInerney, and D. A. Watkins, "How You Think About Your Intelligence Determines How You Feel in School: The Role of Theories of Intelligence on Academic Emotions," *Learning and Individual Differences* 22, no. 6 (2002): 814–19, https://doi.org/10.1016/j.lindif.2012.04.005.

14 A. Rattan, K. Kroeper, R. Arnett, X. Brown, and M. C. Murphy, "Not Such

a Complainer Anymore: Confrontation that Signals a Growth Mindset Can Attenuate Backlash," *Journal of Personality and Social Psychology* 124, no. 2 (2003): 344-61, https://doi.org/10.1037/pspi0000399.

15 Betsy Ng, "The Neuroscience of Growth Mindset and Intrinsic Motivation," *Brain Sciences* 8, no. 2 (2018), https://doi.org/10.3390/brainsci8020020; Hans S. Schroder, Megan E. Fisher, Yanli Lin, Sharon L. Lo, Judith H. Danovitch, Jason S. Moser, "Neural Evidence for Enhanced Attention to Mistakes Among School-Aged Children with a Growth Mindset," *Developmental Cognitive Neuroscience* 24 (2017. 4): 42-50, https://doi.org/10.1016/j.dcn.2017.01.004; J. S. Moser, H. S. Schroder, C. Heeter, T. P. Moran, and Y.-H. Lee, "Mind Your Errors: Evidence for a Neural Mechanism Linking Growth MindSet to Adaptive Posterror Adjustments," *Psychological Science* 22 (2011): 1484-89, https://doi.org/10.1177/0956797611419520; H. S. Schroder, T. P. Moran, M. B. Donnellan, and J. S. Moser, "Mindset Induction Effects on Cognitive Control: A Neurobehavioral Investigation," *Biological Psychology* 103 (2014): 27-37, https://doi.org/10.1016/j.biopsycho.2014.08.004; Mangels et al., "Why Do Beliefs about Intelligence Influence Learning Success?"

16 앞의 글.

17 Justin Kruger and David Dunning, "Unskilled and Unaware of It: How Difficulties in Recognizing One's Own Incompetence Lead to Inflated Sel-Assessments," *Journal of Personality and Social Psychology* 77, no. 6 (1999): 1121-34, https://doi.org/10.1037/0022-3514.77.6.1121.

18 Joyce Ehrlinger, Ainsley L. Mitchum, and Carol S. Dweck, "Understanding Overconfidence: Theories of Intelligence, Preferential Attention, and Distorted Self-Assessment," *Journal of Experimental Psychology* 63 (2016. 3): 94-100, https://doi.org/10.1016/j.jesp.2015.11.001.

19 "The Rise, the Creative Process, and the Difference Between Mastery and Success, with Dr. Sarah Lewis," 인터뷰어: Brené Brown.

20 "Misty Copeland," 인터뷰어: Carly Zakin and Danielle Weisberg, 9 to

5ish, Apple Podcasts, https://podcasts.apple.com/us/podca st/misty-copeland-principal-dancer-american-ballet-theatre/id1345547 675 ?i =1000493035612.
21 "Misty Copeland on Blackness and Ballet," 인터뷰어: Karen Hunter, Urban View, SiriusXM, https://www.youtube.com/watch?v=tgn VHGbnLDQ&t=4s.
22 A Ballerina's Tale, directed by Nelson George, Urban Romances/Nice Dissolve/Rumble Audio, 2015.
23 "Misty Copeland," 인터뷰어: Carly Zakin and Danielle Weisberg.
24 Devon Elizabeth, "Misty Copeland Responds to 'Swan Lake' Performance Criticism," *Teen VOGUE*, 2018. 3. 28, https://www.teenvogue.com/story/misty-copeland-responds-criticisms-swan-lake-performance.
25 "Jessica Hische," 인터뷰어: Debbie Millman, *Design Matters*, 2020, https://www.designmattersmedia.com/podcast/2020/Jessica-Hische.
26 Blackwell, Trzesniewski, and Dweck, "Implicit Theories of Intelligence Predict Achievement Across an Adolescent Transition"; Carol S. Dweck and Ellen L. Leggett, "A Social-Cognitive Approach to Motivation and Personality," *Psychological Review* 95, no. 2 (1988): 256–73, https://doi.org/10.1037/0033-295X.95.2.256; Nussbaum and Dweck, "Defensiveness Versus Remediation."
27 John Mackey, Steve McIntosh, and Carter Phipps, *Conscious Leadership: Elevating Humanity Through Business* (New York: Portfolio, 2020); "Whole Foods CEO John Mackey on Conscious Capitalism, Leadership and Win-Win-Win Thinking," 인터뷰어: Matt Bodner, *The Science of Success*, 2020. 9. 8, https://www.successpodcast.com/show-notes/2020/9/8/b-whole-foods-ceo-john-mackey-on-conscious-capitalism-leadership-and-win-win-win-thinking.
28 Claude Steele provides: Claude Steele, 인터뷰어: Mary Murphy, 2021. 7. 9; M. C. Murphy, V. J. Taylor, and C. M. Steele, "Stereotype Threat: A Situated Theory of Social Cognition," in *Oxford Handbook of Social Cognition*,

ed. K. Hugenberg, K. Johnson, and D. Carlston (New York: Oxford University Press, new edition forthcoming).

29 Ehrlinger et al., "Understanding Overconfidence."

30 Geoffrey G. Cohen, Claude M. Steele, and Lee Ross, "The Mentor's Dilemma: Providing Critical Feedback Across the Racial Divide," *Personality and Social Psychology Bulletin* 25, no. 10 (1999. 10): 1302–18, https://doi.org/10.1177/0146167299258011.

31 Cohen et al., "The Mentor's Dilemma"; D. S. Yeager, V. Purdie-Vaughns, J. Garcia, N. Apfel, P. Brzustoski, A. Master, W. T. Hessert, M. E. Williams, and G. L. Cohen, "Breaking the Cycle of Mistrust: Wise Interventions to Provide Critical Feedback Across the Racial Divide," *Journal of Experimental Psychology* 142, no. 2 (2014): 804–24, https://doi.org/10.1037/a0033906; Joel Brockner and David K. Sherman, "Wise Interventions in Organizations," *Research in Organizational Behavior* 39 (2019): 100–25, https://doi.org/10.1016/j.riob.2020.100125.

32 Yeager et al., "Breaking the Cycle of Mistrust". 이 연구의 다른 버전에서도 교사들은 학생들이 에세이를 고칠 기회를 주었다. 그 결과 현명한 비판 집단에 속한 흑인 학생 중 71퍼센트가 퇴고를 선택했다(표준 피드백 집단의 경우 17퍼센트였다). 게다가 퇴고를 거친 에세이의 질도 더 나았다. 88퍼센트의 에세이가 퇴고 후 더 높은 점수를 받았다. 반면 표준 집단의 경우 그 비율이 34퍼센트에 불과했다. 또한 현명한 개입은 "나는 학교에서 교사와 다른 어른들로부터 공정한 대우를 받는다" 같은 진술에 동의하지 않는 흑인 학생들에게 가장 효과적이었다. 즉, 처음에는 신뢰가 낮을 때 가장 효과적이었다. 교사가 비판적 피드백을 주는 이유를 분명하게 밝혀서 인종 때문에 부정적 대우를 받는다는 학생의 우려를 해소하는 것이 중요하다. 그러면 흑인 학생은 더 많은 신뢰를 느끼며, 신뢰를 바탕으로 글에 집중할 수 있는 자유를 얻어 결과적으로 점수를 높게 받을 수 있다.

33 "Kara Swisher," 인터뷰어: Carly Zakin and Danielle Weisberg, 9 to 5ish, Apple Podcasts, https://podcasts.apple.com/us/podcast/kara-swisher-host-pivot-sway-podcasts-co-founder-recode/id134 5547 675

?i=1000503251587.

34 Ed Catmull with Amy Wallace, *Creativity, Inc.: Overcoming the Unseen Forces that Stand in the Way of True Inspiration* (New York: Random House, 2014).

35 "Sadie Lincoln Is Rewriting the Fitness Story," 인터뷰어: Rich Roll.

36 "Fitbit: James Park," 인터뷰어: Guy Raz, How I Built This, 2020. 4. 27, https://www.npr.org/2020/04/22/841267648/fitbit-james-park.

37 Elizabeth, "Misty Copeland Responds to 'Swan Lake' Performance Criticism."

38 K. Muenks, E. A. Canning, J. LaCosse, D. J. Green, S. Zirkel, and J. A. Garcia, "Does My Professor Think My Ability Can Change? Students' Perceptions of Their STEM Professors' Mindset Beliefs Predict Their Psychological Vulnerability, Engagement, and Performance in Class," *Journal of Experimental Psychology: General* 149, no. 11 (2020): 2119–44, https://doi.org/10.1037/xge0000763; K. M. Kroeper, A. Fried, and M. C. Murphy, "Toward Fostering Growth Mindset Classrooms: Identifying Teaching Behaviors that Signal Instructors' Fixed and Growth Mindset Beliefs to Students," *Social Psychology of Education* 25 (2022): 371–98, https://doi.org/10.1007/s11218-022-09689-4; K. M. Kroeper, K. Muenks, E. A. Canning, and M. C. Murphy, "An Exploratory Study of the Behaviors that Communicate Perceived Instructor Mindset Beliefs in College STEM Classrooms," *Teaching and Teacher Education* 114, no. 4 (2022), https://doi.org/10.1016/j.tate.2022.103717.

39 "Faculty Success Program: Achieve Academic Success and Better Work-Life Balance," https://www.facultydiversity.org/fsp-bootcamp.

12장

1 L. S. Blackwell, K. H. Trzesniewski, and C. S. Dweck, "Implicit Theories

of Intelligence Predict Achievement Across an Adolescent Transition: A Longitudinal Study and an Intervention," *Child Development* 78, no. 1 (2007): 246–63, http:/dx.do.or/10.111/j.146-8624.2007.00995.x; Carol S. Dweck and Ellen L. Leggett, "A Social-Cognitive Approach to Motivation and Personality," *Psychological Review* 95, no. 2 (1988): 256–73, https://doi.org/10.1037/0033-295X.95.2.256; F. Rhodewalt, "Conceptions of Ability, Achievement Goals, and Individual Differences in Self-Handicapping Behavior: On the Application of Implicit Theories," *Journal of Personality* 62, no. 1 (1994): 67–85, http://dx.doi.org/10.1111/j.1467-6494.1994.tb00795.x; Carol S. Dweck, "Mindsets and Human Nature: Promoting Change in the Middle East, the Schoolyard, the Racial Divide, and Willpower," *American Psychologist* 67, no. 8 (2012): 614–22, https:/do.or/10.103/a0029783.

2   Ellen Daniell, *Every Other Thursday: Stories and Strategies from Successful Women Scientists* (New Haven, CT: Yale University Press, 2008).

3   30 for 30, season 1, episode 15, "Unmatched (Evert & Navratilova)," Disney-ESPN, 2010. 9. 14, https://www.youtube.com/watch?v=7eDGNAw97XM&t=62s.

4   Greg Logan, "Muhammad Ali vs. Joe Frazier: A Brutal Trilogy," *Newsday*, 2016. 6. 4, https://www.newsday.com/sports/boxing/muhammad-ali-vs-joe-frazier-a-brutal-trilogy-v59775.

5   30 for 30, "Unmatched (Evert & Navratilova)," Disney-ESPN.

6   J. A. Allen, "Queens of the Court: Chris Evert, Never Count Out the 'Ice Maiden,'" *Sports Then and Now*, 2009. 12. 20, http://sports.thenandnow.com/2009/12/20/queens-of-the-court-chris-evert-never-count-out-the-ice-maiden/.

7   30 for 30, "Unmatched (Evert & Navratilova)," Disney-ESPN.

8   Mary C. Murphy and Stephanie L. Reeves, "Personal and Organizational Mindsets at Work," *Research in Organizational Behavior* 39 (2019), https://doi.org/10.1016/j.riob.2020.100121; K. M. Kroeper, A. Fried, and M.

C. Murphy, "Toward Fostering Growth Mindset Classrooms: Identifying Teaching Behaviors that Signal Instructors' Fixed and Growth Mindset Beliefs to Students," *Social Psychology of Education* 25 (2022): 371–98, https://doi.org/10.1007/s11218-022-09689-4; K. M. Kroeper, K. Muenks, E. A. Canning, and M. C. Murphy, "An Exploratory Study of the Behaviors that Communicate Perceived Instructor Mindset Beliefs in College STEM Classrooms," *Teaching and Teacher Education* 114, no. 4 (2022), https://doi.org/10.1016/j.tate.2022.103717; Melissa A. Fuesting, Amanda B. Diekman, Kathryn L. Boucher, Mary C. Murphy, Dana L. Manson, and Brianne L. Safer, "Growing STEM: Perceived Faculty Mindset as an Indicator of Communal Affordances in STEM," *Journal of Personality and Social Psychology* 117, no. 2 (2019): 260–81, https://doi.org/10.1037/pspa0000154; K. L. Boucher, M. A. Fuesting, A. Diekman, and M. C. Murphy, "Can I Work With and Help Others in the Field? How Communal Goals Influence Interest and Participation in STEM Fields," *Frontiers in Psychology* 8 (2017), https://do.or/10.338/fpsyg.2017.00901.

9 Alisa Chang, "Runner Tells Herself 'Just Show Up for One More Mile'—and Wins the Boston Marathon," NPR, 2018. 4. 17, https://www.npr.org/2018/04/17/603189901/runner-tells-herself-just-show-up-for-one-more-mile-and-wins-the-boston-marathon.

10 Sarah Lorge Butler and Erin Strout, "Behind the Scenes of Desiree Linden's Incredible Boston Marathon Win," *Runner's World*, 2018. 5. 1, https://www.runnersworld.com/news/a20087622/behind-the-scenes-of-desiree-lindens-incredible-boston-marathon-win/.

11 Chang, "Runner Tells Herself 'Just Show Up for One More Mile.'"

12 Lindsay Crouse, "How the 'Shalane Flanagan Effect' Works," *New York Times*, 2017. 11. 11, https://www.nytimes.com/2017/11/11/opinion/sunday/shalane-flanagan-marathon-running.html.

13 Patrick J. Kiger, "6 Key Inventions by Thomas Edison," History, 2020. 3. 6, https://www.history.com/news/thomas-edison-inventions.

14 에디슨은 10여 명의 소위 '잡부mucker'들에게 의존했다. 그들은 젊고 많이 배운 남성들이며 일주일에 55시간 넘게 일하고 평균보다 낮은 임금을 받으면서 에디슨의 아이디어를 실현했다. 그중 일부는 에디슨 밑에서 영감을 얻었다고 말했다. 그러나 그는 비판적이고 지배적인 상사로 알려져 있었다. 한 직원은 에디슨이 "신랄한 냉소로 기를 죽이거나 자신감을 상실할 정도로 조롱했다"라고 말했다. 어떤 사람들은 에디슨에게 대단히 실질적인 문제 해결 능력 외에 다른 특별한 재능이 있다면 의욕적인 직원들을 끌어모으는 능력일 것이라고 말한다. 그러나 에디슨은 어두운 카리스마를 지닌 리더였으며, 멘로 파크에 자리한 그의 연구소는 천재 문화를 따랐던 것으로 보인다. "The Gifted Men Who Worked for Edison," National Park Service, 2023년 5월 12일 접속, https://www.nps.gov/edis/learn/kidsyouth/the-gifted-men-who-worked-for-edison.htm.

15 "The Gifted Men Who Worked for Edison," National Park Service.

16 Tom McNichol, *AC/DC: The Savage Tale of the First Standards War* (New York: Jossey-Bass, 2013).

17 American Genius, season 1, episode 8, "Edison vs Tesla," National Geographic, 2015. 6. 22.

18 McNichol, *AC/DC*.

19 Steve Bates, "Forced Ranking," *HR Magazine*, 2003. 6. 1, https://www.shrm.org/hr-today/news/hr-magazine/pages/0603bates.aspx.

20 Jack Welch, "Rank-and-Yank? That's Not How It's Done," Strayer University, 2018. 4. 12, https://jackwelch.strayer.ed/winnin/ran-yan-differentiatio/.

21 Arwa Mahdawi, "30 Under 30-Year Sentences: Why So Many of Forbes' Young Heroes Face Jail," *Guardian*, 2023. 4. 7, https://www.theguardian.com/business/2023/apr/06/forbes-30-under-30-tech-financ-prison.

22 Jack Welch, "Rank-and-Yank? That's Not How It's Done."

23 Juli Fraga, "The Opposite of Schadenfreude Is Freudenfreude. Here's How to Cultivate It," *New York Times*, 2022. 11. 25, https://www.nytimes.com/2022/11/25/well/mind/schadenfreude-freudenfreude.html.

24 "Fun: What the Hell Is It and Why Do We Need It?," 인터뷰어: Glennon Doyle, We Can Do Hard Things, 2021. 6. 1, https://momastery.com/blog/episode-04/.

25 Chris Prentice and Pete Schroeder, "Former Wells Fargo Exec Faces Prison, Will Pay $17 Million Fine Over Fake Accounts Scandal," Reuters, 2023. 3. 15, https://www.reuters.com/legal/former-wells-fargo-executive-pleads-guilty-obstructing-bank-examination-fined-17-2023-03-15/.

26 Margaret Heffernan, *A Bigger Prize: How We Can Do Better than the Competition* (Philadelphia: PublicAffairs, 2014); Sarah Childress and Gretchen Gavett, "The News Corp. Phone-Hacking Scandal: A Cheat Sheet," *Frontline*, 2012. 7. 24, https://www.pbs.org/wgbh/frontline/arti cle/the-news-corp-phone-hacking-scandal-a-cheat-sheet/.

27 Jamie Fiore Higgins, *Bully Market: My Story of Money and Misogyny at Goldman Sachs* (New York: Simon & Schuster, 2022).

28 Kurt Eichenwald, "Microsoft's Lost Decade," Vanity Fair, 2012. 7. 24, https://www.vanityfair.com/news/business/2012/08/microsoft-lost-mojo-steve-ballmer.

29 Satya Nadella, *Hit Refresh: The Quest to Rediscover Microsoft's Soul and Imagine a Better Future for Everyone* (New York: Harper Business, 2017).

30 Eichenwald, "Microsoft's Lost Decade."

31 Peter Cohan, "Why Stacked Ranking Worked Better at GE than Microsoft," *Forbes*, 2012. 7. 13, https://www.forbes.com/sites/petercohan/2012/07/13/why-stack-ranking-worked-better-at-ge-than-microsoft/?sh=62c989d23236.

32 Margaret Heffernan, "Forget the Pecking Order at Work," TEDWomen2015, 2015. 5, https://www.ted.com/talks/margaret heffernan forget the pecking order at work.

33 "The Moment of Lift with Melinda French Gates," 인터뷰어: Brené Brown, *Unlocking Us*, 2021. 1. 20, https://brenebrown.com/podcast/brene-

with-david-eagleman-on-the-inside-story-of-the-ever-changing-brain/ https://brenebrown.com/podcast/brene-with-melinda-gates-on-the-moment-of-lift/.

34. Frances Frei, "How to Build (and Rebuild) Trust," TED2018, 2018. 4, https://www.ted.com/talks/frances frei how to build and rebuild_trust#t-848544.

35. "The Moment of Lift with Melinda French Gates,"

36. Mary C. Murphy and Carol S. Dweck, "A Culture of Genius: How an Organization's Lay Theory Shapes People's Cognition, Affect, and Behavior," *Personality and Social Psychology Bulletin* 36, no. 3 (2009. 10): 283–96, https://doi.org/10.1177/0146167209347380; Elizabeth A. Canning, Katherine Muenks, Dorainne J. Green, and Mary C. Murphy, "STEM Faculty Who Believe Ability Is Fixed Have Larger Racial Achievement Gaps and Inspire Less Student Motivation in Their Classes," *Science Advances* 5, no. 2 (2019. 2. 15), https://doi.org/10.1126/sciadv.aau4734; K. Muenks, E. A. Canning, J. LaCosse, D. J. Green, S. Zirkel, and J. A. Garcia, "Does My Professor Think My Ability Can Change? Students' Perceptions of Their STEM Professors' Mindset Beliefs Predict Their Psychological Vulnerability, Engagement, and Performance in Class," *Journal of Experimental Psychology: General* 149, no. 11 (2020): 2119–44, https://doi.org/10.1037/xge0000763; Elizabeth A. Canning, Mary C. Murphy, Katherine T. U. Emerson, Jennifer A. Chatman, Carol S. Dweck, and Laura J. Kray, "Cultures of Genius at Work: Organizational Mindsets Predict Cultural Norms, Trust, and Commitment," *Personality and Social Psychology Bulletin* 46, no. 4 (2020): 626–42; L. Bian, S. Leslie, M. C. Murphy, and A. Cimpian, "Messages about Brilliance Undermine Women's Interest in Educational and Professional Opportunities," *Journal of Experimental Social Psychology* 76 (2018. 5): 404–20, https://doi.org/10.1016/j.jesp.2017.11.006; Fuesting et al., "Growing STEM: Perceived Faculty Mindset as an Indicator"; Elizabeth A. Canning, Elise Ozier, Heidi E. Williams, Rashed AlRasheed,

and Mary C. Murphy, "Professors Who Signal a Fixed Mindset about Ability Undermine Women's Performance in STEM," *Social Psychological and Personality Science* 13, no. 5 (2022): 927–37, https://doi.org/10.1177/19485506211030398; J. LaCosse, M. C. Murphy, J. A. Garcia, and S. Zirkel, "The Role of STEM Professors' Mindset Beliefs on Students' Anticipated Psychological Experiences and Course Interest," *Journal of Educational Psychology* 113 (2021): 949–71, https://doi.org/10.1037/edu0000620.

37 Anita Williams Woolley, Christopher F. Chabris, Alex Pentland, Nada Hashmi, and Thomas W. Malone, "Evidence for a Collective Intelligence Factor in the Performance of Human Groups," *Science* 330, no. 6004 (2010. 9. 30): 686–88, https://doi.org/10.1126/science.1193147.

38 Catmull with Wallace, *Creativity, Inc.*

39 Linda L. Carli and Alice H. Eagly, "Gender and Leadership," in The *SAGE Handbook of Leadership*, ed. Alan Bryman, David L. Collinson, Keith Grint, Brad Jackson, and Mary Uhl-Bien (New York: SAGE Publications, 2011), 103–17.

40 Paola Cecchi-Dimeglio, "How Gender Bias Corrupts Performance Reviews, and What to Do About It," *Harvard Business Review*, 2017. 4. 12, https://hbr.org/2017/04/how-gender-bias-corrupts-performance-reviews-and-what-to-do-about-it.

41 Jeff Miller, "Bozoma Saint John Explains Why She Left Uber," Yahoo! Entertainment, 2019. 3. 13, https://www.yahoo.com/entertainment/endeavor-bozoma-saint-john-leaving-210150391.html.

42 Murphy and Dweck, "A Culture of Genius"; Kroeper et al., "Toward Fostering Growth Mindset Classrooms"; Kroeper et al., "An Exploratory Study of the Behaviors"; Bian et al., "Messages about Brilliance"; Murphy and Reeves, "Personal and Organizational Mindsets at Work."

43 Fuesting et al., "Growing STEM: Perceived Faculty Mindset as an Indicator"; LaCosse et al., "The Role of STEM Professors' Mindset Beliefs";

Muenks et al., "Does My Professor Think My Ability Can Change?"; Bian et al., "Messages about Brilliance."
44 Fuesting et al., "Growing STEM: Perceived Faculty Mindset as an Indicator"; Boucher et al., "Can I Work With and Help Others"; Murphy and Reeves, "Personal and Organizational Mindsets at Work."
45 Rochelle Riley, "Trio's Boys-to-Men Journey Leads to Successful Careers as Doctors," *Detroit Free Press*, 2018. 12. 16, https://www.freep.com/story/news/columnists/rochelle-riley/2018/12/16/riley-doctors-overcome-odds/2324825002/.
46 "Diversity in Medicine: Facts and Figures 2019," Association of American Medical Colleges, 2023년 5월 12일 접속, https://www.aamc.org/data-reports/workforce/data/figure-18-percentage-all-active-physicians-race/ethnicity-2018.
47 Riley, "Trio's Boys-to-Men Journey Leads to Successful Careers as Doctors."
48 Amy Edmonson, *The Fearless Organization: Creating Psychological Safety in the Workplace for Learning, Innovation, and Growth* (New York: Wiley, 2018).
49 Heffernan, *A Bigger Prize*.
50 코넬대학교 학생들은 증명 및 성과에 대한 또 다른 압박에 직면한다. 분명 코넬대학교는 명문대지만 일각에서는 명문대 중에서 하위로 여긴다. 그래서 아이비리그 중에서 가장 덜 아이비스럽다거나, "가짜 아이비"라고 말하는 사람도 있다. 흔히 사람들은 다양한 요소를 들어 이 주장을 뒷받침한다. 가령 높은 합격률과 많은 입학생 수부터 다른 아이비리그에 비해 짧은 역사까지 수많은 근거가 있다. 또한 하버드대학교나 예일대학교에 지원한 일부 우등생은 예비로 코넬대학교에도 지원한다. 코넬대학교 입학을 대단치 않게 생각하는 것이 말도 안 된다고 생각하는 사람들이 많지만, 일부 학생들은 실제로 그것을 일종의 실패로 본다.
51 코넬대학교는 세계 최고 수준의 건강홍보부를 갖고 있다. 그들은 캠퍼스 전반의 정신 건강을 개선하려는 노력에 이 부서를 참여시켰다. 또한 캡스(심

리 및 건강 상담 서비스)의 직원 수를 늘리는 한편 해당 프로그램에 250만 달러를 추가로 투입했다.

52 Nemanja Petkovic, "Top 25 Mental Health Statistics," Health Careers, 2020. 5. 12, https://healthcareers.co/college-student-mental-health-statistics/.

53 앞의 글.

54 "Average Daily Time Spent on Social Media," Broadband Search, 2023년 5월 12일 접속, https://www.broadbandsearch.net/blog/average-daily-time-on-social-media.

55 The Social Dilemma, directed by Jeff Orlowski-Yang, Exposure Labs/Argent Pictures/The Space Program, 2020.

56 Judith B. White, Ellen J. Langer, Leeat Yariv, and John C. Welch IV, "Frequent Social Comparisons and Destructive Emotions and Behaviors: The Dark Side of Social Comparison," *Journal of Adult Development* 13, no. 1 (2006): 36–44, https://doi.org/10.1007/s10804-006-9005-0. 같은 논문에 실린 다른 연구 결과는 사회적 비교를 많이 하는 경찰관이 내집단 편향을 더 많이 드러내며, 직업 만족도가 더 낮다는 사실을 보여주었다.

57 Fuesting et al., "Growing STEM: Perceived Faculty Mindset as an Indicator"; Canning et al., "STEM Faculty Who Believe Ability Is Fixed"; Muenks et al., "Does My Professor Think My Ability Can Change?"; David S. Yeager, Jamie M. Carroll, Jenny Buontempo, Andrei Cimpian, Spencer Woody, Robert Crosnoe, Chandra Muller, Jared Murray, Pratik Mhatre, Nicole Kersting, Christopher Hulleman, Molly Kudym, Mary Murphy, Angela Lee Duckworth, Gregory M. Walton, and Carol S. Dweck, "Teacher Mindsets Help Explain Where a Growth-Mindset Intervention Does and Doesn't Work," *Psychological Science* 33, no. 1 (2022): 18–32, https://doi.org/10.1177/09567976211028984; Canning et al., "Professors Who Signal a Fixed Mindset"; Bian et al., "Messages about Brilliance"; K. Boucher, M. C. Murphy, D. Bartel, J. Smail, C. Logel, and J. Danek, "Centering the Student Experience: What Faculty and Institutions Can Do to Advance

Equity," *Change: The Magazine of Higher Learning* 53 (2021): 42–50, https://doi.org/10.1080/00091383.2021.1987804; LaCosse et al., "The Role of STEM Professors' Mindset Beliefs"; Mary Murphy, Stephanie Fryberg, Laura Brady, Elizabeth Canning, and Cameron Hecht, "Global Mindset Initiative Paper 1: Growth Mindset Cultures and Teacher Practices," *Growth Mindset Cultures and Practices* (2021. 8. 27), http://dx.doi.org/10.2139/ssrn.3911594.

58 Itzhak, directed by Alison Chernick, American Masters Pictures, 2018.
59 "Toby's Dream," Perlman Music Program, 2023년 5월 12일 접속, https://www.perlmanmusicprogram.org/about-pmp.
60 "Itzhak Perlman Teaches Violin," Master-Class, https://www.masterclass.com/classes/itzhak-perlman-teaches-violin.
61 Blascovich and Wendy Berry Mendes, "Challenge and Threat Appraisals: The Role of Affective Cues," 출처: *Feeling and Thinking: The Role of Affect in Social Cognition*, ed. Joseph P. Forgas (Cambridge University Press, 1999), 59–81, https://books.google.com/books?hl=en&lr=&id=PSiU9ws-J13QC&oi=fnd&pg=PA59&dq=challenge+and+threat+appraisals&ots=ek-Js1IuyUL&sig=RUndkRkiwgeTyewnTWpl1hL7DDI#v=onepage&q=challenge%20and%20threat%20appraisals&f=false. 블라스코비치와 멘데스는 한 연구에서 참가자들에게 도전 또는 위협 상태의 신호를 제시했다. 그 방법은 트리어 사회적 스트레스 테스트Trier Social Stress Tes(TSST)를 통해 스트레스를 받는 고전적인 상황에 처하도록 만드는 것이었다. TSST는 참가자들이 사회적 평가를 할 청중 앞에서 연설을 하고, 어려운 수학 문제에 답하도록 요구한다. 나로서는 전혀 달갑지 않은 일이다! 다만 블라스코비치와 멘데스는 참가자들에게 녹음된 지시사항을 먼저 들려주었다. 도전 상태의 경우, 지시사항은 "최선을 다하고 주어진 난관을 극복하도록" 북돋았다. 반면 위협 상태의 경우, 과제를 의무적으로 수행해야 하며 성과를 평가할 것이라고 말했다. 뒤이어 연구자들은 일련의 수학 문제를 제시한 후 참가자들의 심박수와 혈압을 관찰했다. 그 결과 두 집단의 심박수는 비슷하게 증가했다. 큰 차이점은 혈류를 동원하는 양상에 있었다. 도전 상태에 속한 집단

의 경우 유산소 운동을 할 때 심혈관계가 작동하는 양상과 비슷하게 몸 전체에 걸쳐 혈류를 동원했다. 이는 스트레스를 받는 상황을 "극복하기 위해 효율적으로 기운을 동원하는" 반응이었다. 반면 위협 상태에 속한 집단의 경우 정반대의 일이 일어났다. 몸은 사지에서 중심부로 피가 흐르게 만들었다. 연구자들은 도전 대 위협 상태에 대한 우리 몸의 생리적 반응이 근본적으로 성과 또는 생존을 위한 대비 사이의 차이임을 확인했다. 다른 한편으로 생리적 반응이 전부는 아니었다. 도전과 위협은 실제로 인지 능력에도 영향을 미쳤다. 성과 측면에서 위협 집단에 속한 참가자들은 더 적은 문제를 풀었으며, 정답률도 낮았다. 성장 마인드셋을 따르는 사람들은 스트레스를 안기는 힘든 상황을 극복하는 데 활용할 수 있는 전략과 자원을 인식한다. 또한 그런 상황의 필요를 충족하기 위해 그것들을 활용한다. 반면 고정 마인드셋을 따르는 사람들은 위협을 느끼는 상태에 빠질 가능성이 훨씬 높다. 이는 궁극적으로 신체적 안정과 인지적 성과를 저해한다. 추가로 참고할 점은 블라스코비치와 멘데스의 말에 따르면 평가를 의식하는지 여부는 결과에 큰 영향을 미치지 않는다는 것이다.

62 Daniell, *Every Other Thursday*.
63 다른 사람의 성공과 관련하여 소모임이 주는 또 다른 혜택이 있다. 바로 자신이 누구를 비교 대상으로 삼았고, 그들의 성공이 어떤 영향을 미쳤는지 터놓고 말할 수 있다는 것이다.
64 Miller, "Bozoma Saint John Explains Why She Left Uber."
65 Kendra Cherry, "Actor-Observer Bias in Social Psychology," *Verywell Mind*, 2022. 4. 1, https://www.verywellmind.com/what-is-the-actor-observer-bias-2794813.
66 Atlassian, 2023년 5월 12일 접속, https://www.atlassian.com/blog/podcast/teamistry/season/season-1.
67 "Itzhak Perlman Teaches Violin," MasterClass.
68 Simon Sinek, "How Having the Right Kind of Rival Can Help You Thrive in a Changing World," TED, 2019. 10. 15, https://ideas.ted.com/how-having-the-right-kind-of-rival-can-help-you-thrive-in-a-changing-world/.

69 Daniell, *Every Other Thursday*.

결론

1 Humberto R. Maturana and Francisco J. Varela, *The Tree of Knowledge: The Biological Roots of Human Understanding* (Boulder, CO: Shambhala, 1992); S. Hirata, K. Watanabe, and M. Kawai. "'Sweet-Potato Washing' Revisited," in *Primate Origins of Human Behavior*, ed T. Matsuzawa (New York: Springer-Verlag, 2001); Tetsuro Matsuzawa, "Sweet Potato Washing Revisited: 50th Anniversary of the Primates Article," *Primates* 56 (2015): 285–87, https://doi.org/10.1007/s10329-015-0492-0.